轨道交通丛书

城市地铁线路建设创新实践

主编　申文明 等

中国建材工业出版社

图书在版编目（CIP）数据

城市地铁线路建设创新实践/申文明等主编．--北京：中国建材工业出版社，2023.1
ISBN 978-7-5160-3643-3

Ⅰ.①城… Ⅱ.①申… Ⅲ.①地下铁道—铁路工程—建设—宁波 Ⅳ.①U231

中国版本图书馆 CIP 数据核字（2022）第 244621 号

城市地铁线路建设创新实践
Chengshi Ditie Xianlu Jianshe Chuangxin Shijian
主编 申文明 等

出版发行：中国建材工业出版社
地　　址：北京市海淀区三里河路 11 号
邮　　编：100831
经　　销：全国各地新华书店
印　　刷：北京印刷集团有限责任公司
开　　本：787mm×1092mm　1/16
印　　张：19.75
字　　数：480 千字
版　　次：2023 年 1 月第 1 版
印　　次：2023 年 1 月第 1 次
定　　价：88.00 元

本社网址：www.jccbs.com，微信公众号：zgjcgycbs
请选用正版图书，采购、销售盗版图书属违法行为

本书编委会

主　编

编　委

徐一凡	谢　波	马文辉	叶晓剑	羊逸君
刘志明	董毓庆	俞国潮	姜叶翔	余　忠
胡　琦	费忠君	梁万金	王建勋	涂智溢
李文武	陈志军	刘福生	朱智勇	杨　忠
李良涛	廖韶军	潘　涛	赵　华	王德龙
杨　雪	刘双军	吕　东	金建锋	谢　剑
卢姜勇	谷　庆	马海波	宗文亮	吴　勋
楼　岱	邵风行	刘　阳	雷　明	贺九衡

前　言

人类征服自然的脚步从未停止过，包含地铁工程的现代土木工程，从一出现就是人类建筑史上永远不会磨灭的见证，世界上沿海城市里海相沉积的大地下，数万公里原以为不可能的地下交通工程，经工程人员之手，已成为现代人类文明生活的必要组成部分。位于祖国东南沿海的宁波轨道交通产业聚集了五湖四海的建设生力军，正昂首阔步行走在建设高质量发展的征程中。

质量管理先驱者戴明博士（W. Edwards Deming）在PDCA（计划—执行—检查—处理）理论中强调了一种方法，即在项目完成后要总结得出成功与失败的经验，并进入下一个循环去持续完善。这正是本书整理出版的动机所在。

基于2021年宁波轨道交通3号线工程曾获得“詹天佑奖”的经验和信心，本书尝试从探究建设创新的角度，深度提炼宁波轨道交通5号线在规划、勘察设计、施工管理等阶段多个专业的管理与技术实践。为贯彻规划、建设和运营全过程的“双碳”思想，以全自动运营绿色低碳引领用能效率，工程在设计理念上重视设计施工一体化、土建装饰一体化、工业集成化、选材高强轻质耐久化、地下造型简明化、结构设计最优化；推进土建工程BIM技术应用，深入开展车辆基地项目绿建、减振降噪轨道工程、双向变流器、专用回流轨等机电安装设计和建造实施。

书中涉及多种设计施工创新场景。例如，车站深基坑工程的围护结构开挖变形预控、内侧墙的移动式定型钢模、全断面钢支撑自动架设与伺服系统、基坑周边群坑开挖影响分析、河道与车站一体化设计；盾构接收梁柱支撑托换技术、过江隧道与大桥基础合建比选方案、三线隧道长距离并行设计与施工；线路及车站位置方案选择及优化、站场综合楼造型叠式设计、建筑架空综合管廊兼风雨连廊设计、上盖物业下沉式广场、车站与周边商业及公交站合建设计；建筑上“一线一景、一区一色”大胆运用空间色彩和选用新材料。同时，在施工中倡导金属、玻璃、木材、石膏等建筑材料的绿色可循环利用；集装箱、移动临设、成套设备、钢模板、脚手架、钢支撑、工法桩高效环保周转；灵活采取构件现场预制和工厂预制；甲控与甲供材料信息化管理，特别是商品混凝土的动态追踪；关键节点工期动态监控、测量与监测监控预警、双重预防机制推广、应急抢险能力研究及抽排水设备研发、BIM信息化技术应用等。由此可见，宁波参建单位的创新广度和深度可圈可点。

宁波地铁5号线是宁波高质量发展共同富裕先行市蓝图中的市区第一条环线，

也是浙江省轨道交通第一条全自动运行线路。本书编者主要来自宁波轨道交通、中铁二院、中铁六院、中电建华东院、广州地铁设计院等单位。他们长期以如履薄冰的态度小心谨慎地对待工程建设工作，甘做“十四五”新基建和高质量发展滚滚洪流中的一朵小浪花。本书也可谓仅仅是共谱时代华章的一枚音符。

古人云：“知不知上，不知知病。”鉴于编者水平有限，书中漏误在所难免，期望各位同行不吝赐教。

编者

2022 年 12 月

目　　录

第一篇　工程概况篇

第一章　项目规划与意义 …… 3

第二章　工程概况与特点 …… 4

第一节　工程概况 …… 4
第二节　工程特点 …… 7

第三章　主要工程量、技术经济指标与主要工期节点 …… 11

第一节　主要工程量 …… 11
第二节　主要技术经济指标 …… 12
第三节　主要工期节点 …… 12

第四章　工程主要重难点 …… 13

第一节　土建工程 …… 13
第二节　机电系统 …… 15
第三节　车辆段 …… 17

第二篇　工程设计与创新篇

第五章　线网规划及工程可行性研究 …… 21

第一节　线网规划 …… 21
第二节　工程可行性研究 …… 21

第六章　线、站位优化 …… 22

第一节　站位调整 …… 22
第二节　线位调整 …… 29
第三节　盎三区间与过江大桥的协调 …… 34

第七章　车站工程 …… 39

第一节　预制拼装构件设计 …… 39

第二节 河道与车站结构一体化设计 …… 45
第三节 既有线保护方案设计 …… 49
第四节 托换技术应用设计 …… 53
第五节 基坑取消换撑技术研究 …… 57
第六节 全断面自动架设钢支撑系统设计 …… 67
第七节 软隔离防护技术应用 …… 73
第八节 车站周边群坑相互影响分析 …… 76
第九节 车站与周边商业融合接口设计 …… 85
第十节 出入口与公交首末站房合建设计 …… 87

第八章 装修工程 …… 89

第一节 装修概念创新设计 …… 89
第二节 装修标准化设计 …… 91

第九章 区间工程 …… 94

第一节 浅覆土类盾构隧道设计 …… 94
第二节 隧道上跨既有线 …… 95
第三节 三线隧道长距离并行近接穿越高速公路 …… 100
第四节 入场线盾构区间穿越高速路基排水板 …… 102
第五节 明挖区间穿越甬台温铁路及相邻节点设施 …… 107

第十章 车辆基地 …… 110

第一节 设计概况 …… 110
第二节 车辆段全自动运行设计 …… 113
第三节 架空综合管廊兼风雨连廊设计 …… 116
第四节 车辆段综合建筑设计创新 …… 118
第五节 前殷停车场上盖半下沉式设计创新 …… 120

第十一章 机电系统 …… 129

第一节 风水联调系统设计 …… 129
第二节 高效机房优化设计 …… 132
第三节 机电 BIM 正向设计 …… 135
第四节 供电系统创新 …… 137
第五节 轨道系统创新 …… 139

第十二章 全自动运行系统 …… 141

第一节 车辆系统 …… 141
第二节 综合监控系统 …… 147
第三节 通信系统 …… 150

第四节　信号系统 …… 156
第五节　站台门系统 …… 162

第三篇　建设现场与创新篇

第十三章　车站工程 …… 169

第一节　工程概况及施工重难点 …… 169
第二节　组织及管理亮点 …… 171
第三节　技术创新及应用 …… 175
第四节　工程实例 …… 190

第十四章　车辆基地 …… 200

第十五章　盾构施工 …… 217

第一节　工程概况 …… 217
第二节　风险管控措施 …… 220
第三节　进度控制 …… 233
第四节　质量控制 …… 236
第五节　施工重难点及措施 …… 240
第六节　其他经验总结 …… 254

第十六章　机电施工创新 …… 257

第一节　概述 …… 257
第二节　磁悬浮高效机房应用 …… 258
第三节　国产 PLC 的应用及研究 …… 261
第四节　站台门模块化全自动安装 …… 264
第五节　变电所智能化项目 …… 266
第六节　智慧甬轨 OS 2.0 管控平台 …… 269
第七节　供电施工无轨测量技术应用 …… 274

第十七章　全自动运行系统施工 …… 277

第一节　综合监控系统 …… 277
第二节　通信系统 …… 279
第三节　信号系统 …… 285
第四节　站台门系统 …… 289

第十八章　通信、信号、供电和车辆系统创新 …… 295

第一节　自主驾驶列车运行控制系统关键技术研究及应用 …… 295

第二节　全电子计算机联锁……………………………………………………………… 299
第三节　全自动运行系统车辆…………………………………………………………… 302
第四节　车辆智能运维系统……………………………………………………………… 302

结语………………………………………………………………………………………… 304

第一篇　工程概况篇

第一章　项目规划与意义

宁波地铁5号线一期工程线路西起机场加工区，经过鄞州南部新城、南部高教园区、鄞州工业区、东部新城、宁波国家高新区等，北至镇海新城南区（北高教园区）。其建设将为沿线地区架设起一条快速客运通道，解决沿线交通需求，特别是加强东部新城、鄞州南部新城及工业区等地区之间的交通联系，填补城市外围东西向、南北向快速客运通道的空白，缓解沿线交通拥堵，方便居民出行。

宁波地铁5号线一期与线网中先期建设的1、2、3、4号线共形成5次换乘，与规划中的6、7、8号线，S3线、K1线、K2线换乘。5号线一期可通过与2号线或4号线的换乘实现与铁路宁波站枢纽的衔接，通过与2号线的换乘实现与栎社机场、段塘公路客运中心的衔接等。通过与上述铁路、公路等对外交通的直接和间接的换乘衔接，沟通与上海、杭州、南京等城市的交通联系，加强宁波市内外交通衔接功能。

宁波地铁5号线一期沿线城市建成区主要有东部宁波国家高新区、鄞州工业区和鄞州南部商务区，沿线客流量较大。在这些地区，5号线一期对城市发展的促进作用主要体现在实现交通疏解功能、结合车站建设改造和开发周边地区、促进中心城区人口密集区居民向沿线地区疏解以及可促进旧城区的改造和品位提升三个方面。

宁波地铁5号线一期对城市发展的支持作用更显著地体现在对东部新城区、鄞州南部新城及镇海新城南区开发的支持上，可以说是支持城市东南部新区开发的引导线。5号线一期的建设将为上述地区创造便捷的交通条件，从而加强这些地区与市中心区及外界的联系，促进人员和物资、技术交流，加速人口、产业的导入，促进基础工程建设，还可结合轨道交通建设，在沿线及车站进行TOD模式的土地开发，尽快形成新城区。该线建成后将对城市总体规划的实施起到有力的推动作用。

宁波地铁5号线一期是在基本骨架形成后修建的周向联络线，在城市中心区进一步扩张的情况下，提高中心区轨道交通服务水平，主要为东部新中心和南部鄞州提供服务。从所经地区的重要性和线路对新区开发的支持作用分析，5号线一期的重要性与3号线不相上下，但预测的客流量略小，故定性为骨干线网的填充线。

宁波地铁5号线一期串联了镇海新城南区、东部新城、鄞州工业区及鄞州南部新城等地区。其建设将使轨道交通线网的线路数进一步增加，规模进一步扩大，锚固点增多，线网更加稳定、完善，对于实现轨道交通建设目标具有重要意义。

第二章　工程概况与特点

第一节　工程概况

一、工程施工概况

5 号线一期工程自布政站至兴庄路站，线路长度约为 27.923km，其中地下段长 27.607km，地面明洞段长约 0.316km。线路西起海曙区布政，经海曙西部地区、石碶中心区、鄞州南部商务区、东部新城、宁波国家高新区和镇海新城南区等区域，止于兴庄路站，并预留延伸成环条件。一期工程共设车站 22 座，均为地下站，其中换乘站 10 座，分别与 1、2（两次）、3、4、6、7、8、K2、S3 号线换乘，具体线路详见图 2-1。全线平均站间距 1.3km，最大站间距 2021m，为张家潭站至同德路站区间；最小站间距 725m，为民安东路（金融中心）站至会展中心站区间。

图 2-1　宁波地铁 5 号线一期线路走向示意图

5 号线一期工程共用 1 号线东环南路线网控制中心；设主变电所 2 座，分别与 2 号线共用双桥主变电所，与 4 号线共用下应主变电所；设经堂庵跟车辆段，由布政站接轨；设前殷停车场，由泗港站及曹隘站接轨。

根据宁波市轨道交通远景年线网规划，5 号线规划为环线，线路长度约为 46.9km。

5 号线一期工程行车组织采用单一交路，如图 2-2 所示。系统设计单向最大运输能力分别为 1.512 万人次/小时、2.52 万人次/小时、3.402 万人次/小时。车辆采用 B 型车，6 辆编组，4 动 2 拖，列车最高运行速度 80 公里/小时，初期配车 27 列/162 辆，采用全自动运行模式。

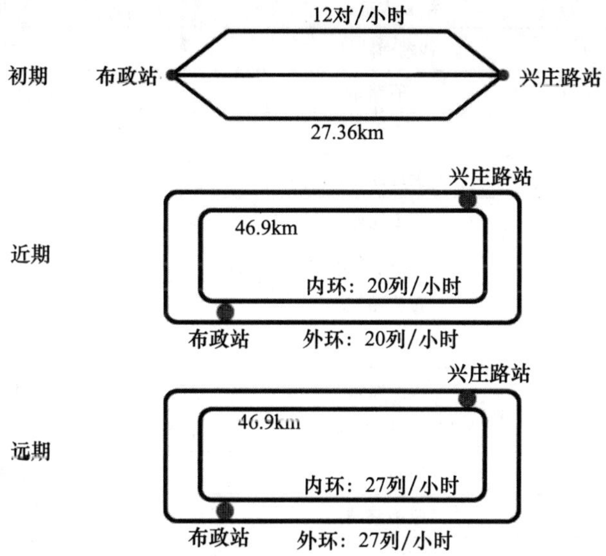

图 2-2　各阶段目标列车运行交路图

5 号线一期工程地下车站均采用明挖法施工。全线正线区间除曹隘站—柳隘站区间下穿甬台温铁路部分区段埋深较浅，采用明挖法，并设置转换工作井，其余正线区间隧道均采用盾构法施工。经堂庵跟车辆段出入段线采用类矩形盾构法＋明挖法施工，前殷停车场出入线采用盾构法＋明挖法施工。

2013 年 11 月 5 日，《宁波市城市轨道交通近期建设规划（2013—2020 年）》获国家发展改革委正式批复（发改基础〔2013〕2178 号），5 号线一期工程为本轮建设规划项目之一。

2016 年 4 月 18 日，5 号线一期工程可行性研究报告获宁波市发改委批复（甬发改审批〔2016〕198 号）。2016 年 5 月 30 日，5 号线一期工程初步设计获宁波市发改委批复（甬发改审批〔2016〕275 号）。根据批复，5 号线一期工程总投资为 2231194.84 万元。2015 年 9 月 28 日先行站点开工建设，2021 年 12 月底开通运营。

在后续篇章中，因宁波市民政局批复（运营）站名与初步设计文件站名有部分不一致，因此，整理 5 号线一期工程 22 座车站站名对照见表 2-1。

表 2-1　新旧站名对照表

序号	初步设计阶段站名	施工图阶段站名
1	布政站	布政站

续表

序号	初步设计阶段站名	施工图阶段站名
2	段梅路站	张家潭站
3	金房站	同德路站
4	石碶站	石碶站
5	雅源路站	雅渡站
6	百梁北路站	庙堰站
7	泰安路站	钟公庙站
8	鄞县大道站	鄞州区政府站
9	钱湖南路站	钱湖南路站
10	学府路站	南高教园区站
11	下应站	下应路站
12	金源路站	大洋江站
13	富强路站	泗港站
14	海晏南路站	曹隘站
15	百丈路站	柳隘站
16	海晏北路站	海晏北路站
17	民安路站	民安东路站
18	会展中心站	会展中心站
19	高新区站	院士路站
20	腊梅路站	盎孟港站
21	三官堂站	三官堂站
22	兴庄路站	兴庄路站

二、主要参建单位

（1）总体设计单位：中铁二院工程集团有限责任公司。

（2）勘察、物探单位：上海市政工程设计研究总院有限公司、宁波市测绘设计研究院、上海京海工程技术有限公司、浙江省工程勘察院和浙江省地矿勘察院。

（3）主要分项设计单位：广州地铁设计研究院股份有限公司、北京城建设计发展集团股份有限公司、上海市隧道工程轨道交通设计研究院、中国铁路设计集团有限公司、中铁工程设计咨询集团有限公司、中铁第六勘察设计院集团有限公司电气化设计院分公司、中铁第六勘察设计院集团有限公司城建院、中铁上海设计院集团有限公司、中国铁路设计咨询有限公司、浙江华展工程研究设计院有限公司、宁波市电力设计院有限公司、浙江省地下建筑设计研究院、宁波市城建设计研究院有限公司、电建集团华东勘测设计研究院有限公司等。

（4）主要土建施工单位：宏润建设集团股份有限公司、浙江省二建建设集团有限公司、宁波建工工程集团有限公司、宁波市政工程建设集团股份有限公司、宁波市建设集团股份有限公司、宁波交通工程建设集团有限公司、龙元建设集团股份有限公司、中铁一局集团有限公司、中铁四局集团有限公司、中铁十局集团有限公司、中铁建十四局集团有限公司、中铁建十六局集团有限公司、中铁建大桥工程局集团有限公司等。

（5）主要土建监理单位：上海地铁咨询监理科技有限公司、上海市工程建设咨询监理有限公司、上海建通工程建设有限公司、上海建科工程咨询有限公司、上海新光工程咨询有限公司、上海三维工程建设咨询集团有限公司、华铁工程咨询有限责任公司、浙江工正工程管理有限公司、浙江致远工程管理有限公司、宁波国际投资咨询有限公司等。

（6）主要机电、装修施工单位：浙江申永达设备安装有限公司、中铁隧道股份有限公司、五矿二十三冶建设集团有限公司、中铁电气化局集团有限公司、中铁一局集团电务工程有限公司、广东水电二局股份有限公司、中铁七局集团电务工程有限公司、中铁一局集团有限公司、中铁二局集团有限公司、中铁四局集团有限公司、中铁建十一局集团电务工程有限公司、宁波甬金防护设备有限公司、株洲中车时代电气股份有限公司、迅达集团、宁波宏大电梯有限公司、日立电梯（中国）有限公司等。

（7）主要机电设备安装、装修工程、系统工程监理单位：广州轨道交通建设监理有限公司、上海三维工程建设咨询有限公司、上海天佑工程咨询有限公司、上海建科工程咨询有限公司、乌鲁木齐铁建工程咨询有限公司、中铁华铁工程设计集团有限公司等。

（8）第三方监测及风险咨询单位：中铁工程设计咨询集团有限公司、中国电建集团华东勘测设计研究院有限公司、浙江华展工程研究设计院有限公司。

第二节　工程特点

一、线路特点

（1）5 号线一期工程为骨干线网的周向填充线，西起海曙区布政站至镇海区兴庄路站，依次经过海曙西部地区、石碶中心区、鄞州南部商务区、东部新城、宁波国家高新区、镇海新城南区。特别是跨越甬江、奉化江，对缓解市中心区特别是越江交通紧张状况起到重要作用，也是进一步缓解城市交通紧张状况、改善居民出行条件的需要。

（2）本线远景规划为环线，一期工程在起、终点处均预留线路延伸成环的条件。

（3）与 2020 线网中 1、2、3、4、6、7 号线均有换乘，换乘站多达 7 座。

（4）与铁路、高速公路关系密切，全线 1 次下穿国铁，1 次下穿高速公路路基，1 次侧穿高速公路高架桥。

（5）穿越河流节点多达 36 次，其中 1 次下穿甬江，1 次下穿奉化江。

（6）线路穿越高速公路、铁路、多座市政桥梁，沿线周边条件复杂，工程实施协调量及协调难度大，施工难度及风险大，环境保护要求高。

二、技术特点

1. 全自动运行模式（GoA4）

本工程为浙江省第一条采用全自动运行模式（GoA4）的线路。全自动运行系统是一项系统工程，涉及车辆、信号、综合监控、通信、站台门、车辆基地等多个专业，各专业联系密切。全自动运行系统中传统司机的工作职能一部分由列车自动控制系统负责，另一部分则移交到控制中心去完成。传统的司机、控制中心调度员和车站值班员共同参与控制的运营控制模式，转变为以控制中心调度员直接面向运行的运营控制模式。运营控制系统需要具有更加完善的自动控制功能，以行车为核心，信号与车辆、综合监控、通信等多系统配合，提升轨道交通运行系统的整体自动化水平。同时，运营控制系统具有较为完善的综合维护辅助功能。全自动运行系统的特点如下：

（1）高度自动化、深度集成；

（2）充分的冗余配置；

（3）完善的安全防护；

（4）丰富的中心功能；

（5）完全兼容常规驾驶模式。

UTO（无人值守自动运行）等级建设的线路具备完整的驾驶模式，可支持从传统的 CBTC（基于通信的列车控制）系统运营应用模式平滑过渡到全自动运行运营应用模式。本工程的成功建设可以为浙江省后续全自动化运行线路提供参考。

2. 通信系统增强型 OTN 传输技术的应用

增强型 OTN 传输技术是在 OTN 的基础上，融合 MSTP 和 PTN 技术形成的综合传送技术，解决了 OTN 无法接入 2M 业务等问题，无线实现分组业务共享，同时具备 100G 大带宽线路传输能力，能够通过 DWDM 技术实现 100G 传输。该技术的应用符合传输系统 IP 化、大带宽的发展趋势。

3. 信号系统联锁子系统采用全电子联锁方案

目前行业内联锁系统设备主要有传统计算机联锁和全电子计算机联锁两种方案。传统的计算机联锁在继电器电路和联锁电路之间、继电器电路内部间存在大量人工配线，存在一定安全隐患，并且增大了维修和运行部门的工作量和工作难度。全电子计算机联锁与传统计算机联锁相比具有以下特点：系统容易扩展，使用范围大；维护方便；安全性高。

全电子计算机联锁是信号联锁系统的发展方向，本工程的应用为宁波轨道交通第三轮建设进行了技术储备。

4. AFC 系统采用 MLC 系统设计方案

AFC 专业 5 号线一期工程采用 MLC 系统设计方案，同时，MLC 系统采用云平台建设方案进行建设，均为本地区首次采用。从长远角度看，减少了后续线路 AFC 专业的建设成本，且系统整体可塑性提高。

5. 风水联调系统在浙江省轨道交通首次应用

风水联调系统又称通风空调节能控制系统，是根据传感器采集参数对空调的风系统及水系统实施联动全局控制的控制系统。其控制对象包含风系统的组合式空调、回排风机及风阀的控制，水系统的冷水机组、冷冻水泵、冷却水泵、冷却塔、电动二通阀和电动蝶阀的控制。采用此方案，地铁车站内通风空调系统设备在保证使用功能的前提下，能够自动调节运行模式及变频设备的运行频率，使地铁车站内通风空调系统始终处于最佳的节能运行状态，节约电费。

6. 轨道减振措施的应用

为减少对上盖物业的振动噪声影响，前殷停车场轨道按综合减振降噪设计方案，库内外轨道均采用整体道床、无缝线路，同时库内线采用低速工况减振扣件，在满足轨道安全性、稳定性指标的前提下，将列车运行产生的振动噪声影响降到最低，提升上盖物业的商业价值和使用品质。

7. 牵引供电双向变流机组首次全线应用并全面推广

牵引供电双向变流机组具有牵引整流及制动能量回馈功能，自 5 号线一期全线应用并不是简单的功能增加或是容量提升，其可将原有混合所输出网压的波动范围由 500V 减小至 50V，可稳定端口电压、降低损耗、改善电能质量、优化供电环境，具有将原有系统从不控转为可控等多种优势，从而保证整个系统的安全、稳定、节能、优化等多方面协调发展，较传统整流机组优势明显，属于新一代的牵引供电系统。

8. 停车场接触网全刚性悬挂形式的采用

普通车辆段及停车场一般都采用柔性悬挂，减少场段接触网悬挂及下锚安装点的数量，方便工程实施。5 号线一期前殷停车场有上盖开发，其库内外，尤其是出入场线部分安装净空很低，柔性悬挂安装存在困难。针对此情况，停车场库内外全部采用刚性悬挂，并根据工艺提资降低接触网悬挂高度。

三、装修艺术特点

5 号线一期的装修设计，首先立足于采用建筑设计手法进行表现，以最大程度抬高整体建筑空间为目标，通过与各专业整合，从根本上实现装饰空间最大化的效果。

在车站公共区装修设计中，由于墙面大面积设置广告，地面设有盲道、疏散标识等设备设施，同时材质的选择也比较单一，因此，天花吊顶的设计就显得尤为重要，成为装修设计中首要考虑的设计因素，可以说，天花的设计形式的美观与否决定了车站整体装修效果的成败。目前，国内大部分地铁车站装修设计中，天花的设计形式多采用“表皮”式设计，多为平顶造型，很少考虑采用建筑手法进行表现。即便是有过考虑采用局部抬高吊顶的思路，但由于种种原因，抬高的程度也是很有限的。天花顶部设备管线较多，是造成常规车站装修无法实现空间最大化的最主要原因。因此，本项目首先对综合管线进行梳理和整合，将设备管线全部挪移至站厅墙体两侧，使天花中部不设置或者少设置设备管线，这样就可以实现天花中部整体抬高。

经过与建筑、机电设备、风水电等专业的多次研究与探讨，最终实现了将管线全部挪移至两侧，风口采用侧吹。设计成形后，站厅公共区中部天花完成面最高点将达到 4.5m，常规装修完成面为 3.2m，整整比常规设计抬高了 1.3m。此次调整的得以实现是各个专业协同作战的结果。

通过天花整体抬高，人们在站厅行进时，将获得通透、大气之感，打破了地下空间给人带来的沉闷与压抑感。同时结合色彩表现，打造出一个独特的、具有建筑艺术之感的装饰空间。

四、工程实施特点

（1）车站与地下空间结合的充分应用。钱湖南路站与市政下穿隧道形成共建叠交的方案，统一有效利用地下空间，工程筹划同步考虑，减小分离施工所引起的施工时序、风险及交通导改等问题，并对市政地下管线迁改和布设统一规划和实施；柳隘站、会展中心站附属与公交首末站同步实施考虑，车站附属出入口与新建公交站房建筑风格统筹设计。

（2）盾构新技术的充分应用。采用 MJS 加固并结合钢套筒的技术，在院士路站、柳隘站成功应用于盾构接收。采用洞内 MJS 注浆技术，成功应用于 5 号线一期区间上跨运营 2 号线区间。采用盾构刀盘切割塑料排水板技术，成功应用于入场线区间下穿杭甬高速公路。

（3）前殷停车场设计为下沉式上盖开发停车场。受周边工程控制条件限制，出入场线无法爬出地面，设计轨顶标高为－3m。为更好地结合地块物业开发需求，前殷停车场采用刚性接触网，将咽喉区及运用库盖板层高降低为 7.5m（较常规上盖车辆段盖板层高低了近 1.5m），使得停车场周边地块与停车场上盖物业竖向进行顺接，整个地块开放融为一体。

（4）经堂庵跟车辆段采用架空综合管廊，并兼作风雨走廊。连廊连接了运用库、综合楼、综合维修楼、物资总库、检修主厂房、洗车机库等段内大部分单体建筑，梅雨季节工作人员往来段内各单体建筑基本可避免淋雨。同时利用连廊的上部空间架设架空管廊，摒弃了传统的电缆沟做法，规避了车辆段电缆沟积水的通病，可以极好地适应宁波地区多台风的天气特点。

第三章　主要工程量、技术经济指标与主要工期节点

轨道交通5号线一期工程总投资为223.12亿元，技术经济指标为7.98亿元/公里（正线）。历时63个月开通运营。根据施工图统计，主要工程量、技术经济指标及主要工期节点简述如下。

第一节　主要工程量

主要工程量见表3-1。

表3-1　主要工程量

序号	项目	单位	数量
一	正线长度	正线公里	27.923（右线）
二	车站	座	22
		建筑面积（m^2）	341166
三	区间（含出入场线）	双线延米	24034.739
四	轨道	铺轨公里	74.1
1	正线铺轨	铺轨公里	59.3
2	车辆段铺轨	铺轨公里	14.8
五	主变电所	座	2
1	改建主变电所	座	2
六	变电所	座	26
1	正线牵引降压混合所	座	12
2	正线降压所	座	10
3	车辆段牵引降压混合所	座	1
4	车辆段跟随式降压所	座	2
5	停车场牵引降压混合所	座	1
七	环网电缆	公里	349.24
八	接触网	条公里	91.69
1	正线接触网	条公里	62.22
2	车辆段接触网	条公里	17.4
3	停车场接触网	条公里	12.07
九	自动扶梯、电梯	部	288
1	自动扶梯	部	231
2	电梯	部	57

续表

序号	项目	单位	数量
十	车辆段及停车场	座	2
1	车辆段房屋	m^2	110644.03
2	车辆段土方	m^3	1315425
3	停车场房屋	m^2	63172.22
4	停车场土方	m^3	788549.61
十一	全线征地面积	亩	813.9
十二	全线办公楼及商业拆迁面积	m^2	5000
十三	全线住宅及民房拆迁面积	m^2	141292
十四	全线工业拆迁面积	m^2	10454

第二节　主要技术经济指标

第一部分工程费用为 133.70 亿元，占工程总造价的 59.92%。

第二部分工程建设其他费用总额为 52.90 亿元，占工程总造价的 23.71%。

第三部分预备费用为 9.33 亿元，占工程总造价的 4.18%。

第四部分专项费用为 27.19 亿元，占工程总造价的 12.19%，包括车辆购置费 10.45 亿元、建设期贷款利息 16.58 亿元、铺底流动资金 1560 万元。

与 6、7 号线工程同步实施工程（民安东路站、院士路站土建及民用通信）投资 8.46 亿元未计入本线总概算中。5 号线一期工程含同步实施费用，总投资额为 231.58 亿元。

另外，与 5 号线一期工程同步实施的前殷停车场物业开发投资总额为 2.86 亿元。

第三节　主要工期节点

轨道交通 5 号线一期工程于 2016 年 9 月底先行站点（盎孟港站）开工建设，2019 年、2020 年形成土建建设高潮，于 2021 年 12 月 28 日开通全自动运营，历时 63 个月。主要工期节点如下：

（1）2016 年 9 月 28 日开工建设；

（2）2020 年 12 月 30 日洞通；

（3）2021 年 5 月 31 日轨通；

（4）2021 年 6 月 10 日电通；

（5）2021 年 6 月 20 日完成热滑；

（6）2021 年 8 月 26 日，完成项目工程验收；

（7）2021 年 9 月 1 日—11 月 30 日，完成列车空载试运行；

（8）2021 年 12 月 2 日，完成项目竣工验收；

（9）2021 年 12 月 8 日，完成初期运营前安全评估；

（10）2021 年 12 月 28 日，开通全自动运营。

第四章 工程主要重难点

第一节 土建工程

一、布政站站位邻近河道

布政站主体基坑距离现状河道最近约 32m，距离高压铁塔 28m，均在主体基坑 2 倍坑深范围内；附属基坑距离现状河道最近约 22m，在附属基坑 3 倍坑深范围内，C 出入口基坑距离高压铁塔 16m，B 风亭距离高压线 10m，A 风亭距离高压线 16m，均在附属基坑 2 倍坑深范围内。针对附属基坑距离河道、高压线及高压铁塔距离较近，B 风亭支护结构采用“钻孔桩＋高压旋喷桩”，C 出入口支护结构采用地连墙，A 风亭采用“钻孔桩＋三轴搅拌桩”，以满足安全要求和施工作业要求。

二、同德路站主体及附属与规划道路红线关系

同德路站北侧附属（A 号出入口、B 号出入口）受重大管线制约，其设计与施工是本站的重难点。A 出入口受制于 DN800 污水管横穿通道，DN800 污水管已经过主体施工前的一次改移，在附属范围再无改移路径，本出入口已按照预留处理。B 出入口受制于 DN1800 原水管和 DN273 次高压燃气管，经多方协调，该两条管线改移困难，其保护距离按 5m 考虑，为满足其保护要求，B 出口从原先的 2 扶 1 楼的方案改为 1 扶 1 楼方案，并移至红线内。

三、同德路站—石碶站区间上跨运营 2 号线隧道

同德路站—石碶站区间沿鄞县大道由西向东敷设，区间隧道到达石碶站前，需上跨轨道交通 2 号线鄞州大道站—石碶站区间隧道，最小净距仅 1.16m，这是宁波轨道交通开工建设以来，盾构区间首次上跨运营线路。如何实现微扰动穿越，减小盾构施工对既有线的影响是 5 号线一期区间设计施工的重难点。

四、石碶站主体位于既有河道下方

石碶站位于既有南新塘河及舒江岸桥下方，车站完工后需按规划恢复河道及桥梁，需处理好车站与规划河道、规划桥梁的关系，河底标高、桥梁底净空要保障河道行洪及清淤疏浚等功能，施工期间需解决好河道的水力沟通，满足防洪防汛要求。

五、雅渡站—庙堰站下穿奉化江

雅渡站—庙堰站区间下穿奉化江、侧穿奉化江大桥，奉化江现状宽约 209m，现状

河底标高约为－5.8m，河底百年冲刷线标高为－9.8m，最大水深平潮期约6.0m，潮幅约4.0m。设计上需合理确定区间线路平纵断面，避让奉化江大桥，减小施工对桥梁的影响，保证隧道与江底百年冲刷线的安全距离，并采取合理的施工工法降低施工风险，保障工程实施安全。

六、鄞州区政府站—下应路站区段与鄞县大道提升改造相结合

鄞州区政府站—下应路站区段，区间线路主要沿鄞县大道敷设，先后下穿前塘河（大雁桥）、小洋江两股支流（下应桥、六村桥）、甬新河（甬新河桥），沿线区间线位结合鄞县大道提升改造工程设置，桥梁拆复建时，拔除盾构施工影响区域内的老桥桩基。新建桩基避开区间隧道设置。桥梁拆复建与区间隧道分别由不同的施工单位同期实施，施工过程对接和相互保护是重点。

鄞县大道提升改造工程过钱湖路下穿隧道与钱湖南路站合建，地下一层为下穿隧道，地下二、三层为地铁车站。车站两端的区间隧道采用盾构法施工，下穿市政隧道U形槽段和明挖暗埋段，市政隧道抗拔桩和基坑围护结构的设置，均考虑避开区间隧道一定安全距离。市政隧道与地铁区间隧道施工存在相互影响，相对关系对接准确、施工时序对接及相互保护是重难点。

七、泗港站—曹隘站正线及出入线隧道下穿高速公路

泗港站—前殷停车场—曹隘站正线区间与出入场线区间三线长距离并行后近距离交叠，穿越甬台温高速公路路基后，与停车场八字线接轨。该段区间同时存在小半径（250m）、大坡度（35‰）、浅覆土（小于D）、小净距（小于0.7D）等施工难点，同时盾构机需下穿高速公路下软质排水板，施工过程中极易造成刀盘拖拽排水板、排水板堵塞螺旋输送机，引起高速公路沉降。通过对盾构刀具进行改造，同时邀请盾构领域专家进行论证，确保了盾构机顺利穿越高速公路。施工完成后，高速公路沉降满足设计要求。

八、曹隘站—柳隘站采用区间明挖下穿既有甬台温铁路箱涵

曹隘站—柳隘站区间明挖段，沿海晏南路向北敷设，线路直行利用既有铁路箱涵非机动车道结构方案穿越甬台温铁路到达区间盾构井，避免区间与铁路箱涵桩基冲突。施工中需对铁路箱涵和下穿立交U形槽结构进行改造，同时考虑增设一定数量的工程桩，调平地铁纵向结构基础的线刚度，控制沉降。

九、海晏北路站车站施工对既有1号线的保护

由于建设时序的原因，后期新建的5号线一期海晏北路站需在既有运营的1号线车站两侧进行基坑开挖施工，施工难度和风险很大，对既有1号线的保护要求很高。设计过程中通过设置第五道混凝土支撑、增加地连墙厚度、坑底及第五道混凝土支撑底增加水泥搅拌桩强加固、1号线车站两侧基坑部分范围采用支撑轴力伺服系统等措施控制基坑变形，以保证运营线路的安全。

十、会展中心站与公交场站结合

会展中心站C号出入口与地块内公交场站合建。需明确出入口地下部分结构预留条件；地上部分需预留好管线路径及冷却塔基础。在设计过程中需与外部设计单位协调沟通，解决各自设计中的冲突问题，以满足功能要求。

十一、会展中心站—院士路站区间下穿韵升集团厂房

会展中心站—院士路站区间穿越大量地块，隧道上方存在多处现状及规划建（构）筑物。对现状建（构）筑物，需核实相互关系，结合现场情况完备物探资料，顺利实现拆迁及拔桩清障；对规划建（构）筑物，需加强对接，妥善解决建设时序问题，为区间隧道建设预留通道，保障工程顺利实施。

十二、盘孟港站—三官堂站区间下穿甬江、侧穿三官堂大桥

本区间出盘孟港站后下穿江塘河、盘孟港路、甬江南侧河流、甬江南侧驳岸后下穿约400m宽的甬江，为保证百年冲刷条件下的盾构结构抗浮稳定性满足要求，本区间在出盘孟港站后采用25‰的大坡度下行380m，确保江底隧道最小5.9m的覆土厚度。

三官堂大桥位于盘三区间西侧，主桥桩基距离盾构边约14.4m，地面引桥桩基与盾构边线最小距离1.4m。三官堂大桥桥桩设计时已提前考虑盾构侧穿引起的负摩阻力，承载力留有相应富余度，故本次盾构区间侧穿桩基未对三官堂大桥产生明显影响。

十三、兴庄路站邻近既有河道

兴庄路站东端紧邻既有大叶界河，该河属甬江水系，与甬江有较密切的水力联系。河流宽度15～20m，河水位低于地面0.0～2.0m，水深1.0～2.0m。由于该地下车站紧邻该河流施工，基坑开挖期间需施做临时围堰，该河流对该车站建设影响较大，设计和施工时引起各方高度的重视。

第二节　机电系统

一、车站常规设备

5号线一期通风空调系统是在浙江省地铁工程中首次采用的独立控制的节能控制系统，在保证车站环境要求的条件下，能实时调节、按需供冷，节约能源。

综合管线在宁波市地铁工程中首次采用抗震支吊架，严格执行新的国家标准，保证车站内管线吊装的安全可靠。

全线地下车站及区间排水均无法采用重力流排水，需设置排水泵站；泵站大小需与土建及轨道专业密切配合，确保集水池的有效容积；合理、准确选择排水泵型号及参数，确保全线排水的安全性。

全线动力照明设置集中控制型消防应急照明及疏散指示系统、电气火灾监控系统、消防电源监控系统。

二、轨道

1. 减振降噪设计

5 号线一期工程均为地下线，线路西起鄞州区布政，经鄞州西部地区、石碶中心区、鄞州南部商务区、东部新城、宁波国家高新区和镇海新城南区等区域，止于兴庄路站，沿线下穿居民区、学校、医院以及繁华街区等多处振动敏感地带。轨道减振降噪设计需以环评报告为依据，沿线实地踏勘，采取相应的合理、经济、有效的减振降噪措施以减少列车运行引起的振动和噪声对周围敏感点的影响；同时在设计周期内需动态关注沿线敏感点的变化，以保证最终落地施工的全线轨道类型满足环境保护的需求，是轨道工程设计中的重难点。

2. 接口设计

轨道系统是城市轨道交通工程中承上启下的重要结构，轨道部件繁多，如钢轨、扣件、轨枕、道岔、道床以及挡车器、钢轨涂油器等，与土建、信号、给排水、供电等多专业均存在接口，如何统筹考虑轨道系统与各专业的接口，全面细致开展接口设计，保证轨道系统和各专业的功能均得以顺利实现，是轨道工程设计中的另一个重难点。

三、供电及接触网

（1）牵引供电双向变流机组首次在 5 号线一期工程全线应用并推广。供电系统全线采用牵引供电双向变流机组系统方案，在国内属首次，属于新方案，方案的变化也引起配套新设备的应用。本工程采用双向变流机组方案后，变电所二次保护有一定的变化，需结合实际保护需求进行研究细化。

（2）停车场接触网全刚性悬挂形式的采用，在宁波尚属首次，属于新方案应用。针对前殷停车场上盖开发，安装净空较低的情况，停车场库内外全部采用刚性悬挂，需结合实际安装需求进行研究细化。

四、通信

车辆段不同区域对无线的带宽需求不同，且离选用相同 LTE 制式的机场较近，如何在避免干扰的同时满足不同区域的带宽需求是本工程的难点。

车载图像隶属于车辆专业，车站、区间图像隶属于通信专业，烟雾探测器、区间泵房等隶属于其他专业，需要异常情况下多方联动是本工程的难点。

五、信号

本工程信号系统采用众合科技的 BiTRACON 型 CBTC 系统。该系统的全自动运行（UTO）功能，是国家科技部立项的科技成果，并已在试验线内完成各项测试及示范运行，成功检验了 UTO 系统的关键技术，包括休眠与唤醒、站台跳跃对位、蠕动模式等。科技成果已通过专家评审和科技部验收，成果达到国际先进水平。作为浙江省第一条按全自动运行标准建设的线路，UTO 系统全功能的开通运营是本工程的重点和难点。

六、综合监控

5 号线一期作为宁波市轨道交通第一条全自动运行线路，综合监控系统在全自动运行系统设计中担任重要角色。全自动运行系统对综合监控系统的功能需求、信息互传、网络安全等提出更高的要求。综合监控系统需依托5号线一期全自动运行方案，深度开发国产综合监控系统软件平台基本功能，实现与各监控子系统更深度的集成，实现变电所综合自动化系统和综合监控系统一体化建模。同时，为了增强在全自动场景操作的便捷性，在实施过程中，需深化综合监控系统的软件功能，增强系统管理和网络管理的健壮性，加强报表及统计的功能开发；综合监控系统界面集成ATS系统，以便于运营在同一工作站上实现对相关信息的全方位监视。同时，实现安全高效的联动功能，完成各个系统之间与安全无关的信息互通和联动。

七、站台门、电扶梯

1. 站台门

5号线一期工程为全自动运行线路，站台门系统设计应能满足全自动运行模式的要求。

其重难点为：站台门系统应按具备SIL2安全认证的要求开展设计；增加与信号系统间通信接口，通过设置冗余网络实现车门、站台门对位隔离功能；需研究提出满足全自动运行模式要求的站台门RAMS/EMC技术要求；需研究适应自动驾驶的异物检测系统方案，并接入安全回路。

2. 电扶梯

电扶梯设计重难点主要是准确落实与土建结构的接口设计，应实时跟踪土建设计施工情况及电扶梯设备厂家产品设计参数，及时修订接口设计。

第三节　车辆段

一、经堂庵跟车辆段

1. 全自动运行车辆段

经堂庵跟车辆段为5号线一期全自动运行车辆段，全自动驾驶要求车辆基地划分成全自动运行区和非全自动运行区。全自动运行区包含停车列检库、双周三月检库和洗车机库。其余的单体，如检修主厂房、镟轮库、调机工程车库等包含在非全自动运行区中。通过全自动、非全自动的转换轨联系全自动运行区和非全自动运行区。列车入段后自动驾驶至转换轨处，可切换至人工驾驶，司机在此处登车，驾驶至目标库。轨行区设金属扩张网封闭，将自动运行区与非自动运行区物理分隔开，停车列检库中每两股道设置1个物理分区，并在相应位置设栏杆门及安全联锁系统。其余设计要点如下：

（1）停车列检库比传统库要加长，根据信号要求，一般考虑两列位间不小于20m，末端列位距车挡不小于15m；

（2）停车列检库内通道处设置垂直轨道方向贯穿整个大库的地下走廊通道；

（3）自动化驾驶区牵出线需按信号要求考虑安全距离，加长15m；

（4）停车列检库内考虑设立臂式液压车挡；

（5）洗车线需根据信号要求考虑安全距离。

2. 架空管廊

针对宁波地区多雨的特点，经堂庵跟车辆段内设有风雨走廊，连廊连接了运用库、综合楼、综合维修楼、物资总库、检修主厂房、洗车机库等段内大部分单体建筑。梅雨季节工作人员往来段内各单体建筑基本可避免淋雨，同时利用连廊的上部空间架设架空管廊，摒弃了传统的电缆沟做法，规避了车辆段电缆沟积水的通病。

3. 综合楼

综合楼及综合维修楼采用退台设计，屋面绿化，设屋顶花园，综合楼及综合维修楼的 5、6、7 层均有屋顶花园，可供工作人员休憩，提升办公环境的舒适度。

二、前殷停车场

1. 半下沉式全自动运行停车场

前殷停车场为 5 号线一期半下沉式全自动停车场，轨行区及库内均使用全自动驾驶，无转换轨，运用库咽喉区栅栏封闭。库中每两股道设置 1 个物理分区，并在相应位置设栏杆门及安全联锁系统。

2. 出入场线“八”字形设计

5 号线一期全线为环线工程，停车场出入线采用“八”字形接轨，既可减少环线运营车辆轮对踏面造成的偏磨影响，减少镟轮工作量，也可以保证双向收发车要求，减少收发车折向对正线运营的干扰。

第二篇　工程设计与创新篇

第五章　线网规划及工程可行性研究

第一节　线网规划

宁波市 2020 年轨道交通线网方案由 7 条市区线、3 条市域线组成放射状线网形态，其中市区线网规模为 271.6km，中心城区线路长度为 253.12km。中心城区内线网密度达到 0.36km/km^2，全线网共设车站 188 座。远景规划线网由 10 条线组成，构建“一环两快七射”的环射网络结构，线网规模为 409km，共设车站 253 座。

第二节　工程可行性研究

2013 年 11 月，国家发展改革委批复《宁波市城市快速轨道交通近期建设规划（2013—2020 年）》，由 3 号线一期、2 号线二期、4 号线、5 号线一期和 3 号线二期组成，规划线路长度 100.1km。

5 号线一期工程可行性研究由上海市隧道工程轨道交通设计研究院承担。受宁波市发展和改革委员会委托，铁道第三勘察设计院集团有限公司于 2015 年 5 月 19 日—22 日，在宁波组织审查了《宁波市轨道交通 5 号线一期工程可行性研究报告》。专家组认为，该可研报告内容全面、数据翔实，所采用的主要技术标准基本合理，工程技术方案总体可行，达到了可行性研究报告的深度要求。2016 年 4 月 18 日，宁波市发改委批复宁波轨道交通 5 号线一期工程可行性研究报告，如图 5-1 所示。

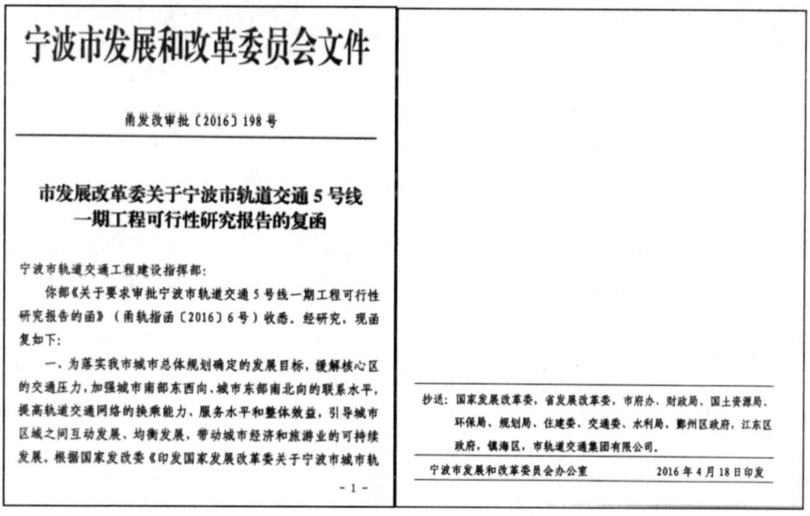

宁波市发展和改革委员会文件

甬发改审批〔2016〕198 号

市发展改革委关于宁波市轨道交通 5 号线一期工程可行性研究报告的复函

宁波市轨道交通工程建设指挥部：

你部《关于要求审批宁波市轨道交通 5 号线一期工程可行性研究报告的函》（甬轨指函〔2016〕6 号）收悉，经研究，现函复如下：

一、为落实我市城市总体规划确定的发展目标，缓解核心区的交通压力，加强城市南部东西向、城市东部南北向的联系水平，提高轨道交通网络的换乘能力、服务水平和整体效益，引导城市区域之间互动发展、均衡发展，带动城市经济和旅游业的可持续发展，根据国家发改委《印发国家发展改革委关于宁波市城市轨

- 1 -

抄送：国家发展改革委，省发展改革委，市府办、财政局、国土资源局、环保局、规划局、住建委、交通委、水利局，鄞州区政府，江东区政府，镇海区，市轨道交通集团有限公司。

宁波市发展和改革委员会办公室　　2016 年 4 月 18 日印发

图 5-1　宁波市轨道交通 5 号线一期工程批复文件

第六章　线、站位优化

第一节　站位调整

一、张家潭站

张家潭站是5号线一期工程第二个车站，位于云林东路和规划段梅路西侧，沿云林东路布置。车站起止里程为SDK2＋887.562～SDK3＋077.563，有效站台中心里程为SDK3＋000.512，为地下两层11m岛式站台车站，车站长190m，标准段宽18.3m，有效站台中心轨面埋深14.867m，主体建筑面积7781m^2，附属建筑面积4407m^2，总建筑面积12188m^2。站位调整前车站总平面图如图6-1所示。

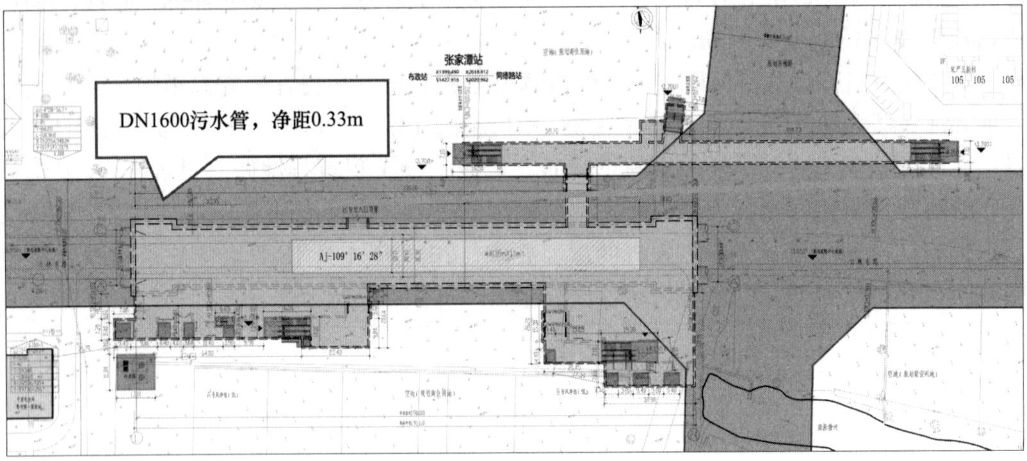

图6-1　站位调整前车站总平面图（橘黄色区域）

站位调整前车站周边管线较多，主要管线有东西向管线：DN1600（混凝土）污水管、埋深7m，10kV规格900×500（塑）供电管、埋深0.5m，10kV规格800×800（塑）供电管、埋深0.8m，DN500（铸铁）给水管、埋深1m，DN200（塑）燃气管、埋深1.3m等管线，其中DN1600（混凝土）污水管距离车站主体围护结构净距仅0.33m，车站主体围护施工对该管有影响。站位调整后车站总平面图如图6-2所示。

为减小主体围护结构施工对DN1600污水管的影响，避免基坑开挖引起污水管渗漏等，对张家潭站站位进行微调，车站主体沿站台中心逆时针旋转3°，调整后车站与DN1600污水管最小净距约3.20m。

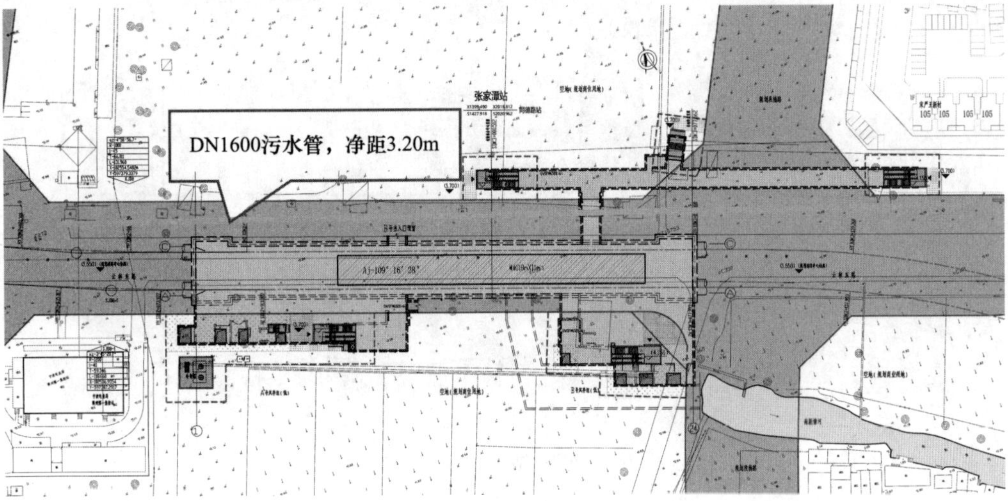

图 6-2　站位调整后车站总平面图（橘黄色区域）

二、庙堰站

庙堰站北侧为中国移动宁波公司鄞州枢纽机房，由鄞州枢纽向南传输的通信干管位于车站东侧，其承担大量移动用户、固定通信用户及党政军、金融等专线用户通信，根据甬移函〔2016〕15 号文（图 6-3），希望轨道交通施工面距离移动干管 20m 以上。庙堰站车站整体西移 3.1m，以满足车站与移动干管距离 20m 的要求，保障施工期间移动干管的安全。庙堰站变化前总平面图如图 6-4 所示，庙堰站变化后总平面图如图 6-5 所示。

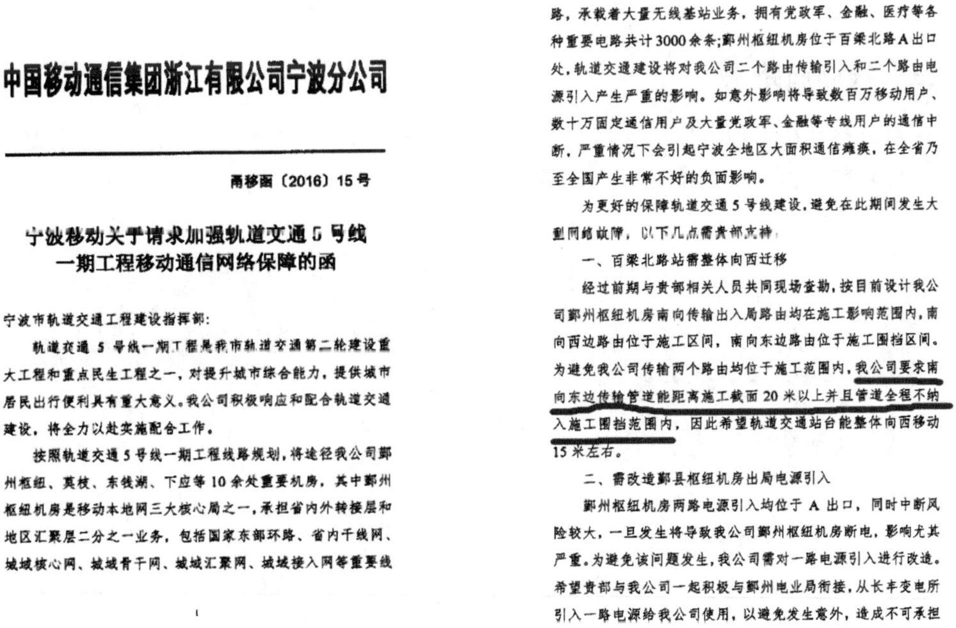

中国移动通信集团浙江有限公司宁波分公司

甬移函〔2016〕15号

宁波移动关于请求加强轨道交通5号线一期工程移动通信网络保障的函

宁波市轨道交通工程建设指挥部：

轨道交通5号线一期工程是我市轨道交通第二轮建设重大工程和重点民生工程之一，对提升城市综合能力，提供城市居民出行便利具有重大意义。我公司积极响应和配合轨道交通建设，将全力以赴实施配合工作。

按照轨道交通5号线一期工程线路规划，将途径我公司鄞州枢纽、莫枝、东钱湖、下应等10余处重要机房，其中鄞州枢纽机房是移动本地网三大核心局之一，承担省内外转接层和地区汇聚层二分之一业务，包括国家东部环路、省内干线网、城域核心网、城域骨干网、城域汇聚网、城域接入网等重要线路，承载着大量无线基站业务，拥有党政军、金融、医疗等各种重要电路共计3000余条；鄞州枢纽机房位于百梁北路A出口处，轨道交通建设将对我公司二个路由传输引入和二个路由电源引入产生严重的影响。如意外影响将导致数百万移动用户、数十万固定通信用户及大量党政军、金融等专线用户的通信中断，严重情况下会引起宁波全地区大面积通信瘫痪，在全省乃至全国产生非常不好的负面影响。

为更好的保障轨道交通5号线建设，避免在此期间发生大型网络故障，以下几点需贵部支持：

一、百梁北路站需整体向西迁移

经过前期与贵部相关人员共同现场查勘，按目前设计我公司鄞州枢纽机房南向传输出入局路由均在施工影响范围内，南向西边路由位于施工区间，南向东边路由位于施工围挡区间。为避免我公司传输两个路由均位于施工范围内，我公司要求南向东边传输管道能距离施工截面20米以上并且管道全程不纳入施工围挡范围内，因此希望轨道交通站台能整体向西移动15米左右。

二、需改造鄞县枢纽机房出局电源引入

鄞州枢纽机房两路电源引入均位于A出口，同时中断风险较大，一旦发生将导致我公司鄞州枢纽机房断电，影响尤其严重。为避免该问题发生，我公司需对一路电源引入进行改造。希望贵部与我公司一起积极与鄞州电业局衔接，从长丰变电所引入一路电源给我公司使用，以避免发生意外，造成不可承担

图 6-3　宁波移动关于请求加强轨道交通 5 号线一期工程移动通信网络保障的函

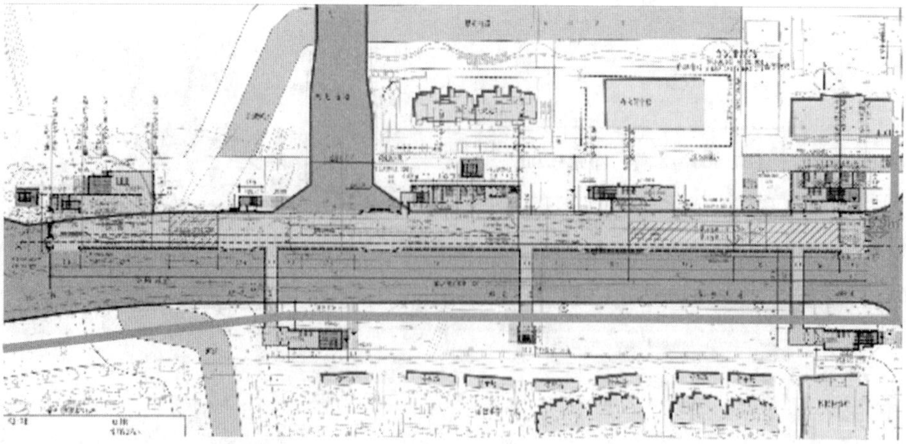

图 6-4　庙堰站变化前总平面图

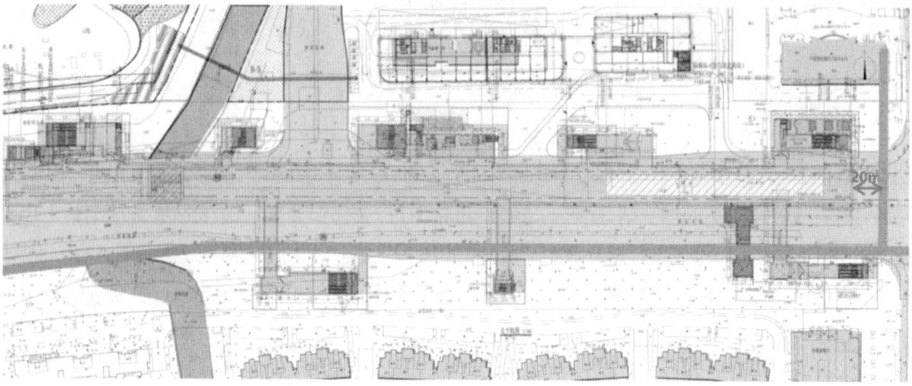

图 6-5　庙堰站变化后总平面图

三、钱湖南路站

钱湖南路站初步设计阶段为配合前后区间避让桥梁，站位结合区间线位，设置于鄞县大道与钱湖南路交叉口南侧绿化带内，沿鄞县大道跨路口设置，如图 6-6 所示。北侧两个出入口延伸至鄞县大道北侧，实现过路口功能。

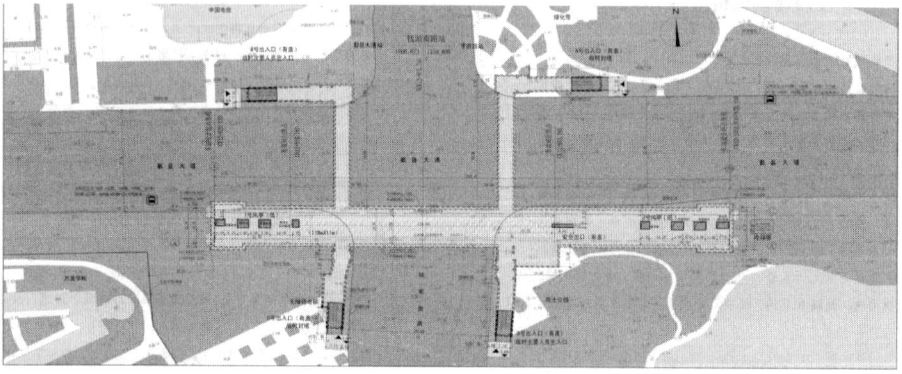

图 6-6　钱湖南路站总平面图（初步设计阶段）

初步设计完成后，获悉鄞县大道提升改造工程即将实施，钱湖路路口设置鄞县大道下穿钱湖路市政隧道，车站与市政隧道相对关系如图 6-7、图 6-8 所示。经研究，认为钱湖南路站与鄞县大道下穿通道分离实施在邻近施工相互保护、北侧出入口过市政隧道段实施以及地下空间资源有效利用等方面存在困难，地铁公司与下穿通道业主鄞州城投对接后，按地铁车站与下穿通道同宽叠建方案实施，合建方案总平面图如图 6-9 所示。前后区间结合鄞县大道提升改造工程对桥梁进行拆复建，线路沿鄞县大道路中设置。钱湖南路站与市政隧道合建方案横剖面图如图 6-10 所示，纵剖面图如图 6-11 所示。

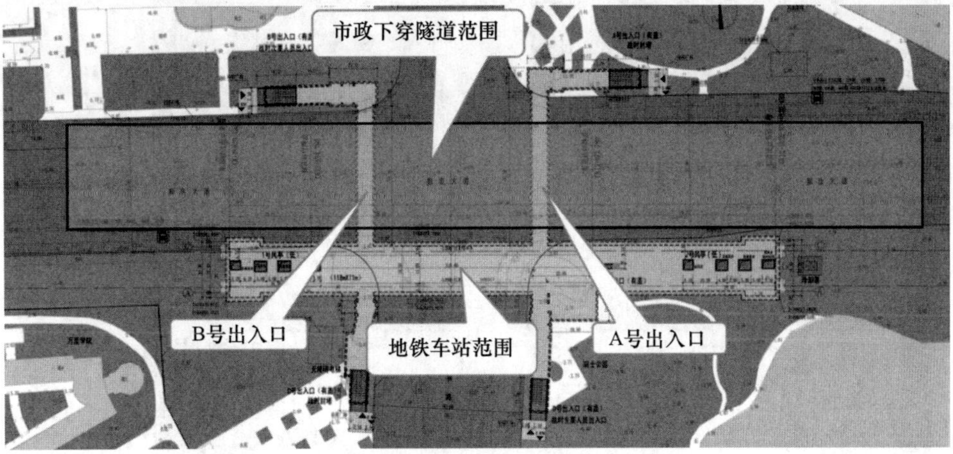

图 6-7 车站与市政隧道分开实施相对关系平面图

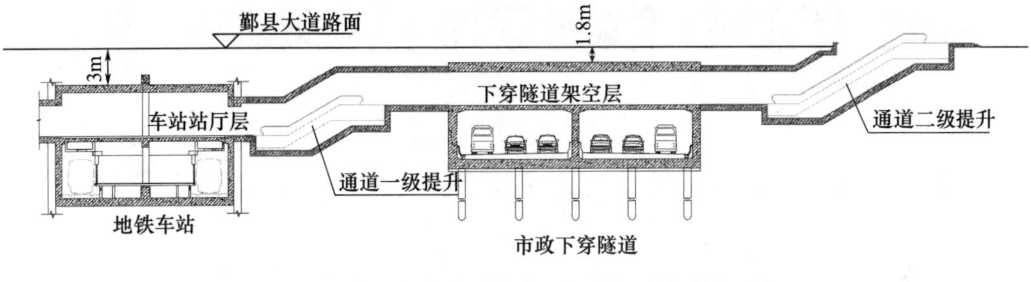

图 6-8 车站与市政隧道分开实施相对关系剖面图

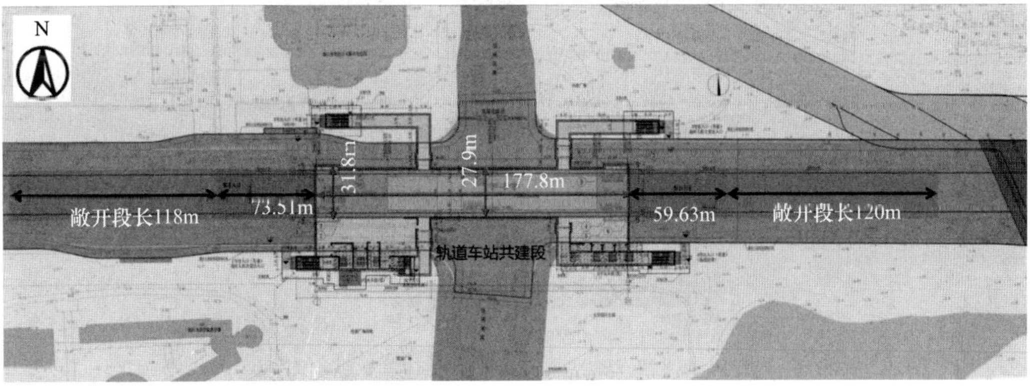

图 6-9 钱湖南路站与市政隧道合建方案总平面图

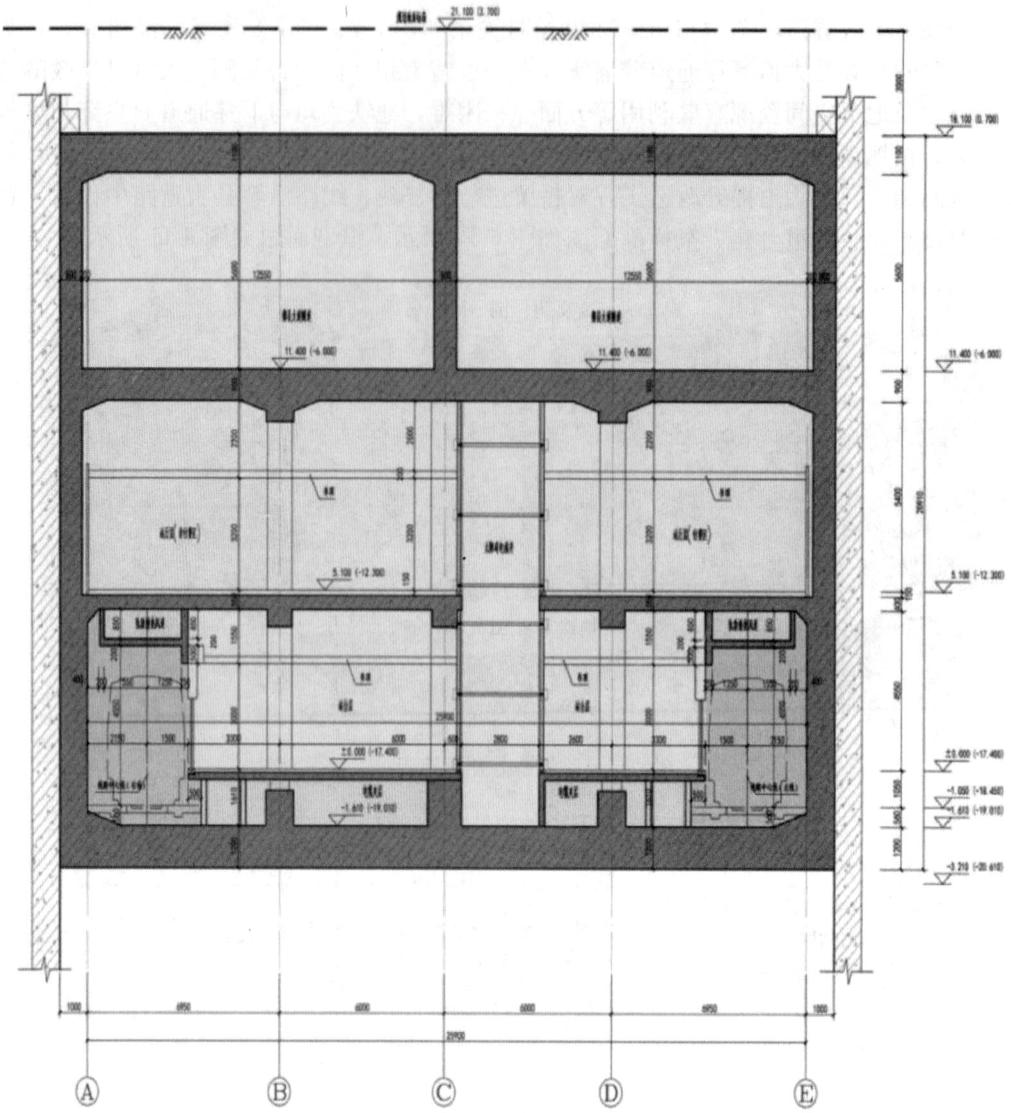

图 6-10　钱湖南路站与市政隧道合建方案横剖面图

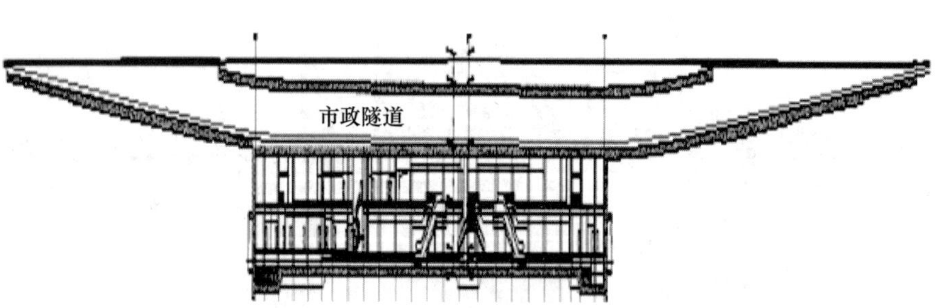

图 6-11　钱湖南路站与市政隧道合建方案纵剖面图

钱湖南路站与鄞县大道下穿隧道合建后，站位由鄞县大道路侧调整至路中，跨钱湖路路口设置。地下一层为市政下穿隧道，地下二层为站厅层，地下三层为站台层。

车站与市政隧道合建方案有如下优点：

（1）有效节约利用地下空间资源，可以为后续市政管线等设施预留实施空间；

（2）车站与市政隧道合建，避免了邻近施工相互保护，工程实施风险降低，可有效缩短施工工期，有利于确保工程安全和质量；

（3）避免分期建设造成工程浪费；

（4）减少施工时对道路交通的影响；

（5）车站由路侧调整至路中与市政隧道合建，出入口设置更加合理，功能更加完善。

四、会展中心站

会展中心站设计为 188m 长的地下两层岛式标准站。原方案车站 C 号出入口位于会展中心公交场地内，与地块内派出所距离 27.4m，与原公交站房相距 32.5m。出入口方向与车站主体结构平行，与道路红线及公交场地内建筑呈 80.5°斜交。

为减少 C 号出入口对公交场地的占用，减少出入口对公交场站运营的影响，同时提升该地块内出地面构筑物的效果。原平行于主体的出入口采用折返形式，与车站主体斜交成 80.5°。出地面部分采用与公交场站结建形式，出入口位于公交站房的首层，车站冷却塔设置于站房二层屋顶平台。

考虑到设计单位与施工先后顺序均不同，车站出入口上建预留了站房内管道井，保证站房的结构稳定性。针对此类出入口与外部单位建筑结合修建的设计，要明确设计界面的划分，加强各专业直接的沟通配合及接口管理。会展中心站 C 号出入口及公交站房调整方案总图及效果图如图 6-12 所示。

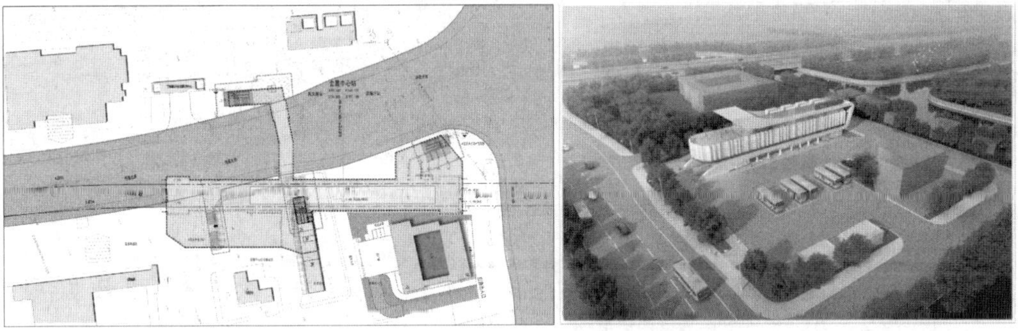

图 6-12 会展中心站 C 号出入口及公交站房调整方案总图及效果图

五、三官堂站

三官堂站是 5 号线一期工程第 21 个车站，位于风华路与明海南路交叉路口东北侧，沿明海南路南北向布置在道路东侧地块内。车站起止里程为 SDK27＋709.684～SDK27＋943.084，有效站台中心里程为 SDK27＋802.236，为地下两层 13m 岛式站台车站，车站长 235m，标准段宽 20.3m，有效站台中心轨面埋深 14.319m，主体建筑面积

10493m²，附属建筑面积 2977m²，总建筑面积 13470m²。站位调整前车站总平面图如图 6-13 所示。

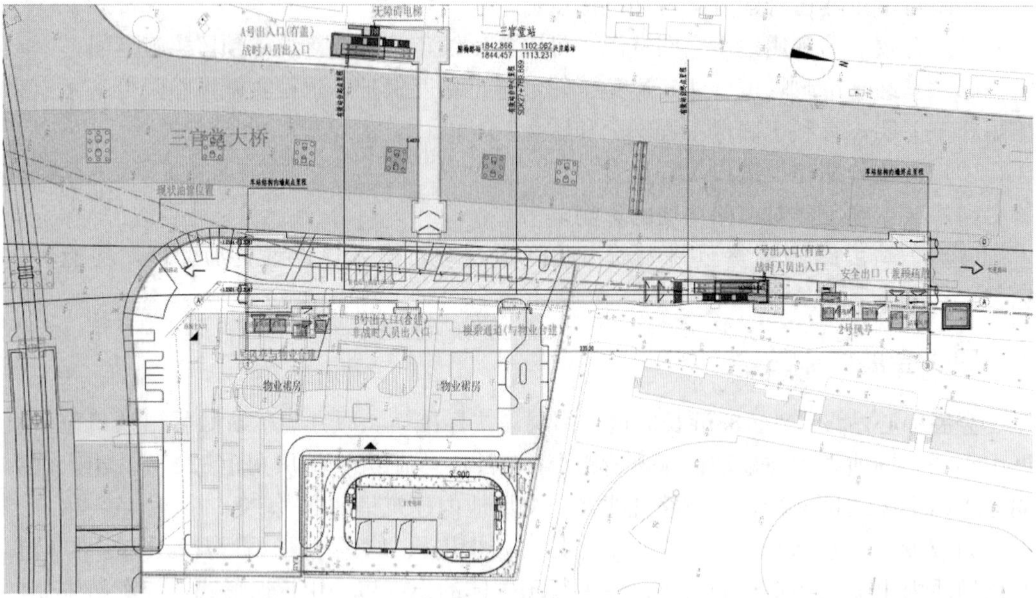

图 6-13　站位调整前车站总平面图（黄色区域）

站位调整前车站与现场镇海炼化—三官堂油库两根输油管线冲突，车站实施需迁改该输油管线。站位调整后车站总平面图如图 6-14 所示。

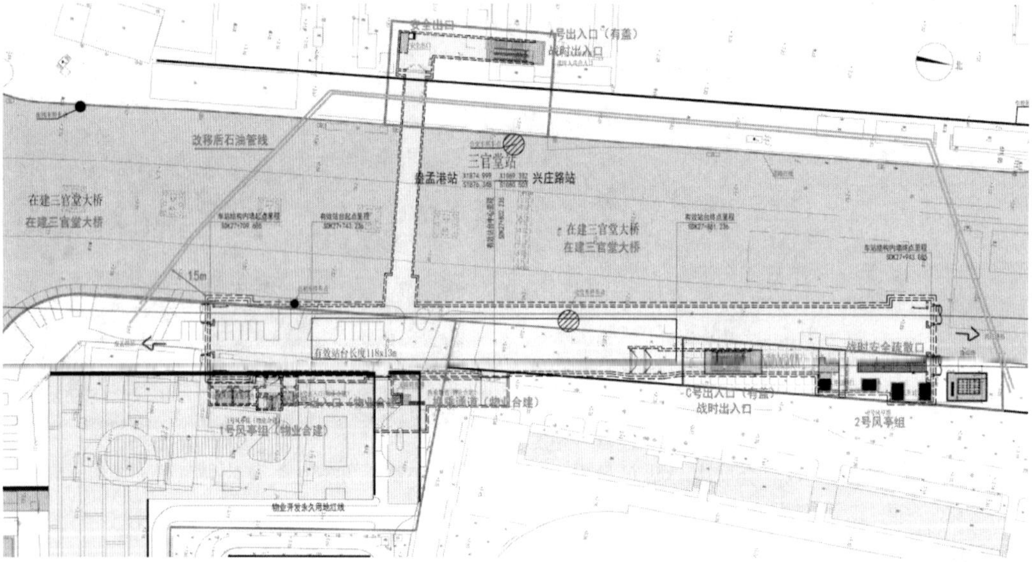

图 6-14　站位调整后车站总平面图（黄色区域）

管线迁改方案经过多轮讨论和方案比选，最终形成了《宁波市轨道交通 5 号线一期工程三官堂站成品油管线迁移可行性研究报告》，并经过专家评审通过《宁波市轨道交通 5 号线一期工程三官堂站成品油管线迁移路由安全评估研究报告》。依据评审结果，为满足输油管线迁改及保护要求，车站向北移 32.5m，向东移 3m。调整后车站与输油管最小净距达到 15m。

第二节　线位调整

一、同德路站—石碶站区间避让机场高架桩基

同德路站—石碶站区间出同德路站后，沿鄞县大道前行，下穿鄞县大道 $16^{\#}$、$17^{\#}$ 桥，侧穿原鄞县大道立交 $15^{\#}$ 桥墩以及机场高架桥墩，在鄞县大道与雅戈尔大道交叉口上跨轨道交通 2 号线区间隧道到达石碶站。

1. 线路调整前（图 6-15）

根据调查资料，原鄞县大道 $16^{\#}$ 及 $17^{\#}$ 桥采用 $\phi 1000$ 的钻孔灌注桩桩基，结合水利及路网规划统筹考虑，盾构推进前应拔除盾构结构外边线 1.2m 影响范围内的灌注桩桩基。为减少鄞县大道 $16^{\#}$ 及 $17^{\#}$ 桥拆复建范围和桩基拔除工程量，原方案线路沿鄞县大道北侧敷设，$16^{\#}$ 及 $17^{\#}$ 桥均按拆半幅桥梁考虑，此时盾构区间距离机场高架桥桥墩净距为 4.3m。

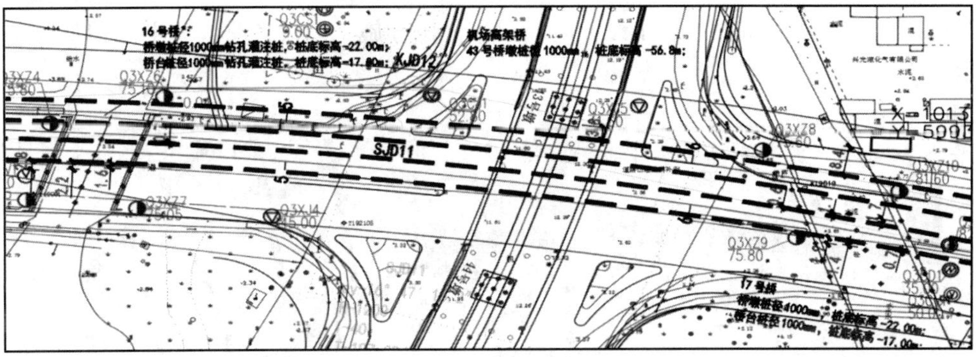

图 6-15　线路调整前平面图

2. 线路调整后（图 6-16）

物探单位二次提供的地下障碍物资料显示，原鄞县大道立交 $15^{\#}$ 桥墩位于线路北侧，桩径为 1500mm，桩长 53.0m，桩底标高为−51.0m。为避让原鄞县大道立交 $15^{\#}$ 桥墩，调整线路平面图，调整后盾构区间距离机场高架桥桥墩净距为 9.0m，距离鄞县大道立交 $15^{\#}$ 桥墩净距为 2.1m。

二、鄞州区政府站—下应路站区间与鄞县大道提升改造相结合

鄞州区政府站—下应路站区间线路主要沿鄞县大道敷设。初步设计阶段为避让沿线桥梁，线路在天童北路至创新路段沿鄞县大道南侧绿化带敷设，创新路至下应北路段沿鄞县大道敷设，区间线路先后下穿前塘河（侧穿大雁桥），侧穿林家河桥、下应桥、六村桥、保国寺桥。区间隧道下穿甬新河处，左右线分别以半径 400m 和 600m 曲线从甬新河桥南北两侧绕行对桥梁进行避让。线位与周边建筑物广博大厦、新城大厦等距

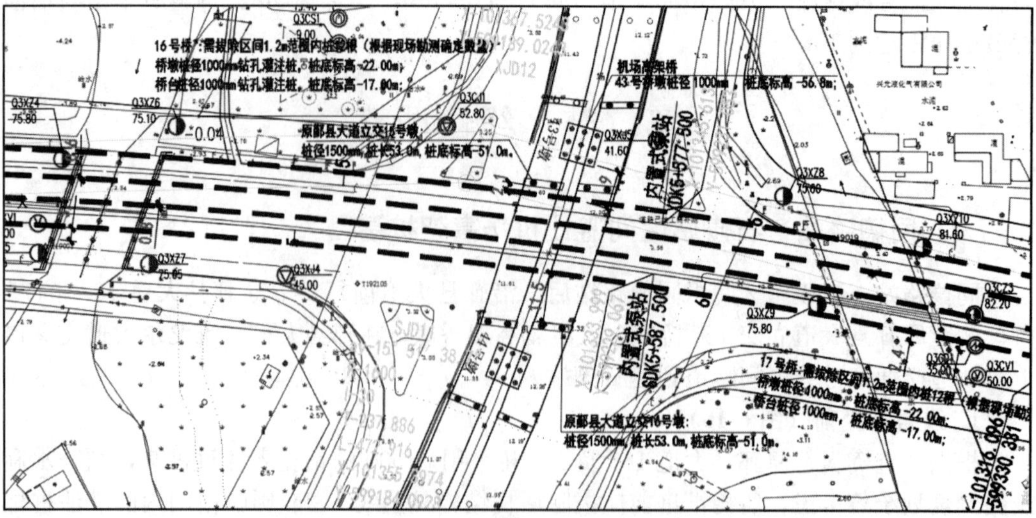

图 6-16　线路调整后平面图

离较近。施工图设计阶段，正值鄞县大道提升改造工程实施，两者结合设计。桥梁拆复建过程中预留地铁区间通道，拔除地铁施工影响范围内既有桥桩，新建桥桩避开地铁隧道一定安全距离布置。初步设计阶段总平面图和施工图设计阶段总平面图如图 6-17 所示。

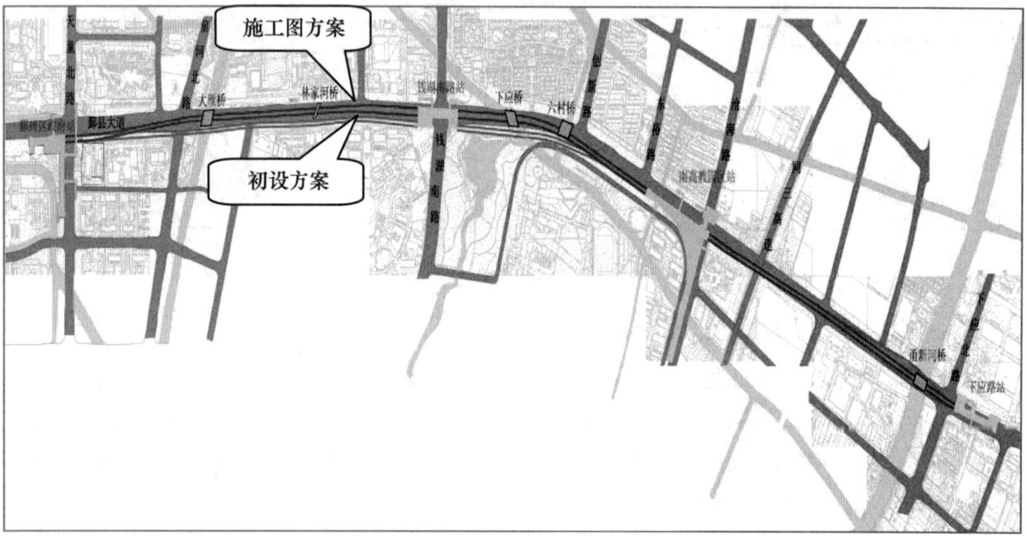

图 6-17　鄞州区政府站—下应路站区间总平面图

方案调整后有如下优点：

（1）区间线路沿鄞县大道路中敷设，相比初步设计阶段，右线减少 3 段曲线，左线减少 5 段曲线；

（2）调整后线路最小曲线半径由初步设计阶段 400m 调整为 740m，线路更加顺直；

（3）区间隧道与周边建（构）筑物距离加大，对周边环境影响减小；

（4）区间线路沿路中敷设，有利于周边地块内地下空间资源开发利用和道路两侧市政管线等地下设备设施的实施。

三、会展中心站—院士路站区间穿越韵升集团地块调整

会展中心站—院士路站区间为盾构区间，总长 1273.54m，共设两座联络通道、1 处内置式泵房。区间线路出会展中心站后，下穿规划综合管廊、日银 IMP 微电子有限公司和韵升集团厂房，下穿甬新河后转入院士路敷设，在江南路交叉口设置院士路站，区间隧道两侧主要建（构）筑物为综合管廊、日银 IMP 微电子有限公司、韵升集团（图 6-18）。

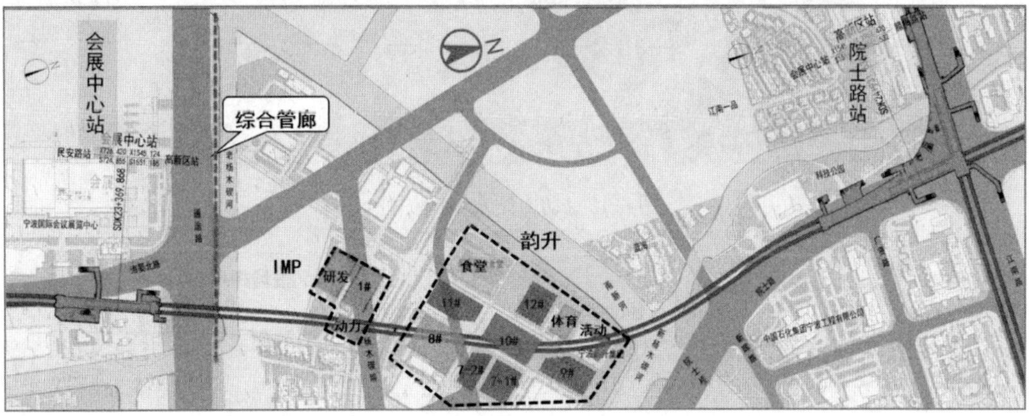

图 6-18　会展中心站—院士路站区间平面示意图

（1）设计伊始，区间上方规划建（构）筑物有综合管廊（外径 6.2m）、韵升集团厂房（7-1#、7-2#、9#～12#、活动中心），设计过程中，规划建（构）筑物建设计划提前，通过多轮对接，确定以下预留条件，保证施工安全：

①综合管廊敷设于地铁隧道下方，控制最小竖向净距 3m，管廊施工前提前对叠交区进行搅拌桩加固，先施工下方的综合管廊，后施工上方的区间隧道；

②根据韵升集团新建厂房与区间隧道的相对关系，控制新建厂房的桩位、桩长，正上方新建厂房桩底与隧顶净距预留 1*D* 以上，侧上方新建厂房不限制桩长，但桩基与隧道水平净距预留 1*D* 以上，为区间隧道施工预留通道；

③盾构掘进过程中，重视信息化施工，加强监测，及时同步注浆和跟踪注浆，保障区间隧道施工质量和地面建（构）筑物安全。

（2）区间上方原始建（构）筑物有 IMP 公司（研发楼、1#厂房、动力站）、韵升集团（8#厂房、食堂、体育馆），其中 IMP 公司动力站采用 ϕ400、ϕ500PTC 管桩，桩基与区间隧道冲突，需拆迁拔桩。现场施工过程中，出现新问题，及时采取如下措施，保障了盾构施工工期：

①拆迁动力站地下水池时，发现地下围护桩与物探资料不符（图 6-19），上报业主后提资物探单位进行补充调查，采取了磁梯度探测（图 6-20），明确了围护桩桩位、桩长（图 6-21），复核与区间隧道相互关系（竖向净距大于 3m），确保区间盾构顺利施工；

图 6-19　动力站水池围护桩

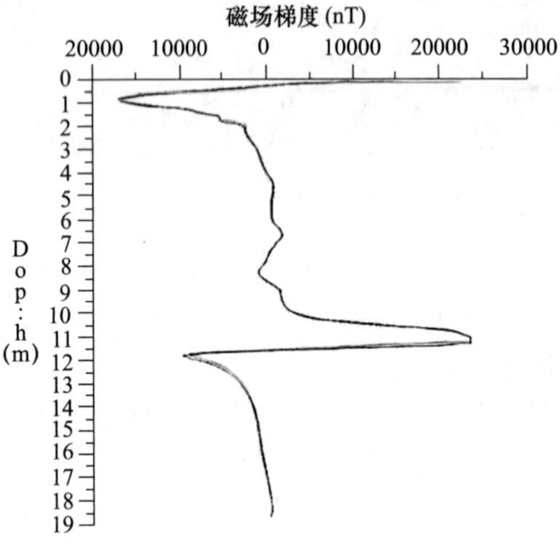

北侧围护桩1#孔磁梯度探测曲线图

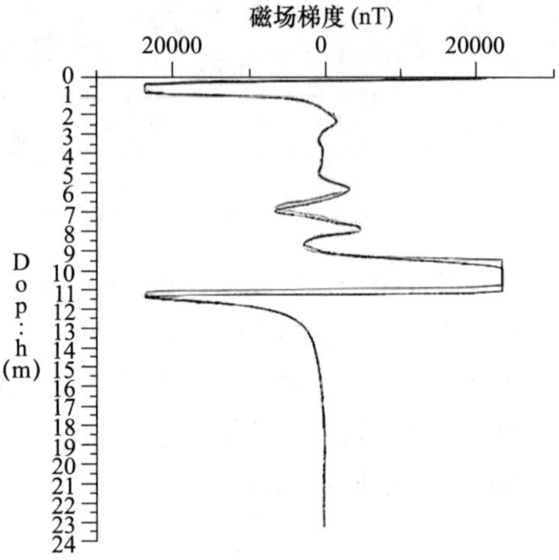

东侧围护桩2#孔磁梯度探测曲线图

图 6-20　磁梯度探测成果

②桩基拔除过程中，7 根桩拔断（仅拔除上部 5～6m），两根桩未找到（图 6-22），原物探显示此 9 根桩均为长 28.5m 的 ϕ500PTC 管桩，与区间隧道冲突，为确保清障彻底，上报业主后，施工单位修改拔桩工艺，由震动锤履带吊拔桩机调整为全回转机械（图 6-23），顺利清除断桩、迷失桩；

③根据会议纪要要求，桩孔回填 M5 粉煤灰水泥砂浆，采用现场制备，配合比例为：水泥：石灰膏：粉煤灰：河砂＝160kg：86kg：187kg：1320kg，通过试拌，根据砂浆稠度调整用水量，要求浆液凝结后不离析、不开裂，填充孔洞不产生渗水通道，浆液 28d 无侧限抗压强度 $q_u \geqslant 0.2$MPa，现场回填压实，沉降稳定后，盾构掘进，保障了盾构施工安全，满足工期要求。

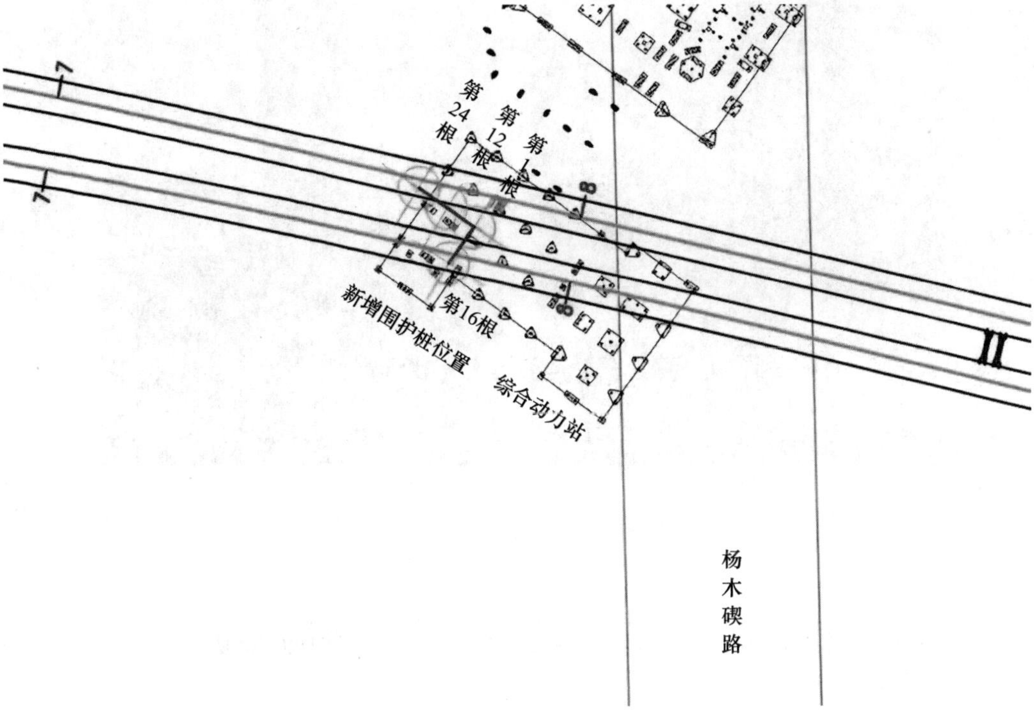

图 6-21　动力站地下水池围护桩桩位平面

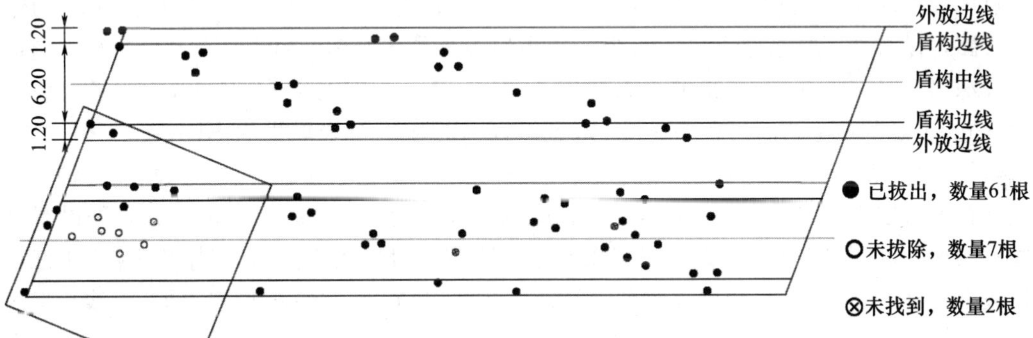

a.现场预应力管桩共计70根，目前已拔出61根，未找到2根，
未拔除7根；未找到及未拔除管桩设计直径$\phi500$，设计长度28.5m。
b.未找到管桩现场已进行扩大范围挖探，挖探深度6m，仍未露
出桩头。
c.未拔除管桩，均在5~6m管桩接头处断开。

图 6-22　拔桩情况统计

调整前

调整后

图 6-23 拔桩工艺变化

第三节 盎三区间与过江大桥的协调

一、盎三区间工程概况

盎孟港路站—三官堂站区间上行线隧道起点里程 SDK26＋072.738，终点里程 SDK27＋709.685，设计长度 1636.947m；区间下行线隧道起点里程 XDK26＋072.738，终点里程 XDK27＋709.685，短链 1.348m，设计长度 1635.599m；左右线隧道均为地下线路，设有两座联络通道。区间线路最小曲线半径 800m，线间距约 13～27m。隧道顶埋深约 5.9～21.9m，线路最小纵坡坡度 2‰，最大纵坡坡度为 27.987‰，最大坡长为 520m。区间在上行线里程 SDK26＋565.578（相应下行线里程为 XDK26＋564.287）和右线里程 SDK27＋165.278（相应下行线里程为 XDK27＋162.787）处设置联络通道；区间在上行线里程 SDK27＋009.428（相应下行线里程为 XDK27＋009.337）处设置内置式泵房。区间出盎孟港路站后下穿江塘河、在建中的盎孟港路、甬江南侧河流、甬江南侧驳岸、甬江、浮码头、甬江北侧驳岸、海监第四支队房屋、宁波轨道交通 2 号线高架区间，到达三官堂站，区间西侧为三官堂大桥。区间隧道基本位于②$_{2b}$淤泥质黏土、④$_{1b}$淤泥质粉质黏土、②$_{2c}$淤泥质粉质黏土、②$_{t}$ 粉砂层、④$_{2a}$黏土、③$_{1b}$粉砂，③$_{2}$ 粉质黏土。

二、三官堂大桥工程概况

三官堂大桥及接线工程南起高新区江南路，北至镇海区中官西路，全长约 3.3km，桥梁总长 2.2km，主桥一跨过江、三跨连续，主跨采用 465m 超大跨度连续钢桁梁，为同类型桥梁“世界第一”。建设标准为城市主干道，双向 8 车道主车道并设非机动车和人行道；主车道设计车速 60km/h。三官堂大桥 2014 年 1 月初立项，已完成了规划选址、项目立项、土地预审、压覆矿和地质灾害评估工作，7 月初取得工程建设用地规划许可证。三官堂大桥与盎三区间平面关系图如图 6-24 所示，三官堂大桥如图 6-25 所示。

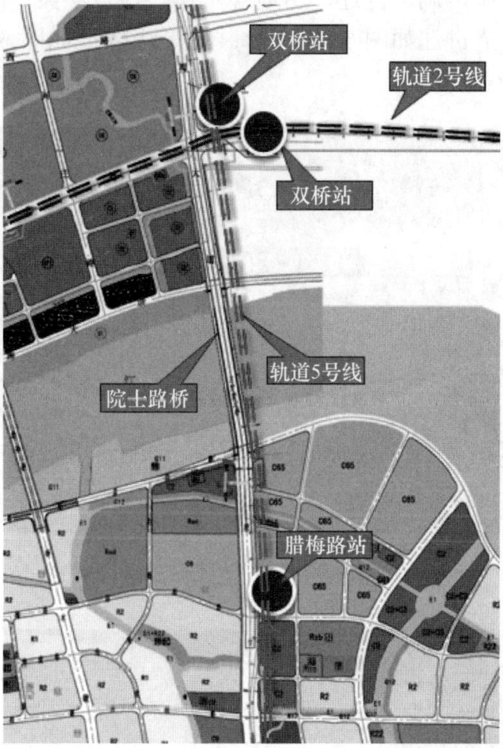

图 6-24 三官堂大桥与盎三区间平面关系图

图 6-25 三官堂大桥

三、区间过甬江铺设方式研究

根据以往经验，城市轨道交通区间过江，可采用盾构法隧道下穿、沉管法隧道过江、桥梁过江等方式。

根据前期协调，三官堂大桥是以 5 号线一期采用盾构法隧道沿大桥东侧为边界条件规划，并以此推进前期拆迁、用地审批等工作的。若采用城市轨道交通结合三官堂大桥设置或三官堂大桥改为隧道过江方案，将导致高新区、镇海相关区域内道路、地块规划调整，且须重新开始前期协调、拆迁、用地等工作，代价巨大。因此，采用原规划的盾构过江方案。盾构法隧道过江如图 6-26 所示；沉管法隧道如图 6-27 所示；区间结合市政桥梁过江，如图 6-28 所示。

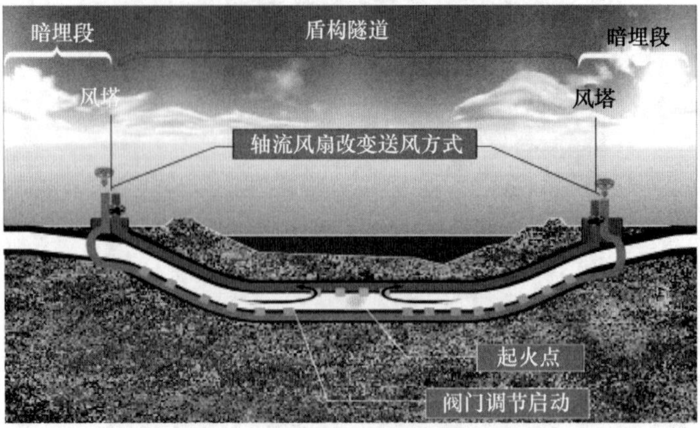

图 6-26　盾构法隧道过江

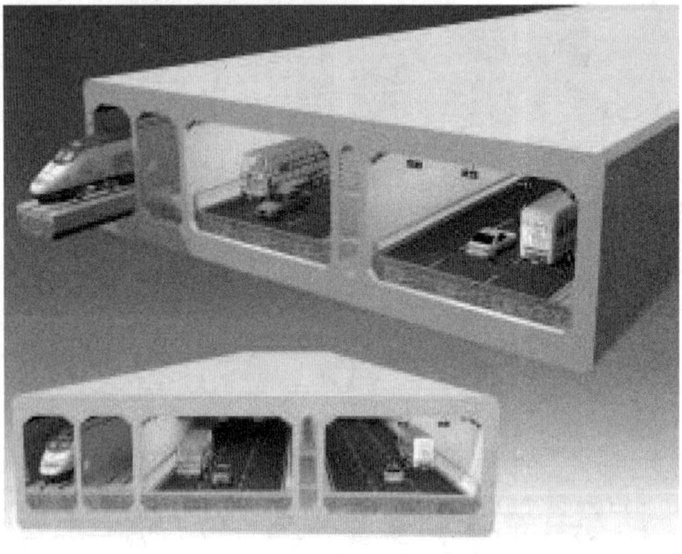

图 6-27　沉管法隧道示意图

四、大桥与区间建设时序与空间关系

考虑到盾构侧穿已建成桥桩对大桥的影响远小于在已建成盾构边打桩对盾构隧道的影响，结合两工程各自工期要求，采用三官堂大桥先建、盾构后穿越的施工时序。

三官堂大桥位于盘三区间西侧，主桥桩基距离盾构边约 14.4m，地面引桥桩基与盾构边线最小距离 1.4m。盾构推进过程中未对三官堂大桥产生明显影响。盘孟港路站—三官堂站区间与三官堂大桥关系平面图如图 6-29 所示，盘孟港路站—三官堂站区间与三官堂大桥主桥相互关系剖面图如图 6-30 所示，盘孟港路站—三官堂站区间与三官堂大桥地面引桥相互关系剖面图如图 6-31 所示。

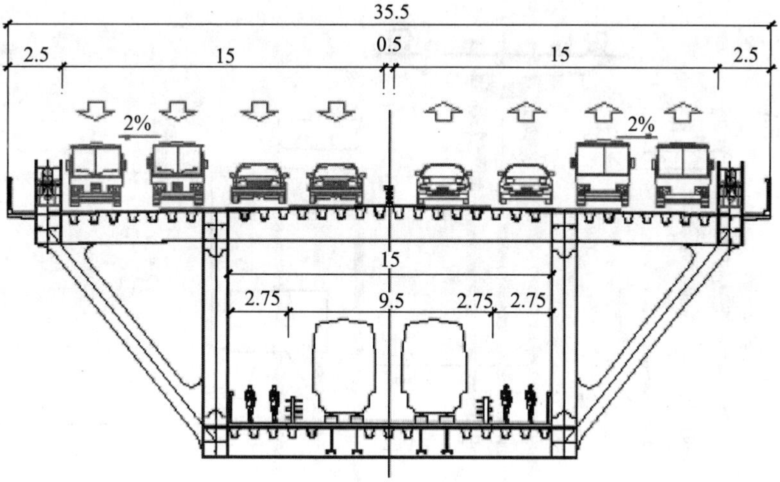

图 6-28　区间结合市政桥梁过江

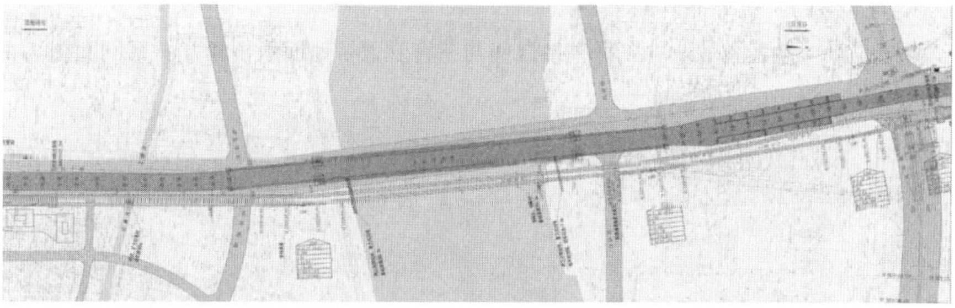

图 6-29　盘孟港路站—三官堂站区间与三官堂大桥关系平面图

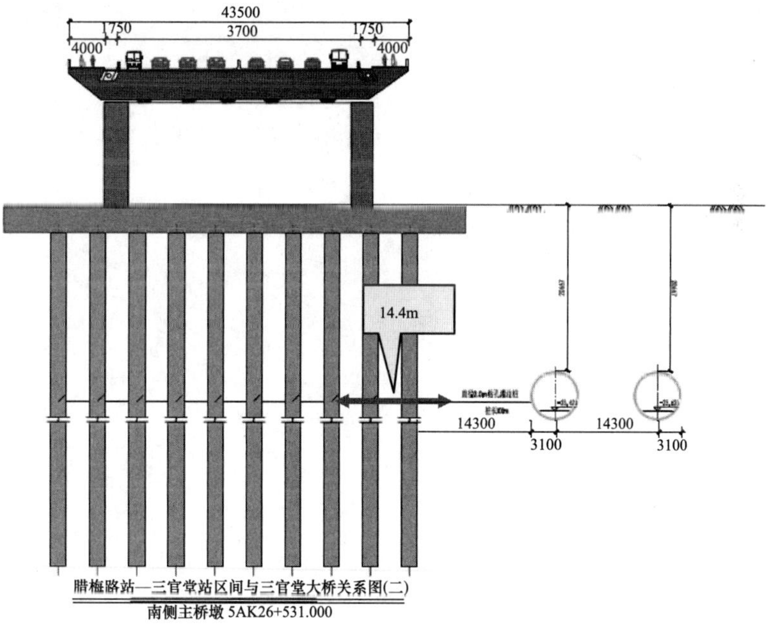

图 6-30　盘孟港路站—三官堂站区间与三官堂大桥主桥相互关系剖面图

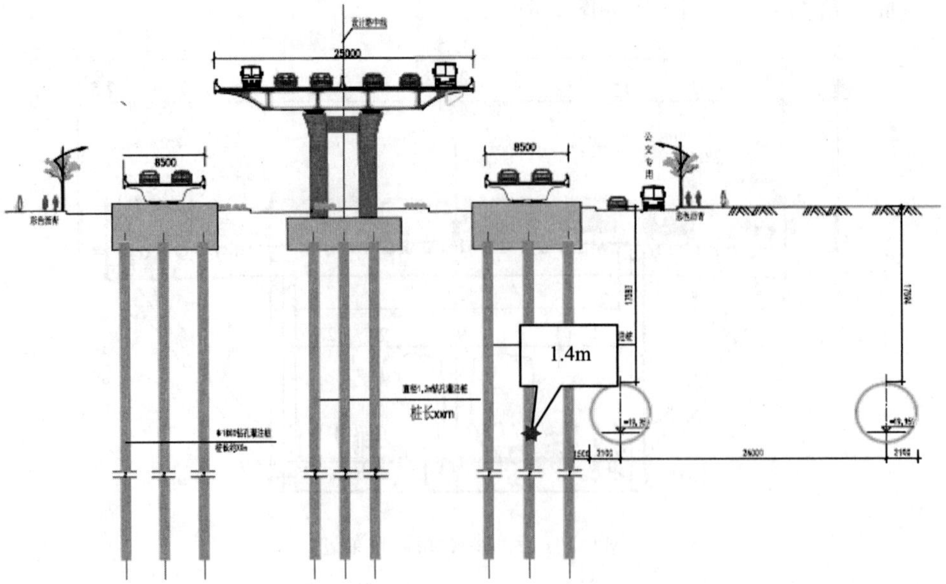

图 6-31　盘孟港路站—三官堂站区间与三官堂大桥地面引桥相互关系剖面图

第七章　车站工程

第一节　预制拼装构件设计

一、工程概况

庙堰站位于鄞州区百梁北路和鄞县大道交叉口西侧，与远期规划 8 号线通道换乘。车站沿鄞县大道东西向敷设，站前设置停车线。车站设计起讫里程分别为 SDK8＋648.706、SDK9＋109.456，车站总长约 460.75m。根据施工工筹，为节约河道改移、主体结构等施工工期，该站进行了快速按拆式临时河道、预制轨顶风道、预制轨排孔盖板等预制拼装构件应用。

二、快速安拆式临时河道

庙堰站横跨纵一河设置，根据鄞州区水利局相关要求，车站施工期间需保障纵一河正常通水以满足防洪防汛要求，过水断面不小于原河道。根据河道保通需求，车站主体中部设一堵封堵墙，分为 A、B 两个基坑施工，一期施工 A 基坑，将河道临时改移至 B 基坑上方，待 A 基坑封顶后将河道恢复至 A 基坑顶板以上，施工 B 基坑。河道改移如图 7-1、图 7-2 所示。

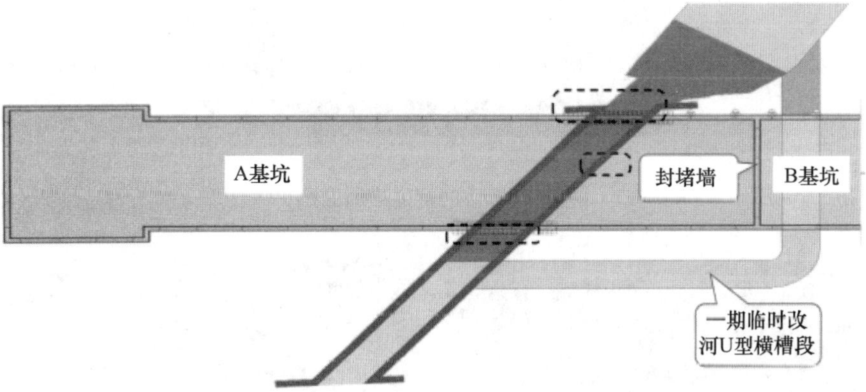

图 7-1　一期临时改河平面图

为加快施工进度，便于临时河道的施工及拆除，经研究分析可行性后设计采用了快速安拆式临时河道。河道结构为 U 型钢筋混凝土结构，宽度 6.8m，高度 4.0m，采用“2 块侧墙＋1 块底板”的杯口连接形式，通过分段分块组装方式减小每个构件的重量。采用现场分期浇筑底板、侧墙型式，纵向每 3m 设一道施工缝，施工缝采用厚度为

1.2mm 的紫铜止水铜片，施工缝纵向钢筋不连接，在临时河道拆除时可避免切割、凿除。每块侧墙、底板分别预埋吊钩，便于拆除时快速吊出，节约工期。经工程实践，该临时河道保障了河道通水需求，河道结构防水质量满足要求，有效加快了改河施工速度，节约了工期。临时河道断面设计图及现场照片如图 7-3、图 7-4 所示。

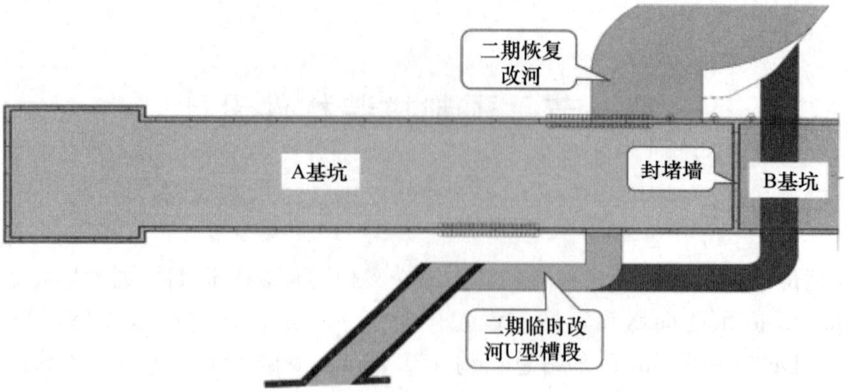

图 7-2　二期临时改河平面图

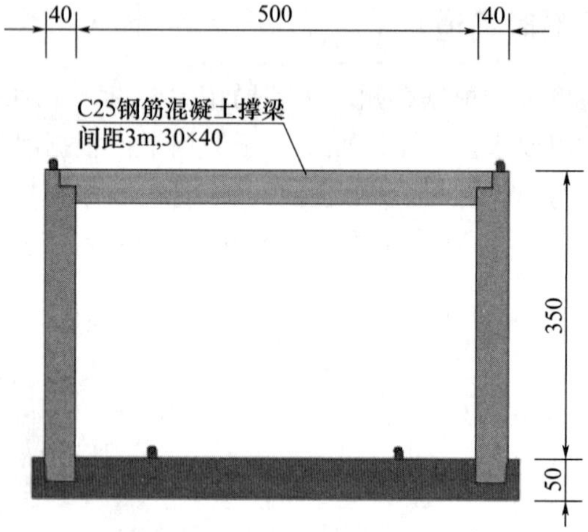

图 7-3　临时河道横断面图

图 7-4　临时河道现场照片

三、轨顶风道预制方案

根据施工工筹，庙堰站东端为盾构接收，轨顶风道拟与主体同时施工以节约工期。车站共设21个施工段，为节省主体结构施工时间，根据现场进度、施工缝划分及轨顶风道预留洞口等综合考虑，确定选取第16段为科研段1，作为预制轨顶风道底板施工试验段，即先预制轨顶风道底板，吊装安装后进行轨顶风道侧墙及中板现浇施工；在第15段选取4m宽范围为科研段2，作为全预制轨顶风道施工试验段，即中板施工时预留轨顶风道连接条件，全预制轨顶风道结构，后期将预制轨顶风道与中板连接。

经工程实践，相对于普通施工步骤，科研段1可有效节约轨顶风道底板等强时间，可直接在轨顶风道底板上搭设中板模板支撑，可实现轨顶风道侧壁、中板同时浇筑，能有效节约工期。科研段2全预制方案可实现工厂化、标准化生产，对中板预留连接孔施工精度要求极严格，轨顶风道结构稍显笨重，安装较为不便，后期实践过程有待进一步优化、改进。科研段1、2轨顶风道预制图、科研段1、2轨顶风道现场图如图7-5～图7-8所示。

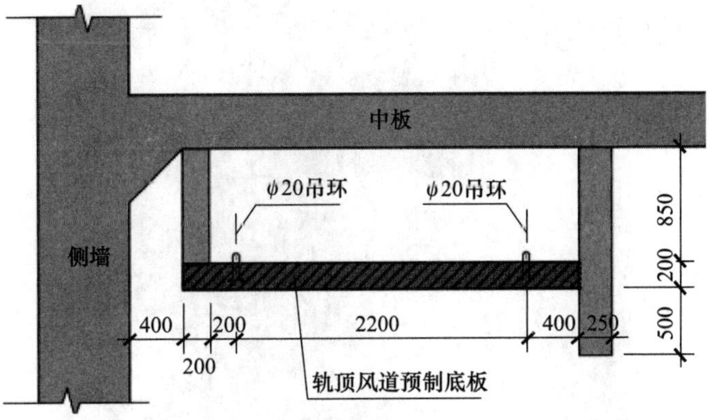

图7-5　科研段1轨顶风道预制图

图7-6　科研段1轨顶风道现场图

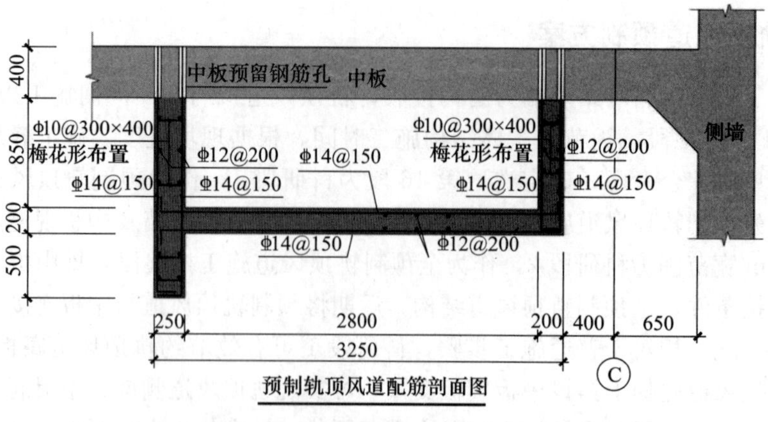

图 7-7 科研段 2 轨顶风道预制图

图 7-8 科研段 2 轨顶风道现场图

四、轨排井中板预制方案

庙堰站设铺轨基地，为满足装修及机电安装工期要求，避免各工种交叉作业干扰，减少封孔时间，车站中板轨排井孔洞采用预制板封堵方案。根据平面布置分段预制中板轨排孔盖板，并在盖板中部预留中隔墙浇筑孔、预埋中隔墙侧模连接钢板。施做中隔墙至预制盖板下 600mm 处，待盖板预制完成并达到设计强度后封堵中板轨排孔，施做剩余中隔墙。

庙堰站中板轨排井孔洞 30m×6m，通过分块预制的方式减小构件重量，且在轨排孔首尾两端各设一块调节块，调节块长度根据现场实测长度及施工误差确定。当盖板预制完成并达到强度后封堵中板轨排孔，车站负二层的热滑实验及装修施工即可开展，有效地解决了地铁施工中的交叉作业和施工干扰问题，使各工序衔接流畅，加快了工程进度。预制轨排井中板设计如图 7-9 所示，预制轨排井防水细部节点设计如图 7-10 所示，预制轨排井中板现场如图 7-11 所示。

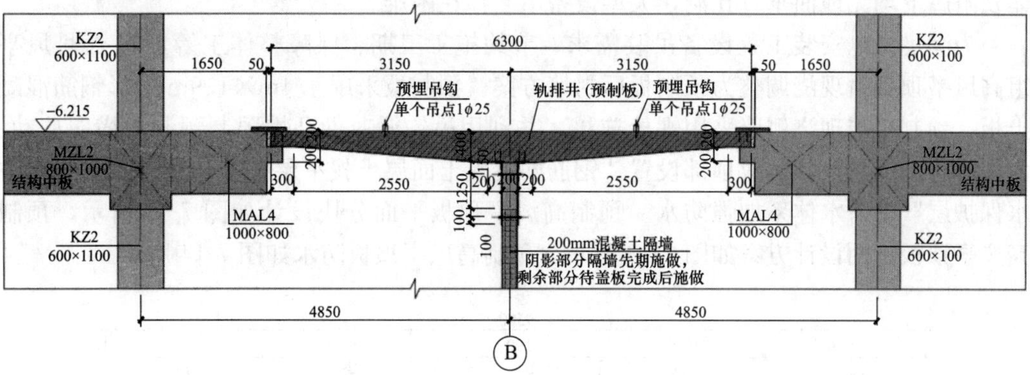

图 7-9　预制轨排井中板设计图

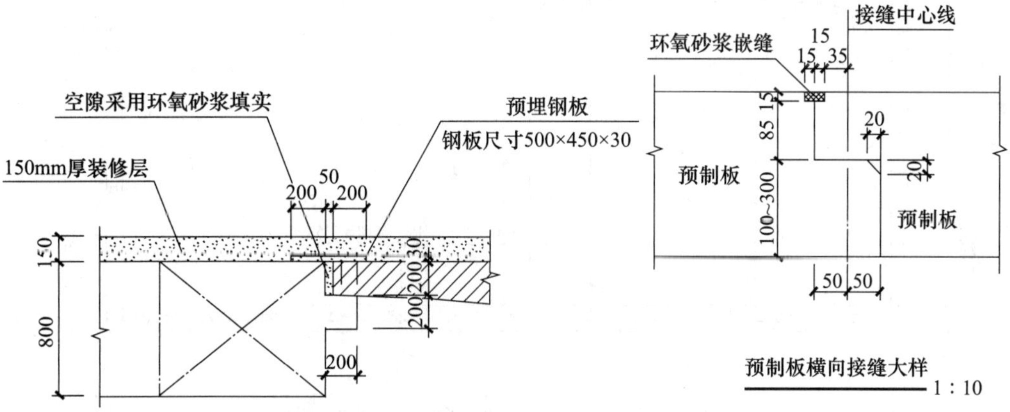

图 7-10　预制轨排井防水细部节点设计图

图 7-11　预制轨排井中板现场图

五、高风亭顶板预制方案

石碶站位于鄞县大道与雅戈尔大道路口东侧，沿鄞县大道东西走向布置，与已建成的石碶站（2号线）通道换乘。车站南侧设B号出入口A号风亭组、C号出入口B号风亭组，北侧设换乘通道与2号线换乘，A、B号风亭均为高风亭。机电装修安装阶段主体及附属上均无地面垂直孔洞，大型设备吊装存在困难。

为满足机电安装工程设备吊装需求、节约施工工期、保障整体工筹，将A号风亭组高风亭顶板由现浇调整为预制板后封堵方案。预制板采用4.4m×1.9m矩形钢筋混凝土板，预制板与现浇侧墙采用螺栓连接，并利用吊钩梁兼做凸榫限制预制板横向移动。为保障防水质量，预制板顶部设置“钢筋网混凝土面层＋找平层＋结合层＋防水层＋防水保护层”的防水体系加强防水。预制高风亭顶板平面分块设计如图7-12所示，预制高风亭顶板剖面设计方案如图7-13所示，预制高风亭顶板防水如图7-14所示。

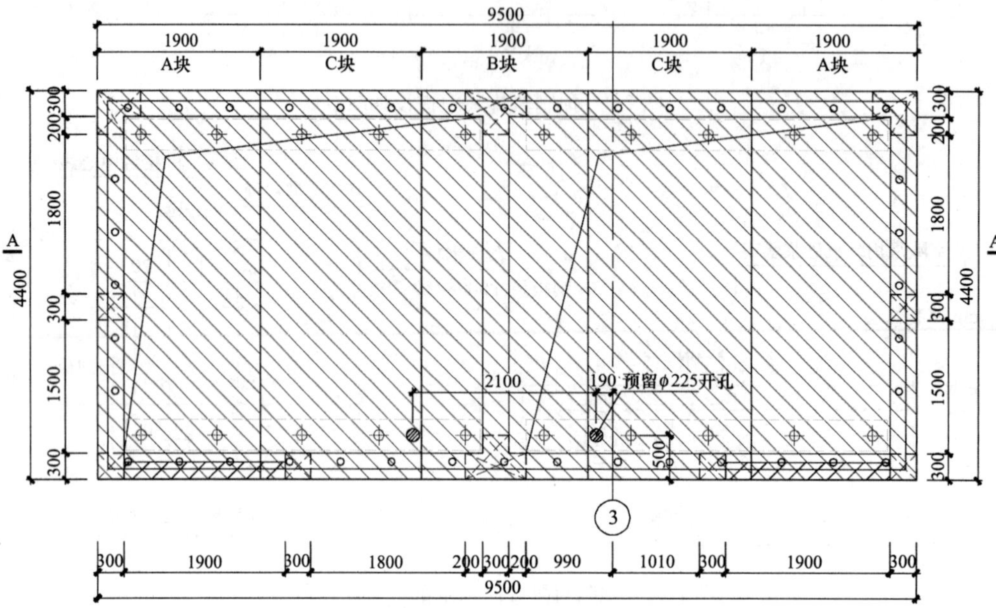

图7-12　预制高风亭顶板平面分块设计图

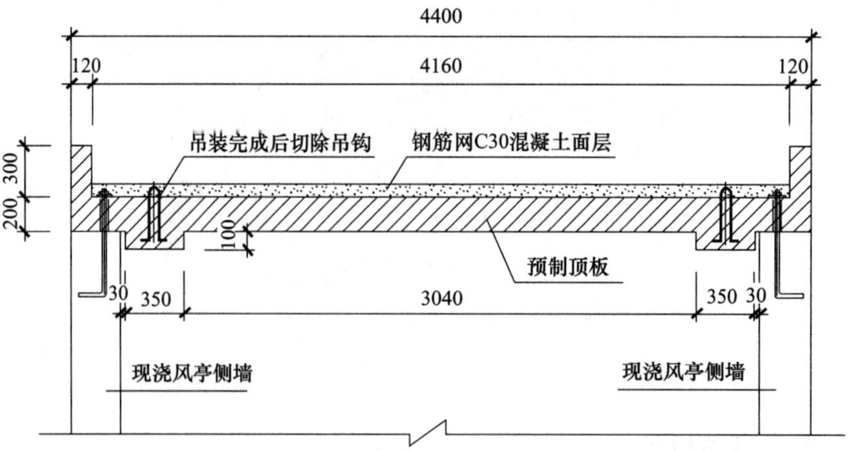

图7-13　预制高风亭顶板剖面设计方案图

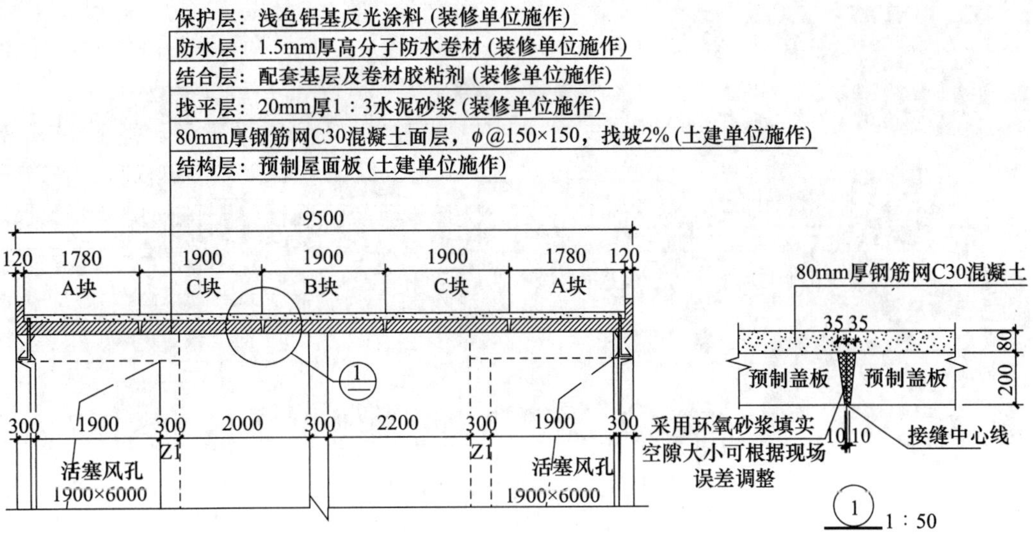

图 7-14　预制高风亭顶板防水图

第二节　河道与车站结构一体化设计

全线河道与车站结构一体化设计主要有 3 座车站：石碶站位于既有南新塘河及舒江岸桥下方，规划南新塘河河底标高－0.87m，规划舒江岸桥梁底标高 2.93m；庙堰站位于既有纵一河及吴陆周桥下方，规划纵一河河底标高－1.87m，规划吴陆周桥梁底标高 3.13m；院士路站 6 号线沿江南路东西布置，位于既有杨木碶桥下方，规划新杨木碶河底标高－1.87m。车站完工后均需按规划恢复河道及桥梁，如图 7-15～图 7-17 所示。

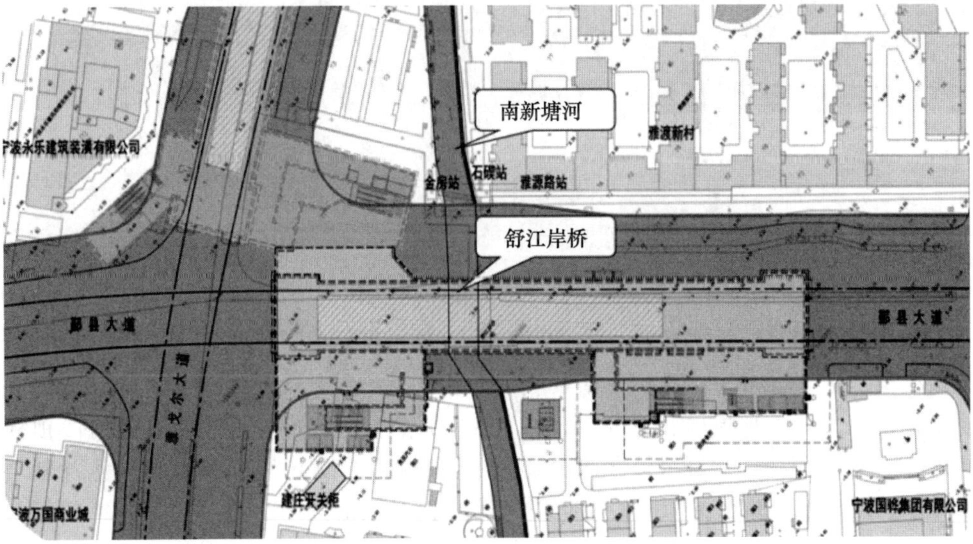

图 7-15　石碶站总平面图

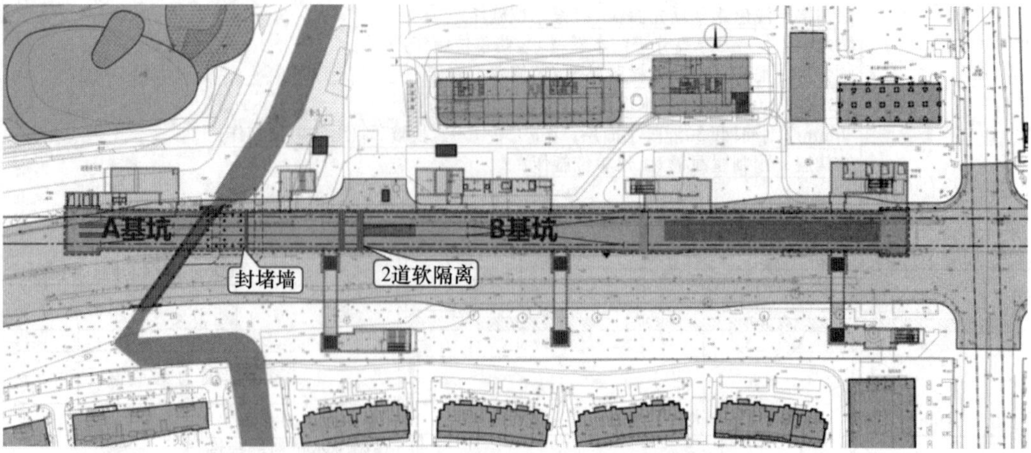

图 7-16　庙堰站总平面图

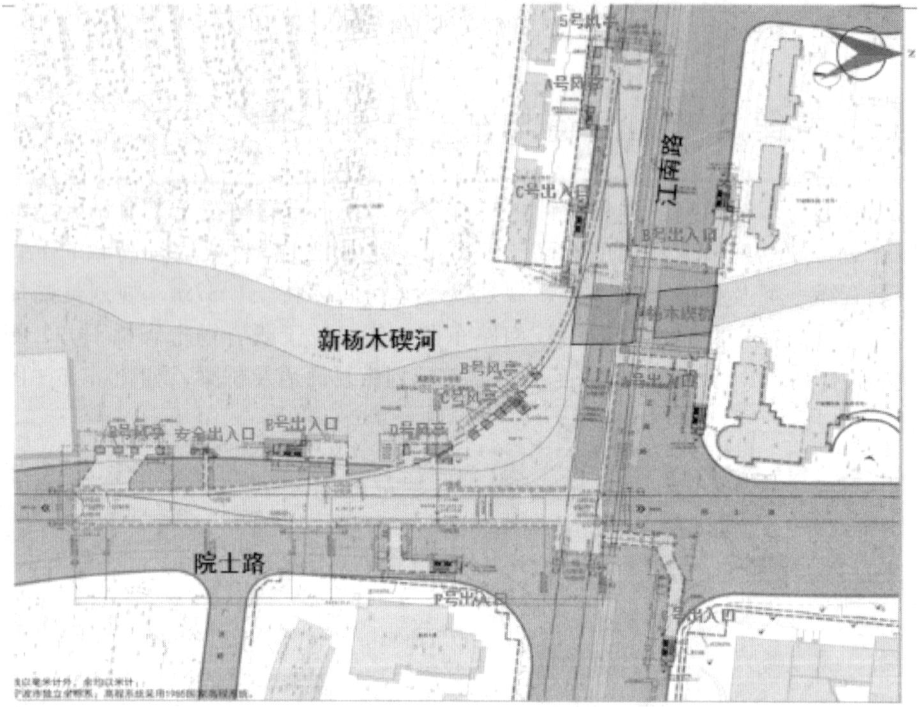

图 7-17　院士路站总平面图

车站与规划河道、桥梁采用一体化设计，河道、桥梁位于车站顶板上方。桥台设于车站顶板横梁上，通过车站梁柱体系及底板下桥梁基础桩承受桥梁荷载。为满足河底标高要求，过河段车站顶板局部下沉 1.5m，为提高顶板抗裂及防水性能，过河段顶板采用 C35 钢纤维混凝土，钢纤维体积率≥1.5%。顶板上方设 1.5mm 厚聚脲防水涂料层+70mm 厚细石混凝土防水保护层，为防止河道清淤对顶板及防水造成损坏，在顶板防水保护层上方设约 40cm 厚 C35 钢筋网片混凝土保护层。桥台沿桥梁横向分别设置两道沉降缝，减小由于基础差异引起不均匀沉降对桥梁结构的影响，如图 7-18～图 7-21 所示。

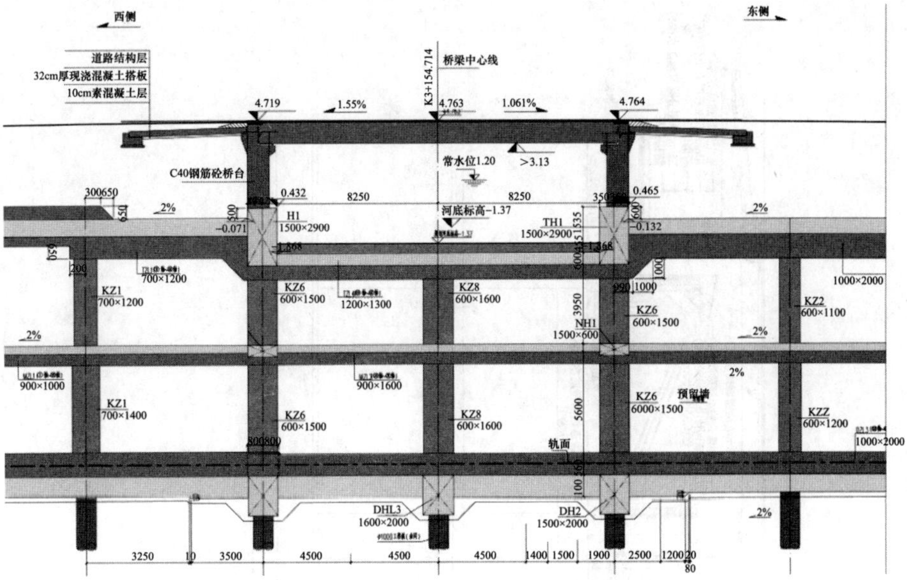

图 7-18　庙堰站过河段车站及桥梁纵剖面图

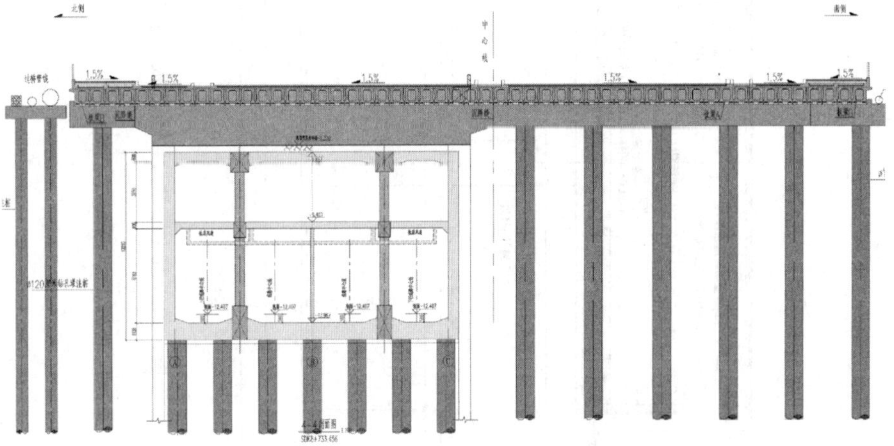

图 7-19　庙堰站过河段车站及桥梁横剖面图

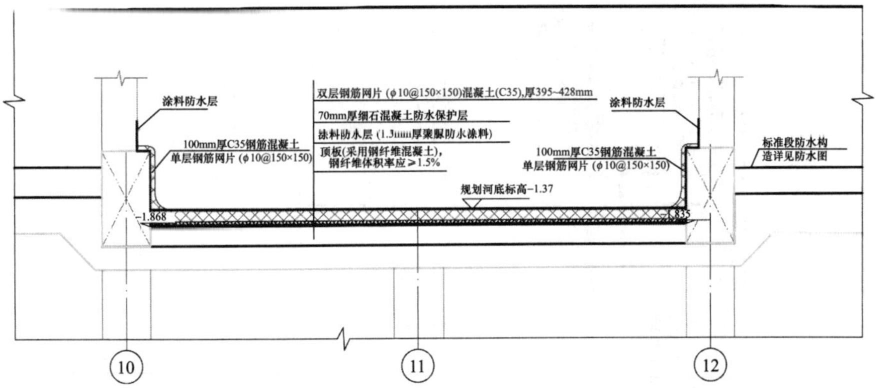

图 7-20　庙堰站过河段顶板防水做法

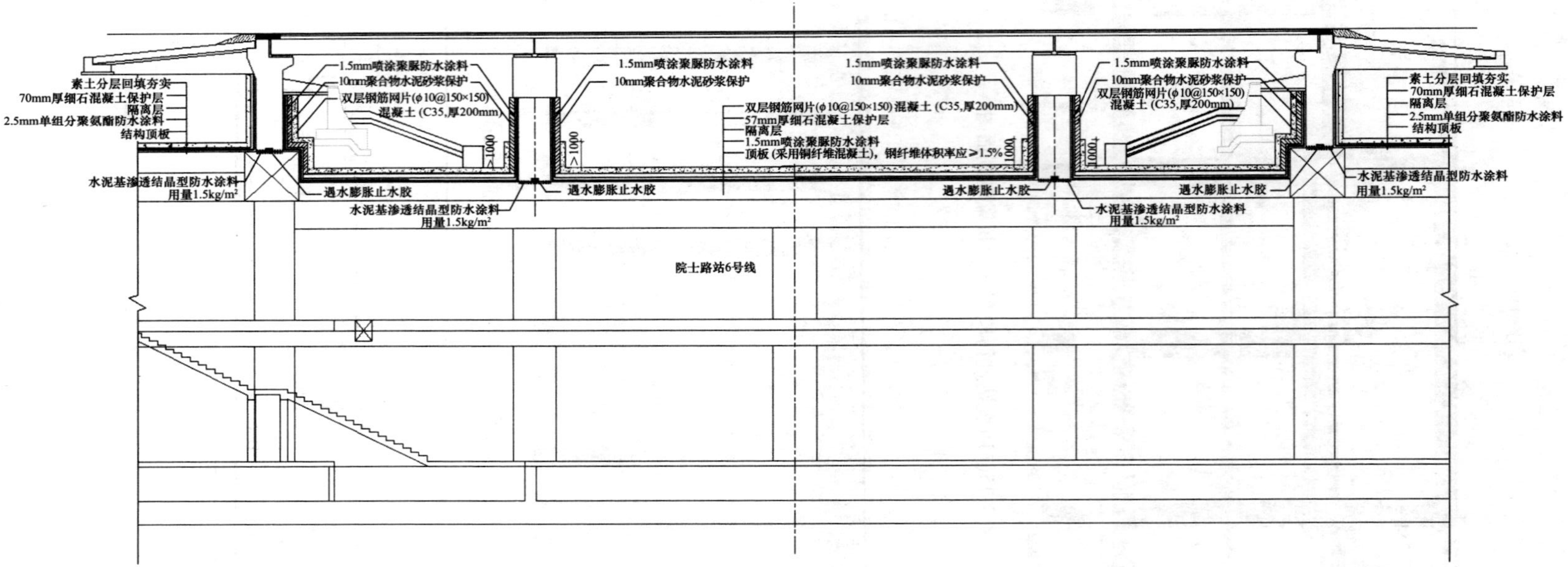

图 7-21　院士路站过河段顶板防水做法

第三节 既有线保护方案设计

一、工程概况

石碶站位于鄞县大道与雅戈尔大道路口东侧，沿鄞县大道东西走向布置，与已建成石碶站（2 号线）通道换乘，车站长 182.5m。5 号线一期石碶站主体及附属位于既有线地铁保护区内，北侧为 2 号线石碶站及盾构区间，西侧 5 号线一期区间上穿 2 号线区间。其中 2 号线石碶站主体为地下 3 层车站，邻近 5 号线一期侧 2 号线附属为地下两层结构。5 号线一期车站主体在地铁保护区内长 61m，主体基坑总长 182.5m，标准段宽 21.7m，深 17.2～17.5m；西端头井宽 25.8m，深 18.9m；B 号出入口及 A 号风亭组在地铁保护区内长 34m，基坑长 52m，宽 30m，标准深 10.5m，集水坑段深 12m；换乘通道基坑长 41～47.6m，宽 7.5～9.5m，深 10.65m。如图 7-22～图 7-24 所示。

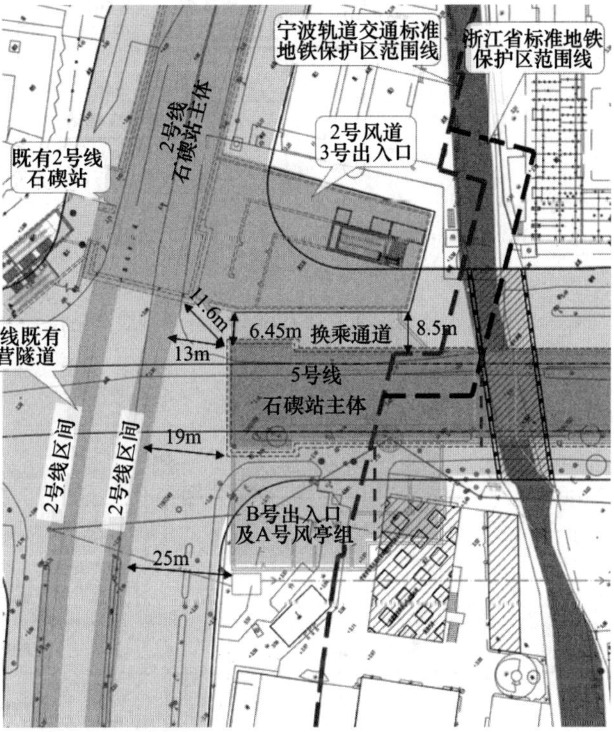

图 7-22 石碶站 5 号线一期与既有 2 号线位置关系图

站址范围自上而下地层多为①$_{1b}$杂填土、①$_2$ 黏土、①$_{3b}$淤泥质黏土、②$_{2b}$淤泥质黏土、②$_{2a}$淤泥、④$_{2a}$黏土、⑤$_{1a}$黏土、⑤$_{1b}$粉质黏土、⑤$_{1T}$黏质粉土、⑤$_{4a}$黏土、⑥$_1$ 粉质黏土、⑥$_2$ 粉质黏土、⑥$_{4a}$粉砂、⑦$_1$ 黏土、⑦$_{1T}$粉砂、⑦$_2$ 粉质黏土。车站底板位于⑤$_{1a}$黏土、⑤$_{1b}$粉质黏土。钢筋混凝土地下连续墙墙底位于⑥$_1$ 粉质黏土、⑥$_{4a}$粉砂，素混凝土地下连续墙底位十⑦$_1$ 黏土。第 I1 层孔隙承压水土要赋存于⑥$_{4a}$粉砂中，涌水量人，承压水位埋深在 3.06m 左右，绝对高程约为 0.34m，如图 7-25 所示。

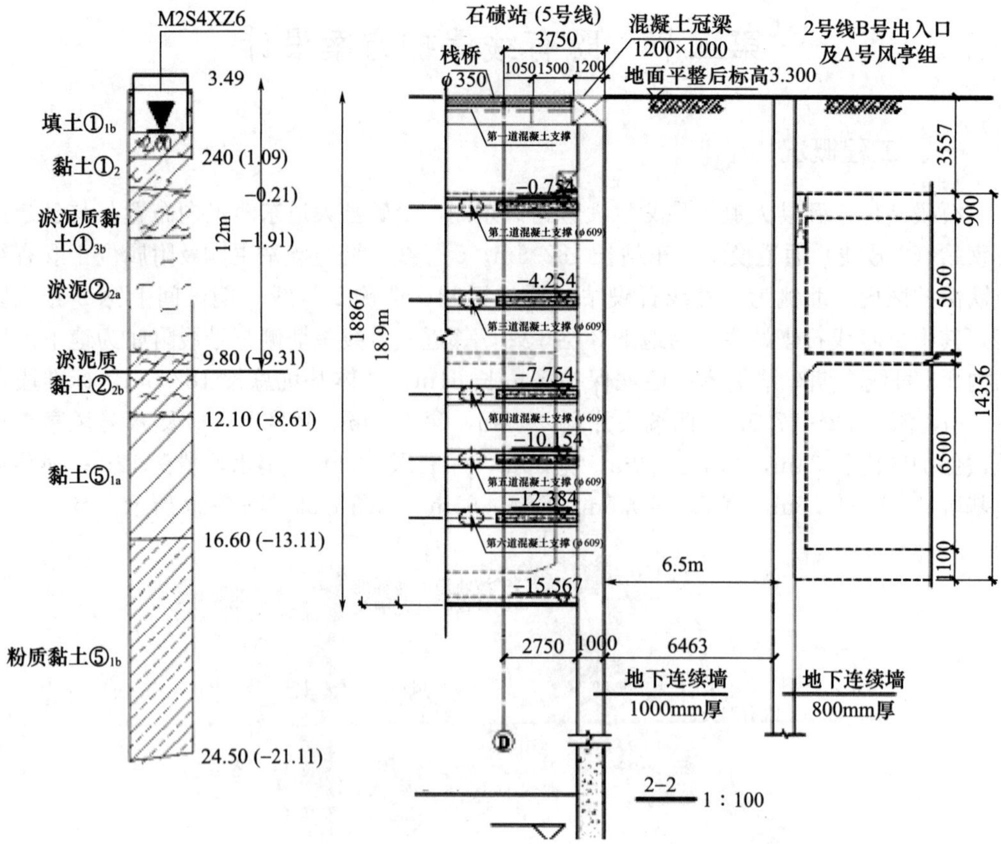

图 7-23　石碶站 5 号线一期主体基坑与既有 2 号线车站位置关系图

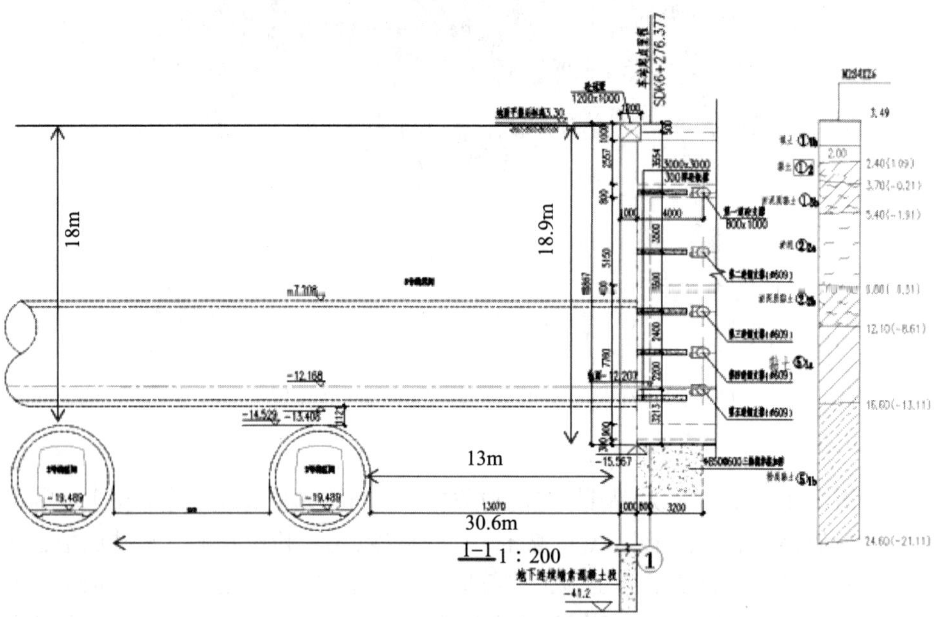

图 7-24　石碶站 5 号线一期主体基坑与既有 2 号线盾构隧道位置关系图

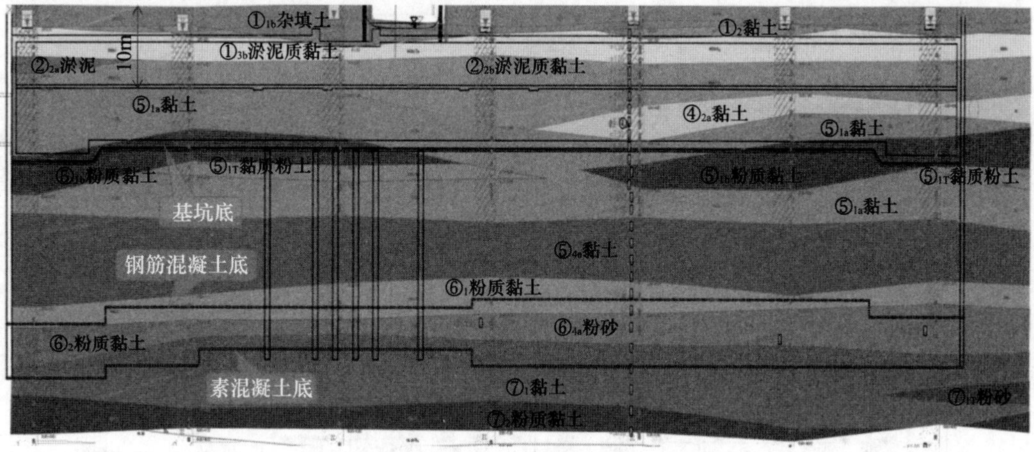

图 7-25 石碶站地质纵剖面图

二、既有线保护设计

为减小 5 号线一期石碶站施工对既有已运营 2 号线的影响，分别针对主体及附属基坑采取了如下保护措施：

(1) 主体及附属基坑邻近 2 号线段变形保护等级按一级控制，主体基坑邻近 2 号线侧围护结构采用 1m 厚地连墙，B 号出入口 A 号风亭组基坑邻近 2 号线侧围护结构由钻孔灌注桩支护加强为 800mm 厚地下连续墙，增加围护结构刚度，有效地控制基坑变形（图 7-26、图 7-27）；

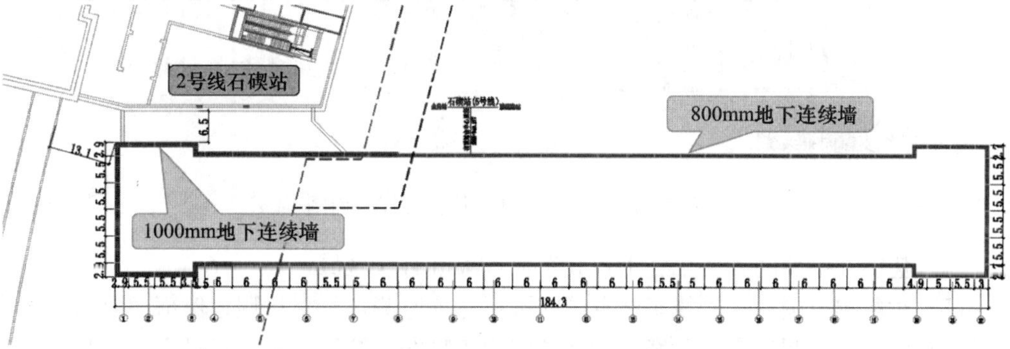

图 7-26 石碶站主体基坑平面图

(2) 对主体基坑 3 轴～8 轴范围第四、五道钢支撑设置伺服系统，共 32 根，如图 7-28 所示；

(3) 主体及 B 号出入口 A 号风亭邻近 2 号线侧地下连续墙采取槽壁加固措施，减小地墙成槽对 2 号线既有结构及区间隧道的影响；

(4) 主体基坑采用加深素混凝土墙隔断⑥$_{4a}$层承压水，附属基坑采用止水帷幕隔断 5-1T 层承压水，减少降水对既有线的影响；

(5) 主体邻近既有线侧同德路站—石碶站区间端头加固搅拌桩在车站施工前实施；

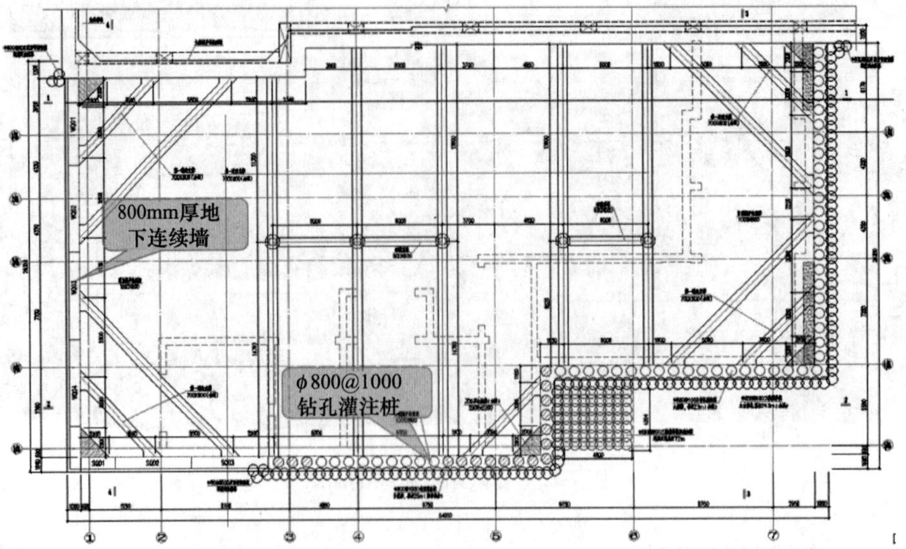

图 7-27　石碶站 B 号出入口及 A 号风亭组基坑平面图

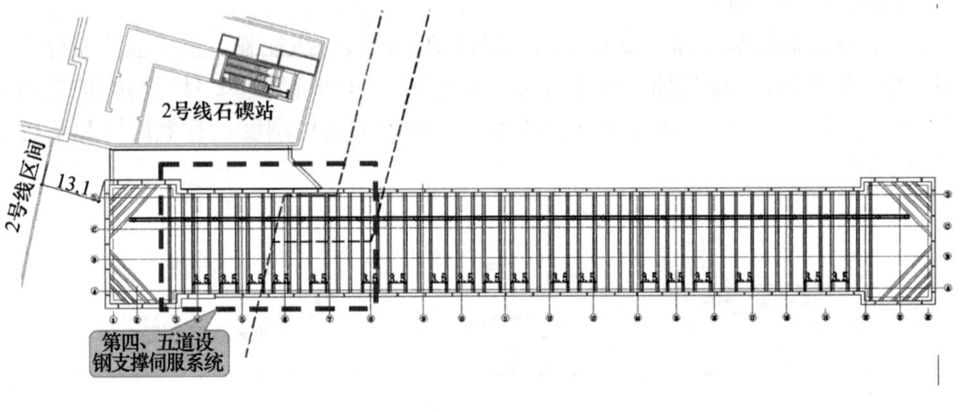

图 7-28　石碶站主体基坑钢支撑平面图

（6）基坑开挖期间，要求施工重载车辆远离既有线区域；

（7）对影响范围内 2 号线车站及区间进行专项监测，严格按照地保部门要求对既有线进行专项监测并制定应急预案，监测范围为 5 号线一期石碶站项目投影在 2 号线石碶站及鄞州大道站—石碶站区间控制保护区上沿轨道交通结构两侧各延伸 3 倍基坑深度＋两侧各 100m 范围的轨道交通结构本体，如图 7-29 所示。

其中，车站站台层及隧道轨行区采用自动化监测，监测项目主要包括既有车站站台层侧墙垂直度、既有区间水平位移及净空收敛、道床沉降等。

三、结论

根据 5 号线一期石碶站主体施工期间及工后既有线监测数据，对已运营 2 号线采取的保护措施取得了明显成效。

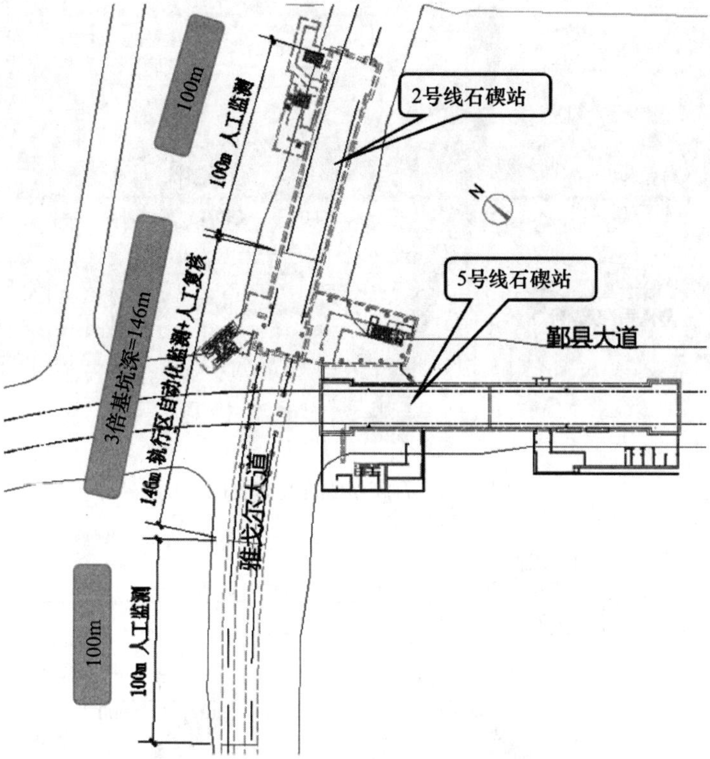

图 7-29　石碶站既有线监测范围示意图

第四节　托换技术应用设计

一、石碶站

石碶站位于鄞县大道与雅戈尔大道路口东侧，沿鄞县大道东西走向布置，与已建成石碶站（2 号线）通道换乘，车站长 182.5m。车站周边主要为住宅小区及商业用地，车站北侧为 2 号线石碶站、雅渡新村，南侧为奥星汽修店、恒涛食府、奥迪专修、国骅集团及建庄开关柜。

石碶站两端接盾构区间，根据现场交通疏解需求及总体工筹，小里程端和大里程端拟均进行盾构接收，施工阶段仅在车站两端上行线设置盾构吊装孔（7.5m×11.5m），下行线盾构机通过站内平移的方式进行安装及拆卸。盾构施工前端头井内框架柱采用混凝土斜支撑临时托换的方式传递顶板荷载，待大小里程端盾构平移完成后，对端头井内框架柱进行后浇。在后浇柱达到强度前，端头井范围内中板不得有任何堆载，端头井范围顶板不得覆土及堆载。在后浇柱达到设计强度后，凿除先期施工的混凝土斜支撑结构。石碶站端头井结构柱临时托换设计在满足盾构平移施工要求及工期的前提下，保障了车站结构的稳定与安全，取得了良好的经济效益。石碶站盾构孔布置如图 7-30 所示，石碶站端头井结构临时托换示意如图 7-31 所示。

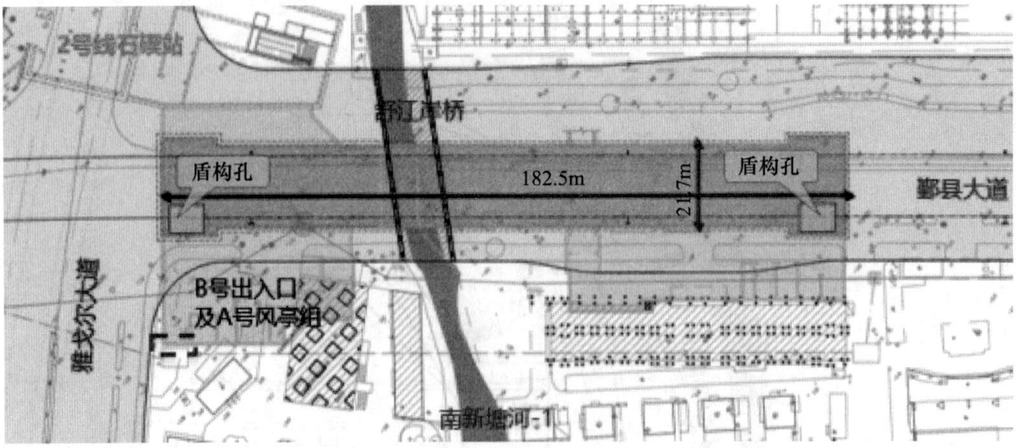

图 7-30　石碶站盾构孔布置图

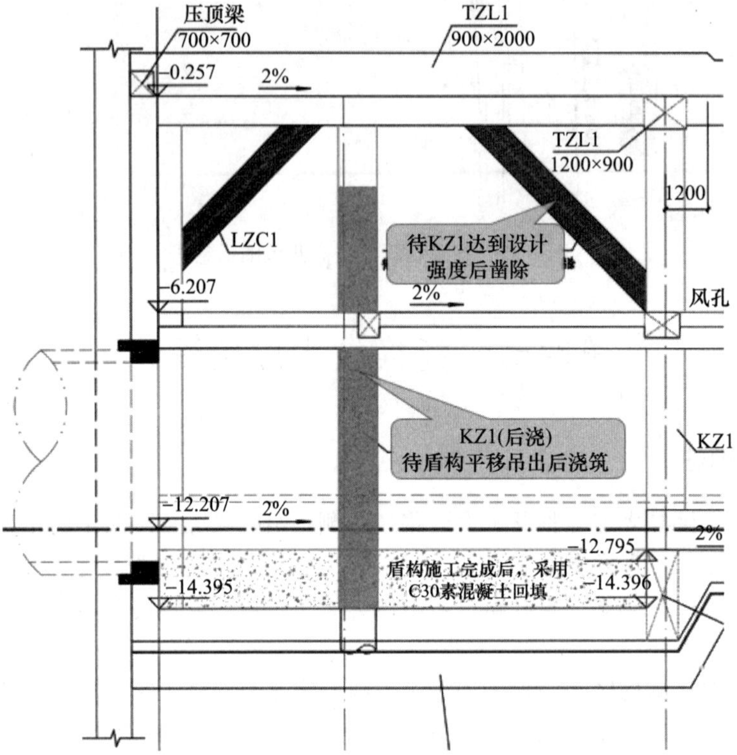

图 7-31　石碶站端头井结构临时托换示意图

二、院士路站

院士路站为 5 号线一期与 6 号线换乘站，5 号线一期车站为地下三层岛式车站，沿院士路南北向敷设；6 号线车站为地下两层车站，沿江南路东西向敷设；三角区设置联络线，联络线为地下两层过渡到地下三层，如图 7-32 所示。

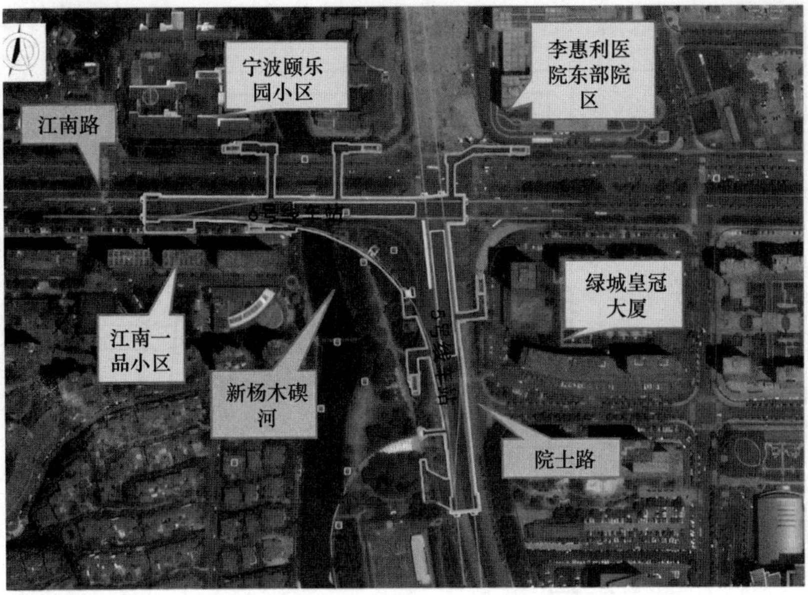

图 7-32 院士路站总平面图

院士路站 5 号线一期已完成盾构接收，而 6 号线东西端头井需预留远期盾构接收条件，端头井框架柱后浇筑，底板梁下翻，后浇柱位置预留相应的接驳器，同时加大下翻梁配筋；由于负二层柱后浇，负一层需设计传力结构，使顶板受力穿至两侧柱子，设置斜撑托架，保证车站结构安全性和稳定性。6 号线端头井斜撑托架布置如图 7-33 所示，6 号线端头井负二层布置如图 7-34 所示。

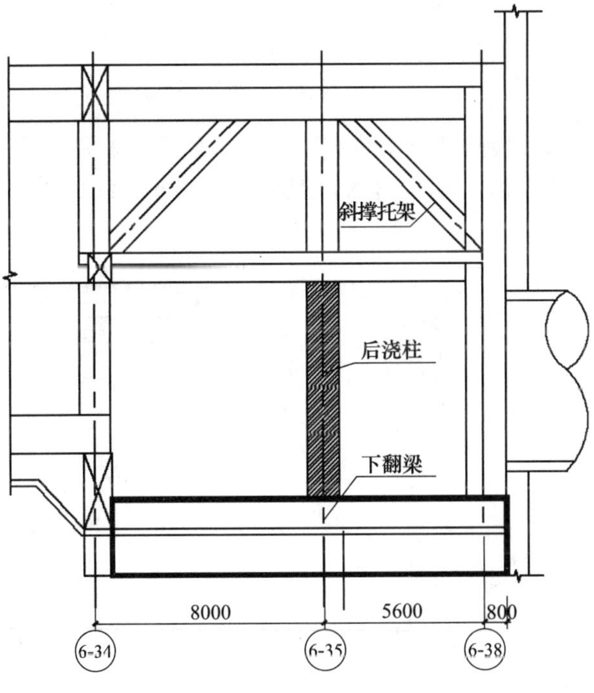

图 7-33 6 号线端头井斜撑托架布置图

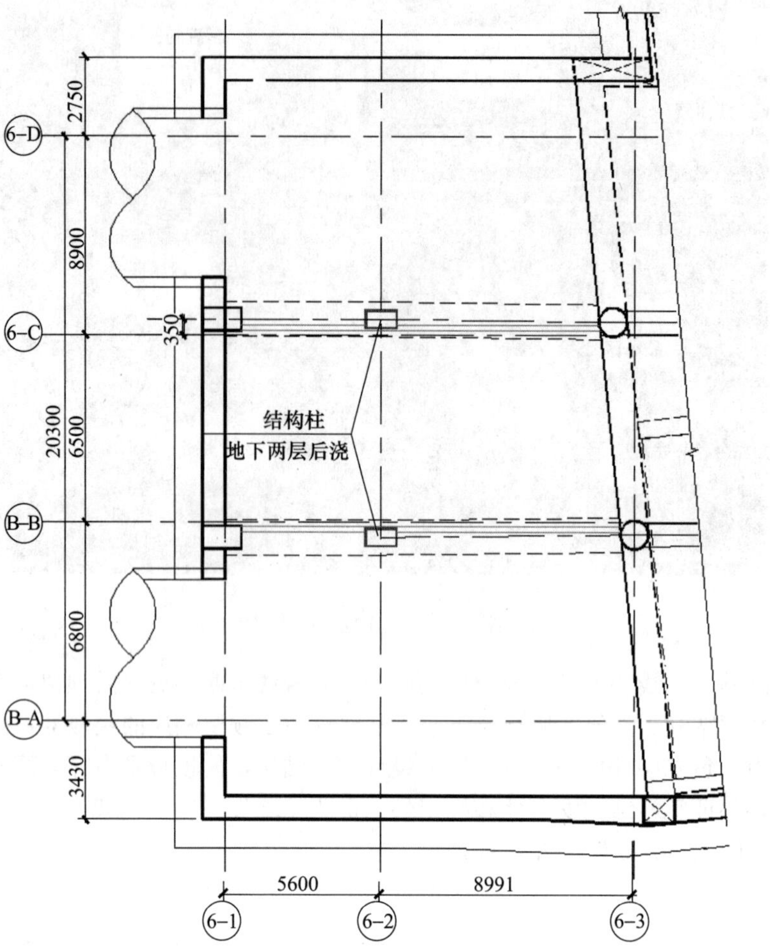

图 7-34　6 号线端头井负二层布置图

5 号线一期与 6 号线换乘节点同时完成，但 6 号线尚未完成盾构接收，5 号线一期运营在即，在不影响 5 号线一期运营的情况下，完成 6 号线的盾构接收。5、6 号线换乘节点布置如图 7-35 所示，5、6 号线换乘节点效果图如图 7-36 所示。

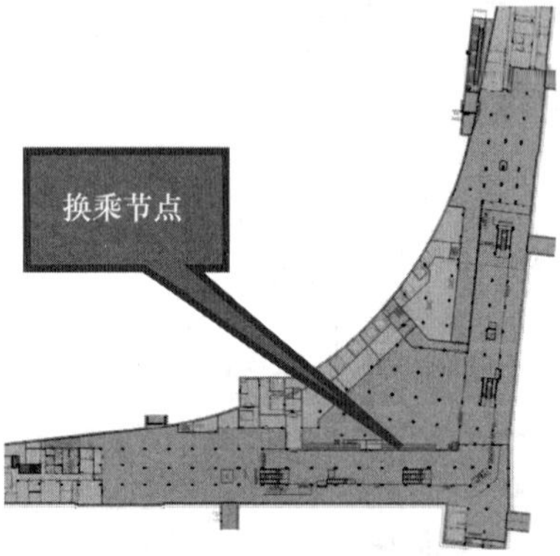

图 7-35　5、6 号线换乘节点布置图

图 7-36　5、6 号线换乘节点效果图

故在6号线负一层设斜撑，使顶板荷载传递至两侧主体，既保证了5号线一期运营不受6号线的影响，同时也可以保证6号线完成盾构接收。在盾构接收完成后，浇筑完成负二层的框架柱，完成端头井的斜撑切割。负一层预留盾构施工图、负二层预留盾构施工图如图7-37、图7-38所示。

图7-37　负一层预留盾构施工图

图7-38　负二层预留盾构施工图

第五节　基坑取消换撑技术研究

一、概述

在确保围护结构安全与稳定的前提下，通过对车站基坑支撑布置进行优化，采用更为有效的手段替代传统的换撑方式是十分必要的。依托宁波5号线一期工程钟公庙站，从基坑变形实测数据入手，结合周边环境因素进一步探讨换撑对于软土地区深基坑的围护意义，以及在何种情况下可以取消换撑。研究结果对于取消换撑的后续研究提供了工程经验和重要参考。

二、工程概况

钟公庙站于鄞县大道和菜场路路口，沿鄞县大道东西向设置。车站周边主要为住宅小区，东北侧为25m宽河道，北侧为钟公庙菜场、中石化加油站，南侧为金地国际花园、鄞州银行总部，基坑平面图如图7-39所示。

钟公庙站为地下两层岛式车站，主体基坑长200.2m，标准段基坑宽19.7m，基坑深16.35～16.65m；西端基坑宽25.6m，深约18.05m；东端基坑宽24.1m，深约18.45m。

基坑采用明挖法施工，主体基坑围护采用800mm厚、35m深地下连续墙结合五道内支撑，坑底进行搅拌桩加固。冠梁截面为1200mm×1000mm，第一道混凝土支撑截面为800mm×1000mm，第二、四道采用直径609mm、厚16mm钢支撑，第三、五道采用直径800mm、厚16mm钢支撑，均按3.6m、2.4m间隔疏密布置。其中12～16轴保留换撑，第四道需要换撑，第三道改为直径609mm钢支撑。标准段基坑围护剖面图如图7-40所示。

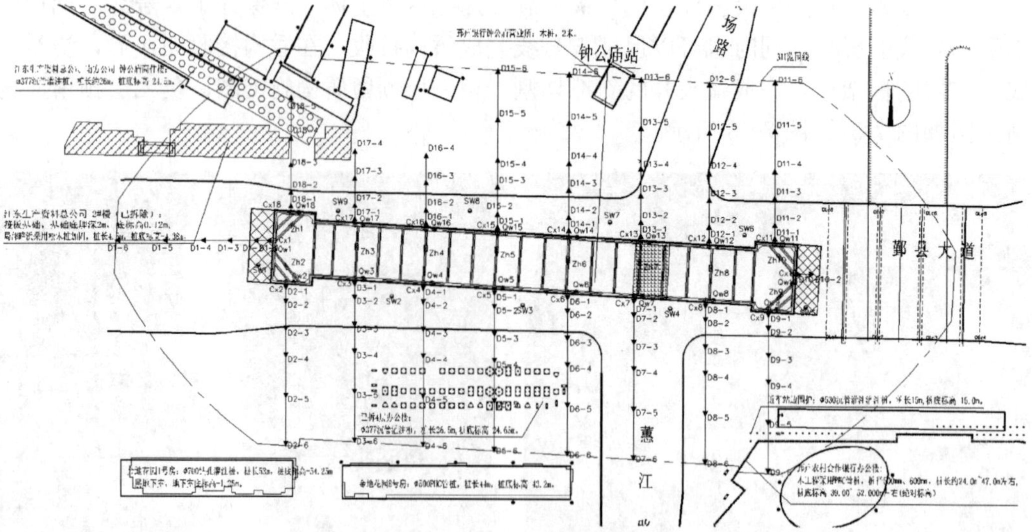

图 7-39　基坑平面图

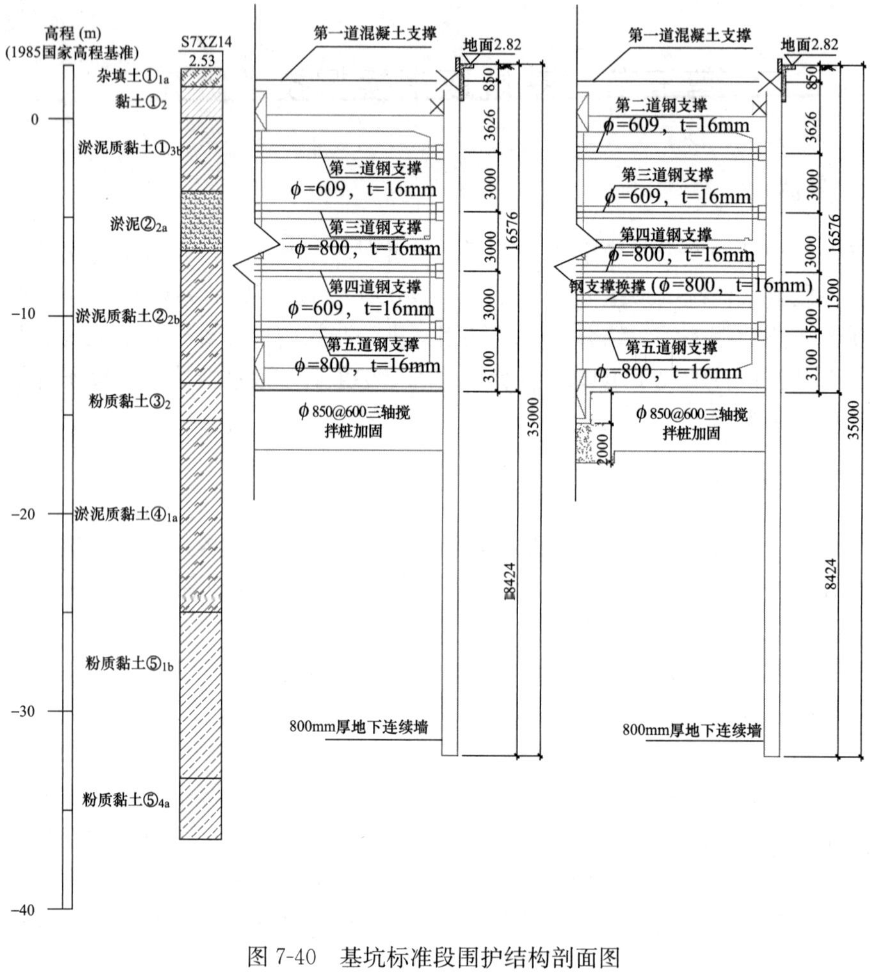

图 7-40　基坑标准段围护结构剖面图

1. 工程地质水文概况

站址范围自上而下地层多为：①$_{1a}$层杂填土、①$_{2}$层黏土、①$_{3b}$层淤泥质黏土、②$_{1}$层黏土、②$_{2a}$层淤泥、②$_{2b}$层淤泥质黏土、③$_{2}$层粉质黏土、④$_{1a}$层淤泥质黏土、⑤$_{1b}$层粉质黏土、⑤$_{4a}$层粉质黏土、⑤$_{4b}$层砂质粉土。车站底板位于④$_{1a}$淤泥质黏土层。地下连续墙墙底位于⑤$_{4a}$粉质黏土层。

涉及到的承压水层：Ⅰ$_{1}$层孔隙承压水主要赋存于⑤$_{4b}$层砂质粉土中，承压水位埋深在2.5m左右，绝对高程约为0.1m。该工程开挖过程中，第⑤$_{4b}$层承压水在基坑标准段满足抗突涌计算要求，基坑端头井不能满足抗突涌计算要求，故在基坑端头井处需要对该层承压水进行减压降水处理。

2. 施工工况

基坑采用阶梯式开挖，从两端端头井先行开挖，而后向中段开挖。由上而下分割成A～F共6层，每层约为3m，按长度方向分为9段。具体区段宽度及相应开挖时间见表7-1。

表7-1　基坑工况表

A									
B									
C									
D									
E/F									
各区宽度	21m	23m	23.6m	23m	20m	22m	22m	22m	22m
开挖时间	2.18～3.25	3.26～4.3	4.4～4.11	4.12～4.18	4.19～4.27	4.28～5.05	5.06～5.13	5.14～5.21	

3. 工程监测方案

该基坑安全等级为一级，变形保护等级为二级。基坑本体设置的监测项目见表7-2。

表7-2　监测项目表

监测项目	监测代码	控制值
支护墙体水平位移	CX	二级 0.3%·H
地表沉降	D	二级 0.2%·H
支撑轴力	ZH（混凝土支撑）；ZG（钢支撑）	最大值：轴力标准值 最小值：（80%～100%）fy
地下水位	SW	下降1000

三、基坑实测数据分析

1. 地下连续墙测斜

地下连续墙水平位移最大值随时间变化情况如图7-41所示，北侧正值表示向基坑内侧移，南侧负值代表向坑外侧移，变形曲线采用modified Bezier曲线进行拟合，虚线段内为该基坑采用换撑的区段。从墙体最大侧移来看，换撑对于基坑地下连续墙最终变形有着一定的防护效果。从北侧来看，有换撑段的最终变形要略小于西侧；从基坑东侧变形来看，有换撑段位于基坑中段，自身受到空间效应的影响，最终变形本应当大于两端端头井段变形。而在该工程中，有换撑段的最终变形与东侧无换撑段相近，从中可以看出换撑对于基坑地下连续墙最终变形有着一定的防护效果。从南侧来看，有换撑段的最终变形要略大于无换撑的西侧，但西侧变形小主要是其坑外存在遗留的建筑物桩基起到的一定防护作用所引起。

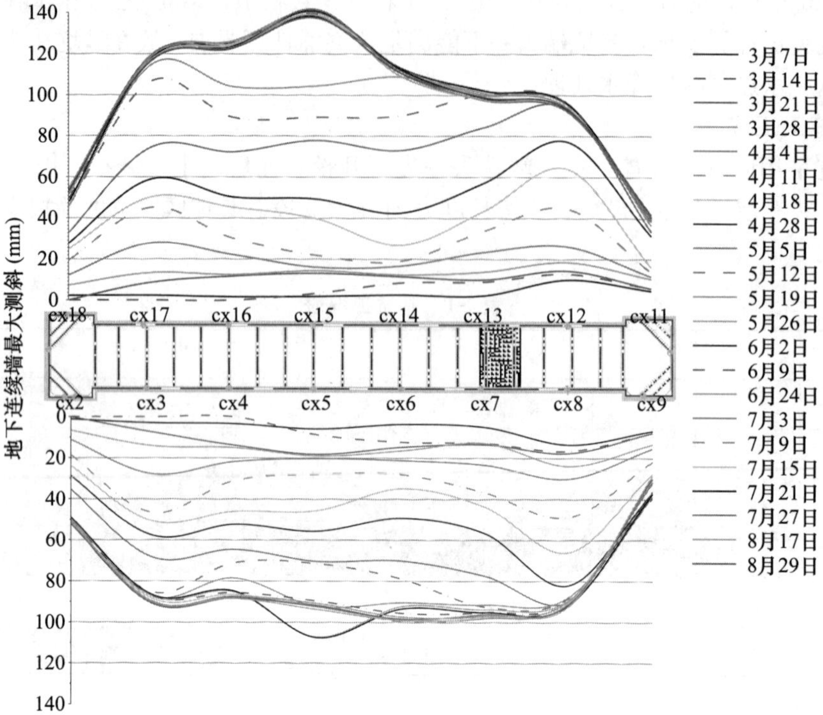

图 7-41　地下连续墙最大测斜发展平面图

图 7-42 为 cx6/14、cx7/13 两个截面的地下连续墙测斜随时间的变化曲线，正值表示向坑内侧移，负值表示向坑外侧移，其中 cx6 测点底部末端损坏。从变形曲线而言，三截面南北两侧变形曲线近似，整体均呈现出“两端小，中间大”的“胀肚型”曲线，符合其“开挖深度大、初期顶部支撑刚度大”的工程实际情况。但南侧底端变形较大，在 4 月 28 日后开始逐渐增长，最后超过了 40mm，呈现出一定的“脚踢型”的趋势。结合实际工况可知，4 月 28 日后为地连墙中段最底层土体的开挖阶段，该增长趋势是由于在该时段基坑底部支撑及土体刚度不够且侧向土压力较大，从而导致了该阶段地连墙底部位移的增大。

图 7-43 为地下连续墙最大位移随着时间的发展曲线，正值表示向基坑内侧移，负值代表向基坑外侧移。图 7-43（a）包含了南北两侧标准段所有测点，可以看出地连墙最大侧移的发展主要分为四个阶段。（1）9m 以上土层开挖阶段：此时地连墙最大侧移发展较为缓慢，各测点测量值接近 30mm，占各测点总变形的 15.4%～49.9%，中位数为 33.7%；（2）9m 以下土层开挖阶段：地连墙最大侧移增长速率明显增大，且各测点增长速率及最终达到的变形量各有不同，该阶段的变形占总变形的 47.4%～85.5%，

中位数为 65.5%；（3）坑底底板施工阶段：各测点之间由于底板施工的顺序不同，部分测点存在短时的起伏；（4）全段底板施工完毕阶段：此时基坑内部围护结构通过底板连接形成更为坚固的整体，各测点测量值不再增大。

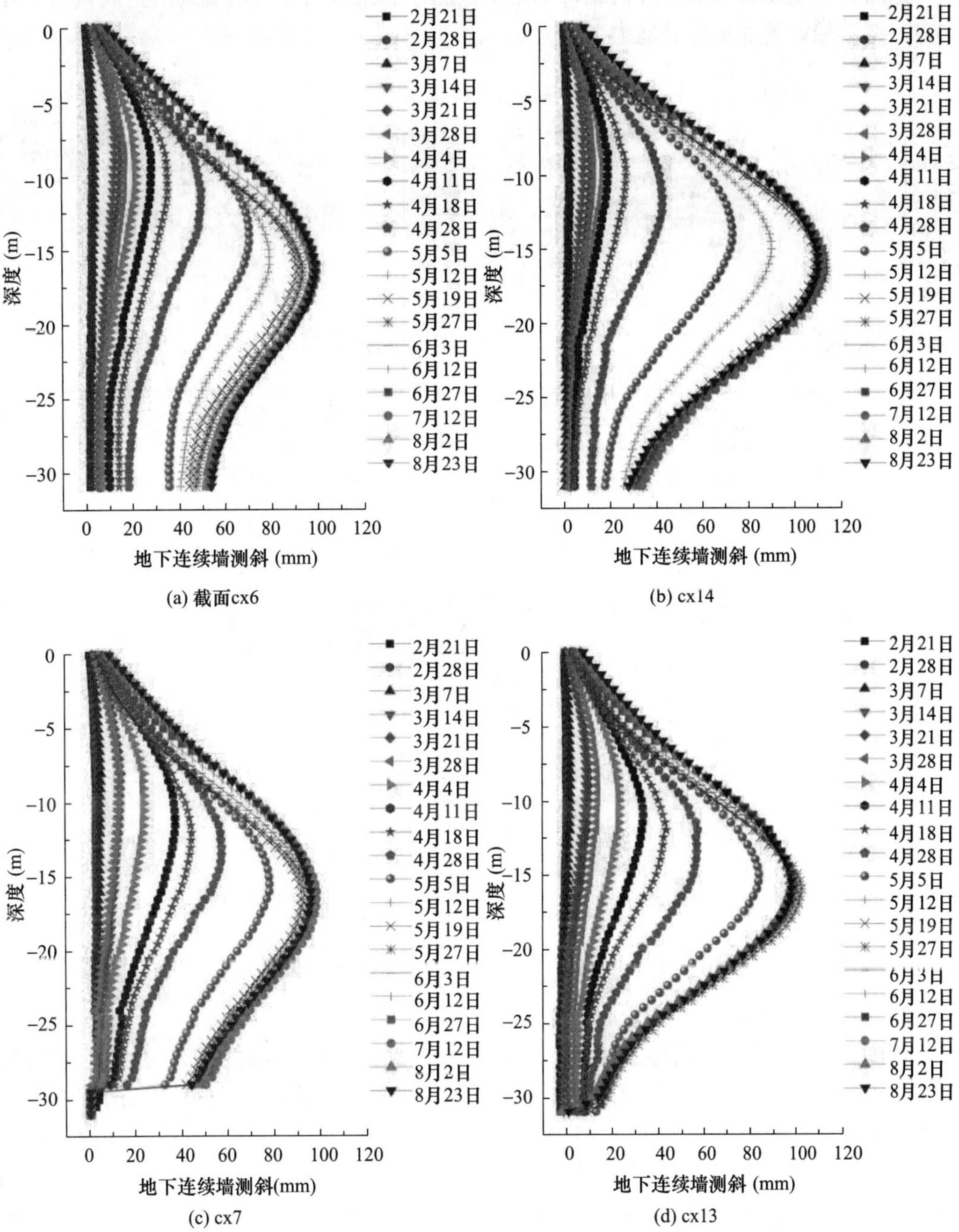

图 7-42　地下连续墙测斜随时间变形图

由图 7-43（b）可以看出，cx16 和 cx15 相较整体趋势而言，在第三阶段侧移量快速增大。这可能是额外建筑荷载、北侧坑外施工荷载以及无支撑暴露时间较长等综合作用的结果。由于额外荷载的存在，导致基坑开挖至底部受到的侧向土压力较大，同时长时间缺乏内支撑或底板的支撑，使得基坑变形迅速增大。反观其他测点，从图 42（c）可以看出，多数测点在开挖至坑底且浇筑底板后，其测量值不再增长，趋于稳定。其原因一是周边环境无较大的额外荷载；二是多数测点靠近端头井，所受到的空间效应并不明显，有着较好的变形控制能力。

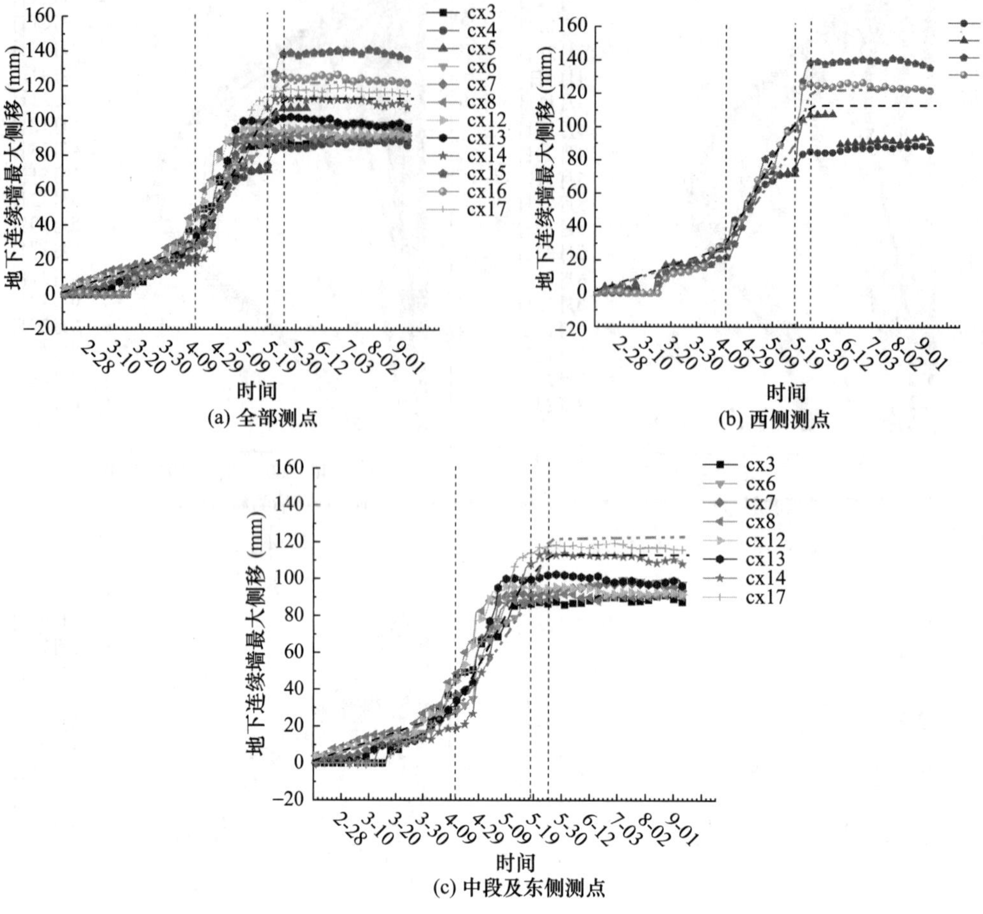

图 7-43　地下连续墙最大侧移发展时间图

2. 坑外地表沉降

基坑周边最终地表沉降云图如图 7-44 所示。图中灰色区域是由于存在地上建筑物而无法布置地表沉降测点。整体而言，基坑地表沉降受西北侧建筑物群和西南侧遗留桩基础影响，使得地表沉降表现为“北大南小，西大东小”的变形分布规律。在建筑物群的影响下，西北侧地表最大沉降点位于 D15-4 测点，沉降值为 198.99mm。同时西北侧地表沉降普遍大于 87mm，而同侧对称位置的地表沉降大多小于 87mm。西侧 D16 和 D17 测点最大地表沉降为 179.87m 和 130.01mm；东侧 D12 和 D13 测点最大地表沉降为 107.91mm 和 120.47mm。两组对称测点中，西侧的最大地表沉降比东侧分别大了 49.31%和 16.99%。

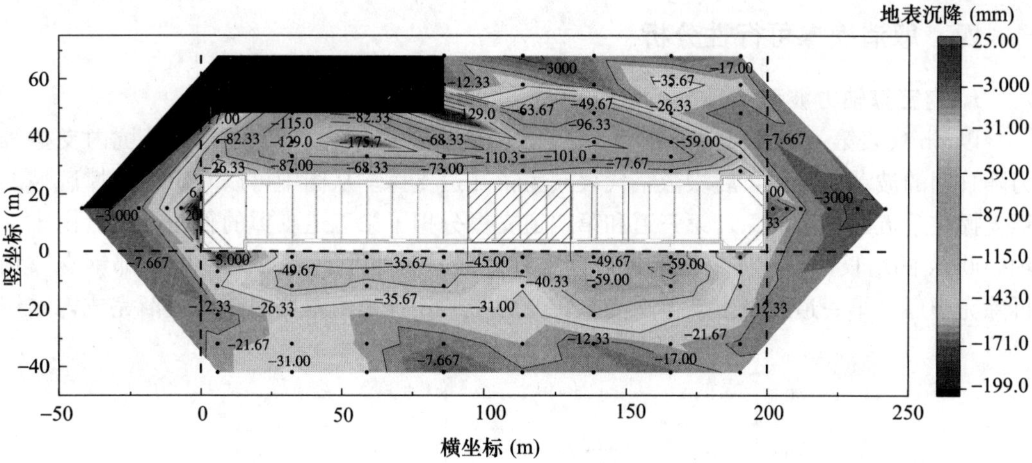

图 7 44　坑外土体地表沉降云图

各象限地表沉降散点图如图 7-45 所示，以基坑中心为原点，将基坑墙后沉降测点划分为四个象限区域：右上角的第一象限存在一个不利环境因素（坑外施工荷载）；左上角第二象限存在两个不利环境因素（坑外施工荷载及 3H 范围内存在房屋荷载）；左下角第三象限存在一个有利环境因素（遗留建筑物桩基础）；右下角第四象限无额外环境因素影响。根据该工程地质报告，工程地质介于 Zone Ⅰ与 Zone Ⅱ之间。从图中可以看出，无额外环境影响的第四象限和存在一个有利环境因素的第三象限的数据主要分布在 Zone Ⅰ和 Zone Ⅱ，符合 PECK 曲线法对于该地质的沉降预估；第一象限由于受工程施工荷载的影响，变形较第四象限大，主要分布于 Zone Ⅱ；存在最多不利因素的第二象限的地表沉降远大于其他象限，部分测点已达到了 Zone Ⅲ的范围。从该单一工程不同区域的变形对比来看，基坑环境因素对于地表沉降的影响较为明显，在工程施工组织设计时应考虑到周边环境因素，尽可能避免多种不良因素共同叠加作用于某一区域，造成基坑单边或单区域变形过大，从而减弱基坑整体抗变形能力。

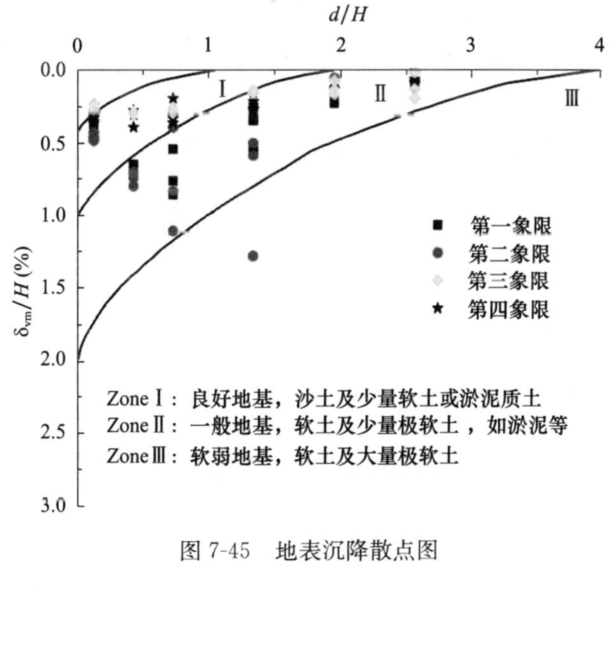

图 7-45　地表沉降散点图

四、取消换撑可行性分析

1. 内支撑轴力波动

以 Zh 代表第一道混凝土支撑轴力，Zg 代表钢支撑轴力。图 7-46 为基坑内支撑轴力随日期的波动曲线图，后缀数字代表其为第几道支撑。从图中可以看出，换撑区域的钢支撑在第五道之后拆除，第三道和第四道支撑分担了第五道支撑的轴力，随后出现了约 500kN 的增长，但整体依旧未超过钢支撑原设计标准值。在后续基坑下部钢支撑均拆除完毕后，第一道混凝土支撑从受拉转变为受压。这是由基坑内结构逐渐完成，整体

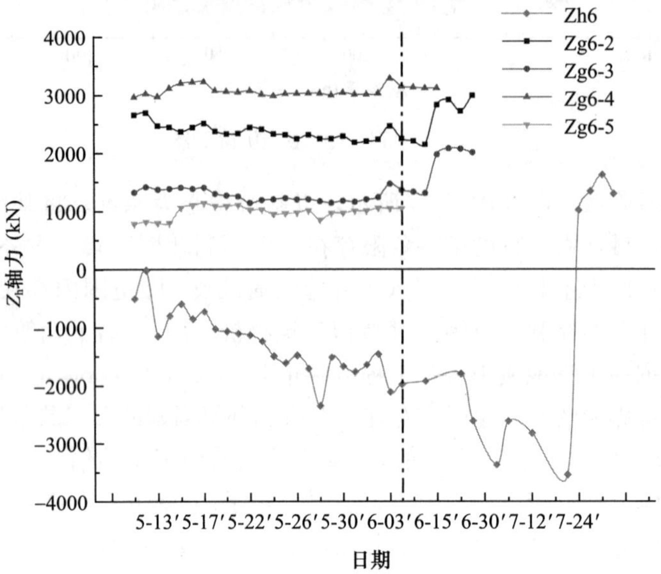

(a) Zh/Zg6

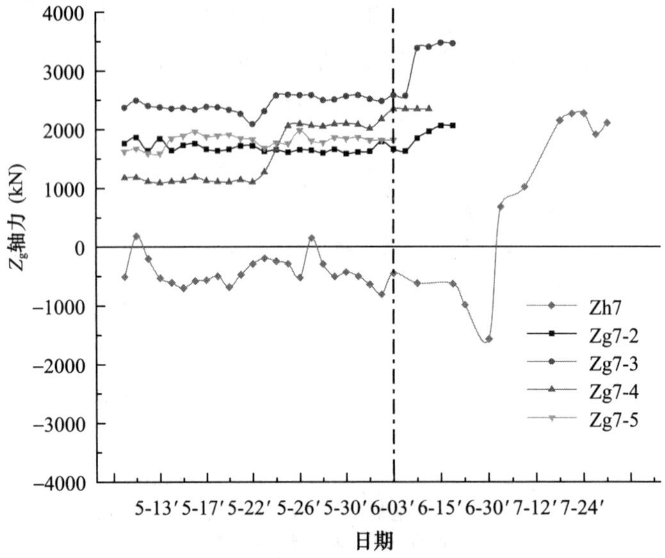

(b) Zh/Zg7

图 7-46　内支撑轴力变化图

刚度和整体性进一步提升，受力分布形式也从"底部集中受力"转变为"整体受压"，且最终轴力也未超过混凝土支撑设计标准值。与之相邻的 Zg7 测点为无换撑区域，整体轴力变化趋势与有换撑的 Zg6 一致，均表现为：上部钢支撑在第五道钢支撑拆除后出现约 500kN 的增长，混凝土支撑在所有钢支撑拆除后从受拉转变为受压。从这两区间对比中可以看出，对于该工程而言，取消换撑不会对内部支撑产生明显的不良影响，轴力也无明显变化。

2. 地连墙侧移增长

基坑各测点自底板浇筑完成后至基坑内部结构完成时地下连续墙测斜增量结果如图 7-47 所示，正值代表向基坑内，负值代表向基坑外。增量整体变形呈现"弯刀状"：以基坑底板为分界点，上部由于内部结构回筑过程中一步步拆除基坑内支撑，使得地下连续墙进一步向坑内变形，由于底板的整体刚度更大，变形曲线呈现出上端偏大的偏态分布曲线；下部由于底板能很好地限制坑底隆起变形，故下部地下连续墙测斜表现为整体平移。下部平移范围为－7.48～5.17mm，cx6 和 cx8 表现为向内平移，其余测点均表现为向坑外平移，分布并无明显的规律性，可能与实际工况中底板浇筑时间、拆撑及内部结构回筑顺序有关，有待后续进一步研究。

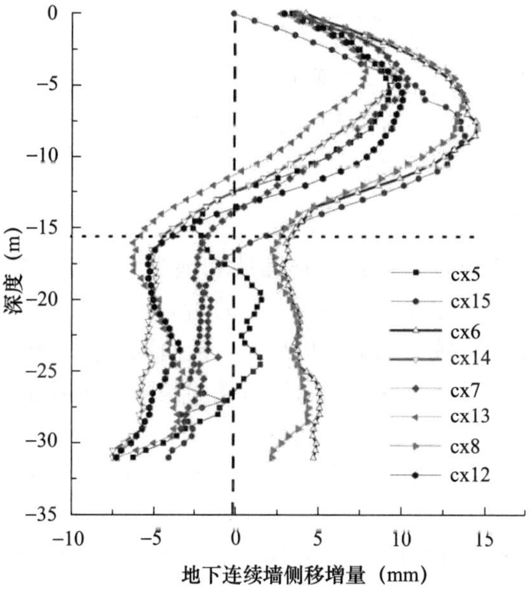

图 7-47　地下连续墙测斜增量图

基坑上部的测斜增量如图 7-48 所示，该图以底板深度 16m 处的测斜增量为基准点，这是考虑到换撑主要是为基坑底部提供刚性支撑，减小在拆撑过程中底部的测斜增大量，从而更好地反映换撑在该工程所起到的作用。从图中可得，其中采用换撑的 cx6 和 cx14 测点的变形曲线处于其他未采取换撑措施的变形曲线之内，未表现出明显的位移约束作用。参考图 7-39，可以发现该基坑在基坑开挖完毕与底板浇筑期间，该深度的土体应力释放变形几乎全部完成，同时由于底板的存在，换撑对于底部变形的约束效果并不明显。但在实际工程中，挖土阶段的应力释放程度是需要根据实际工程地质、施工工况及监测数值，结合变形计算或有限元模拟等初期计算结果予以综合判断的。在该工程中，最后开挖过程中存在施工荷载及房屋荷载的 cx5、cx15 和 cx4、cx16 最大测斜值出现了激增。因此对于复杂环境因素或存在较多不利因素的截面应该保留换撑手段，以防后续可能出现测斜量激增。

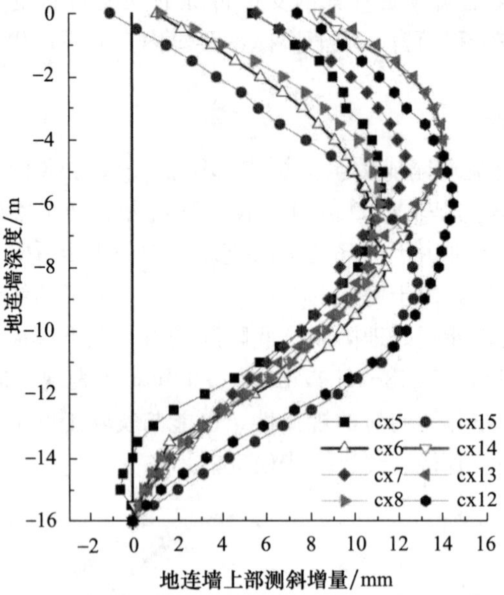

图 7-48　地下连续墙上部测斜增量图

五、总结与建议

由不同的环境因素所导致基坑地下连续墙和地表沉降呈现出不同的变形规律及幅度，整体规律表现为“南小北大，东小西大”的趋势。并且，多个不利因素会相互叠加作用于基坑变形，使得该区域的基坑变形过大，从而成为整个基坑工程中安全隐患最大的区域。在实际工程中应对此类区域采取针对性的预防加固措施，同时合理设计施工方案，避免该区域承受的荷载集中。

同时，地下连续墙最大侧移的发展规律主要分为四个阶段：①9m 以上土层开挖阶段：此时地连墙最大侧移发展较为缓慢，占各测点总变形的 15.4%～49.9%，中位数为 33.7%；②9m 以下土层开挖阶段：地连墙最大侧移增长速率明显增大，占总变形的 47.4%～85.5%，中位数为 65.5%；③坑底底板施工阶段：部分测点存在短时的起伏；④全段底板施工完毕阶段：此时基坑内部围护结构通过底板连接形成更为坚固的整体，各测点测量值不再增大。

结合前文内容和结论，对于是否取消换撑得出如下几点总结和建议。

（1）在该工程中，地下连续墙最大测斜在底板浇筑完成后大多无明显波动，采用换撑区段的 cx6、cx14 在底板浇筑后，地下连续墙最大侧移同样保持稳定，并无明显的变形减小趋势。由此可以推断，在该工程中，基坑底板施工完毕后，抗压能力较好的混凝土底板足以起到底部支撑的作用，此时换撑对于基坑变形的影响不大。

（2）取消换撑区段的轴力相较于有换撑区段无明显波动，取消换撑不会对内部支撑产生明显的不良影响，轴力的变化规律也并无明显变化。有换撑区段的后期变形曲线位于其他未采取换撑措施的变形曲线之内，未表现出明显的上部测斜约束作用。

（3）在基坑开挖完毕至底板浇筑期间，该深度的土体应力释放变形几乎全部完成，因此后续换撑手段的工程效益并不明显，反而会延长施工工期。在实际工程中，应首先根据实际工程地质、施工工况及监测数值，结合变形计算或有限元模拟等初期计算结果综合判断深层土体应力释放变形是否充分，从而决定是否取消换撑。同时对于复杂环境因素或存在较多不利因素的截面应该保留换撑手段，以防后续产生可能存在的测斜量激增。

第六节　全断面自动架设钢支撑系统设计

一、工程概况

院士路站为5号线一期与6号线换乘站，5号线一期车站为地下三层岛式车站，沿院士路南北向敷设；6号线车站为地下两层车站，沿江南路东西向敷设；三角区设置联络线，联络线净长328.8m，转弯半径150m，三角区为地下两层框架结构，联络线为地下两层过渡到地下三层。5号线一期车站基坑采用明挖法施工，主体围护结构采用1000mm厚连续墙，试验段范围长36.1m，宽22.1m。院士路站平面布置如图7-49所示。

图7-49　车站与周边构筑物相对关系图

本次科研试验段基坑周边环境情况良好，最近的建筑物为东侧的皇冠家园，房屋与基坑距离为43.5m，建筑三层以上为钢筋混凝土结构。基坑外侧围护采用ϕ800钻孔灌注桩，桩长24.0m。

二、全断面钢支撑伺服系统设计

5 号线一期车站基坑采用明挖法施工，试验段深 24.94m，长 36.1m，插入比约 1.25，原主体围护结构采用两道混凝土支撑（800×1000/1000×1000）+5 道钢支撑（ϕ609×16 及 ϕ800×16），支撑下方设立柱桩和格构柱，坑底至第二道支撑底进行弱加固，坑底及第五道支撑底进行强加固。全断面采用钢支撑伺服系统后，采用一道混凝土支撑（800×1000）+7 道钢支撑伺服系统（其中 2～3 道为 609×16，4～8 道为 800×16），接近坑底设一道钢支撑，取消立柱桩、格构柱及坑内加固，调整标准段靠近试验段侧附近立柱桩布置，如图 7-50、图 7-51 所示。

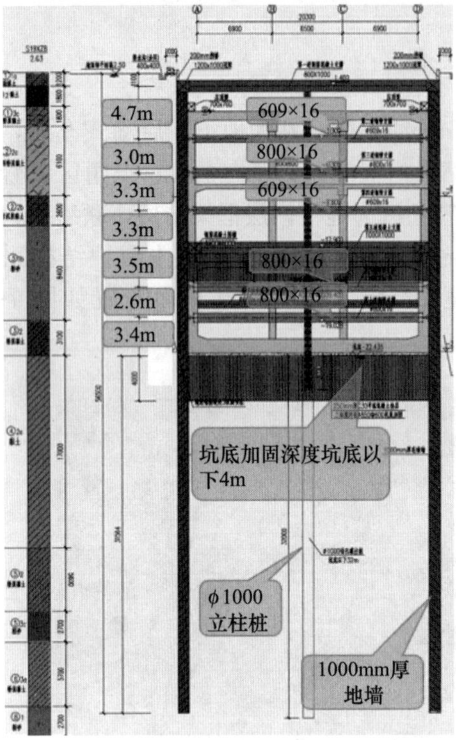

图 7-50　原基坑围护结构横剖面图

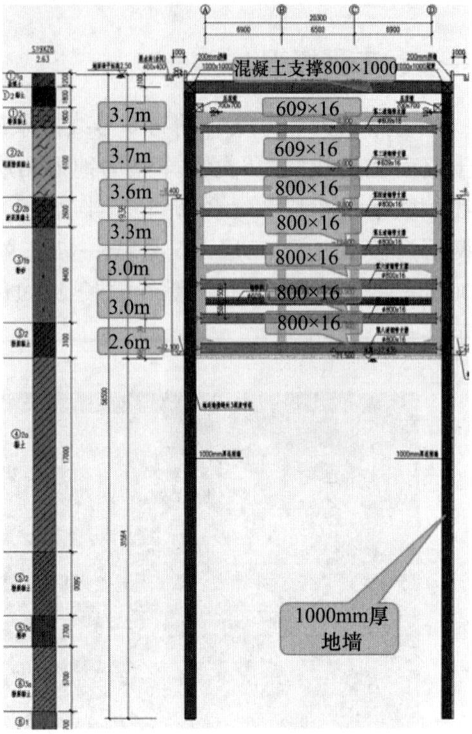

图 7-51　全断面伺服系统横剖面

三、全断面钢支撑伺服施工流程

（1）设置钢支撑半自动化拼装场地，法兰盘拼装钢支撑转动，每根螺栓可以方便拧紧，比传统连接方式更为可靠，可随时检查。由汽车吊将拼装完成的钢支撑吊装至基坑边（龙门吊轨道内侧），龙门吊电动葫芦移动至支撑上方起吊整根钢支撑，钢支撑一端预先绑扎一根粗绳（图 7-52）。

（2）慢慢起吊钢支撑，同时电动葫芦向基坑中间移动，通过人力将钢支撑旋转 90°与基坑支撑断面平行。

（3）龙门吊移动钢支撑至需安装位置的附近，同时贝雷梁移动至需要安装钢支撑的断面上方（图 7-53）。

图 7-52　钢支撑施工现场

图 7-53　钢支撑吊装现场

（4）贝雷梁上卷扬钢丝绳包络上层钢支撑下放至需安装钢支撑附近（图 7-54）。

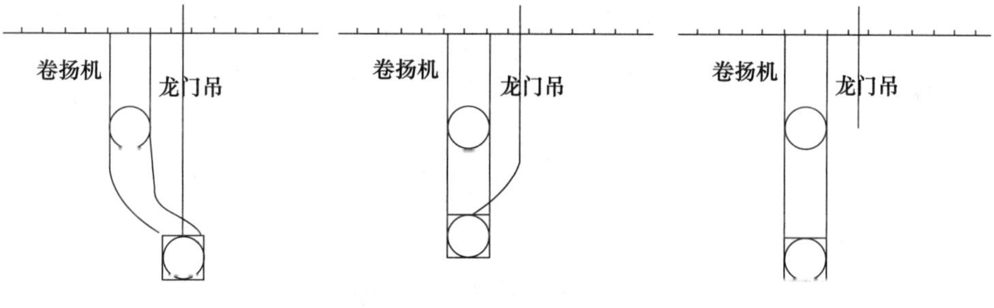

图 7-54　钢支撑安装详图

（5）操作人员乘坐贝雷梁上安装的标准挂篮下放至钢支撑附近，人工进行钢丝绳连接钢支撑（贝雷梁上装好护栏，人员可以在贝雷梁上走动）；钢支撑两端安装矩形卡扣，方便钢丝绳的连接（图 7-55）。

（6）缓慢收紧卷扬机，同步且缓慢地放松龙门吊钢丝绳，钢支撑产生向左上角的合力，最终钢支撑被拉到设计断面处，通过贝雷梁上卷扬机提升下放调整钢支撑高度到设计位置。

图 7-55 钢支撑安装现场

（7）启动轴力自动补偿系统，施加钢支撑轴力；如钢支撑在设计位置处则施加轴力标准值，如钢支撑不在设计位置处则施加 30t 轴力，提供稳定钢支撑的作用（产生摩擦力抵抗自重，钢板与混凝土摩擦系数约为 0.5）。

（8）开挖土方时，在钢支撑预设位置上方 80cm 位置预设膨胀螺栓，作为钢丝绳挂点，二次保证支撑安全。钢丝绳用花纹螺杆拧紧，以抵抗冲击荷载。

（9）操作人员乘坐贝雷梁上的标准吊篮下放至钢支撑处，将卷扬机、龙门吊固定在钢支撑上的钢丝绳全部解除，一道支撑架设完成。钢支撑整体安装剖面如图 7-56 所示。

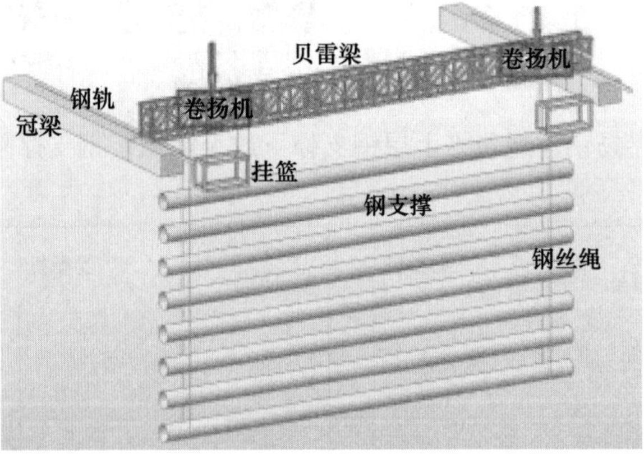

图 7-56 钢支撑整体安装剖面图

四、全断面钢支撑伺服系统优点

1. 可连续出土施工，工期缩短

（1）取消一道混凝土支撑和坑内加固，避免了混凝土支撑、腰梁的施工工期长的缺点，同时避免了拆除时的吊装风险，围护结构施工时间大大缩短；

（2）取消了格构柱和地基加固，围护结构施工时间节省至少 3 个月；

（3）主体结构施工加快，在结构回筑阶段，无需切除混凝土支撑，大大缩短了主体施工时间，节省工期 3～4 个月。

2. 可实现整根支撑吊装

取消基坑中间立柱，冠梁基坑内侧面与地下连续墙齐平，钢支撑拼装后进行整根吊装至基坑。钢支撑吊装施工如图 7-57 所示。

图 7-57　钢支撑吊装施工图

3. 可自动补偿支撑轴力

钢支撑轴力伺服系统是结合了现代机电液压一体化自动控制技术、计算机信息处理技术、总线通信技术以及可视化监控技术等高新技术手段，对支撑轴力进行全天候不间断监测，并根据高精度传感器所测参数值对支撑轴力进行适时的自动补偿来达到控制基坑变形目的支撑系统。

钢支撑自动轴力补偿系统将传统支撑技术与现代高科技控制技术等有机结合起来，对钢支撑轴力进行实时补偿与监控，实现对钢支撑轴力 24 小时不间断的监测和控制，使支撑系统始终处于可控和可知的状态。与传统钢支撑体系相比，自动轴力补偿系统能明显降低基坑围护结构的最大变化速率，控制基坑的变形，减小对管线、建筑等周边环境的影响，有效解决常规施工方法无法控制的苛刻变形要求和技术难题。钢支撑轴力伺服系统如图 7-58 所示。

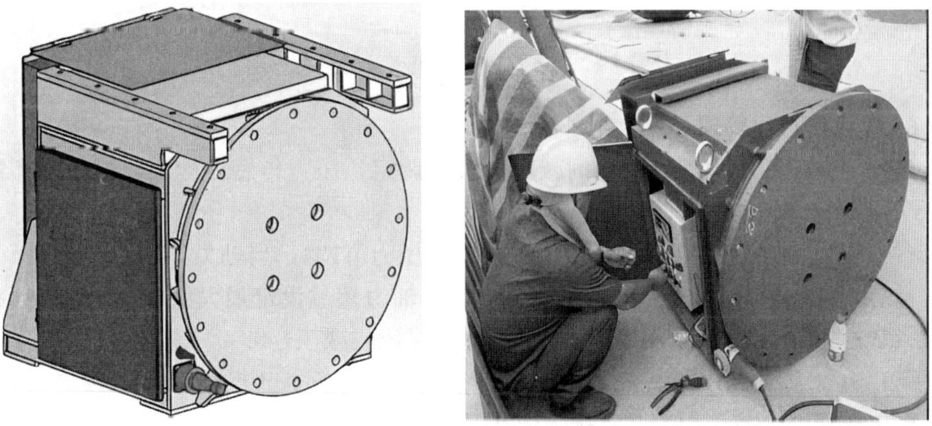

图 7-58　钢支撑轴力伺服系统

4. 减小无支撑暴露时间

随着基坑的连续开挖，“智能支撑体系”启动，每一道支撑按照需要做步履式下移（升降速度为 6m/min）；基坑继续开挖，支撑系统则步履式下放至设计位置，并自动施加轴力及其补偿轴力；步履式下放支撑：上一根空闲支撑下放至紧挨着将要下放但尚处于设计位置处的支撑，施加轴力，同期卸载设计位置处的支撑，下放至紧挨设计位置（空出设计位置支撑架设空间），施加轴力，同期卸荷上一道支撑，将其下放至该层设计位置，再将紧挨的下层钢支撑（原该层设计位置处钢支撑）下放至下一道钢支撑设计位置处；如此反复，最终 6 道钢支撑全部架设于相应设计位置处。

5. 更有效控制变形

与传统钢支撑相比，钢支撑轴力伺服系统可以有效控制地连墙的最大变形及最大变化速率；钢支撑轴力伺服系统可以有效控制邻近地铁等重要建（构）筑物的变形。

实验段墙顶水平位移至底板施工完成拆除第六、七道混凝土支撑时，桩顶水平位移约为 1cm。钢支撑轴力伺服系统墙顶位移图如图 7-59 所示。

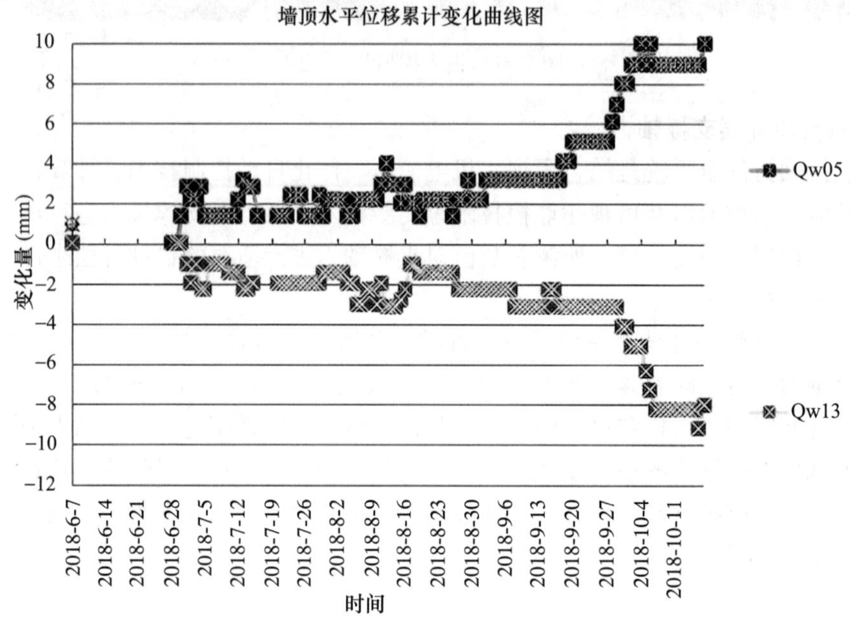

图 7-59　钢支撑轴力伺服系统墙顶位移图

6. 强化信息化管理

（1）油泵工作压力靠高压比例减压阀自动调定，压力传感器检测，组成闭环控制，保证千斤顶压力的连续可调性及控制精度。

（2）钢支撑轴力保持在设定压力 A 下（此压力可调），当轴力下降至设定压力 B 时能自动启动油泵（或蓄能器）补压至 A 值，当轴力超过设定最大值 C 时，控制台可自动报警，由工作人员确认是否进行相关操作（保压或减压）。

（3）电气系统由 DCS 控制器实施自动控制。操作面板上装有彩色触摸屏，可显示和设置工作压力、超载报警和系统工作状况。

（4）PC 系统具有输入、输出、显示、操作、修改、存储、打印等功能。

（5）当动力电源断电时，整个电控系统由后备的UPS不间断电源供电，液压动力油源由手动泵提供，确保系统安全。

（6）在千斤顶顶升过程中，随时锁紧机械自锁装置，保证在自控系统突然失效情况下支撑不失效。

整个系统需要整体相互配合才能正常完成工作，由于相关技术限制，尚不能实现DCS系统驱使油压泵自动泄压、全自动控制。

第七节 软隔离防护技术应用

“软隔离”的概念是指在基坑中部设置一定宽度的加固体，形成类似于基坑封堵墙效果的隔离墙，相对于地下连续墙等传统围护形式的“硬”封堵墙而被称为“软隔离”。软隔离加固体可形成同时具有横向支撑及纵向止水、支挡效果的隔离体，是基坑封闭的一种形式，可满足基坑开挖验收条件。

一、庙堰站

庙堰站主体基坑长462.35m。车站东西两端均为盾构始发，该站为两端区间始发基底。考虑到盾构整体工筹安排及临时河道保通要求，基坑中设置一道临时封堵墙，将基坑分为A基坑（长100m）和B基坑（长362.35m）。整体工筹为A基坑施工期间将河道临时改移至封堵墙东侧，待A基坑封顶后将河道恢复至A基坑上方，再封闭B基坑临时河道处地墙。综合考虑到基坑“长边效应”，同时为尽早封闭B基坑围护，使其具备开挖条件，在B基坑设一处“软隔离”。

庙堰站软隔离采用两道3m宽三轴搅拌桩强加固，水平间距9m，加固自冠梁底至基坑底以下6m。软隔离自上而下的连续强加固体一方面可以在基坑内侧形成类似于墙的支撑效应，减小基坑“长边效应”，另一方面可在封堵墙东侧临时河道尚未改移至A基坑上方，B基坑地墙未完全封闭时，在基坑纵向形成具有隔水及支挡功能的“隔离体”，使B基坑可提前开挖，不受制于A基坑施工进度，工期上更为灵活，有利保障整体工期。庙堰站总平面图、庙堰站基坑软隔离设计图如图7-60、图7-61所示。

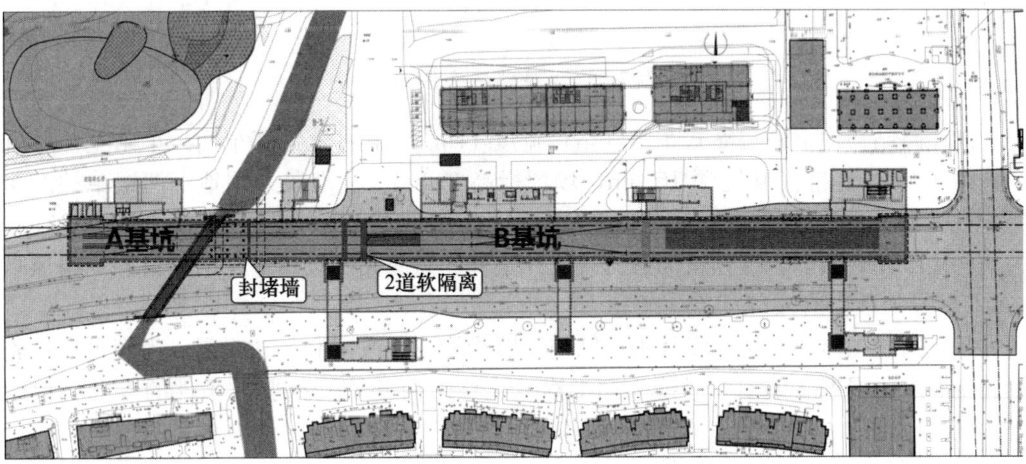

图7-60 庙堰站总平面图

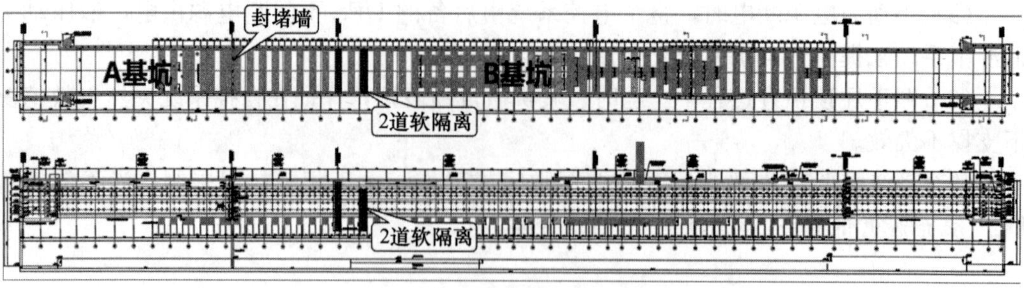

图 7-61　庙堰站基坑软隔离设计图

二、兴庄路站

1. 工程概况

兴庄路站是宁波市轨道交通 5 号线一期工程第 22 个车站，为终点站。车站位于兴庄路与清泉路路口，沿清泉路东西向布置，清泉路现状宽 16m，规划道路红线宽 24m。

站址周边建（构）筑物较多，周边有清泉花园、鑫隆花园、联兴家园等住宅小区。周边规划为居住用地。西北向为鑫隆花园；西南向为联兴家园、清泉商城及新城联兴二期；东南向为清泉花园；东北向为鑫隆幼儿园及鑫隆花园；北侧有现状大叶界河。车站周围主要管线有：DN1000（混凝土）污水管，DN90（塑）天然气管，800×500（塑）供电管，DN600 给水管等。除 DN1000（混凝土）污水管外，车站施工期间需将车站范围内的上述管线临时迁改至车站范围以外。兴庄路站总平面图如图 7-62 所示。

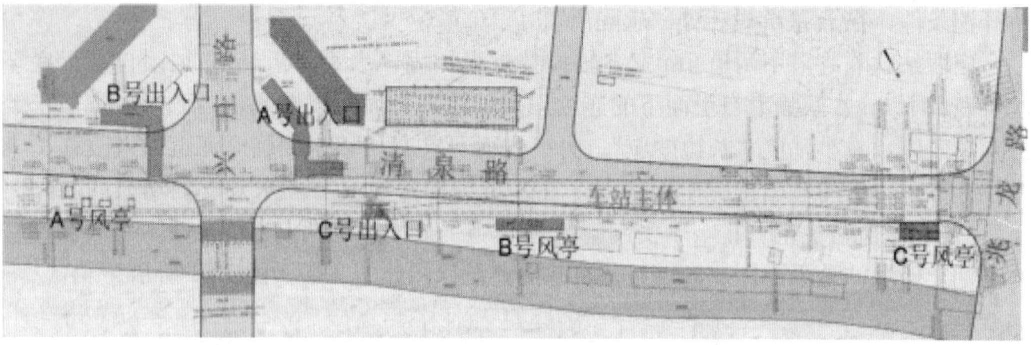

图 7-62　兴庄路站总平面图

兴庄路站为地下两层岛式车站（站台宽度 11m），站内设置存车线。车站主体基坑全长约 500m，标准段基坑深 16.6m，场坪标高 3.000。标准段采用地下两层单柱双跨（存车线段双柱三跨）现浇钢筋混凝土框架结构，车站端均采用盾构法施工，小里程端为盾构接收井，大里程端预留为盾构接收井条件。兴庄路站设置 3 个出入口和 3 组风亭（其中 C 号为顶出出入口）。

兴庄路站主体西基坑原设计围护结构地墙受管线迁改限制无法封闭，为满足现场施工进度要求，根据《关于 5 号线一期工程兴庄路站西基坑开挖验收条件的专题会议纪要》（建分〔2019〕27 号），西基坑采用软隔离进行基坑封闭。软隔离是基坑封闭的一种形式，满足基坑开挖验收条件。

2. 设计方案

根据管线位置和基坑开挖方案等现场施工实际情况，并结合基坑计算，基坑纵向设置 6 级放坡边坡，并在 27～28 轴、29～30 轴设置两排软隔离。软隔离采用 ϕ850@600 搅拌桩加固，边坡以上为弱加固（水泥掺量 8%），边坡顶至搅拌桩桩底为强加固（水泥掺量 20%）。西基坑分级放坡形式及软隔离设置情况详见图 7-63。另外，由于坑底存在④$_{2t}$砂质粉土层承压水，软隔离未能将其隔断，坑底抗突涌不能满足要求，因此需要在边坡底部单独设置一排止水帷幕将该层承压水隔断。西基坑地质纵剖面图如图 7-63 所示。

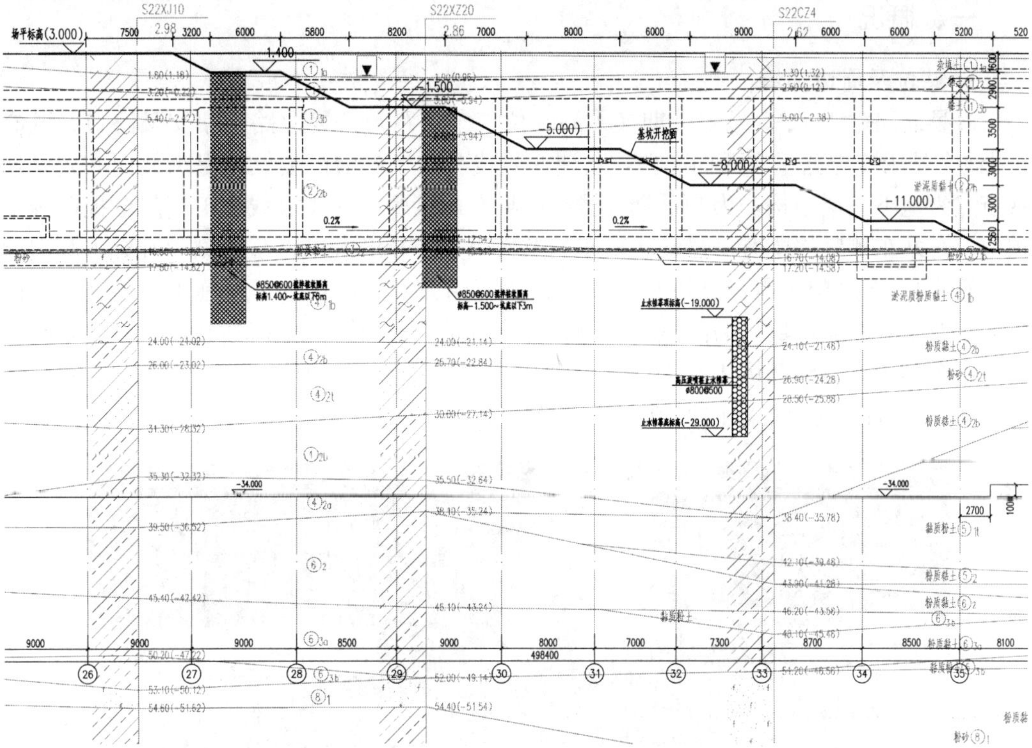

图 7-63 西基坑地质纵剖面图

3. 计算分析

采用软隔离封闭基坑放坡开挖需进行边坡稳定性计算和坑底抗突涌计算。西基坑边坡稳定性计算简图如图 7-64 所示。

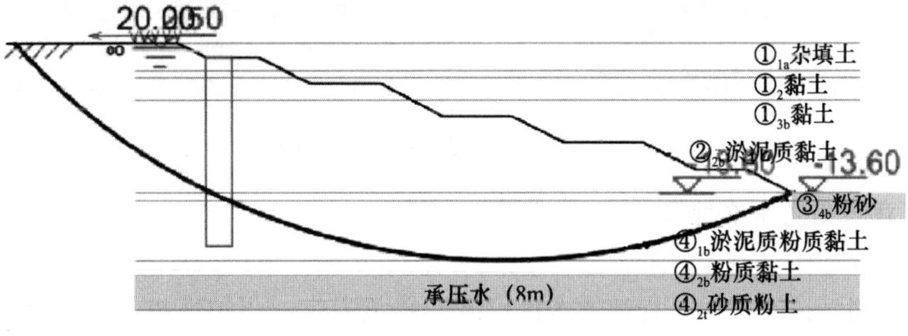

图 7-64 西基坑边坡稳定性计算简图

经计算，边坡圆弧滑动稳定安全系数为1.43，1.43≥1.2，满足规范要求。

西基坑边坡基坑底部存在④$_{2t}$粉砂层承压水层。层顶标高−24.280，水头标高0.640。抗突涌安全系数K_H=（17×3.08+19.3×0.5+17.4×6.9+18.5×2.8）/（10×24.92）=1.143，1.143>1.1，满足要求。

第八节　车站周边群坑相互影响分析

一、概况

1. 站位及周边环境

海晏北路站为1、5号线一期换乘站，位于宁穿路与海晏北路十字交叉路口。既有1号线车站沿宁穿路呈东西向布置，新建5号线一期车站沿海晏北路呈南北向布置。换乘节点为地下三层结构，为与后期5号线一期车站接驳，在1号线施工期间已提前施工预留。车站东侧紧邻既有1号线运营车站及其A、C号出入口；东南侧为既有市政共同沟（管廊），车站施工需对其进行拆复建；西南侧为宏泰广场，车站施工前已完工；西侧为宁波中心商业基坑，为降低工程风险，车站在其地下室底板完成后开始地墙施工；在车站东侧距离主体基坑43m处为杨木碶河，河道宽40m，河底标高−1.87m，水深约4m。车站平面及周边现状详见图7-65～图7-69。

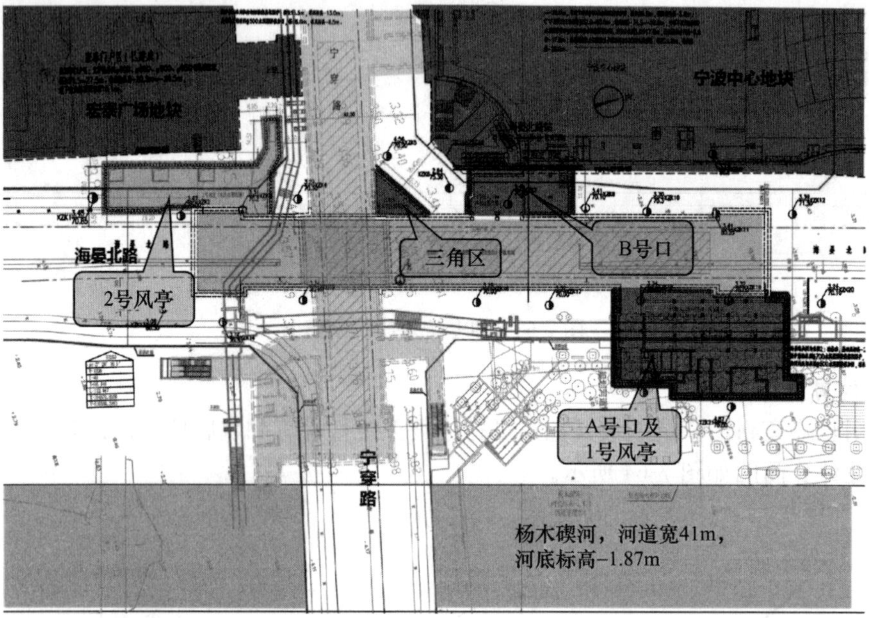

图7-65　5号线一期海晏北路站平面图

2. 工程地质及水文地质

（1）工程地质

海晏北路站拟建站址工程地质条件以淤泥软土为主，车站底板主要位于③$_2$粉质黏土夹粉砂、④$_{1\text{-}2}$灰色粉质黏土层、④$_2$黏土层，地下连续墙墙趾位于⑧$_2$粉质黏土层。

基坑开挖范围地层主要为：①$_{1-1}$杂填土层、①$_2$ 黏土层、①$_3$ 淤泥质黏土层、②$_{2-1}$淤泥层、②$_{2-2}$淤泥质黏土层、③$_1$ 灰色粉砂土层、③$_2$ 粉质黏土夹粉砂层、④$_{1-2}$灰色粉质黏土层、④$_2$ 黏土层。5 号线一期海晏北路主体基坑地质纵剖面图如图 7-70 所示。

图 7-66　宁波中心基坑图

图 7-67　宏泰广场

图 7-68　宁穿路

图 7-69　杨木碶河

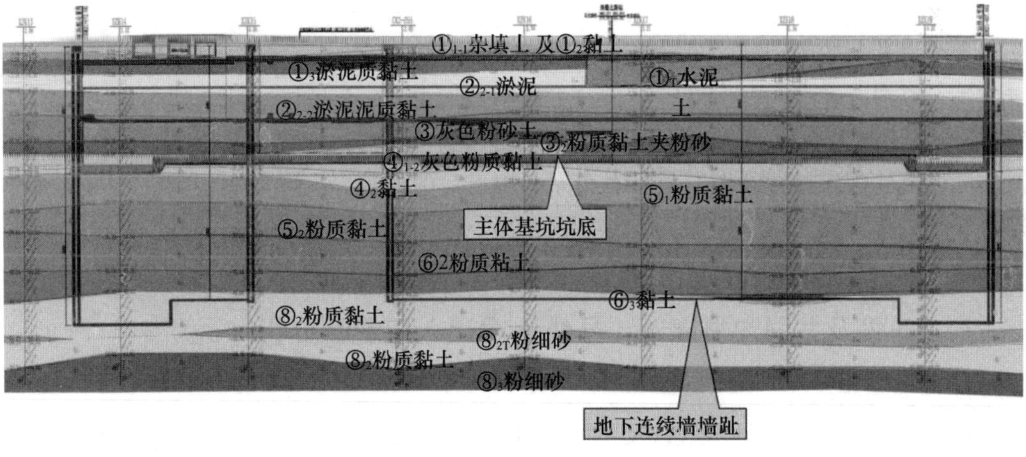

图 7-70　5 号线一期海晏北路主体基坑地质纵剖面图

（2）水文地质

场地内地下水主要为浅部土层中的潜水、砂性土层中的微承压水及深部粉（砂）性土层中的承压水，其补给来源主要为大气降水与地表径流，其排泄方式主要为蒸发形式。

潜水主要赋存于浅部黏性土、粉性土中，地下水位随降雨、潮汛影响而略有变化，根据区域地质资料，地下水位变化幅度不大，一般在0.5～1.0m之间。

场区内微承压水赋存于③$_{1b}$灰色粉砂土层、⑤$_{3a}$层灰黄色砂质粉土、⑧$_{2-T}$层灰色粉细砂和⑧$_{3a}$层灰色中细砂。微承压水水位埋深5.0～8.0m。

3. 设计概况

宁波市轨道交通1号线一期工程海晏北路站配套工程土建工程，为5号线一期与既有1号线海晏北路站“十字形”交叉接驳换乘站。车站位于海晏北路与宁穿路交叉口附近，呈南北向敷设。本车站包括主体结构、A号出入口及1号风道、B号出入口、2号风道和三角区（1个主体结构+4个附属结构）。

车站为地下三层岛式站台车站，长189m，标准段宽22.1m，深25.23～25.77m；南北端头井宽26.2m，深26.99～27.53m。该车站共设两个出入口、两个风道及1个三角区换乘通道。围护结构采用1000mm厚地连墙，邻近1号线出入口区域采用1200mm厚地连墙，地下连续墙深52～57m。标准段为8道内支撑+1道换撑体系，端头井为8道内支撑+1道换撑体系，其中第一、五道采用混凝土支撑，其余均为钢管支撑。

车站北端头井主体基坑范围内坑底采用深2.0m的栅格水泥搅拌桩加固，标准段主体基坑范围内坑底采用宽3m、深2.5m及间距3m的抽条水泥搅拌桩加固。端头井坑外拐角处采用高压旋喷桩加固，第五道钢筋混凝土支撑下3000mm采用搅拌桩加固，距离主体地下连续墙500mm范围对应水泥搅拌桩强加固区域采用ϕ800@550三重管旋喷桩填充，地连墙外侧墙缝采用3根ϕ800@500三重管旋喷桩止水加固。W1～W4、S1～S17、N1～N4地连墙厚度为1200mm，1200mm地连墙与1000mm地连墙厚度变化处设置3根高压旋喷桩止水。

基坑内设格构柱（兼抗拔桩）、抗拔桩，桩径为ϕ900mm钻孔灌注桩，桩长为基底至以下28m。

4. 工程特点

本项目施工范围内需改迁管线包含共同沟内给水、电力、通信，以及雨水、污水、燃气等，管线改迁量大，进度不受控，工程制约因素多；5号线一期新建车站与既有运营1号线地铁站“十”字型接驳，车站施工紧邻既有运营1号线及其出入口，车站主体及共同沟复建施工过程需做好对既有车站、出入口的保护，沉降控制要求高，与既有车站接驳施工难度较大，车站西侧紧邻宁波中心深基坑群，车站开挖变形控制要求苛刻，控制难度大。

二、车站及共同沟复建对1号线A号出入口影响分析

1. 共同沟概况

在车站南基坑和D号出入口及1号风道范围内分布有共同沟（地下综合管廊），共同沟横剖面尺寸为4850mm（宽）×3500mm（高），共同沟顶板覆土为1～2.2m。共同

沟内布设有现状 DN600 给水管、10kV 电力线、电信管及综合通讯等管线，共同沟内管线需在 5 号线一期车站施工前完成临时改迁。车站与共同沟平面位置关系如 7-71 所示，车站、共同沟及 A 号出入口剖面位置关系如图 7-72 所示，共同沟内管线情况如图 7-73 所示。

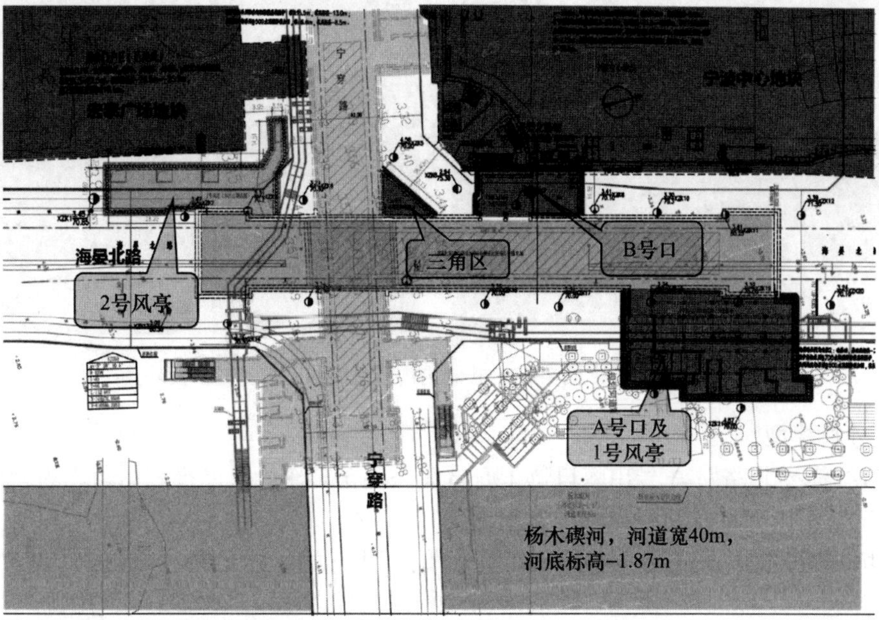

图 7-71　车站与共同沟平面位置关系图

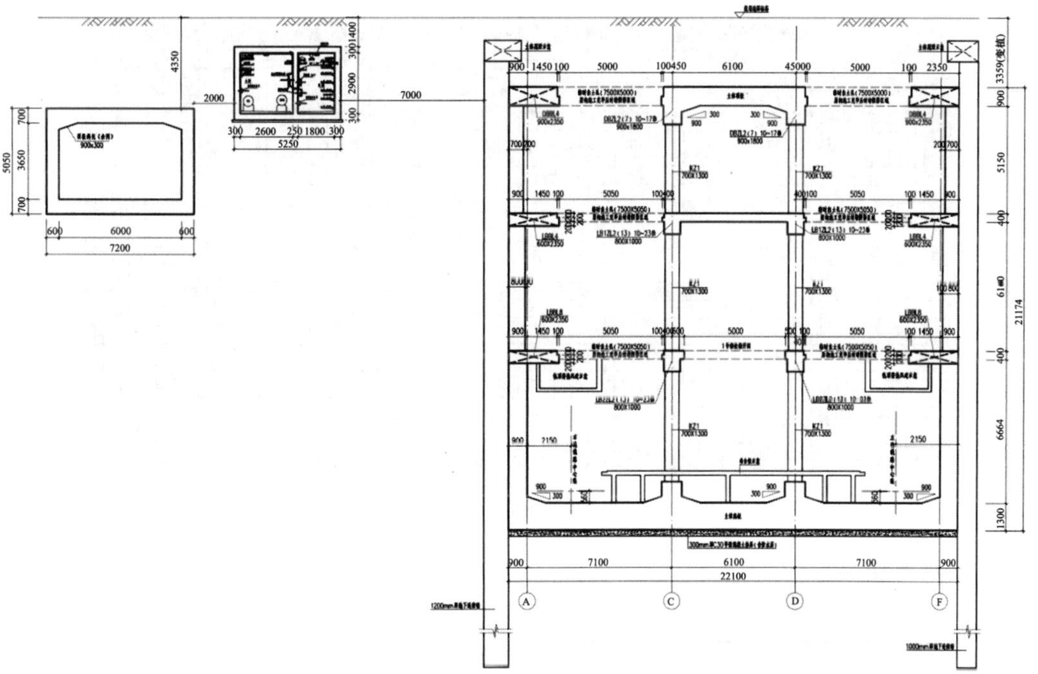

图 7-72　车站、共同沟及 A 号出入口剖面位置关系图

图 7-73　共同沟内管线情况

2. 分析模型

1 号线海晏北路站 A 号出入口位于 5 号线一期车站东侧，已投入运营。为预测 5 号线一期车站主体基坑及共同沟基坑开挖对 A 号出入口的影响，采用岩土工程专业软件进行基坑开挖过程中的有限元模拟。计算模型采用平面应变模型，模型宽×高为 100×50；围岩采用实体单元，出入口、共同沟结构采用梁端元，围护结构采用等效刚度桩单元；施工模拟计算采用 ITASCA 公司产品有限差分程序 FLAC3D 建立三维模型（图 7-74、图 7-75）。

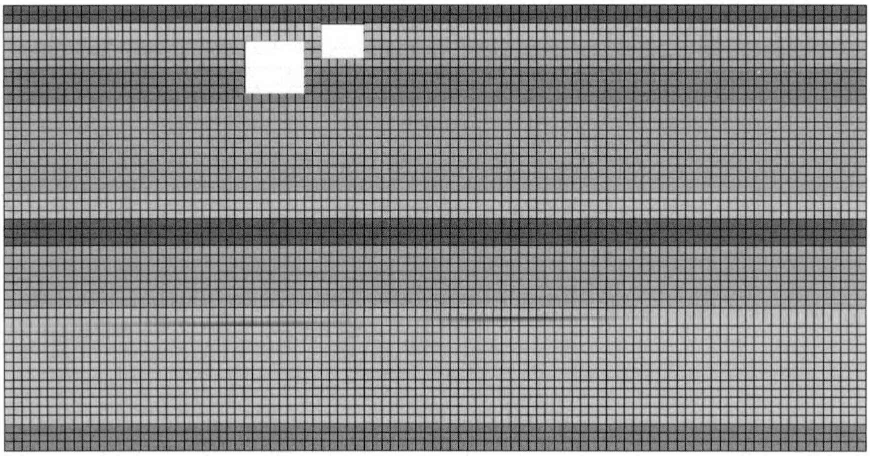

图 7-74　地层、共同沟结构、出入口结构模型

3. 计算结果

（1）开挖车站基坑第二道混凝土撑

地面最大沉降位于共同沟回填部位，为 32mm，出入口位移累计达 13mm，如图 7-76 所示。

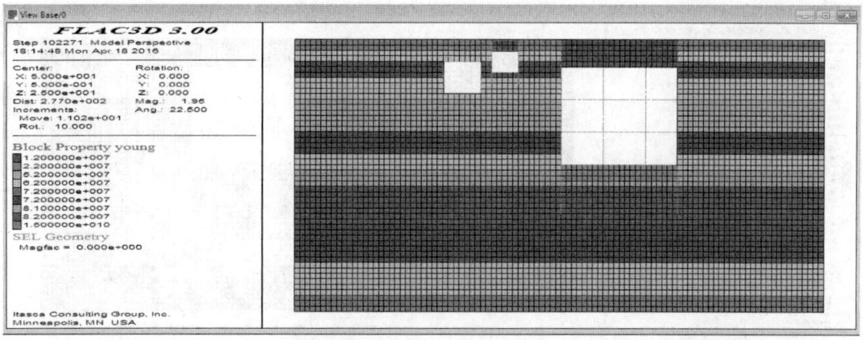

图 7-75　地层车站结构、基坑围护、出入口、共同沟结构模型

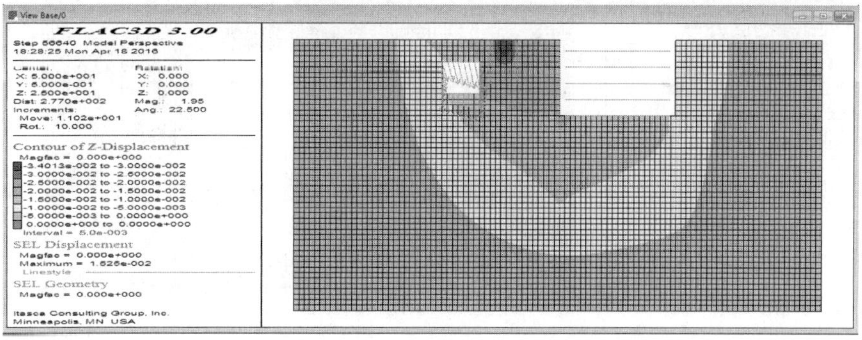

图 7-76　地层沉降云图及出入口结构位移图

（2）开挖车站基坑底部

地面最大沉降位于共同沟回填部位，为 34mm，出入口位移累计达 15mm，如图 7-77 所示。

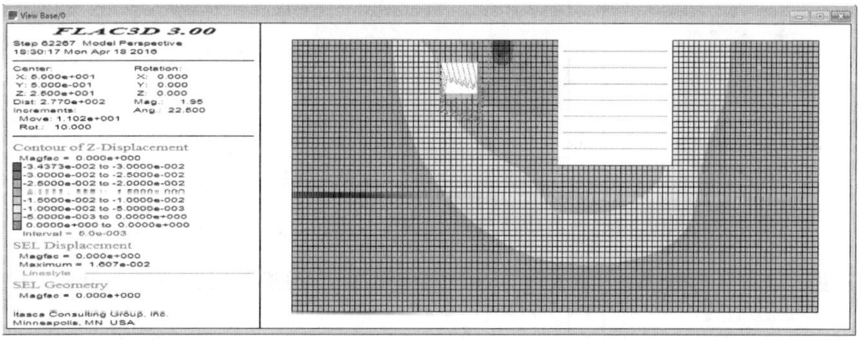

图 7-77　地层沉降云图及出入口结构位移图

（3）做完车站结构回填

车站顶部回填地面最大沉降 41mm，出入口位移累计达 19mm，如图 7-78 所示。

（4）复建共同管沟

车站顶部回填地面最大沉降 42mm，出入口位移累计达 21mm，如图 7-79 所示，出入口底板跨中沉降变化曲线如图 7-80 所示，出入口底板跨中水平位移变化曲线如图 7-81 所示。

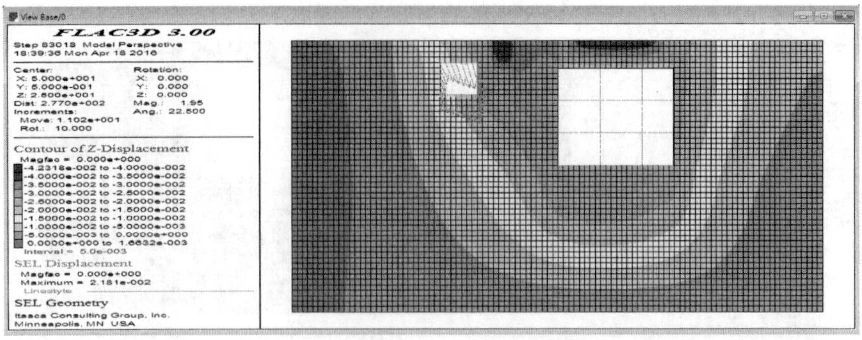

图 7-78　地层沉降云图及出入口结构位移图

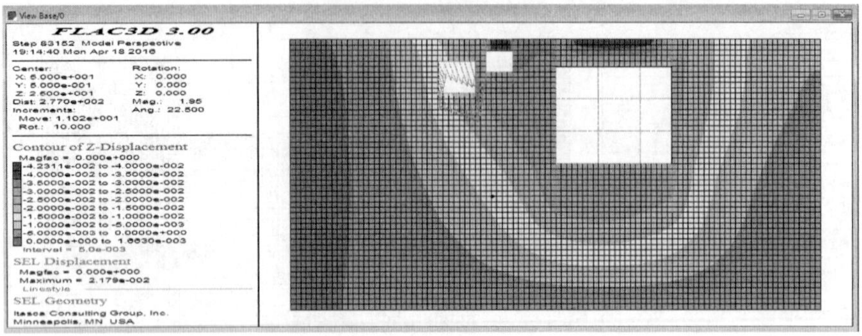

图 7-79　地层沉降云图及出入口结构位移图

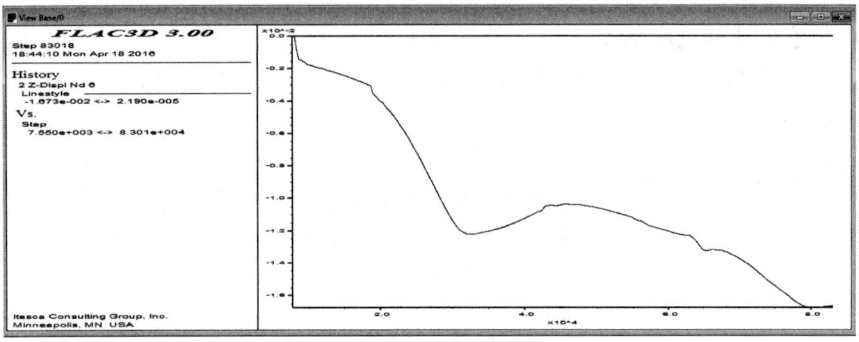

图 7-80　出入口底板跨中沉降变化曲线（单位：m）沉降累计 16mm

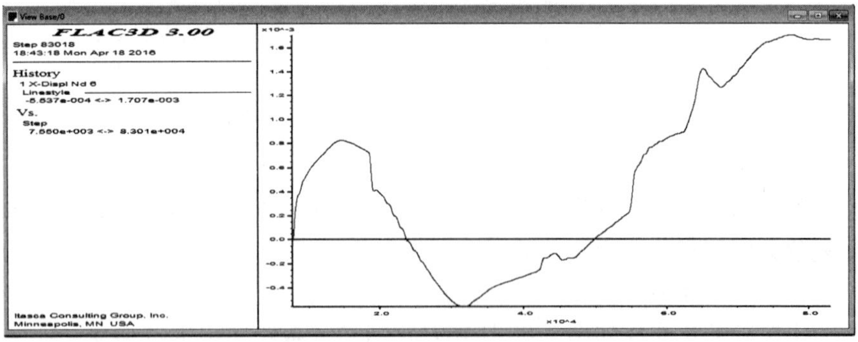

图 7-81　出入口底板跨中水平位移变化曲线（单位：m）水平 6mm

通过模拟分析，车站主体基坑开挖至共同沟复建完成，地面累计沉降量为 42mm，A 号出入口累计沉降 16mm。

4. 实际监测情况

5 号线一期车站封顶及共同沟复建完成后，基坑监测累计沉降最大值统计详如图 7-82 所示。其中 A 号出入口累计沉降量 17.87mm，与计算结果基本吻合。

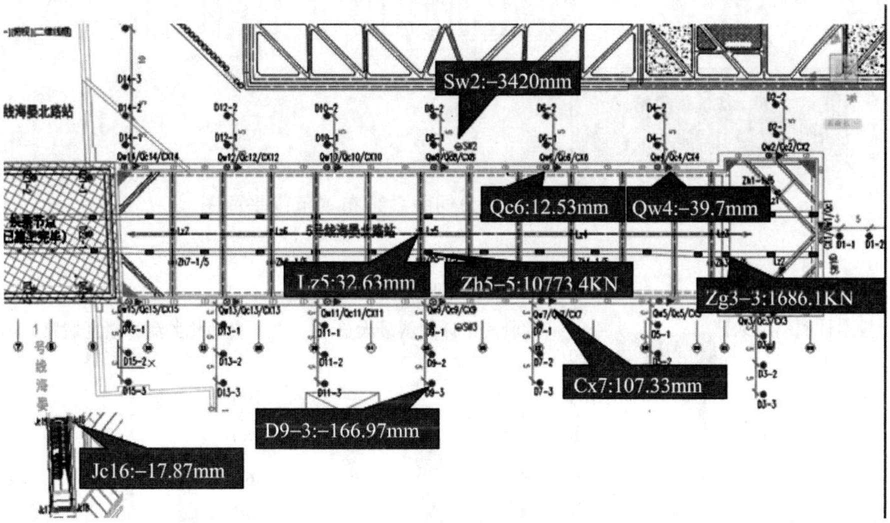

图 7-82　基坑监测累计沉降最大值

5. 结论

理论计算结果表明，车站主体基坑靠近出入口侧采用刚度较大的 1.2m 厚地下连续墙作为围护结构，能较好地控制基坑变形，基坑开挖导致的出入口变形在可控范围内。实际施工过程中，在邻近出入口范围的车站主体基坑采用钢支撑轴力伺服系统也取得了很好的效果。

三、钢支撑伺服系统对交叉接驳换乘深基坑的影响及控制效果

1. 伺服钢支撑系统应用概况

宁波新建 5 号线一期海晏北路站为与运营 1 号线换乘车站，基坑周边紧邻既有运营地铁线、既有运营出入口、大型景观河、在建房建基坑群、综合管廊及污雨水燃气等各类管线，基坑开挖对周边建（构）筑物保护要求高，变形控制难度大。为确保换乘车站深基坑开挖变形受控和既有运营车站安全，参考类似案例成功经验，该站采用一种新型的钢支撑轴力伺服自动补偿支撑系统——TH-AFS（A）支撑轴力伺服系统，以尽量减少基坑开挖对紧邻运营车站和附属出入口造成的变形，确保既有线运营不受影响。具体布置范围如图 7-83 所示。

2. 交叉接驳换乘深基坑开挖变形控制

由图 7-84 监测数据可以看出，自动化监测补偿区域位移变化量小于普通段且位移变化稳定，趋势平缓。自动化监测补偿支撑在基坑变形控制中应用效果良好，平均变形约 25mm，约为普通支撑段变形的 20%。有效地减小了基坑变形，对既有运营车站扰动影响很小。

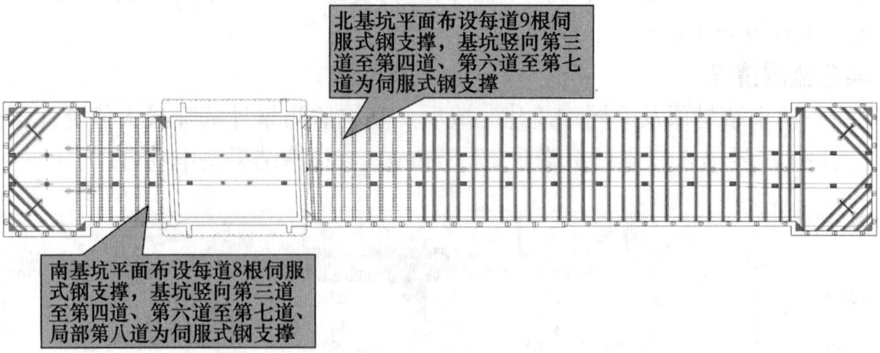

图 7-83　基坑支撑轴力伺服系统布置范围平面图

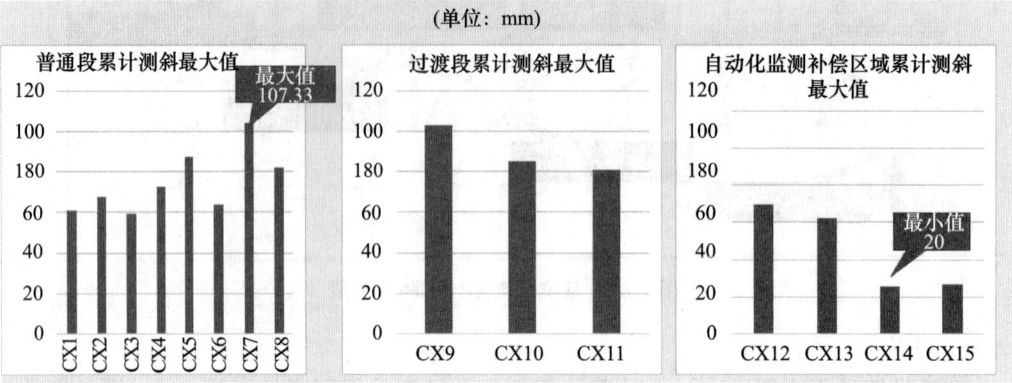

图 7-84　各区域累计测斜最大值

3. 周边建构筑物沉降控制效果分析

既有运营车站换乘节点两侧采用自动化监测补偿支撑系统，运营车站道床和结构隆起量和水平位移仅约 2mm。道床和结构的沉降、水平位移均在地铁结构变形预警值±5mm 范围内，车站整体变形稳定受控，换乘节点运营保护监测数据汇总分析如图 7-85 所示。

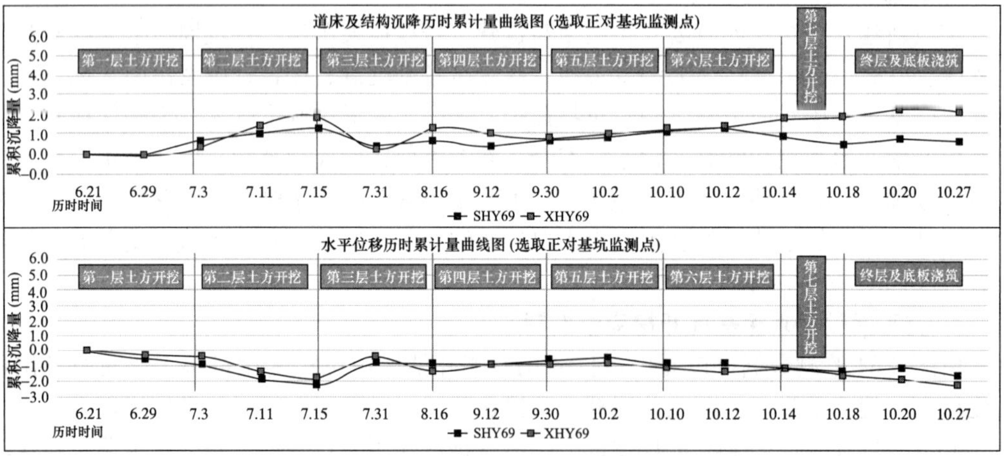

图 7-85　换乘节点运营保护监测数据汇总分析

第九节　车站与周边商业融合接口设计

一、物业开发背景

庙堰站位于鄞县大道与百梁北路交叉口西侧，为 5 号线一期与 8 号线换乘车站，5 号线一期车站沿鄞县大道东西向布置，8 号线车站沿百梁北路南北向布置。车站东北象限为鄞州区用电管理所及繁裕三村；车站西北象限为华侨城欢乐海岸及中国移动公司；车站东南、西南象限为万科金色水岸住宅。车站周边规划主要以居住用地、商业用地及商住混合用地为主，现状已基本完成规划。庙堰站区位图如图 7-86 所示。

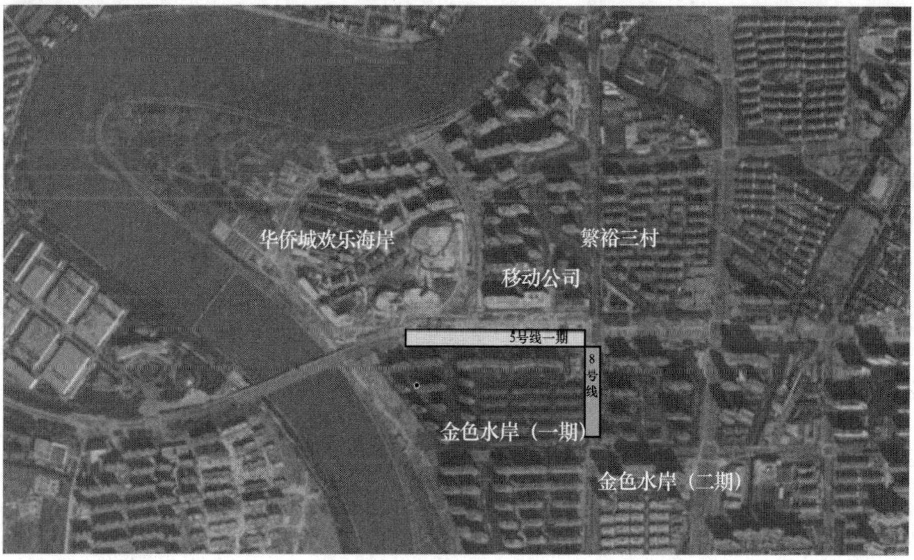

图 7-86　庙堰站区位图

二、物业开发思路

庙堰站周边主要为住宅及商业，其中华侨城欢乐海岸集居住生活、购物娱乐、运动休闲、文化景观为一体，以生态、智慧、欢乐、人文为开发理念，致力于打造宁波城市名片及长三角休闲旅游目的地。该地块商业开发价值高，可以利用庙堰站配线区上方富余空间进行商业开发，以轨道交通为枢纽，将华侨城欢乐海岸商业区、庙堰站地下物业开发区、车站公共区连成一体，实现轨道交通与城市商业一体化开发，互惠共赢，提升地块商业价值。

三、物业开发方案

1. 总平面设计

鉴于华侨城欢乐海岸商业氛围浓厚、人流量大，为方便市民快捷出入华侨城，故将车站站位西移，不跨路口布置，在欢乐海岸广场入口处设置出入口，并在地下设置连通道连接华侨城地下商业，实现轨道交通与欢乐海岸无缝衔接。同时车站配线上方空间进行物业开发，并设连通道将车站公共区、车站物业开发区、华侨城欢乐海岸连成一体。物业开发部分设置 4 个出入口及两组风亭（图 7-87），物业开发面积约 6833m²，其中主体建筑面积约 3926m²，附属建筑面积约 2907m²。

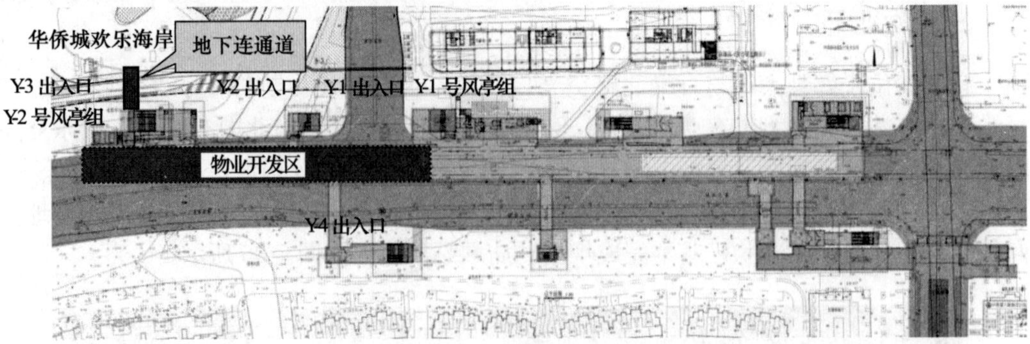

图 7-87　庙堰站总平面图

2. 分层设计

配线上方富余空间按预留物业开发设计，物业主体部分及出入口风亭土建与车站同期建设。物业开发主体面积约 3926m²，划分为两个面积不大于 2000m² 的防火分区，每个防火分区设置两个出入口直通地面，在 27 轴处设置两道防火卷帘，分别由车站和物业管控，火灾情况下车站及物业各自独立疏散。物业开发中部为商铺区域，面积约 2845m²，两端为设备用房，在物业开发区域东侧采用一 3.7m 宽通道与车站公共区连接，在 Y-3 出入口设置 6m 宽通道与华侨城地下商业连接（图 7-88）。

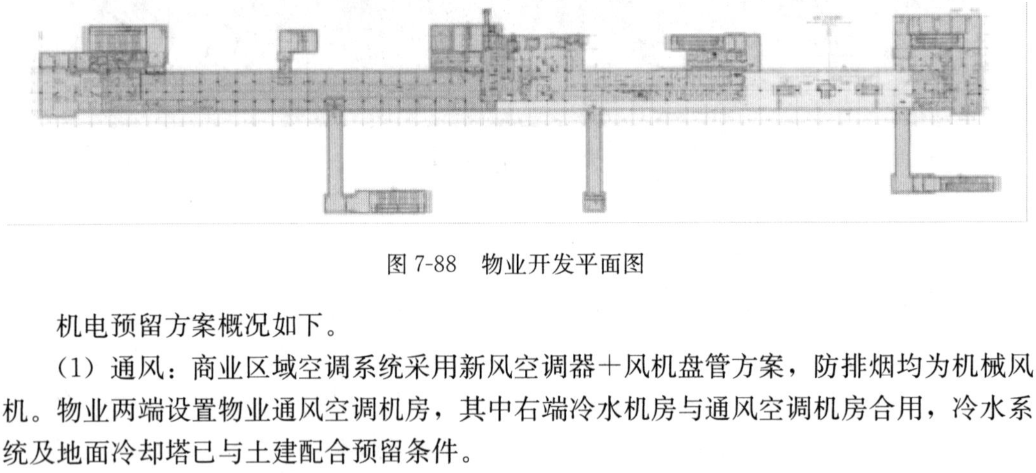

图 7-88　物业开发平面图

机电预留方案概况如下。

（1）通风：商业区域空调系统采用新风空调器＋风机盘管方案，防排烟均为机械风机。物业两端设置物业通风空调机房，其中右端冷水机房与通风空调机房合用，冷水系统及地面冷却塔已与土建配合预留条件。

（2）动照：商业开发区单独设降压变电所，通过车站 35kV 开关柜室引电，作为商业开发接入电源。邻近环控机房设一环控电控室向通风空调设备集中供电；在物业开发区两端各设一间照明配电室，负责整个商业开发区的动力照明用电。

（3）给排水：包括消防用水、排水和生产、生活给水。

①消防用水：商业区设置自动喷水灭火系统；消防泵房、消防水池位于站厅 24 轴外挂附属处，从市政给水管引入给水水源，接站内消防水池，经消火栓泵加压后接出两根 DN150 消防水管在站厅层水平成环。

②排水：排水系统主要包括污水系统、废水系统；在 5 轴附属外挂处设置污水泵房及废水泵房，用于污水、废水集中收集后排放至室外。

③生产、生活给水：从出入口引入市政给水管作为生产、生活给水水源，供商业开发生产、生活给水使用。

3. 剖面设计

庙堰站为地下两层站，地下二层为站台层及轨行区，地下一层为站厅层及物业开发区域，车站中心里程处轨面埋深约 15.3m，覆土约 3m，车站采用 2‰坡度，坡向小里程（图 7-89）。

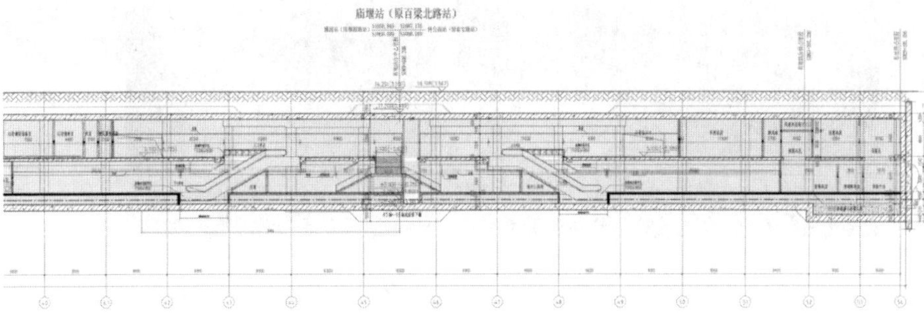

图 7-89　庙堰站纵剖面图

第十节　出入口与公交首末站房合建设计

一、柳隘站 B 号出入口与百丈路公交首末站站房合建设计

柳隘站 B 号出入口位于车站西侧，为战时次要出入口；B 号出入口通道净宽 6.0m，吊顶下净高≥2.8m，人防段净高≥3.2m，设置两部扶梯、一部楼梯和一部电梯，出地面厅与百丈路公交首末站结建（图 7-90）。

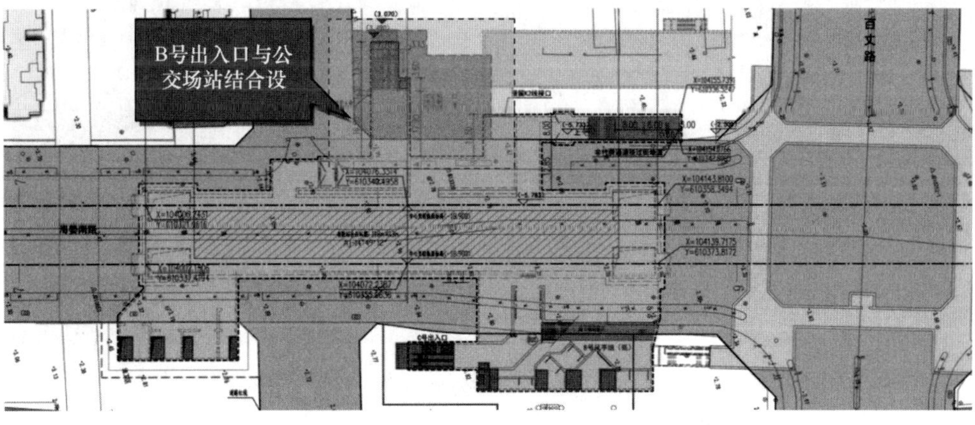

图 7-90　柳隘站 B 号出入口总平面图

百丈路公交首末站为两层框架结构，基础为桩基础。其中与柳隘站结建区域地上部分由公交场站设计完成，设计方案为两层建筑，建筑荷载通过结构柱传递给附属结构；

地下部分由地铁设计完成，附属结构下方按需设置相应桩基，同时按地铁设计需求将冷却塔及膨胀水箱设置在公交场站屋顶上。这种设计可以有效节省土地空间、实现城市轨道交通与公交车站功能互补，同时实现不同交通方式的“站内换乘”（图 7-91）。

图 7-91　柳隘站 B 号出入口与公交场站结建效果图

二、会展中心站与公交场站结合设计

会展中心站设计为 188m 长的地下两层岛式标准站。原方案车站 C 号出入口位于会展中心公交场地内，与地块内派出所距离 27.4m，与原公交站房相距 32.5m。出入口方向与车站主体结构平行，与道路红线及公交场地内建筑呈 80.5°斜交。

为减少 C 号出入口对公交场地的占用，减少出入口对公交场站运营的影响，同时提升该地块内出地面构筑物的效果，原先平行于主体的出入口采用折返形式，与车站主体斜交呈 80.5°。出地面部分采用与公交场站结建形式，出入口位于公交站房的首层，车站冷却塔设置于站房二层屋顶平台（图 7-92）。

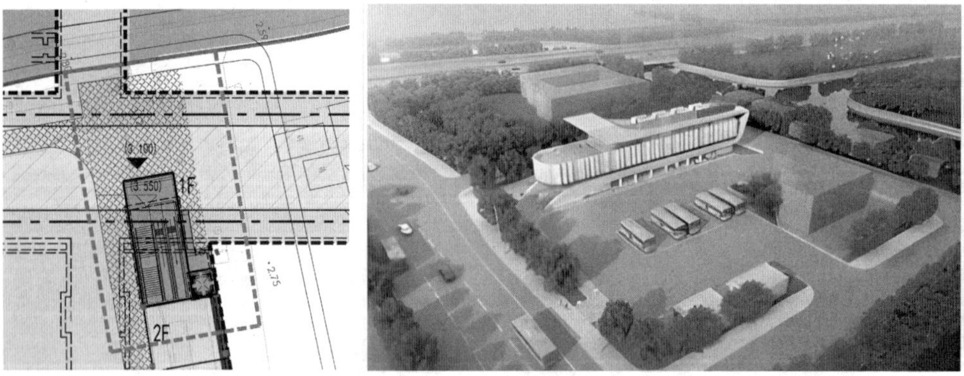

图 7-92　会展中心站 C 号出入口及公交站房调整方案总图及效果图

考虑到设计单位不同与施工先后顺序，车站出入口土建预留了公交站房接口，站房内预留管道井，保证站房结构稳定性。针对此类出入口与外部单位建筑结合建造的设计，要明确设计界面的划分，加强各专业的沟通配合及接口管理。

第八章　装修工程

第一节　装修概念创新设计

车站装修设计以“璀璨甬都”为文化概念主题。5 号线一期工程，线路文化特征明显，途经一个高新区、两个高教区、两个中央商务区 CBD、两个工业园区，是一条不折不扣的极具现代感、国际化、科技感的线路。因此，概念设计上采用一线一景与一区一色相结合，力图通过自然界的 7 种色彩灯光的运用，打造出具有时代感及艺术性的“文化创意”线。

全线车站采取分级处理，标准站强调共性，以形成 5 号线一期的整体设计风格和设计语言；重点站强调文化艺术个性，采用空间艺术一体化设计手法，起到画龙点睛的作用。

1. 方案设计阶段

色彩是装饰设计中最为重要的设计语言，带给人最直观的感受。为呼应“璀璨甬都”的概念主题，色彩设计要体现时代感与艺术性，灵感来源于宁波城市流光溢彩的夜景，色彩的运用是本设计方案最为重要的表现手法。与既有线车站清爽简洁的装饰表现形成强烈对比，从而实现线与线的识别性。

标准站有如下三方面设计重点。

（1）立足于采用建筑设计手法进行表现：重点对公共区综合管线进行了优化整合及精心排布，在满足专业管线布设及检修维护要求的前提下，尽可能地抬高管线标高，为装修造型布置创造了物理空间，将中部天花高度整体抬高，以实现建筑空间最大化利用，以还原建筑本体的特质（图 8-1～图 8-3）。

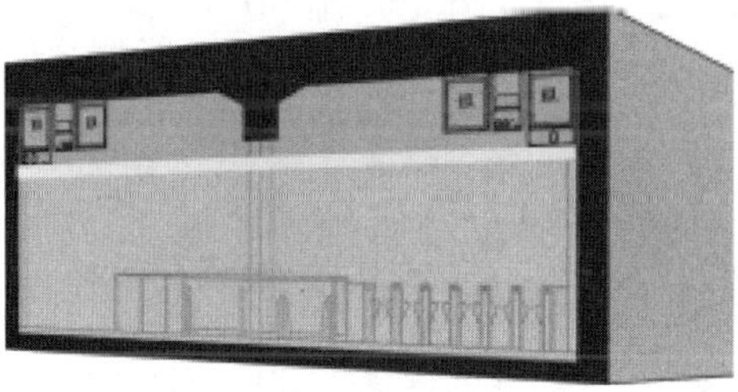

图 8-1　常规天花形式

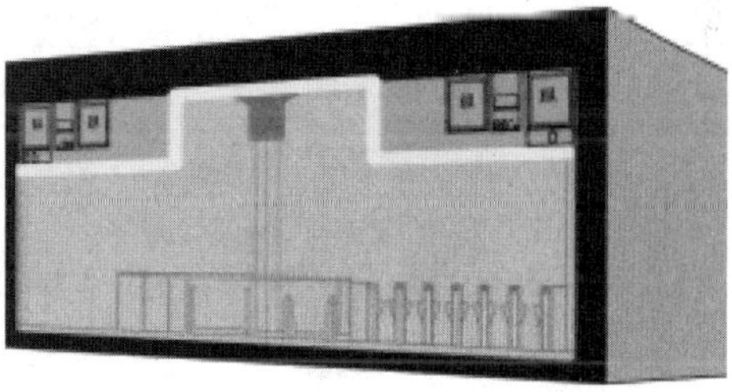

图 8-2　标准站空间最大的天花处理形式

（2）强调空间色彩的大胆运用：对 5 号线一期线路周边环境特征分析后，将 5 号线一期划分为 7 个区域，一区一色，通过色彩营造出现代感、科技感的空间，增加了站与站的识别性（图 8-4、图 8-5）。

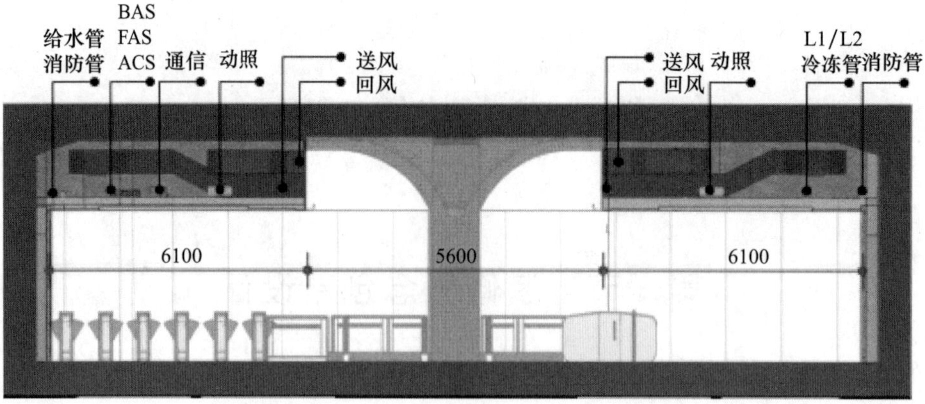

图 8-3　标准站公共区站厅层天花处理形式

图 8-4　标准站设计方案

图 8-5　标准站设计方案

(3) 运用灯光塑造空间形式及氛围：标准站站厅两侧墙面设置虚光，增加空间的延伸感；站厅中部抬高区域设置虚光，营造出梦幻的空间氛围，丰富了空间的层次。

重点站的设计主要包括：在设计手法上更强调对空间的利用、更注重设计手法的艺术性、更侧重色彩及灯光的运用，全方位打造具有强烈文化艺术属性的车站，力图将车站打造成“宁波对外形象展示的重要窗口和鲜明网红地标”(图 8-6～图 8-8)。

图 8-6　民安东路站设计方案

图 8-7　钱湖南路站设计方案

图 8-8　庙堰站设计方案

2. 施工图设计阶段

在施工图设计阶段，重点控制在装修特殊造型标高和综合管线空间的标高关系以及主要路径的梳理配合，在施工图设计前期针对标准站的吊顶排布模数和造型区域标高要求，预先提出一个标准样板站与机电管线专业提前配合，要求核查标准样板站的装修方案的标高是否与各系统专业冲突，并反馈相关专业意见，总体组织各系统专业与装修设计召开交流梳理会议，优化相关专业的路径及排布方案，以达到装修的空间效果要求；其标准样板站的优化方案和配合原则在全线落实执行。针对重点站方案总体牵头协助工点设计单位开展施工图的绘制，配合工点院完成施工图深化设计，避免后期因管线标高问题造成装修方案达不到预期效果。

第二节　装修标准化设计

在施工图设计阶段，与各专业重点明确了风管尺寸优化、风口位置确定、管线敷设路径及标高优化、消火栓设置优化、疏散指示、导向与通信的位置关系及便民插座指定位置等内容；对栏杆、盲道及地面蓄光型疏散的设置原则进行了标准化设计，全线统一；同时在施工图纸中一次到位，避免了后期调整，有效减少了公共区装修与机电安装现场的矛盾。

1. 新材料的应用

通体色纤维增强水泥板（设备区离壁墙）。

设备区离壁墙是减少结构外墙渗漏水及美观墙面的一道重要屏障，宁波既有线路采用过硅酸钙板、木质防火压力板及高密度无石棉纤维水泥平板等材料，在运营过程中积累了丰富的实践经验。5 号线一期在编制设备区装修标准期间，吸取了既有线的相关经验和教训，并结合对国内其他城市设备区离壁墙材料的调研，设备区离壁墙材料最终选用了白色通体色纤维增强水泥板。该材料具有质量轻、高强度、防火、防潮、防污、环保、通体一色等特性，可直接作为装饰板使用，表面无需进行二次装修处理，同时该板材不含石棉等有害物质，适宜在地铁车站设备区内使用。设备区白色通体色纤维增强水泥板离壁墙如图 8-9 所示。

图 8-9　设备区白色通体色纤维增强水泥板离壁墙

2. 装修优化设计

（1）栏杆：扶手管竹节式分段连接优化为通长连接，固定为隐蔽焊接，通长连接有利于消除连接处因分段层次或打磨不好造成的硌手感，同时可以提高抢工时的安装便利和速度；洞口栏杆扶手管高度由距离挡水台 900mm 调整到 950mm，与分区栏杆扶手管高度保持在统一平面，便于楼扶梯洞口栏杆与分区栏杆相接。优化前后如图 8-10、图 8-11 所示。

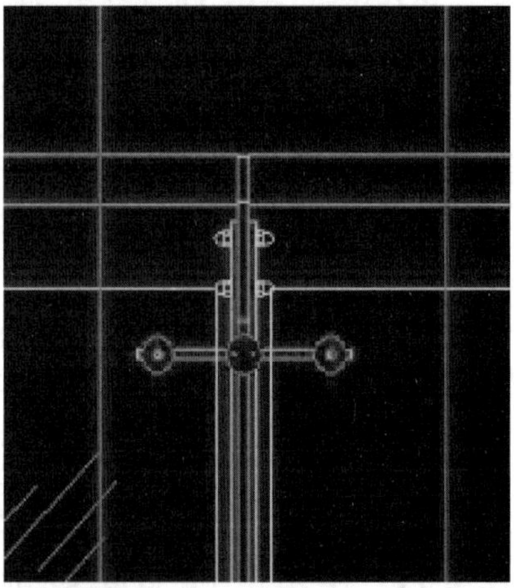

图 8-10　栏杆设计优化前

（2）盲道：执行全线盲道统一设置原则，对标准站的盲道统一铺设路径，盲道由出入口通道进入站厅层，通过站厅层客服中心处边门进入站厅层付费区内，经过无障碍电梯或者楼梯下到站台层。

（3）地面蓄光型疏散：执行全线地面蓄光型疏散统一设置原则，对标准站的地面蓄光型疏散统一铺设路径，疏散方向与墙面疏散保持一致；对地面蓄光型疏散样式进行重新选型，新型地面蓄光型疏散方便地面石材的切割，嵌入石材安装后不晃动。

（4）风口：对标准站造型区域处装饰风口执行统一设置原则，并且对装饰风口进行优化设计，抛弃传统装饰百叶风口，将装饰风口与装饰铝板做一体化设计，效果美观、大方，与整体装修风格融为一体。装饰风口与装饰铝板一体化设计如图 8-12 所示。

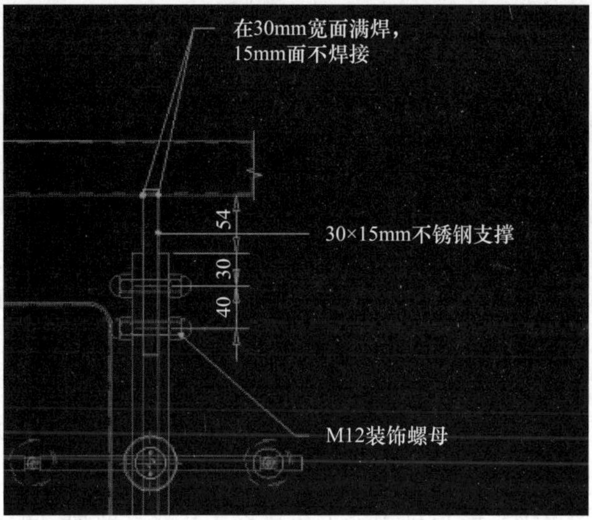

图 8-11　栏杆设计优化后

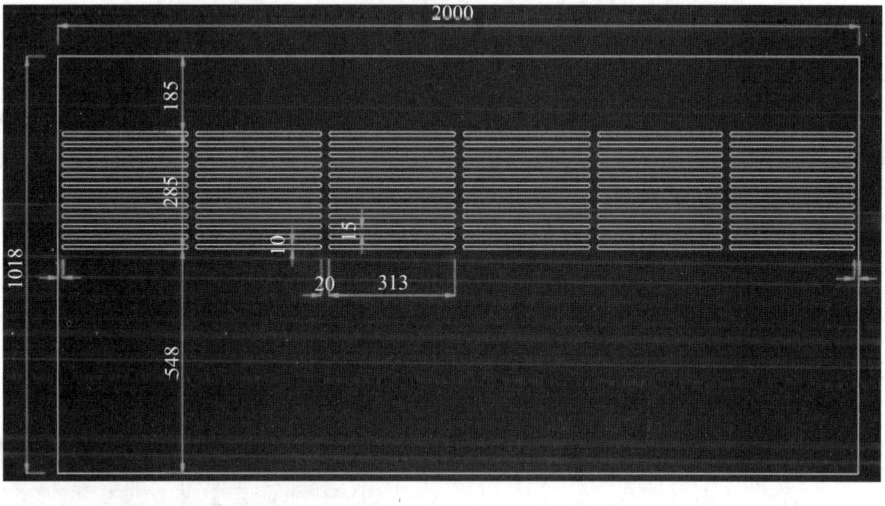

图 8-12　装饰风口与装饰铝板一体化设计

（5）导向：对全线导向执行统一设置原则，与通信专业梳理吊挂导向与摄像头、PIS 屏的位置关系，吊挂导向安装底标高由 2.5m 调整为 2.6m，避免与摄像头互相遮挡。

（6）车站墙面箱柜（设备）：在施工图设计阶段，与风、水、电及系统专业梳理设备安装原则，形成相关文件《宁波市轨道交通 5 号线一期工程车站相关专业墙面箱柜（设备）安装指导方案》，并下发给各工点院及施工单位，方便现场施工及指导安装。

第九章　区间工程

第一节　浅覆土类盾构隧道设计

曹隘站—柳隘站盾构区间，受限于区间两端盾构井及车站标高，线路出盾构井以平面 500m 转弯半径、纵向 30‰的下坡正穿小塘河，该河道宽 30m，此段区域隧道顶覆土仅为 1.8～2.4m。区间下穿河道处距离盾构井为 61m，距离柳隘站 486m，车站为 3 层站。在邻近盾构井、车站标高不变的前提下，下穿河道段地铁区间线路难以下压。

隧道穿越土层主要为②$_{2b}$层淤泥质黏土、②$_{2c}$层淤泥质粉质黏土。附近有影响的地表水主要为漕蔡河支流，该河流属甬江水系，与甬江有较密切的水力联系，水深 1.0～2.0m，浮泥厚度 0.3～0.4m。

区间下穿小塘河范围，隧道位于地下水位以下，设计时需考虑水浮力对管片结构的影响，隧道实际覆土 1.8m，不满足抗浮要求。为保证盾构顺利穿越河道及运营阶段抗浮，考虑在盾构施工前对河底加固，并施做抗浮板及抗拔桩，以抵抗浅覆土隧道施工。

既有河道中桥梁桩基与盾构冲突，需对河道上方桥梁进行拆复建。现有桥梁桩基拔出后，施工抗拔桩和土体加固，河底清淤后在隧道上方施做抗浮板，完成后回填到河底设计标高。地基加固范围为：抗浮板以下盾构区间周边影响范围内（管片外径左右侧各 3m 范围，底部以下 2m 范围）；采用双轴搅拌桩强加固；抗浮板底部盾构区间影响范围外，采用满堂双轴搅拌桩弱加固，加固深度至抗浮板以下 2m。

土体加固、抗拔桩与桥梁拆复建同期施工。待抗拔桩及抗浮板强度达到设计强度后，方可进行盾构下穿施工。抗浮板断面布置图如图 9-1 所示，抗浮板平面布置图如图 9-2 所示，抗浮板、河道底板现场施工图如图 9-3 所示。

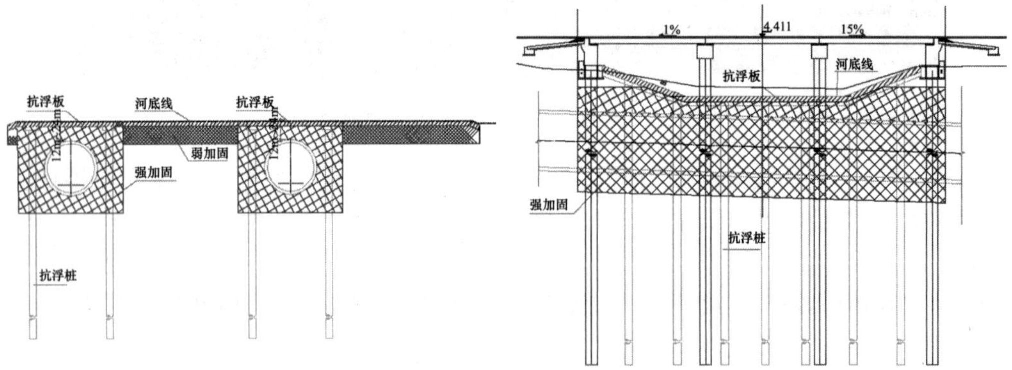

图 9-1　抗浮板断面布置图

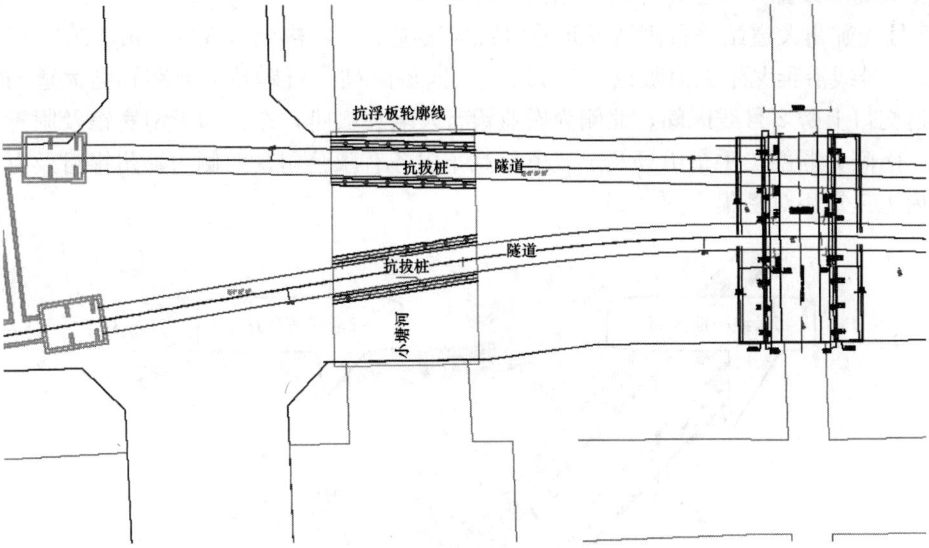

图 9-2 抗浮板平面布置图

图 9-3 抗浮板、河道底板现场施工图

5 号线一期双线盾构区间顺利通过浅覆土抗浮板，满足相关变形保护要求。

第二节 隧道上跨既有线

一、工程概况

同德路站—石碶站区间沿鄞县大道由西向东敷设，区间隧道到达石碶站前，需上跨轨道交通2号线鄞州大道站—石碶站区间隧道。

2号线鄞州大道站—石碶站区间采用盾构法施工，盾构外径6200mm，2015年实现运营。2号线沿雅戈尔大道敷设，5号线一期同德路站—石碶站区间在鄞县大道与雅戈尔大道交口上跨2号线区间，北侧为农业银行及名典咖啡，东侧为天南宾馆及附近住宅小区，南侧为顺德二手车市场及宁波奥星汽车服务有限公司，西侧为鄞州银行及万国商城，周边建筑相对密集（图9-4）。

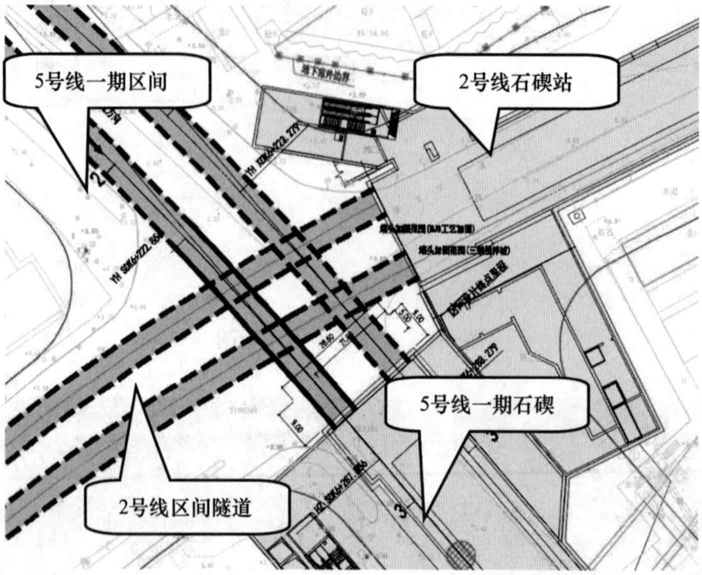

图9-4　5号线一期与2号线区间平面关系图（相交80°）

鄞县大道现状道路宽50m，双向6车道，为海曙区东西交通的主动脉；雅戈尔大道道路宽50m，双向6车道，交通繁忙；道路交叉口下方管线众多。

二、类似工程案例分析

从施工角度，上跨工程可以被视为是近距离盾构施工对既有隧道的施工影响问题；从土力学角度，可以被视为是盾构隧道施工开挖土体，卸荷效应引起土体应力状态改变，从而影响既有线的安全。随着我国城市轨道交通事业的飞速发展，类似工程已经先后在北京地铁、上海地铁、广州地铁1号线、2号线以及深圳地铁盾构隧道工程中遇到过类似的问题。工程简要情况见表9-1。

表9-1　上跨类似工程案例表

地点	新建工程	既有线	穿越情况	最小间距（m）	施工方法	处理措施
北京	地铁5号线一期东单暗挖车站	1号线	正交上跨	0.6	暗挖	锚杆及注浆加固地层
	地铁4号线西单暗挖车站	1号线	正交上跨	0.54	暗挖	锚杆及注浆加固地层
	金融街地下交通出入口通道	2号线	顺行上跨和正交上跨	1.5	明挖法结合	注浆加固地层

续表

地点	新建工程	既有线	穿越情况	最小间距（m）	施工方法	处理措施
北京	银泰至航华地下人行通道	10 号线	正交上跨	2.22	暗挖	注浆加固地层
	北京成府路中段地下通道	奥运支线初支隧道	上方斜跨	7.33	明挖	未加固地层
	北京市公主坟热力隧道	1 号线	正交上跨	1.0	暗挖	注浆加固地层
	北京地铁 4 号线盾构隧道	9 号线初支隧道	上方小角度斜穿	1.39	盾构	注浆加固地层
南京	南京龙蟠路隧道（南侧）西段基坑	1 号线	上方斜跨	2.5	明挖	高压旋喷桩加固地层
天津	天津西站北广场出租车入口通道	1 号线	上方斜跨	4.8	明挖	抗拔桩及注浆加固地层
上海	上海外滩通道工程	2 号线	上方正穿	1.46	盾构	堆载、加强监测、控制盾构姿态等
	地铁 8 号线	2 号线	正交上跨	1.34	盾构	加强监测、控制盾构参数等
	浦江观光隧道	1 号线	斜向上方穿越	2	盾构	加强监测、控制盾构参数等
	地铁 9 号线徐家汇站—肇嘉浜路站区间	1 号线	斜向上方穿越	0.83	盾构	路面压重、隧道内压重、加强监测等
	地铁 10 号线陕西南路站—上海图书馆站区间	1 号线	上跨	2.11	盾构	控制盾构施工参数等
	地铁 11 号线	4 号线	先下穿后上跨	1.82 1.69	盾构	压重、控制施工参数等

三、控制措施

（1）既有 2 号线 SK5＋385～SK5＋428 及 XK5＋380～XK5＋427.5 段已利用管片增设的注浆孔对重叠段周边土体进行注浆，注浆浆液为水泥浆，注浆范围为隧道上断面 1m，下断面 2m。既有 2 号线注浆加固平剖面图如图 9-5 所示。

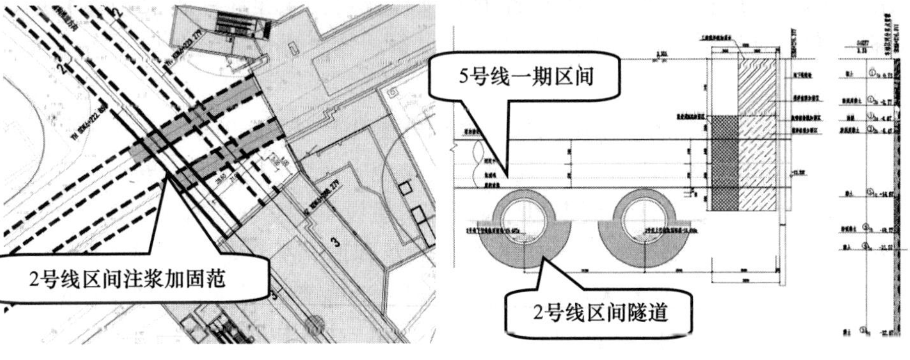

图 9-5　既有 2 号线注浆加固平剖面图

（2）对既有 2 号线隧道的提前处理：

①对受影响地段进行全面整修，轨道扣件拧紧，轨距水平调正；

②受影响地段每隔 3 对短轨枕设置 1 根绝缘轨距拉杆；

③受影响地段钢轨内侧安装防脱护轨；

④受影响地段设置警示标志；

⑤采用调高板调整轨面标高。

（3）采取的主要技术措施如下：

①根据地质条件、周边环境调整、控制盾构掘进参数和注浆参数；

②及时盾尾注浆，适时二次注浆，并适当加大注浆量；

③5 号线一期盾构通过后，应继续对 2 号线隧道进行跟踪监测，并根据 2 号线隧道沉降或隆起情况进行注浆，直到 2 号线隧道位移稳定。

（4）施工监测

①全自动化监测：与 2 号线左、右线穿越点前 10 环至洞门位置范围隧道竖向沉降采用静力水准仪自动化系统实时监测，隧道水平位移采用全站仪自动化系统实时监测。全自动化监测要求每隔 5 分钟自动监测系统向盾构现场指挥中心传递一次监测数据。现场指挥中心根据监测数据决定是否调整盾构推进的主要施工参数以及调整量的大小。

②人工监测：人工监测需监测隧道收敛，轨道沉降（兼隧道结构沉降）及隧道水平位移。每 5 环布一监测点，共设 50 个监测点。收敛测点以膨胀螺丝固定在管片左右两腰。人工监测以盾构切口前 20m 至洞门为重点监测（区）段，监测频率不应少于每天 1 次。盾构接收后，当变形速率大于 5mm/d，不应少于每天 1 次。当变形速率在 1～5mm/d 时，不应少于每两天 1 次；当变形速率为 0.5～1mm/d 时，每 5 天 1 次；当变形速率小于 0.5mm/d 以后，可每周 1 次或更长。

③所有测点布置应避开区间设备位置、隧道内电线电缆、接触网等设施。监测应利用 2 号线运行空余时段，进行监测作业前均需清点，保证作业安全。

④施工监测应有可靠的基准点系统，水准基点不少于两个，基准点系统应定期校核。

（5）应急预案

①穿越既有线工程是一项复杂的系统工程，其中涉及许多技术复杂、控制难度大、风险高的专项技术作业。对于这样的专项作业，为安全生产起见，做到防患于未然，应制定专项应急预案，从人员、材料、设备、物资供应及对外联系各方面做好全面准备。

②对于穿越工程，参照《中华人民共和国安全生产法》《中华人民共和国突发事件应对法》《中华人民共和国建筑法》《建设工程安全生产管理条例》《安全生产许可证条例》《工程建设重大事故报告和调查程序规定》《建设工程重大质量安全事故应急预案》《国务院关于进一步加强安全生产工作的决定》及其他有关法律、法规、规章，结合本工程的实际情况，在做好日常人员、设备、材料、运输等各项安全管理工作的同时，还应建立健全相应各项安全生产管理制度和安全措施，建立风险控制的专项方案，组织制定生产安全事故应急救援预案，规范安全生产事故灾难的应急管理和应急响应程序，建

立应急救援体系，依法规范应急救援工作，确保应急预案的科学性、权威性和可操作性。

四、数值分析

对 5 号线一期上跨 2 号线节点开展数值分析，既有地铁线和新建隧道衬砌采用钢筋混凝土，C50；盾构管片环宽 1.2m，内径 5.5m，外径 6.2m。土层采用三维实体单元，土体本构模型采用 HS 模型；既有地铁结构及盾构隧道管片采用平面板单元；地应力场按自重应力场考虑，模型尺寸为 160m×160m×50m，共 52329 个单元。三维模型图如图 9-6 所示。

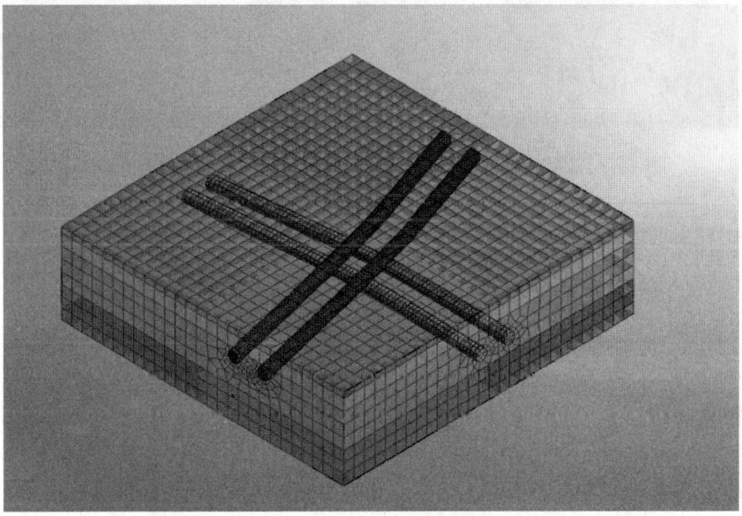

图 9-6　三维模型图

5 号线一期上行线隧道施工完毕后，在上行线隧道顶地面形成了沉降槽，沉降槽宽 4D（D 为隧道外径），地表最大沉降量为 2mm，5 号线一期上行线隧道底发生最大值为 10mm 的隆起变形。5 号线一期下行线隧道施工完成后，原沉降槽范围往下行线隧道方向扩大，地表最大沉降量仍为 2mm，5 号线一期上行线隧道底发生最大值为 11mm 的隆起变形，5 号线一期下行线隧道底最大隆起变形为 10mm。

5 号线一期隧道施工完成后，2 号线隧道最大回弹量为 5mm，最大回弹发生位置为 2 号线与 5 号线一期交叠段中心处；2 号线最大水平位移为 1mm，朝盾构推进方向反方向。竖向变形、水平变形图如图 9-7、图 9-8 所示。

五、结论建议

根据实际监测，5 号线一期盾构区间施工完成半年后，2 号线区间隧道最大隆起变形为 4.6mm，满足地铁运营变形保护要求。

在宁波典型的淤泥质土及黏土地层中，可通过对既有线路预先注浆加固、加强施工监测、合理控制施工参数、建立监测数据实时反馈施工机制等措施，控制新建线路施工对既有运营线路的影响。

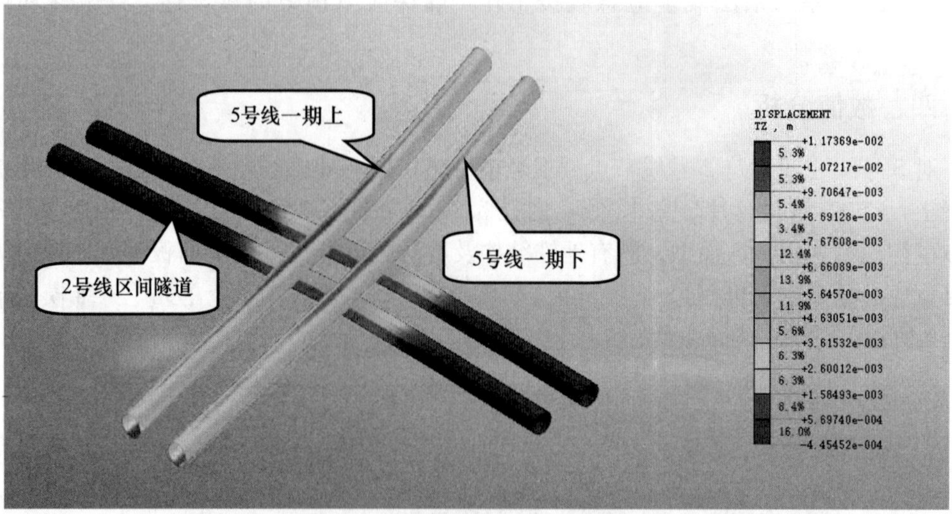

图 9-7　5 号线一期隧道施工完成后 2 号线隧道竖向变形图

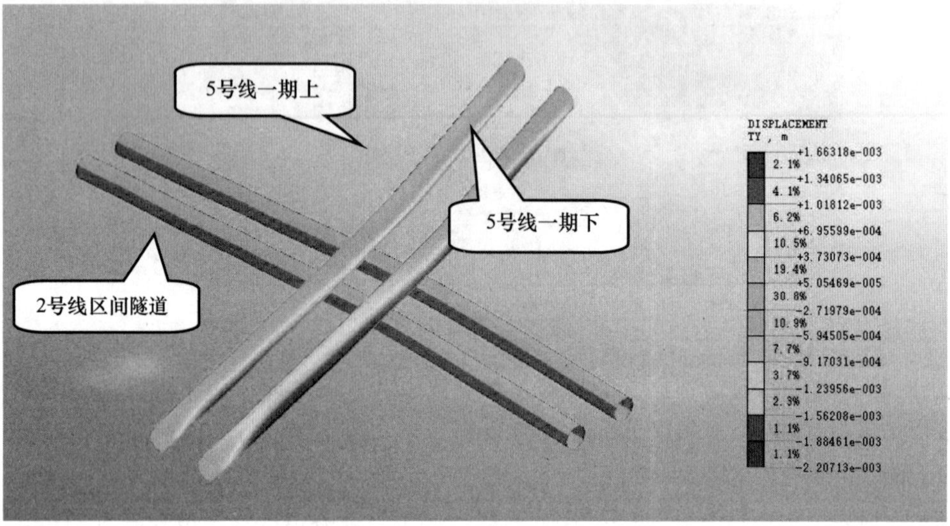

图 9-8　5 号线一期隧道施工完成后 2 号线隧道水平变形图

第三节　三线隧道长距离并行近接穿越高速公路

泗港站至曹隘站区间采用地下方式敷设，前殷停车场位于杭甬高速北侧，环城南路南侧地块，八字接轨于泗港站及曹隘站。三线长距离并行，其中正线与出入场线两次交叉，线位方案的控制点为中塘河桥、金达路跨线桥、金达路 3 号桥、甬台温高速公路路基。泗曹区间正线及出入场线布置图如图 9-9 所示。

区间地层以软土为主，主要为软塑状粉质黏土以及流塑状淤泥质土，隧道穿越土层主要为②$_{2b}$层淤泥质黏土、③$_{2}$ 层粉质黏土。

本段区间涉及三线并行交叠隧道，并行长度及交角见表 9-2。

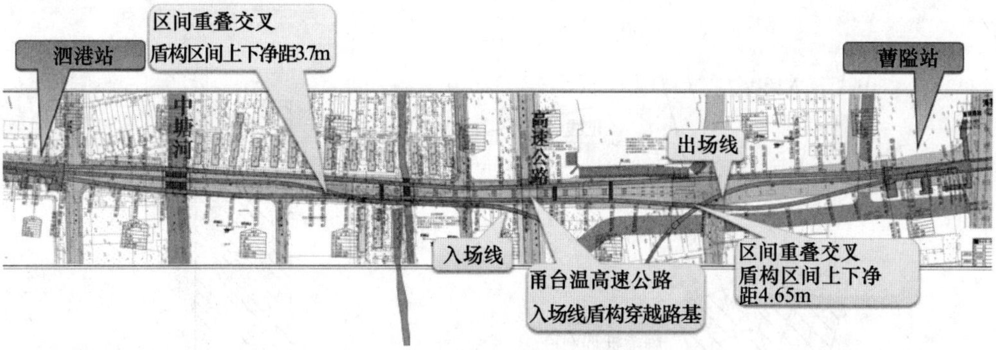

图 9-9　泗曹区间正线及出入场线布置图

表 9-2　盾构隧道并行长度及交角

序号	隧道	隧道关系	并行长度（交叠角度）	邻近关系
1	入场线隧道与右线隧道	并行	230m	净距 3.04～4.5m 接近和比较接近
2	入场线隧道与右线隧道	交叠	35m（13°）	4.9m 比较接近
3	出场线隧道与左线隧道	并行	180m	净距 2.84～4.8m 接近和比较接近
4	出场线隧道与右线隧道	交叠	13m（35°）	4.65m 比较接近

其中本段区间有如下几种特殊工况同时存在。

1. 小半径曲线半径（*R*=250m）

泗港站—前殷停车场入场线、前殷停车场—曹隘站出场线最小曲线半径为 *R*=250m。

2. 大坡度掘进（上坡，坡度>30‰）

泗港站—前殷停车场入场线、前殷停车场—曹隘站出场线掘进大坡度，该区段坡度为 35‰。

3. 小净距段掘进（<0.7D）

泗港站—前殷停车场的入场线与泗曹右线并行处水平最小净距为 3.04m。泗港站—前殷停车场的入场线与泗曹左线交叠处最小水平净距 2.87m。

4. 浅覆土段施工（埋深 *h*<D）

泗港站—前殷停车场入场线盾构穿越浅覆土段（埋深<6.2m），该区段最浅覆土为 5.89m。

针对上述风险先施工正线隧道、后施工出入场线隧道，减少因下穿隧道施工引起上部地层和隧道变形的影响，采取先行隧道施工完成地层沉降稳定后，再进行出入场线盾构隧道的上跨施工，这样后施工的影响区位于先施工隧道的上方地层，并且隧道距离净距大于 0.5D，影响较小，施工时注意对先期施工隧道的监测和保护措施。

同期实施地面加固，对出入场线上跨正线隧道节点处预先加固。上跨隧道施工时控制推进速度、监测变形，已施工完成的正线隧道采用洞内钢环加固、纵向加紧连系条和通过管片预留的注浆管对隧道外土体进行注浆加固。出场线加固平面图及剖面图如图 9-10 所示。

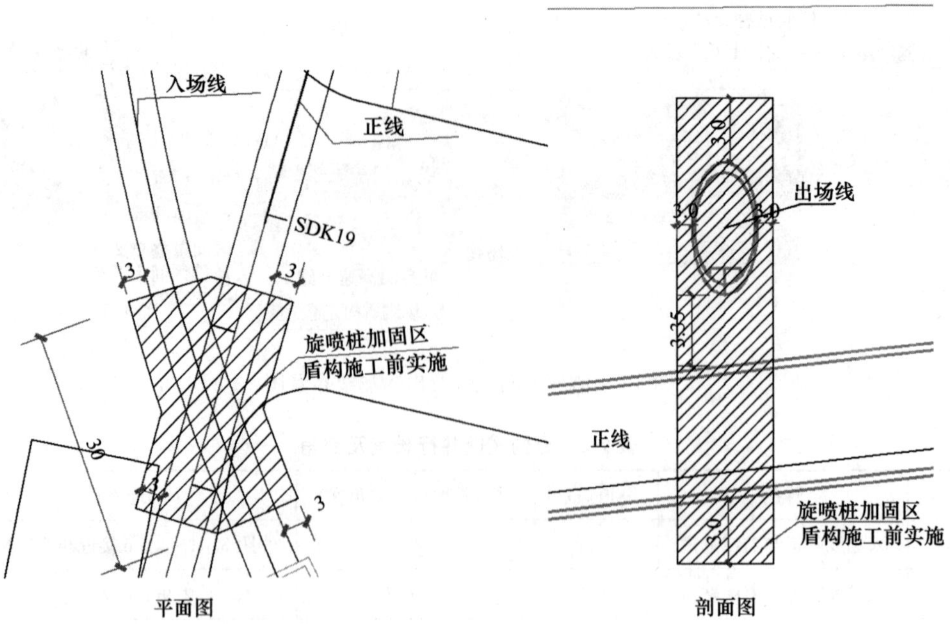

图 9-10　正线及出场线加固平面图、剖面图

第四节　入场线盾构区间穿越高速路基排水板

甬台温高速公路为重要的交通干道，呈东西走向，现状道路为双向 4 车道，2003 年建成，填土路基＋沥青路面结构。区间隧道下穿高速公路路基位置，路基高出地面约 3m，地面以下 20m 范围采用排水板＋堆载预压处理。

入场线区间下穿甬台温高速，线路与甬台温高速夹角约 68°，路基顶至隧道顶覆土厚度约 10m，边坡底至隧道顶覆土厚度约 7m。线路全断面穿越防水板长度 40m，包含高速路基边坡两侧各 30m，共计长度 100m。

泗前入场线区间下穿高速时平面曲线为半径 250m 的小半径曲线，纵断面坡度为 35‰（大坡度），该段隧道中心埋深 11.83～12.21m。入场线与甬台温高速公路平面关系如图 9-11 所示，入场线与甬台温高速公路竖向关系如图 9-12 所示。

正线双线下穿高速公路，高速公路采用排水板超压处理，地基处理深度 20m，正线埋深 18.3m，距离处理地基底部约 350mm，入场线盾构埋深 5m，穿越路基。需要对盾构穿越引起的路面沉降进行分析计算。

根据《城市道路路基设计规范》6.2.8 条规定的路基容许工后沉降量，涵洞、通道处不大于 200mm，一般路段不大于 300mm。根据闫强等《高速公路路基差异沉降标准》一文结论，基于行车舒适性的路基纵向差异，设计时速 120km，路基容许差异沉降变形率宜为 0.1%。盾构区间穿越甬台温高速公路沉降如图 9-13 所示，计算所得地表沉降见表 9-3。

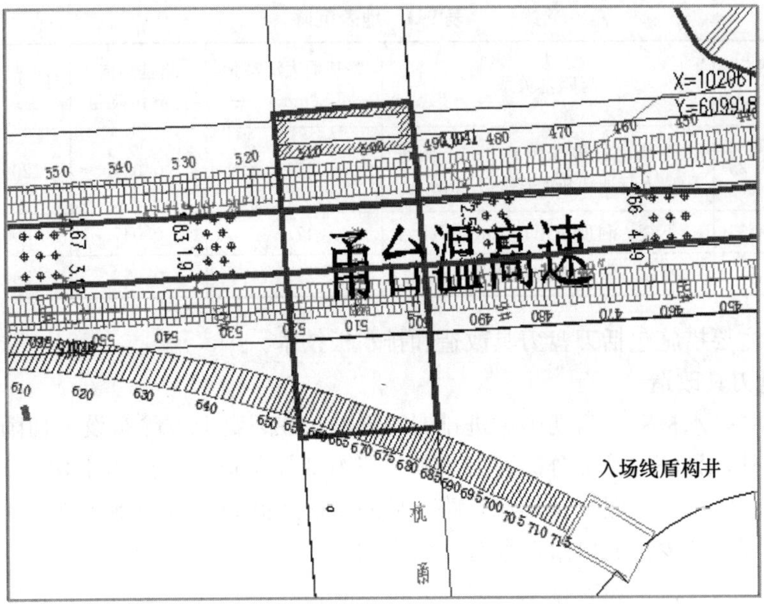

图 9-11　入场线与甬台温高速公路平面关系图

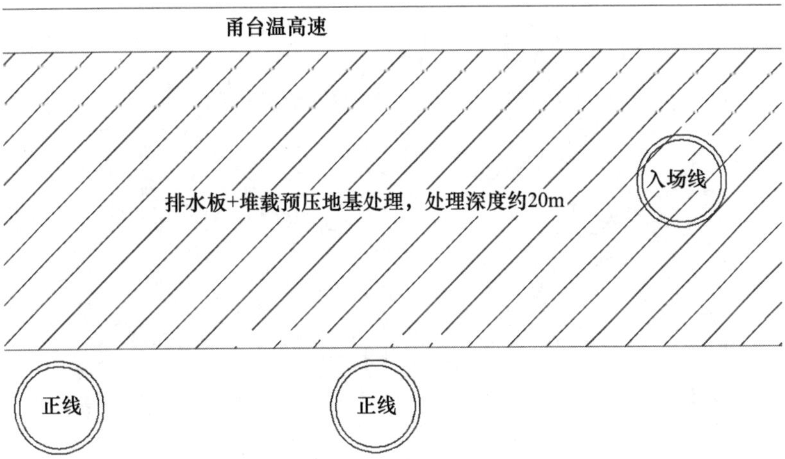

图 9-12　入场线与甬台温高速公路竖向关系图

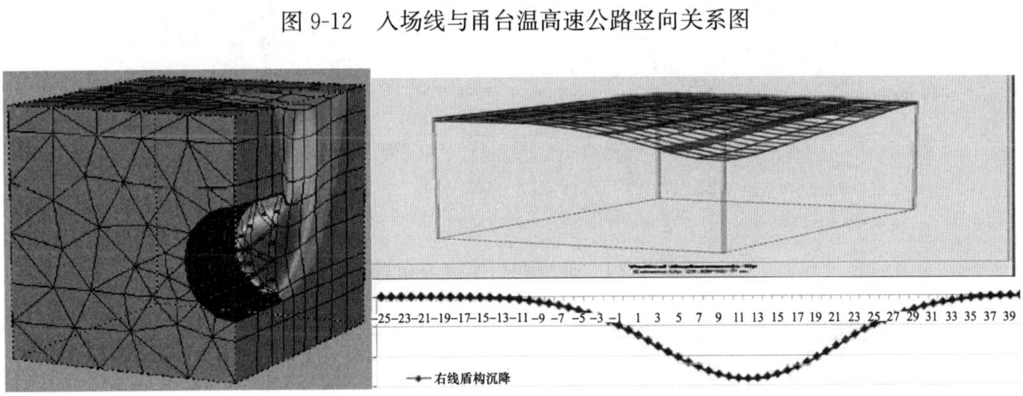

图 9-13　盾构区间穿越甬台温高速公路沉降图

表 9-3　地表沉降

隧道名称	埋深(m)	与路基关系	路基最大沉降量(mm)	路基纵向差异沉降量	是否满足要求
正线左线	18.35	下绕，洞顶净距 0.35m；洞边距离人行通道桩基净距 1.5m	17.5	0.047	<200mm，<0.1%
正线右线	18.35	下绕，洞顶净距 0.35m	17.5	0.047	<300mm，<0.1%
入场线	5	穿越，盾构需破除部分排水板	29.4	0.079	<300mm，<0.1%

采取的主要措施包括刀盘刀具改造和排水板技术。

1. 刀盘刀具改造

考虑塑料排水板对刀盘切削和进排泥的影响，在刀盘上方除布设主切削刀、副切削刀、周边刀外，另外增设部分撕裂刀，撕裂刀为细长条形，且高出主切削刀 5cm 左右。撕裂刀布置间距小于进泥口及排泥管路，目的是通过撕裂刀事先将塑料排水板切削成碎块，以最大程度减少进泥口及排泥管路堵塞的风险。

考虑地层强度低、塑料排水板柔性大，可能会发生刀具不能切割而缠绕在刀盘上或堵塞排泥口等问题，在该区间改为采用土压平衡盾构，目的是万一发生上述问题，仍可打开人孔，工作人员可在土仓内使用工具清障。加高利刃撕裂刀布置如图 9-14 所示。

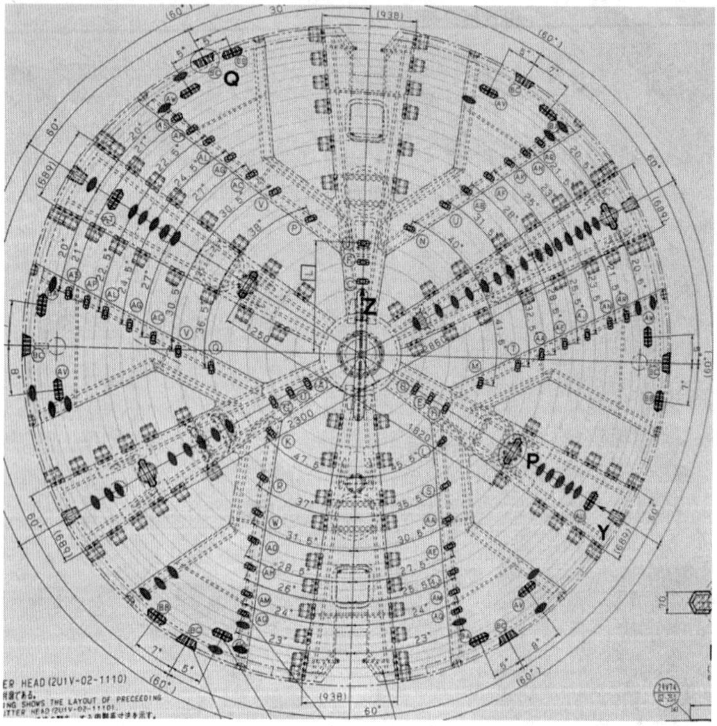

图 9-14　加高利刃撕裂刀布置图

2. 排水板技术

（1）土压力控制

根据试验段的施工情况，合理确定下穿段土仓压力。泗前入场线盾构穿越高速路试验段（前 30m）隧道中心埋深为 11～12m，穿越高速路时土压设定为 0.14MPa。设定土压和推力相互关系，泗前入场线推力设定 8000～11000kN，施工期间根据土体情况和掘进参数及时调整，动态管理。

同时结合试验段掘进再进行参数优化，穿越过程中根据监测数值及时对土压进行调整；实际掘进至高速路基之后根据出渣土质、推进速度、推力及扭矩判断，适时调整土压力，防止超挖、欠挖，尽量减少平衡压力的波动。

（2）推进速度控制

盾构接近塑料排水板区域时，推进速度控制在 10～20mm/min。刀盘转速控制在 0.8rpm 即可。掘进的同时，观察出土情况，是否有塑料排水板碎块排出，土仓下部土压是否有明显增大，出土量是否正常，并且观察螺旋输送机压力变化情况。

加强高速公路沉降监测，同时安排专人地面观察路面变化情况，有异常及时反馈到项目部技术部门，以便采取进一步措施。

（3）出土量控制

穿越过程中将每环的出土量控制在理论出土量 38.22m^3 的 98%～100%之间，即 37.46～38.22m^3。根据土压的变化情况及地面沉降数据情况，及时进行微调，以保证穿越过程中掌子面土压平衡，达到控制地面沉降的效果。

（4）同步注浆

因盾构外径大于管片外径，盾尾通过后管片外围和土体之间存在空隙，施工中采用同步注浆来充填这一部分空隙，减少周围土体在填充空隙时引起的变形，减小地面沉降。施工过程中严格控制同步注浆量和浆液质量，严格控制浆液配比，使浆液和易性好、泌水性小，为减小浆液的固结收缩，实验室定期取样实验，进行配合比的优化。

结合以往施工经验，同步注浆量一般控制在建筑空隙的 180%～200%，实际施工中浆液的用量结合具体情况进行合理选择，同步注浆尽可能保证匀速、均匀、连续压注，防止推进尚未结束而注浆停止的情况发生。

注浆压力控制在 0.2～0.3MPa 左右，注浆量和压浆点视压浆时的压力值和地表沉降监测数据而定。

初始选择注浆量计算方法为：尾盾外径 6.34m，每推进一环理论建筑空隙为 3.14×（6.342－6.22）÷4×1.2＝1.65m^3。

每环同步注浆量按 200%设定，拟定每环 3.3m^3，后续注浆量及注浆压力根据试验段监测数据进行修正。

同步注浆浆液性能指标为：浆液比重≥1.9g/cm^3，泌水率≤12%，坍落度为 12～14cm；施工时根据设计要求对进场砂浆进行检测，检测合格后方可使用。

（5）二次注浆

根据地表监测情况合理进行二次补强注浆。二次注浆压力为 0.1～0.3MPa，注浆量控制在每环同步注浆量的 50%以内，视注浆效果可再次进行注浆。

采用 P.O 42.5 普通硅酸盐水泥浆，配比为水玻璃体积比＝1∶1。

（6）盾构姿态控制

为确保盾构均衡匀速施工，盾构姿态变化不可过大、过频，盾构水平姿态：刀盘－10～＋20mm，盾尾－10～＋20mm；高程姿态：刀盘－25～－35mm，盾尾－40～

—45mm。确保线路不偏，即便超过控制目标，也便于纠偏。

每隔5环检查管片的姿态，隧道轴线和盾构轴线折角变化不能超过0.4%。避免盾构与管片间夹角过大造成土体损失，推进时不急纠、不猛纠。

（7）土体改良

穿越塑料排水板段隧道前，根据类似地层的出土渣样的和易性，必要时采用加注泡沫剂对渣土进行改良，利于渣土携带塑料排水板碎片的排出，达到渣土和排水板碎片顺利排出的目的。泡沫溶液配比为：泡沫添加剂3%，水97%。每环加注为35～50L，具体掺入量根据现场调制及出土状态调整。

（8）管片拼装

在盾构处于拼装状态下时，千斤顶的收缩会引起盾构机的微量后退，因此在盾构推进结束之后不要立即拼装。等待几分钟之后，到周围土体与盾构机固结在一起后再进行千斤顶的回缩，回缩的千斤顶数量尽可能少，满足管片拼装要求即可。在管片拼装过程中，安排熟练的拼装工进行拼装，减少拼装时间，缩短盾构停顿时间，减少土体沉降。拼装过程中发现前方土压力下降，可以采用螺旋机反转的手段，将螺旋机内的土体反填到盾构机的前方，起到维持土压力的作用。拼装结束后，尽可能快地恢复推进，减少土体沉降。

（9）盾尾油脂注入

盾构下穿高速段掘进过程中，要保证盾尾油脂的压注量，确保盾尾密封效果良好，避免盾尾返浆。根据该区间施工经验总结，拟定盾尾油脂为25千克/环，施工时视情况增加盾尾油脂的压注量。

（10）刀盘转向控制

盾构全断面穿越排水板时，由于刀盘与排水板水平夹角约为22°，刀盘与排水板竖向夹角约为2°，总是刀盘左下角部位先接触排水板，因此在穿越时主要采用顺时针方向旋转刀盘，防止逆时针旋转时刀盘拖拽排水板。同时，采用在对侧增加配重的方式防止刀盘旋转角过大。

（11）洞门凿除措施

由于泗前区间对盾构机刀盘进行改造，刀盘上增设增高利刃，为保护增高利刃不在加固区磨损、破坏，洞门凿除时将最后一层保护层也凿除。

（12）信息化施工

在穿越阶段，安排专人24小时对高速路路基两侧巡查，3次/日；通过移动电话随时向盾构作业面反馈路面信息；同时，盾构机主机室电话保证24小时畅通。

（13）变形监测

高速路基上不具备监测条件，在高速路基两侧路肩上交叉布置地面监测点，对路肩、边坡、水沟等结构的沉降和水平位移进行监测，观测邻近道路的变形情况。

（14）穿越后处理措施

盾构通过塑料排水板区域后，继续加强高速公路路肩的沉降监测，盾尾脱出30环后降低路基监测频率。如出现持续沉降，接近警戒值且无收敛趋势时，可在路基两侧进行注浆控制沉降。

盾构穿越塑料排水板区域后，继续观察盾构机土仓下部土压变化情况、螺旋输送机出土情况、渣样中排水板碎片情况等。

（15）突发事件控制及对策

由于存在着一定的施工风险，对于有可能发生的一些突发性事件，采取以下几点措施。

①提前对所有人员进行施工安全技术交底，安排带班领导值班，同时加强值班管理、工程监测；

②配备足够的机动设备，一旦发生意外情况，在第一时间投入工作；

③组织专门人员进行 24 小时高速公路段地表巡视；

④在穿越高速公路段前，对盾构机进行检查及调试，确保盾构性能的可靠性，盾构设备故障需及时处理，确保盾构推进安全、连续。

⑤盾构穿越时，若地面变形值达到警戒值，则需根据具体情况及时采取相应措施进行保护，盾构渣土中塑料排水板如图 9-15 所示。

图 9-15　盾构渣土中塑料排水板

5 号线一期入场线顺利穿越高速公路，满足高速公路沉降变形保护要求。

第五节　明挖区间穿越甬台温铁路及相邻节点设施

曹隘站—柳隘站区间明挖段起于海晏南路和环城南路交口的曹隘站，线路出曹隘站后，沿海晏南路向北敷设，沿途穿越甬台温铁路箱涵后到达区间盾构井。明挖区间平面图如图 9-16 所示。

甬台温铁路是一条以客运为主、客货兼顾的国家一级铁路。海晏南路与铁路相交位置设有一混凝土箱涵，解决海晏南路南北方向交通，在箱涵顶部铺设铁路，供火车通行。铁路跨海晏南路箱涵基础采用预应力薄壁管桩加固，桩径 0.4m，桩长 32m，间距 2.3m。箱涵两侧为 U 型槽与海晏南路接驳。甬台温铁路箱涵立面图如图 9-17 所示。

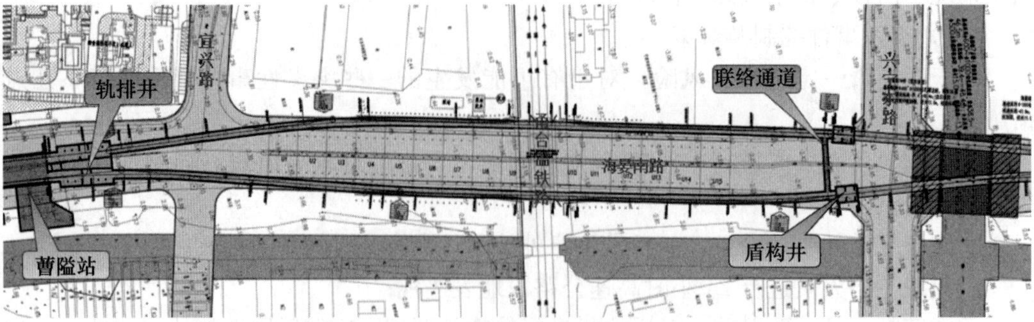

图 9-16　明挖区间平面图

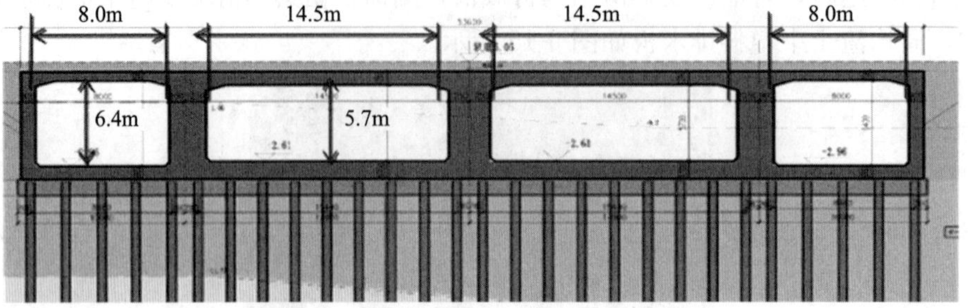

图 9-17　甬台温铁路箱涵立面图

该区段地层以软土为主，主要为软塑状粉质黏土以及流塑状淤泥质土，区间穿越土层主要为②$_{2b}$层淤泥质黏土、②$_{2c}$层淤泥质粉质黏土。

曹隘站—柳隘站区间穿越甬台温铁路工程，对几种工法进行如下比选。

若要采用盾构法施工完全避开桩基下穿铁路路基，区间两端车站规模及与曹隘站连接的前殷车辆段规模需增大。车站加深 16m，为超深基坑，从而引起工程实施和周边环境风险性大幅升高，工程工期节点滞后，造价大幅度增加。

采用矿山结合盾构法施工，可以优化线位纵向坡度，对减小站位位置埋深影响有利，但施工风险和对运营铁路影响仍然较大。

采用明挖法利用机动车道方案，对现有结构的改造量较大，且工程造价较高，造成现有海晏南路机动车道减少，与市政沟通难度加大。

采用明挖法利用非机动车道方案，利用铁路箱涵非机动车道穿越铁路，并对铁路两侧 U 型槽采取改造等相关处理措施。该方案对铁路影响小，对地铁区间两侧站位影响小，造价低。同时对海晏南路通行能力影响也最小，从线路线型、施工对周边影响等因素考虑，该方案最优。明挖区间穿越甬台温铁路效果图如图 9-18 所示，明挖区间穿越甬台温铁路实景图如图 9-19 所示。

同时对下立交 U 型槽结构改造施工，采用刚度大的钻孔灌注桩结合钢支撑的围护结构体系，坑底进行加固提高被动区土体抗力，施作止水帷幕。区间明挖结构近铁路箱涵处的基坑底与铁路箱涵底板底标高基本一致，基坑开挖对铁路箱涵的影响很小，对于路基和箱涵过渡段，考虑将基坑围护结构水平向延伸一段距离，以减少对铁路路基和周边结构的变形和影响。既有结构改造后的强度、刚度、变形、沉降、抗浮稳定可以满足运营阶段地铁、公路、铁路的使用要求。在沉降控制方面需考虑增设一定数量的工程桩，调平地铁纵向结构基础的线刚度。

图 9-18 明挖区间穿越甬台温铁路效果图

图 9-19 明挖区间穿越甬台温铁路实景图

第十章　车辆基地

第一节　设计概况

一、段场布局

5 号线全线最终形成一段两场的布局，其中一期工程车辆地基包括经堂庵跟车辆段和前股停车场。全线一段两场均匀分布在环线 3 点，有利于运营收发车、减少空走距离。宁波 5 号线一期段场分布如图 10-1 所示。

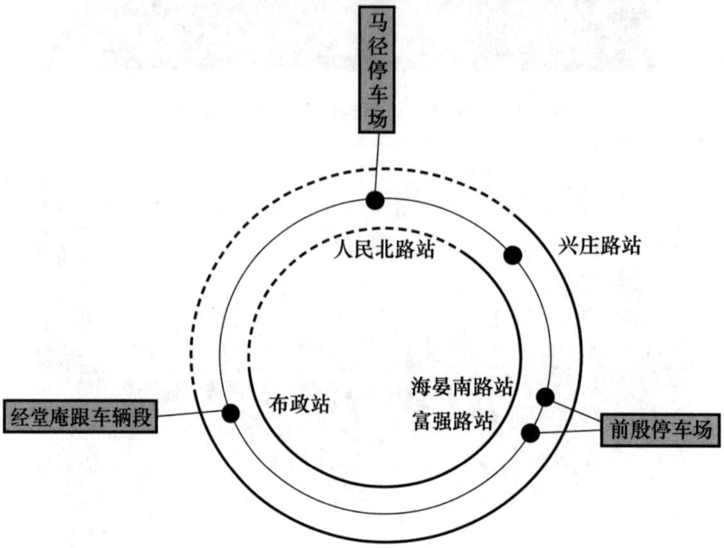

图 10-1　宁波 5 号线一期段场分布示意图

二、功能定位

经堂庵跟车辆段为线网大、架修车辆基地，承担 5 号线一期部分列车的乘务、停放、列车技术检查、洗刷清扫和定期消毒等日常维护保养及运用任务；承担 5 号线一期部分列车的双周检和三月检任务；承担 5 号线一期全部列车的定修、架修、大修及临修任务，以及相应资源共享线路的列车的大、架修任务；承担 5 号线一期范围内列车运行中出现事故时的救援工作；负责本段设备机具的维修及调车机车的日常维修工作；设置综合维修中心，承担全线土建结构及机电设备维护工作；负责本段的行政、技术管理、材料供应和后勤管理等工作；设置轮对检修基地，承担线网轮对大修任务，预留车辆部件及机电设备检修基地。经堂庵跟车辆段总平面布置如图 10-2 所示。

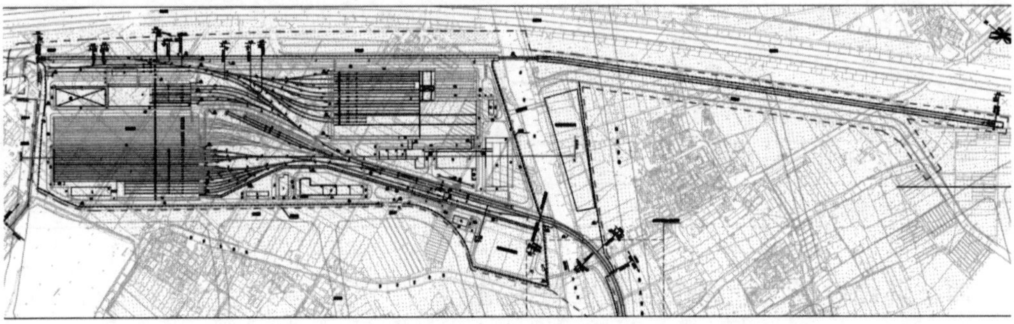

图 10-2 经堂庵跟车辆段总平面布置图

前殷停车场承担 5 号线一期部分列车的乘务、停放、列车技术检查、洗刷清扫和定期消毒等日常维护保养及运用任务；承担 5 号线一期部分列车的双周检和三月检任务；负责本场的行政、技术管理、材料供应和后勤管理等工作；设置维修工区，承担部分区段土建结构及机电设备维护工作。前殷停车场总平面布置如图 10-3 所示。

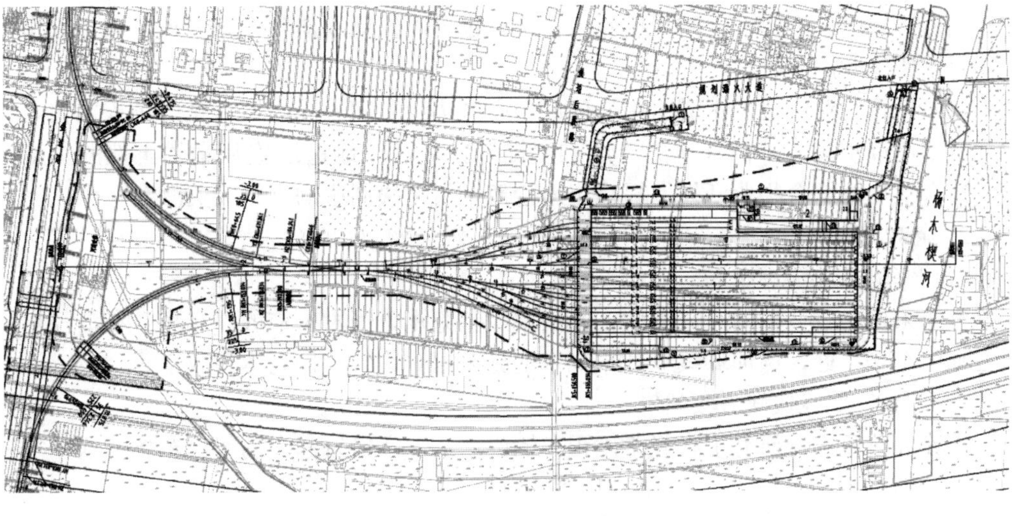

图 10-3 前殷停车场总平面布置图

三、设计规模

宁波轨道交通 5 号线车辆基地设计规模见表 10-1。

表 10-1 宁波轨道交通 5 号线车辆基地设计规模

序号	项目	经堂庵跟车辆段	前殷停车场	马径停车场（列位）
1	大架修（近/远期）	3/6	0	0
2	定修（近/远期）	2/2	0	0
3	临修（近/远期）	1/1	0	0
4	月检（近/远期）	4/4	2/2	0
5	停车/列检（近/远期）	24/36（46）	32/32	0/18

注：施工图设计阶段，增加了经堂庵跟车辆段预留规模。

经堂庵跟车辆段设有工程车检修库，设计规模见表10-2。

表10-2 经堂庵跟工程车检修库设计规模

修程	中修	大修
检修工作量（辆/年）	12	12
检修台位（个）	1	2

四、环线段场设计重难点及应对措施

1. 环线运营的特点和对环线车辆基地的要求

（1）环线的换乘站多，换乘客流较大。

（2）环线不宜共线运营，否则既牺牲了各线相互之间的运输能力，同时也提高了运营的复杂程度。

（3）车辆基地布点和停车规模应相对均匀，减少列车收发车的空走距离。

（4）环线至少一处车辆基地出入线应采用“八”字形接轨，既可减少环线运营车辆轮对踏面造成的偏磨影响，减少镟轮工作量，也可以保证双向收发车要求，减少收发车折向对正线运营的干扰。

（5）环形线路一般位于城市中心区或中心区边缘，随着国内城市化的进程加快，城市的范围逐渐扩大，车辆基地的选址难度提升。车辆基地选址应从集约土地的角度出发，结合地块内综合物业开发，提高土地价值，与地块周边的规划完美融合。

2. 应对措施

（1）车辆基地合理布局

全线采用1段2场的布局方案，一期设经堂庵跟车辆段及前殷停车场，在马径村预留二期停车场1处，保证环线3处车辆基地分布相对均匀，提高运营效率。

（2）“八”字线接轨方案研究

在设计阶段充分研究了在经堂庵跟车辆段“八”字接轨和在前殷停车场“八”字接轨的可行性。

经堂庵跟车辆段设“八”字接轨方案，车辆段与一期起点站布政站和二期环城南路站接轨。布政站方向出入段线主要工程控制因素为后塘河，通过优化出入段线纵断面，可妥善处理出入线与后塘河的立交关系，出入线上跨后塘河进入车辆段，本侧接轨方案可行。环城南路站方向出入线主要工程控制因素为杭甬高速、车辆段试车线及后塘河。经全面分析出入段线与各工程控制点的平面、立交关系，若在环城南路站接轨需提高车辆段场坪标高，或进行展线设计，工程代价太大，方案不可行。故不推荐在经堂庵跟车辆段“八”字接轨。

前殷停车场“八”字接轨方案，前殷停车场分别与富强路站及海晏南路站接轨。富强路站方向出入段线主要工程控制因素为鄞东中塘河，出入线下穿河道后进入停车场。海晏南路站方向出入线主要工程控制因素为杭甬高速、鄞东中塘河及杨木碶河。出入线盾构下穿杭甬高速、明挖下穿鄞东中塘河后进入停车场。受杨木碶河限制，出入线爬坡距离不足，轨顶标高定为−2m，为下沉式停车场。

经过比选车辆段和停车场“八”字接轨方案的可行性，明确在前殷停车场施行

“八”字接轨的方案，满足环形线路对“八”字接轨的需求。

第二节　车辆段全自动运行设计

一、全自动车辆基地设计标准

1. 全自动车辆基地的主要特点

（1）功能分区明确

根据信号模式，车辆基地应划分为自动驾驶区和人工驾驶区；自动驾驶区包括：出入段线、停车列检库及相应咽喉区、洗车机库、试车线；人工驾驶区包括：检修库、调机工程车库、镟轮库及相应咽喉区；双周检和三月检库设于自动驾驶区或人工驾驶区均可，建议设于自动驾驶区。

（2）转换轨设置

转换轨包括两种，一种用于驾驶模式转换，一种用于控制权交接。

对于划分了自动驾驶区和人工驾驶区的车辆基地，需设转换轨用于驾驶模式转换，一般设于牵出线或两分区咽喉区的联络线上。

某些全自动运营线路可能会将车辆基地内全自动驾驶区域交由车辆段 DCC 控制，正线由 OCC 控制，这种情况下，需在出入段线上设置转换轨，用于控制权交接。

（3）安全防护措施

全自动运行区域原则上为无人作业区，无人区内需要人工参与完成的车内清扫和列检作业，原则上在全天运营时段结束、车辆全部入库停放妥当后再统一进行。

如果在特殊情况下，工作人员需要在白天正常运营时段内进入全自动运行区域，必须向控制中心申请得到批准后，封锁相应的防护区域，禁止排列出入该区域的列车、调车进路，禁止该区域内的列车移动，并通知门禁系统开启相应的通道大门，工作人员才可持卡进场工作。

（4）相关防护措施主要包括：

①运用库地下通道（或架空廊道），通道与轨道立交，保证作业人员进入作业区域的过程中与自动行驶的列车互不干扰；

②设置隔离栏杆，通过隔离栏杆将运用库划分为若干保护单元，作业人员进入某保护单元作业时，不干扰其他单元内列车的运行；

③人员防护开关，人员防护开关用于保证作业人员的安全，当 SPKS 开关打开时，不允许相应保护单元内列车移动；

④门禁系统，地下通道出地面的出口设门禁，以确保作业人员的安全；

⑤库内视频监控；

⑥库内广播。

2. 车辆基地总平面设计技术标准

（1）车辆基地分为自动驾驶区和人工驾驶区，总图布置要进行合理分区，避免交叉作业。道路布置应尽量避免与自动驾驶区线路平交。人员作业区、办公区和生活区应尽量集中到人工驾驶区设置。

（2）试车线、工程车线、材料线、镟轮线等人工检修作业线路不应直接接入自动驾驶区，宜布置在人工驾驶区内，通过统一的信号转换轨接入自动驾驶区。

（3）双周检和三月检线路宜设置在自动驾驶区，困难条件下，可以布置在人工驾驶区。

（4）分区之间设置信号转换轨，一般设于牵出线或两分区咽喉区的联络线上，转换轨长度满足 1 列车长＋60m。

（5）自动化车辆段部分线路需考虑安全防护距离，牵出线根据信号系统要求，设 15m 安全防护距离。

3. 运用库设计技术标准

（1）运用库若采用一线多列位的布置，列位之间应满足 20m 安全距离，末端列位满足 15m 安全距离要求，库线长度需考虑车挡安装距离，建议采用液压缓冲式立臂车挡。

（2）由于运用库为全自动驾驶区域，在运用库库前平过道和中间横向通道加设门禁系统，以保证正常运营时段形成物理隔离。

（3）无人区内需要人工参与完成的车内清扫和列检作业，原则上在全天运营时段结束、车辆全部入库停放后再统一进行。人员进出隔离区通道优先采用在库内中间平过道下方设置地下人行通道的方案，清洁和列检人员通过人行通道及通往股道的楼梯到达指定的股道进行作业；也可采用库尾设置人行出入口的方案进出运用库内隔离区，但增加了作业人员的走行距离。

（4）运用库不设置车库大门，以简化出入库控制，保证列车进出库安全、便捷。

4. 洗车机设计技术标准

（1）洗车线根据信号系统要求和洗车工艺要求，在库前（后）增加 15m 安全防护距离。

（2）洗车机采用无人值守、远程监控模式，洗车机的控制纳入正线信号联动系统，洗车实现自动控制。

二、经堂庵跟车辆段全自动设计方案

1. 总平面布置

经堂庵跟车辆段采用反向纵列式布置，划分为自动驾驶区和人工驾驶区。

自动驾驶区包括：出入段线、停车列检库及相应咽喉区、洗车机库，双周检和三月检库设于自动驾驶区。

人工驾驶区包括：检修库、调机工程车库、试车线、镟轮库及相应咽喉区。

转换轨位于自动驾驶区域的牵出线至人工驾驶区域线群的联络线上，长度为 1 列车长＋60m。经堂庵跟车辆段全自动分区图如图 10-4 所示。

2. 运用库设计方案

由于经堂庵跟车辆段用地长度受限，根据和信号专业沟通结果，运用库库长按两列位间不小于 15m，末端列位距车挡不小于 13m 设计。运用库每两股道各为一个防护分区，分区之间用金属栅栏网分隔，防止人员作业时进入相邻防护分区，保护运营维保人员作业安全。库中设置地下通道，人员通过地下通道进入指定防护分区。运用库平面布置如图 10-5 所示。

3. 洗车线设计方案

经堂庵跟车辆段洗车线采用咽喉区通过时布置，库前、后增加 15m 安全距离。洗车机采用无人值守、远程监控模式，洗车机的控制纳入正线信号联动系统，洗车实现自动控制。洗车线平面布置如图 10-6 所示。

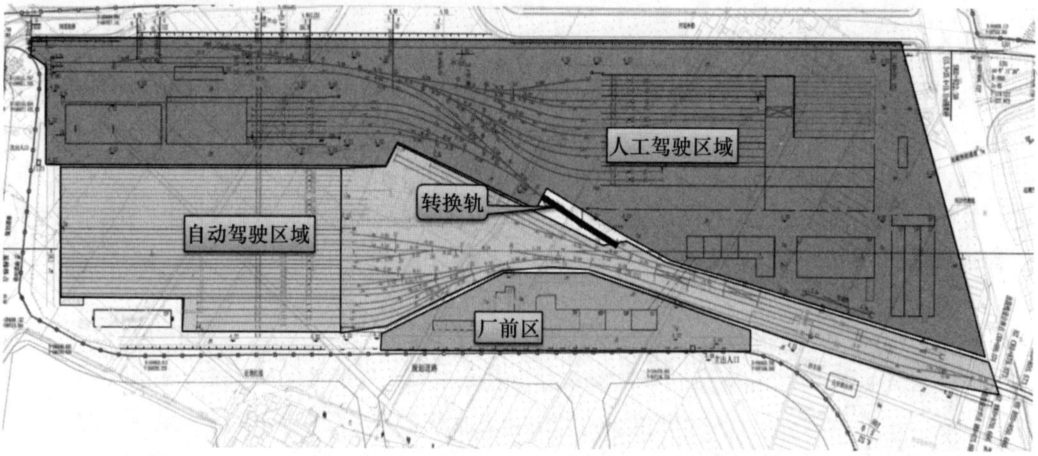

图 10-4　经堂庵跟车辆段全自动分区图

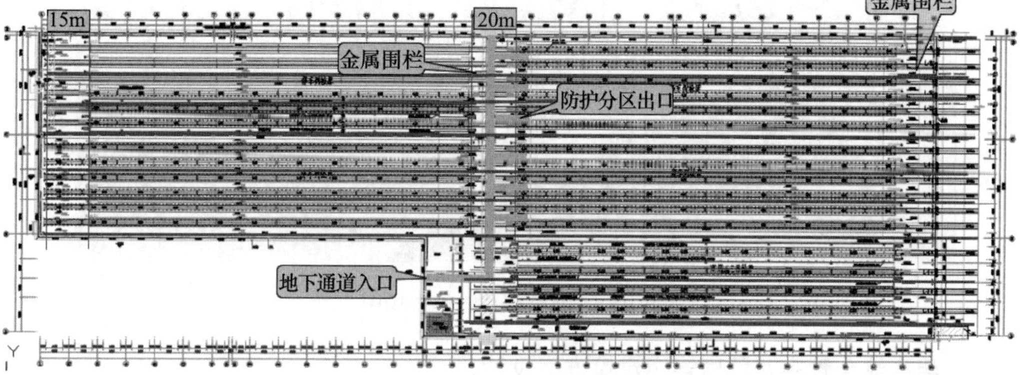

图 10-5　运用库平面布置图

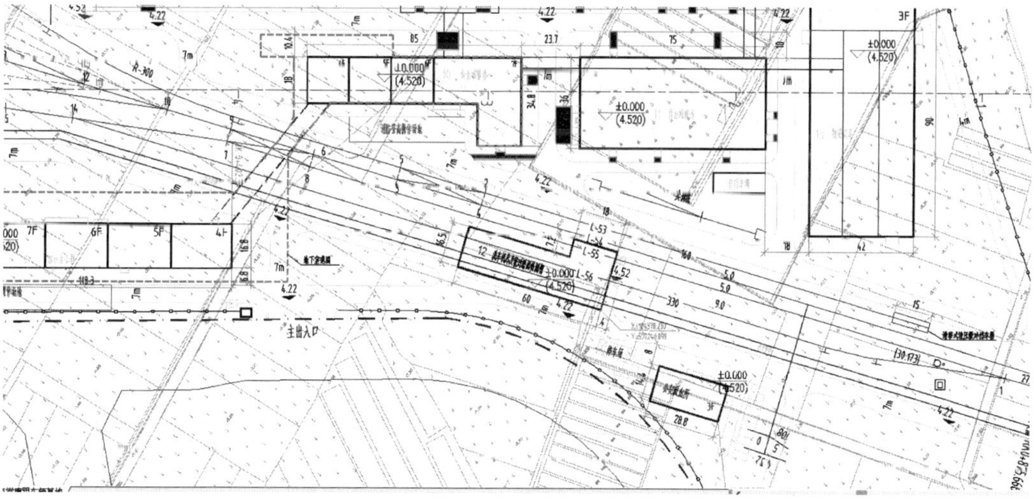

图 10-6　洗车线平面布置图

第三节　架空综合管廊兼风雨连廊设计

综合管线设计作为车辆段设计重难点，常规非上盖车辆段大部分管线布置于地下，存在电缆沟进水、管线检修维护不方便等问题。经堂庵跟车辆段综合管线设计打破常规思维，沿咽喉区一侧从出入段线到运用库设置架空综合管廊，管廊顶安装综合支吊架敷设管线，从根本上解决了电缆沟积水的问题。管线排布整齐有序，通过定期巡检工作，可以及时发现管线问题；管线出现故障后可以快速定位故障点、开展维修工作。架空综合管廊现场如图 10-7 所示。

图 10-7　架空综合管廊现场图

1. 架空综合管廊兼风雨连廊建筑方案设计

架空管廊在满足管线走线需求的同时，还兼做风雨连廊，将沿途的运用库、综合办公楼、洗车机库等建筑单体串连在一起，此外综合办公楼与维修楼、检修主厂房、综合维修库及物资总库又通过架空天桥连廊连接在一起，形成了一条贯通车辆段多数主要建筑的人行通路。此条通路可以遮阳挡雨，让车辆段运营办公人员在任何天气均畅行无阻，方便使用。风雨连廊示意如图 10-8 所示。

2. 架空综合管廊综合管线设计

（1）综合支吊架基本要求

①综合支吊架系统采用国标图集《装配式管道吊挂支架安装图》（03SR417-2）为标准，本工程采用矩形支吊架为主要形式。

②结构安全性计算的要求：活荷载分项系数不应小于 1.4，结构安全等级为一级，相应重要性系数为 1.1，施工安装荷载不大于 $50kg/m^2$；对于竖向吊杆较长（其有效长度大于或等于 2.5m）及承担管道固定支架，加固方案根据具体验算确定。为了保证管线调整的需要，在计算吊架竖杆和主要横担时，其结构承载能力应考虑不小于 20%的余量。

图 10-8 风雨连廊示意图

③系统管线荷载要求：管道自重、受力计算等应满足《室内管道支架及吊架》（03S402）的相关要求。

④刚度方面，应满足如下几方面需求。

a. 为保证支架的纵向刚度及减少变形，确保在各专业安装及运营期间综合支吊架的安全稳定、便捷，在管线纵向荷载作用下，吊杆的最大纵向水平位移不大于吊杆长度的 1/1200，在管线横向荷载作用下，吊杆的最大横向水平位移不大于吊杆长度的 1/500，横梁挠度不大于 1/500。

b. 槽钢截面应满足强度、刚度与稳定性验算各项指标要求。

c. 对于单个综合吊架，当单层管线荷载较大，需在横担长度较长的地方进行加强设计。

d. 管道吊挂支架作为承力结构，强度和刚度必须符合相关的国家标准、规范和规定，以满足工程要求。制作管道吊挂支架的材料选择应满足地铁工作环境和被夹管内介质的温度和压力要求。

⑤架空管廊内综合支吊架设计应考虑设置抗震支吊架，抗震支吊架设置应满足《建筑抗震设计规范》（GB 50011—2010）、《建筑机电工程抗震设计规范》（GB 50981—2014）中相关要求，且此项目抗震支吊架产品与混凝土、钢结构、木结构等须采取可靠的锚固形式。所有综合支吊架产品需满足《建筑机电设备抗震支吊架通用技术条件》（CJ/T 476—2015）。

（2）综合支吊架设计

为避免电缆沟进水和便于运营后期维护检修，经堂庵跟车辆段综合管廊部分将除了雨、污、废等重力管以外的所有管线均纳入支吊架系统，按强电管线一侧、弱电及给排水管线一侧，给排水管线在下、弱电管线在上原则进行管线排布。支吊架间距按 2m 进行设计。架空综合管廊支吊架剖面图如图 10-9 所示。

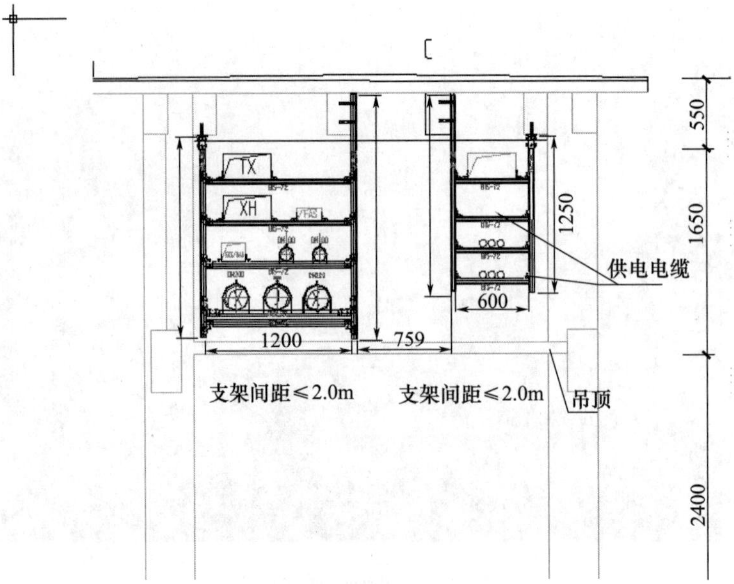

图 10-9　架空综合管廊支吊架剖面图

第四节　车辆段综合建筑设计创新

在车辆段建筑群中，综合楼（办公楼、维修楼）为最重要的主体建筑，是建筑群的核心，具有统领作用。因此，综合楼的设计是建筑群中的重点，其设计风格及元素将决定其他附属建筑的设计，主要采用以下三个设计理念。综合楼立面效果如图 10-10 所示。

1. 建筑设计理念之一

在满足使用功能及使用面积的前提下，整体外观造型采取了七层叠级式设计，寓意着“步步高”，同时叠级式设计打破了常规的盒状楼体设计，使建筑外观更具层次感与生命力。向上的叠级设计，使五层以上形成空中花园景观，让人们在工作之余，可以在花园中漫步休憩，提升办公环境的舒适度（图 10-11）。

图 10-10　综合楼立面效果图

图 10-11　综合楼造型叠级式设计分析图

2. 建筑设计理念之二

为了与叠级式外观造型相协调，从而建筑整体采用横向线性设计的设计手法，建筑外观以流畅的线条体现轨道交通快速、便捷之内涵和富有节奏韵律感。综合楼立面横向线性设计分析图如图 10-12 所示。

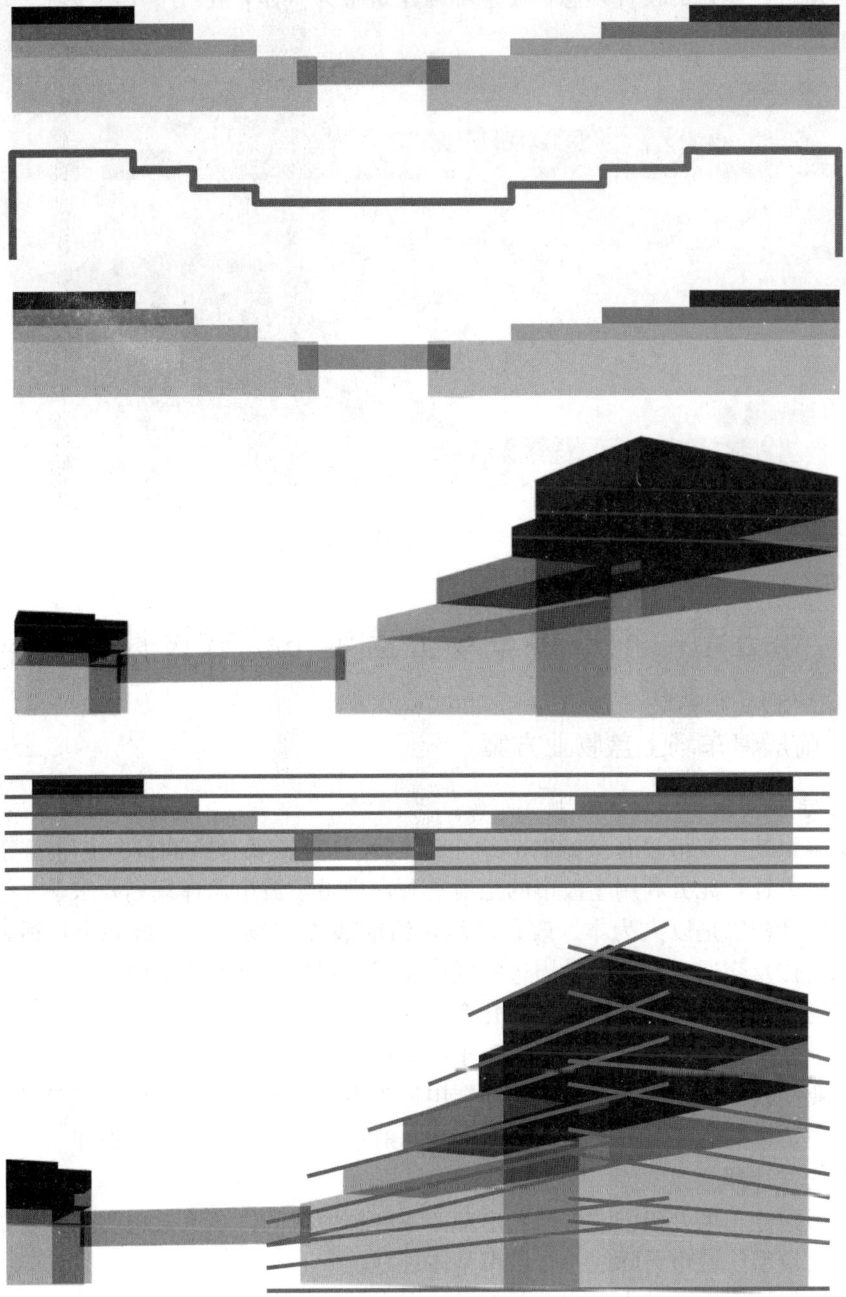

图 10-12　综合楼立面横向线性设计分析图

3. 建筑设计理念之三

由于用地面积及层高受限，将综合楼划分为维修楼与办公楼两栋，为满足工作便利的需要，最大限度地缩短人员作业距离，并为实现建筑群的整体性，在两栋楼之间设计了一道空中连廊。既满足了功能之需要，又成为了整体建筑群中的一个亮点。设计上采用连廊与建筑一体化的设计理念，使连廊与建筑融为一体，在统一中有变化。综合楼连廊设计示意图如图 10-13 所示。

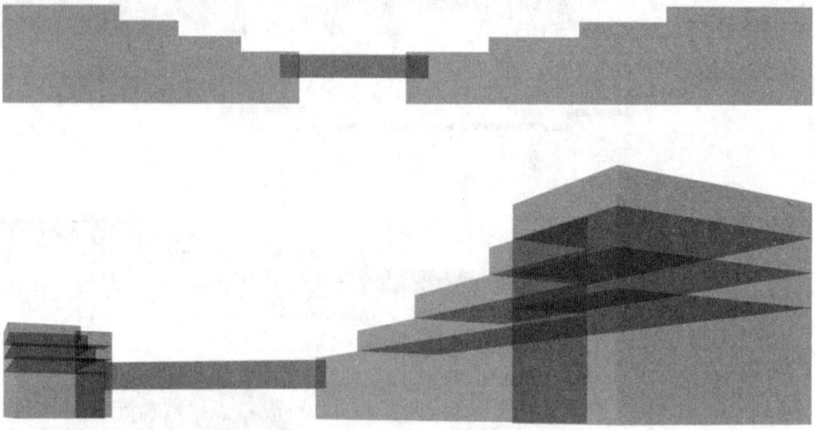

图 10-13　综合楼连廊设计示意图

第五节　前殷停车场上盖半下沉式设计创新

一、前殷停车场上盖物业方案

1. 指导思想

根据国家及宁波市政府“提倡节约土地、大力发展联合空间开发，实施节约型社会”的大政方针，充分利用宁波市的土地资源，满足宁波市总体规划要求。

整个设计构思是以人为本、改善环境，给前殷停车场这一区域一个舒适的商业空间、生态居住及交通空间，带动周边的城市发展，提高土地利用价值。

上盖物业开发指导原则包括如下几个方面。

（1）上盖平台物业项目的选择应置于停车场周边的大规划环境中考虑，以附近地铁车站为商业动线中心，周边拟以商住结合用地为主，上盖物业拟以住宅建筑及其配套服务设施为主。以周边便利的交通枢纽为依托，对该片区设计引入“生态建筑、一站式购物中心”的设计理念。

（2）考虑停车场处于宁波鄞州区南部商务区辐射范围内，因此也要充分考虑建筑高度、外立面造型、城市天际线符合城市整体规划。

（3）建筑结构上下基本对应，盖上区域考虑板式多层建筑为主，与盖下规整柱网相对应，以控制投资成本。

（4）充分体现“人车分流”的规划理念，道路系统骨架清楚、顺畅通达，各种流线互不交叉，保证落地与盖上和盖下等各个区域之间的独立性、连贯性及交通安全性，同时满足消防救护要求。

（5）结合场地设计，前殷停车场场坪较周边道路低，结合场地的高低及停车场出入场线的空间关系，统一考虑地下空间开发利用。

2. 设计方案

（1）用地分析

停车场用地约为 24.17 万 m^2，出入段线“八字线”将地块分隔成四块，分别为地块 1（3.5 万 m^2）、地块 2（2.5 万 m^2）、地块 3（0.6 万 m^2）及停车场场区，结合场地标高关系，停车场进行综合上盖物业开发。用地分析示意如图 10-14 所示。

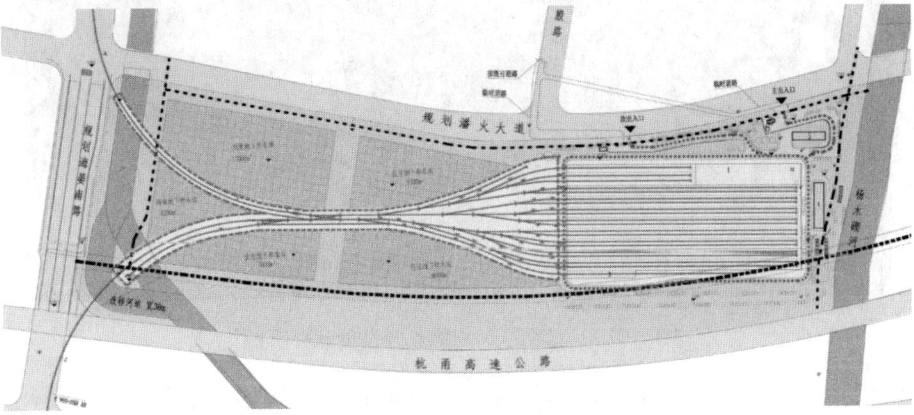

图 10-14　前股停车场用地分析示意图

为了达到停车场上盖绿化后标高与周边地块协调的目的，设计前股停车场场坪标高为 −2.0m。由于较周边道路低，因此设计结合场地的高低及停车场出入场线的空间关系，统一考虑地下空间开发利用。错落的场地采用垂直绿化的方式处理硬面，丰富场地空间。

（2）总平面布置

结合地铁出入场线的地下空间与物业的地下空间一同开发，同时尽量避开出入场线的位置设计规划地面高层住宅。利用停车场厂房屋顶绿化，平衡地块用地各项指标（容积率、绿化率等）。物业开发总平面如图 10-15 所示。

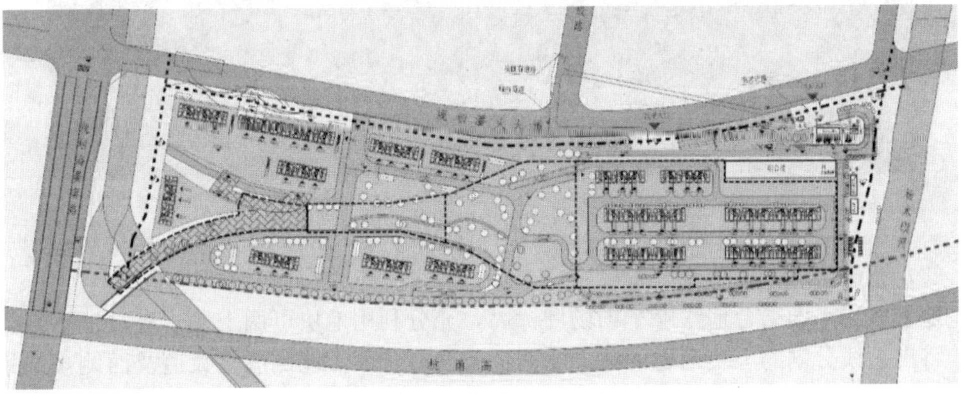

图 10-15　前股停车场物业开发总平面图

将周边地块一并规划考虑，由于进出段线将整个区域划分为三大地块，西北侧拟开发落地物业，南侧开发停车场盖上物业，上盖以多层住宅围合。中间以上盖绿化、与之相连的商业广场为核心，呈“人”字带式分布。“人”字形态的含义不仅仅包涵以人为本的社会发展追求，更主要的是从功能布局上体现商业区域和居住区人车的分流，一站式购物的设计理念。物业开发分析如图 10-16 所示。

图 10-16 前殷停车场物业开发创意分析图

西北侧地块以沿街商铺和高层建筑为主。南侧为上盖物业，以居住建筑为主。将上盖物业和落地物业分开考虑，多层、高层分区域布置，形成各自独立的交通体系，为后期的长远开发做出充分考虑，鸟瞰图如图 10-17 所示。

图 10-17 前殷停车场物业开发设计鸟瞰图

（3）各标高层平面功能分布层

地下一层平面结合地铁停车场场坪标高，充分利用地块可用土地，进行地下空间开发。将出入线分割的三块用地的地下空间进行功能分区，北侧潘火大道及西侧规划景观河布置商业地下停车，南侧布置居住地下停车库。地下一层平面图如图 10-18 所示。

地上一层平面结合地块可用土地，进行商业裙楼设计。利用出入线咽喉区分割的地上空间进行功能分区，北侧沿潘火大道及西侧规划景观河布置商住裙楼，南侧退杭甬高速公路 90m 设计南北向居住楼。运用库结构转化层设计停车库。地上一层平面图如图 10-19 所示。

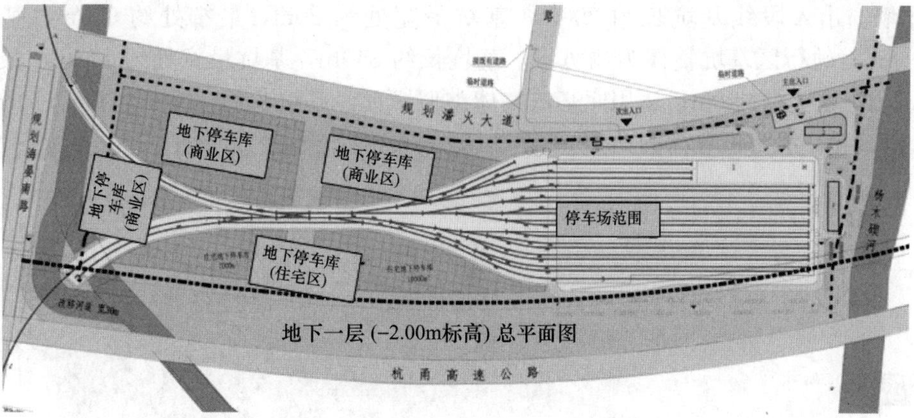

图 10-18 前殷停车场地下一层

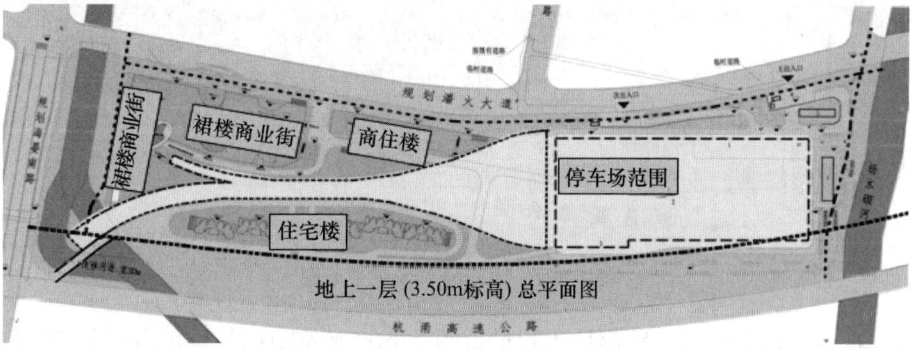

图 10-19 前殷停车场地上一层

地面层平面结合地块可用土地，进行商业裙楼及高层主体设计。高层主体布置避开出入线，利用出入线咽喉区地上空间上盖进行绿化，运用库上盖设计盖上住宅楼，南侧设计居住楼。地上三层平面图如图 10-20 所示。

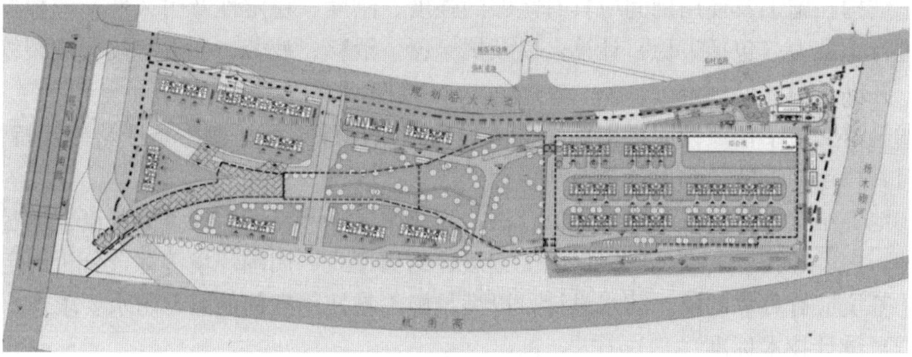

图 10-20 前殷停车场地上三层

二、前殷停车场围护结构设计方案

1. 工程概况

本工程设计范围为前殷停车场出入段线、轨行区及运用库围护结构及运用库永临结合挡土墙。出入段线基坑长约 200m，基坑最宽处约 20m，最窄处约 5.8m，基坑深 13.5～8m；轨行区基坑整体为喇叭形，基坑长约 340m，基坑最宽处约 143m，最窄处约 16.3m，基坑深约 8m；运用库基坑整体类似矩形，基坑长约 310m，宽约 170m，基坑深约 8.4m，承台位置深约 9.7m。停车场总平面图如图 10-21 所示。

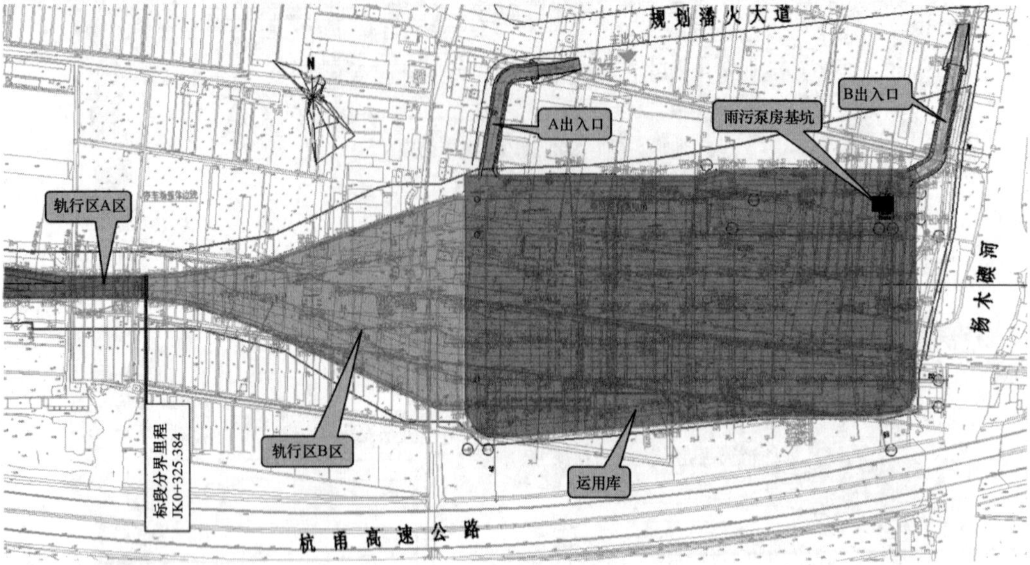

图 10-21　前股停车场总平面图

基坑东侧为杨木碶河，距离该工程最近约 22m；基坑南侧为杭甬高速公路，距离该工程最近约 22m，道路车流量较大；工程周边环境与工程相互影响大，破坏后果严重，属二级环境风险。

2. 主要设计原则及标准

（1）主要设计原则

①结构在施工及使用期间应具有足够的强度、刚度、稳定性及耐久性，应根据构件特点进行承载力（包括失稳）计算，以及抗倾覆、滑移、疲劳、变形、抗裂或裂缝宽度验算，并满足耐久性规定。

②轨道交通结构设计应根据施工方法、结构或构件类型、使用条件及荷载特性等，选用与其特点相近的结构设计规范和设计方法。

③地下结构设计宜采用信息化设计法，为此须建立严格的监控量测制度。监控量测的目的、内容和技术要求，应根据施工方法、结构型式、周围环境等综合分析确定。

④基坑应有可靠的隔、防水设计，以满足施工与使用期间的隔、防水要求。

（2）设计技术标准

①基坑安全等级为二级，基坑设计使用年限两年，基坑侧壁重要性系数安全等级二级取 1.0。

②运用库围护结构、围护桩为永临结合，按永久结构设计，设计使用年限 100 年，重要性系数取 1.1。

③围护结构计算岩土参数按《宁波市轨道交通 5 号线一期工程勘察 KC5102 标段——

前殷停车场及出入场线明挖段岩土工程勘察报告》（浙江省地矿勘察院二〇一八年八月）采用。变形控制标准为：地面最大沉降量≤0.4%H（H 为基坑深度），且≤50mm；围护结构最大水平位移≤0.5%H，且≤40mm；基坑变形控制应满足周边管线，建（构）筑物权属部门的要求。

④围护结构的计算采用荷载-结构模式，按《建筑基坑支护技术规程》（JGJ 120—2012），采用荷载增量法原理进行内力计算。

⑤基坑开挖及回筑全过程必须保证基坑安全和正常使用。

⑥围护结构出入段线及轨行区采用 ϕ800@1000 钻孔灌注桩＋ϕ700@500 双轴搅拌桩，运用库采用 ϕ900@1100 钻孔灌注桩＋ϕ700@500 双轴搅拌桩及 ϕ850@600 三轴搅拌桩。

⑦基坑外放尺寸的原则：围护结构布置应保证建筑、车辆、设备等限界的要求，并按规范允许的结构受力变形、施工误差等要求进行放线施筑。

⑧地下水位下的地下结构设计按《建筑工程抗浮技术标准》复核抗浮稳定性验算。在不计地层侧壁摩阻力时，抗浮安全系数 $K_f \geqslant 1.05$；当计及地层侧壁摩阻力并采用标准值（极限值）时，抗浮安全系数 $K_f \geqslant 1.15$；当结构抗浮不能满足要求时，应采取相应的工程措施。对该工程而言，减压排水措施不能作为永久性结构抗浮措施考虑。抗浮设计水位标高：抗浮水位按“100 年一遇”标准取 2.97m（1985 年国家高程）。

⑨结构设计按地震设防烈度为 7 度进行抗震验算并设防，抗震设防类别为乙类，按高于该地区抗震设防烈度 1 度的要求加强其抗震措施，地下结构抗震等级为二级。

⑩围护结构地下水位按地面下 0.5m 计算。

3. 工程地质概况

围护结构地质纵断面图如图 10-22 所示。

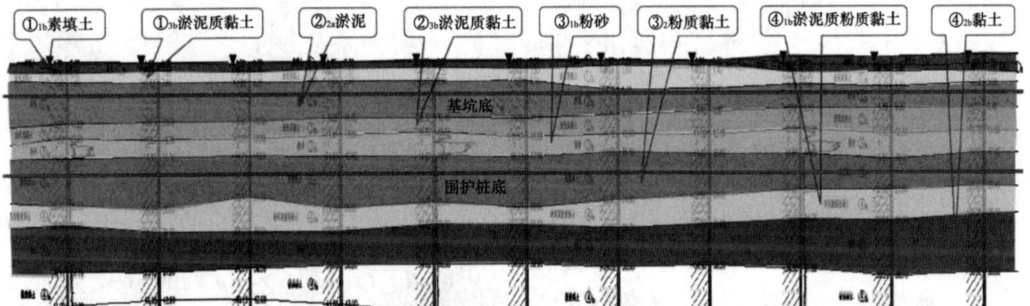

图 10-22　围护结构纵断面图

（1）停车场范围内土层自上往下分别为①$_{1b}$素填土、①$_{3b}$淤泥质黏土、②$_{2a}$淤泥、②$_{2b}$淤泥质黏土、③$_{1b}$粉砂、③$_{2}$粉质黏土、④$_{1b}$淤泥质粉质黏土和④$_{2b}$黏性土。

（2）基坑底位于②$_{2a}$淤泥层中、围护桩底位于③$_{2}$粉质黏土层中。

（3）③$_{1b}$粉砂为微承压含水层，距离坑底约 5m。

4. 围护结构设计方案

（1）支护体系

根据基坑地质特点和周边环境情况，结合施工筹划，基坑安全等级定为二级，变形保护等级定为二级，具体基坑围护型式情况为：轨行区B区基坑围护结构采用钻孔灌注桩，基坑深度约为8m，嵌固深度12m，插入比约为1.5。运用库基坑围护结构采用钻孔灌注桩，基坑深度约为8.4m，嵌固深度14m，插入比约为1.7。围护结构采用钻孔灌注桩＋止水帷幕＋内支撑体系，支撑采用1道混凝土支撑。基坑北侧设置3个出土平台，中部设置两个栈桥。

（2）混凝土支撑设计

①支撑布置：基坑采用混凝土桁架支撑，对撑与环撑组合支护形式。支撑最大跨13m，最小跨度5m。根据计算结果局部采用300mm厚板带加强。

②支撑截面尺寸：1500×1000mm（内环、桁架对撑）、1200×1000（外环）、1000×1000（环撑四周斜撑）、800×800（放射撑）、600×800（连系杆）。

③临时立柱采用480×480mm缀板格构柱，临时立柱桩采用永临结合工程桩（桩长76m）及新增立柱桩（桩长50m）两种形式，桩径均为900mm。

④栈桥板及立柱：栈桥板采用300mm厚混凝土板，立柱桩均采用76m工程桩。

支撑平面布置如图10-23所示，栈桥板及立柱平面布置如图10-24所示。

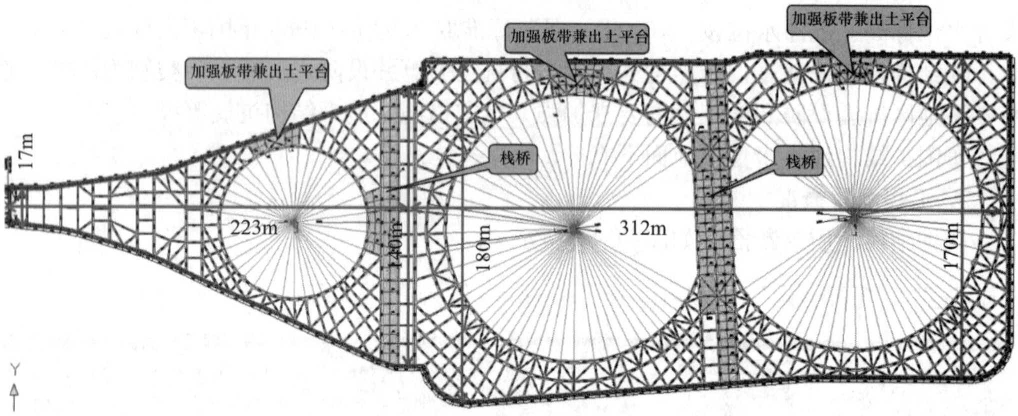

图10-23　支撑平面布置图

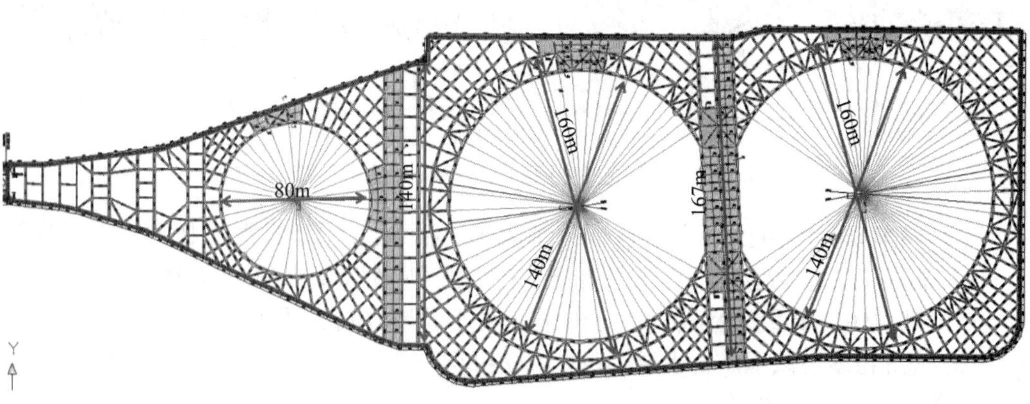

图10-24　栈桥板及立柱平面布置图

（3）降排水方案

本基坑采用坑外止水，坑内排水为主、降水为辅的方案。坑外采用水泥搅拌桩形成闭合止水帷幕；坑内采用“排水沟＋集水井”进行排水，并设置降水井进行疏干降水，基坑顶部、底部及中间适当位置（不影响施工）设置截（排）水沟、集水井。降水井平面布置如图 10-25 所示。

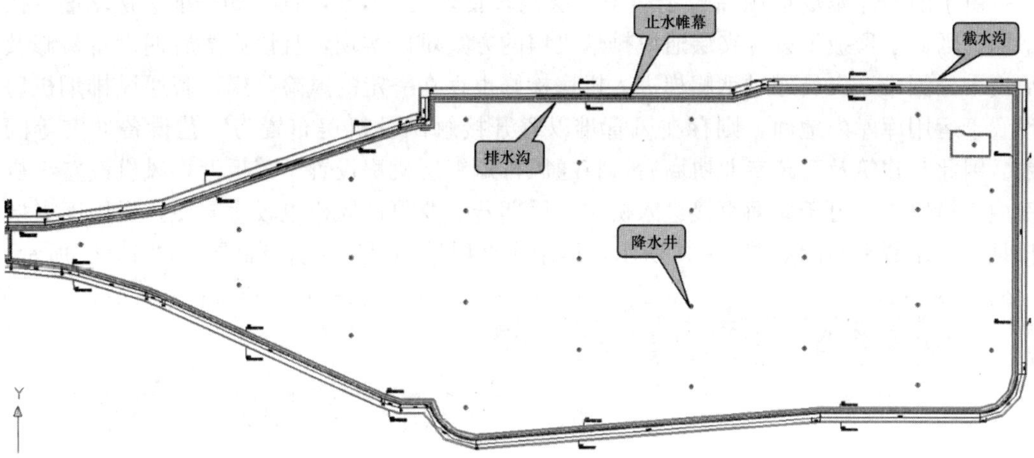

图 10-25　降水井平面布置图

三、前殷停车场通风设计方案

1. 通风系统

运用库设置机械排风系统，运用库机械通风系统与排烟系统合并设置，风机位于运用库屋面专用排烟机房内，运用库平时通风量计算按不小于 6m³/（h·m²）计算，由门窗进行自然补风。

2. 排烟系统

（1）运用库排烟系统与平时通风系统合并设置，运用库面积 33644.9m²，层高 7.5m，空间净高 7.25m，排烟系统根据《建筑防烟排烟系统技术标准》（GB 51251—2017），划分为 20 个防烟分区，单个防烟分区面积不大于 2000m²，长边最大长度不大于 60m。

（2）火灾热释放速率按有喷淋厂房 Q＝2.5MW，最小清晰高度 2.325m，防烟分区计算排烟量为 58104m³/h，排烟口最大允许排烟量 7812m³/h；根据《建筑防烟排烟系统技术标准》（GB 51251—2017）查表 4.6.3 得知，排烟量为 85500m³/h，二者取大值，防烟分区排烟量为 85500m³/h。

（3）储烟仓高度为 1.8m，底标高 5.45m 不小于最小清晰高度 2.325m，且不小于空间净高的 10%（0.725m），防烟分区沿结构梁划分，盖体板厚 250mm，挡烟垂壁设置高度为（1500＋550）mm、（1350＋700）mm。

（4）每个防烟分区设置两台排烟兼排风风机（51800m³/h），风机设置于运用库屋面专用排烟机房内；平时风机全开或开启半数风机对运用库进行通风换气，火灾时远动或就地启动着火分区的风机进行排烟，当烟气蔓延至其他分区时，逐一启动相应分区的排烟系统进行火灾排烟，补风由可开启外窗进行自然补风。风机入口处设置 280℃常开防火阀，与风机联锁，当烟气温度超过 280℃时熔断关闭，联锁风机关闭。

（5）排烟风机选型风量不小于该系统计算排烟量的 1.2 倍。排烟口距该防烟分区最远点的水平距离不超过 30m。

3. 夹层机房的设置

由于前殷停车场运用库位于盖下，层高较低，为 7.5m，且 4.5m 处专业设置有接触网，因此于顶板下设置夹层通风排烟机房的方案难以实现，且该方案后期设备检修及更换十分困难，人员通过钢爬梯进入机房检修也存在一定的风险隐患。若通风排烟机房设置于运用库库内地面，则存在风管难以避开接触网及机房布置与工艺设备冲突等问题。因此与建筑及工艺专业协商后，将通风排烟夹层机房设置于盖板上，风机设置于机房内，检修人员可于屋面直接进入机房，后期若需要更换风机也较为方便。运用库夹层排烟机房布置平面图如图 10-26 所示，运用库夹层排烟机房布置剖面图如图 10-27 所示。

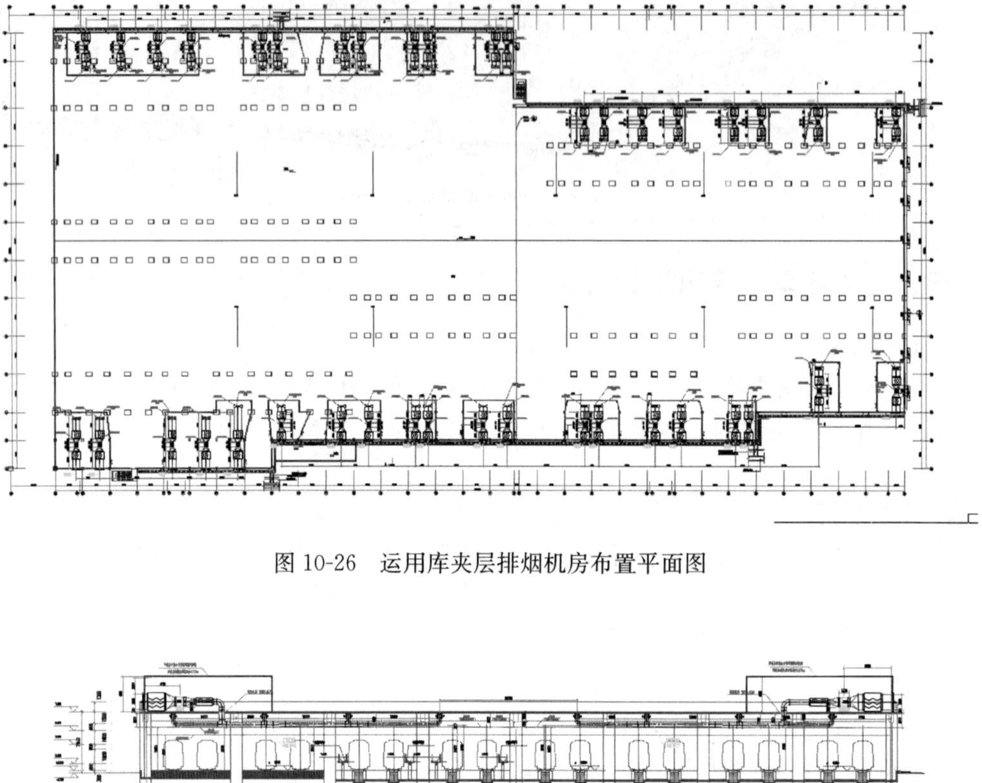

图 10-26　运用库夹层排烟机房布置平面图

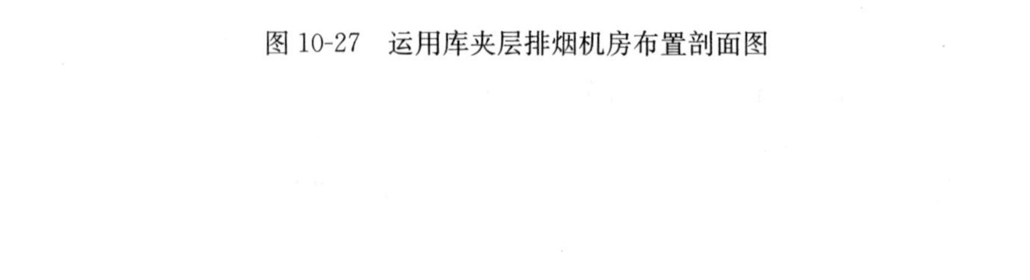

图 10-27　运用库夹层排烟机房布置剖面图

第十一章 机电系统

第一节 风水联调系统设计

一、设计范围

风水联调系统控制范围包括通风空调水系统、冷冻水系统和冷却水系统。

（1）通风空调水系统的所有设备及传感器都由风水联调系统控制。控制设备包括冷水机组、冷冻水泵、冷却水泵、冷却塔、水处理器、电动蝶阀、电动旁通调节阀、电动二通阀等。水系统传感器包括温度传感器、流量传感器、压差传感器、水位报警器等。

（2）大系统中受风水联调系统控制的设备包括大系统组合式空调、大系统回排风机、大系统全新风电动调节风阀、小新风电动调节风阀、排风电动调节风阀和回风电动调节风阀。大系统传感器包括公共区温湿度传感器、CO_2 浓度传感器、大系统风管及风道内的温湿度传感器。

（3）小系统空调系统中送回风主管内的温、湿度传感器纳入风水联调系统。

二、设计方案

（1）风水联调控制系统作为 BAS 的子系统，接受 BAS 的指令，上传风水联调系统控制设备的信息给 BAS。

（2）风水联调系统包含风系统、水系统所需的传感器，变频设备的变频柜，电动二通阀和电动旁通调节阀。水系统电动蝶阀、风系统电动调节风阀由设备厂家提供。

（3）风水联调系统作为独立的控制系统，直接控制受控设备，根据传感器采集的参数，控制变频设备变频运行，控制风阀及水阀的开度或者启闭。

（4）风水联调系统控制变频设备（组合式空调、回排风机、冷冻水泵、冷却水泵和冷却塔），其变频柜由风水联调系统提供，所有受控设备（含冷水机组）设置电能表。

（5）风水联调系统作为 BAS 的子系统应满足节能模式运行，BAS 的单点控制、模式控制及时间表控制要求。

（6）风水联调系统所控制的设备均不参与消防，风水联调控制系统按照三级负荷考虑，火灾时退出运行。

（7）风水联调系统主控制柜及变频设备的变频柜布置在环控电控室。

（8）风水联调控制系统的具体控制采集箱的设计及内部架构由中标厂家深化设计，节能率需满足招标文件的要求。

（9）冷水机组电能计量应设置隔离开关箱，隔离开关箱由风水联调系统厂家提供。

（10）风水联调控制系统主控制柜死机时，应让所有受控制的变频设备工频运行，所有受控制的阀门保持全开状态，并上报故障信息给 BAS 系统。

三、控制工况

风水联调控制系统运行工况分为正常运行工况、灾害运行工况。

(1) 正常运行工况时，风水联调系统作为 BAS 子系统应满足节能模式运行，并满足 BAS 单点控制、模式控制及时间表控制的要求。

BAS 发出节能模式指令时，风水联调系统根据自身传感器采集的参数，调节风阀、水阀的开度和变频设备的运行频率，并上传阀门的开关状态、设备的运行状态及传感器采集的信息。

BAS 发出单点控制指令时，BAS 应能直接控制风水联调系统范围内的阀门或设备。

BAS 发出模式控制指令时，风水联调系统内的阀门和设备应能满足 BAS 系统的模式控制要求。

BAS 发出时间表控制指令时，风水联调系统内的阀门和设备应能满足 BAS 系统的控制要求。

(2) 火灾运行工况时，风水联调系统的主控制柜按照三级负荷切除电源，风水联调系统控制范围内的设备和阀门都不参与消防。

四、BAS 接口

BAS 系统接口位置在环控电控室风水联调系统主控制柜。接口内容为 BAS 给风水联调系统下发运行工况指令，风水联调系统上传阀门启闭、设备运行状态、传感器采集的温湿度参数、系统或设备故障等信息。相关工作职责：由 BAS 系统敷设通信线缆接入环控电控室的风水联调系统主控制柜。

五、现场实景图

风水联调系统实景图如图 11-1～图 11-5 所示。

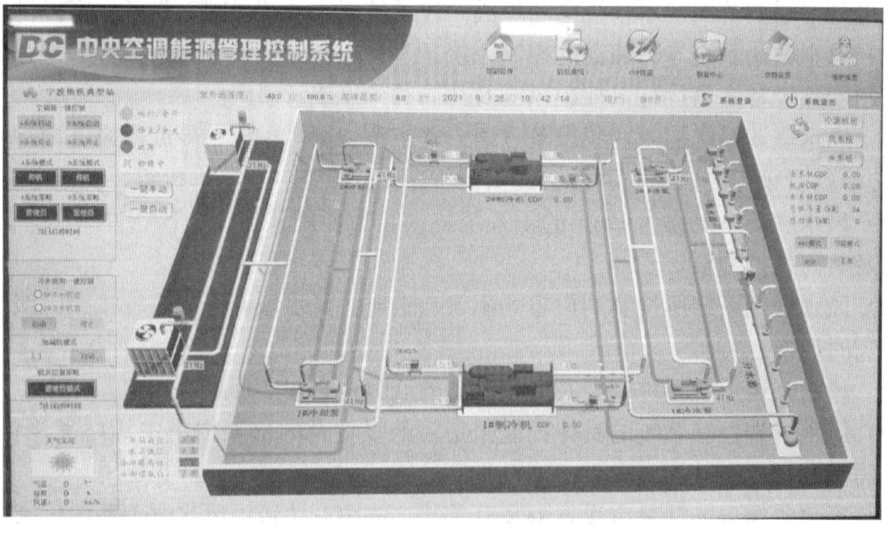

图 11-1　节能系统主控制柜控制界面

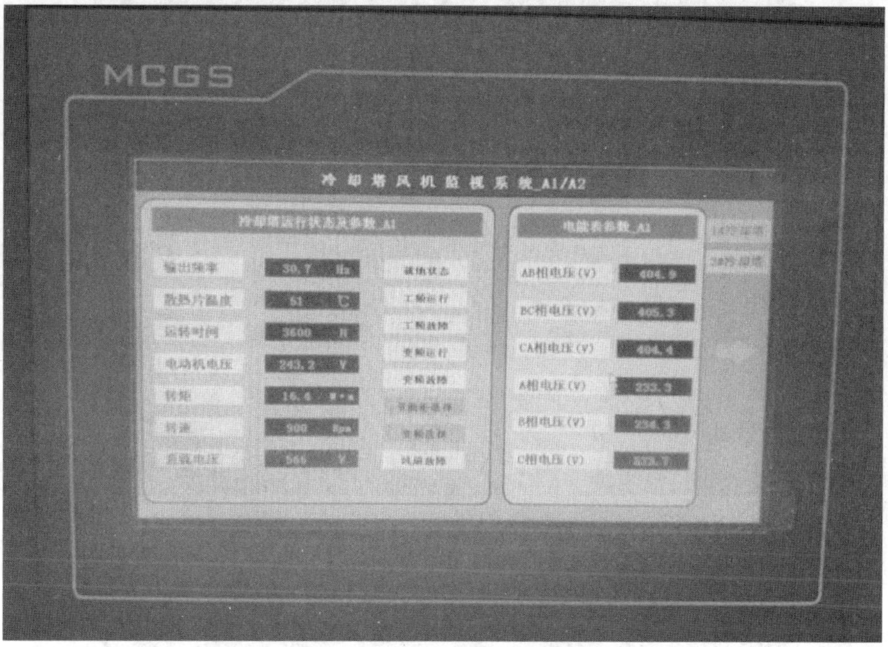

图 11-2　冷却塔控制柜控制界面

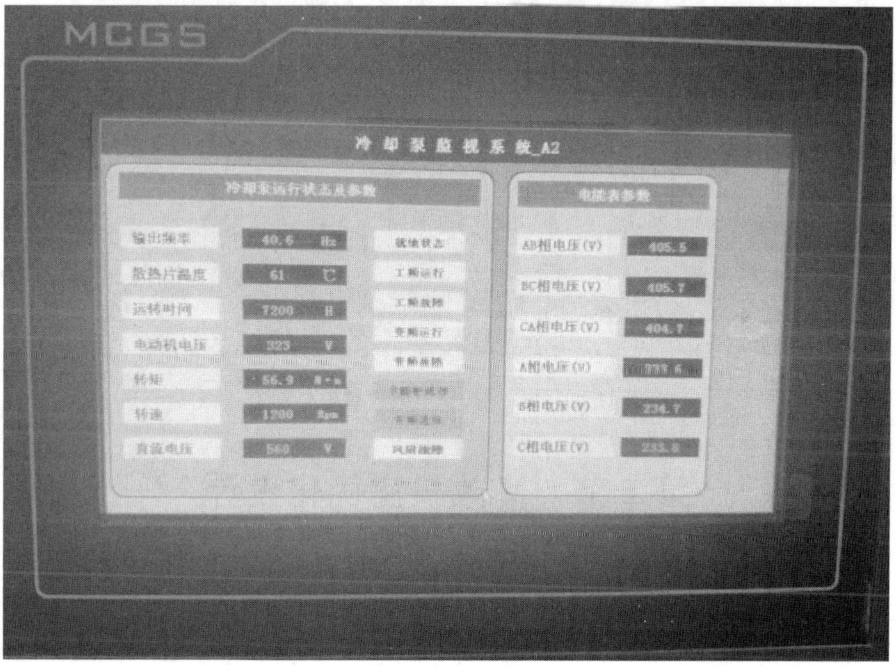

图 11-3　冷却泵控制柜控制界面（一）

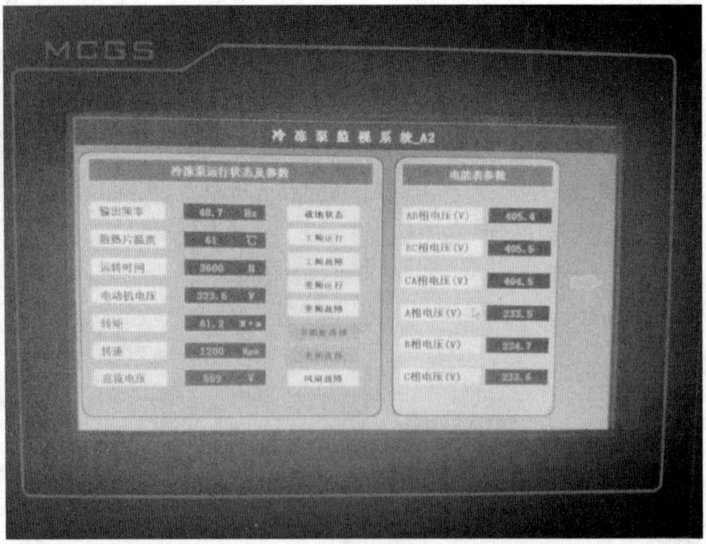

图 11-4　冷冻泵控制柜控制界面（二）

图 11-5　环控电控室节能控制柜布置图

第二节　高效机房优化设计

为了响应国家对节能减排的要求，响应地铁设备智能化、集成化的趋势，在宁波地铁 5 号线一期工程中，对盎孟港站、三官堂站、兴庄路站采用磁悬浮高效机房方案。采用高效机房技术，预计冷水机房 COP（效能比）可以提高至 6.5 左右，达到国内领先水平。高效机房服务范围包括车站空调冷冻水、冷却水系统的整体优化设计，BIM 模型应用，机房预制及模块化组装，物联网云平台监控等内容。

（1）空调水系统的深化设计及设备选型方面，采用磁悬浮高效冷水机组、高效水泵、高效冷却塔及智能化节能控制系统。

（2）空调水系统水力平衡设计方面，通过对水系统图及平面图管路进行优化，以降低管路阻力，采用低阻力止回阀，降低水泵扬程。

（3）冷水机房BIM模型建模方面，通过BIM深化设计，保证设备管路安装的可行性，采用智能环控节能控制系统，自动识别各种工况下最优运行策略，达到空调全系统能效最佳。

（4）冷水机房内设备及管道的工厂预制和调试方面，通过对机房进行预制，可大大提高机房的施工速度，将机房施工周期由15d左右缩至48h；在工厂对设备进行预调试，还可缩短现场调试时间。

（5）云平台的搭建及展示方面，通过云平台可以监控高效机房的运行工况，实时优化运行策略或运行模式。

高效机房管线布置图如图11-6～图11-8所示，高效机房节能系统控制界面如图11-9所示，环控电控室节能控制柜布置图如图11-10所示。

图11-6　高效机房管线布置图（一）

图11-7　高效机房管线布置图（二）

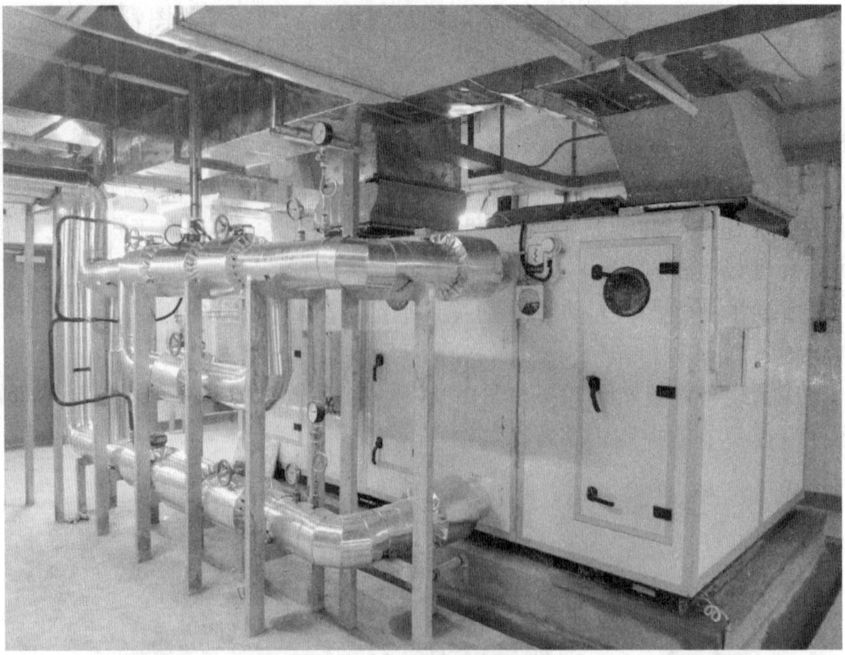

图 11-8　高效机房管线布置图（三）

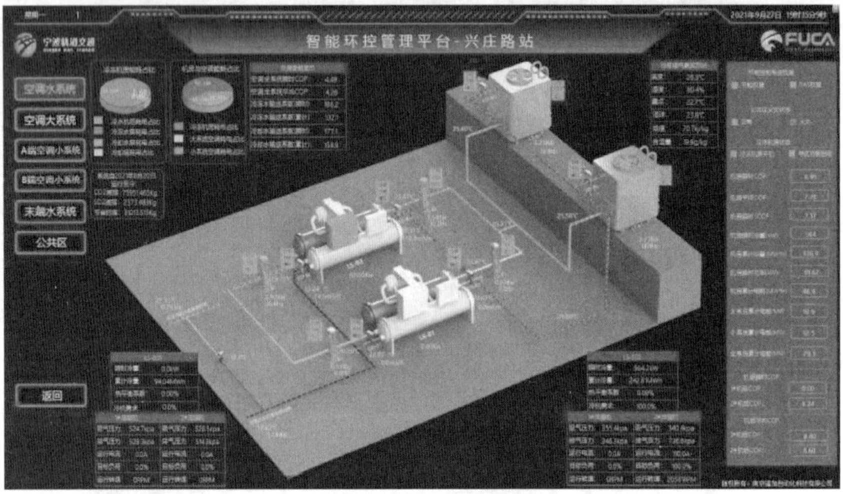

图 11-9　高效机房节能系统控制界面

为了全面实现智能化、网络化，宁波地铁 5 号线一期环控风机就地手操箱采用 Siemens ACT 3SU18 系列按钮盒总线式手操箱，设备带有 AS-Interface（以下简称 ASI）网络接口，网速不低于 500kbps，并通过现场总线接至电控柜通信管理机。手操箱可以实现对设备的启动（正/反向、高/低速、工/变频）及停止等控制功能，还可以显示设备的运行状态（开/关、正/反向、高/低速、工/变频）及故障等信息。

ASI 总线体系为主从结构，ASI 主机和控制器总称为系统主站。从站带有 ASI 通信芯片的智能传感器/执行器，主、从站之间使用非屏蔽非铰接的两芯电缆，ASI 扁平电缆使用专利的穿刺安装方法，连接简单可靠。在 2 芯电缆上除传输信号外，还传输网络电源。ASI 手操箱实物及组网图如图 11-11 所示。

图 11-10　环控电控室节能控制柜布置图

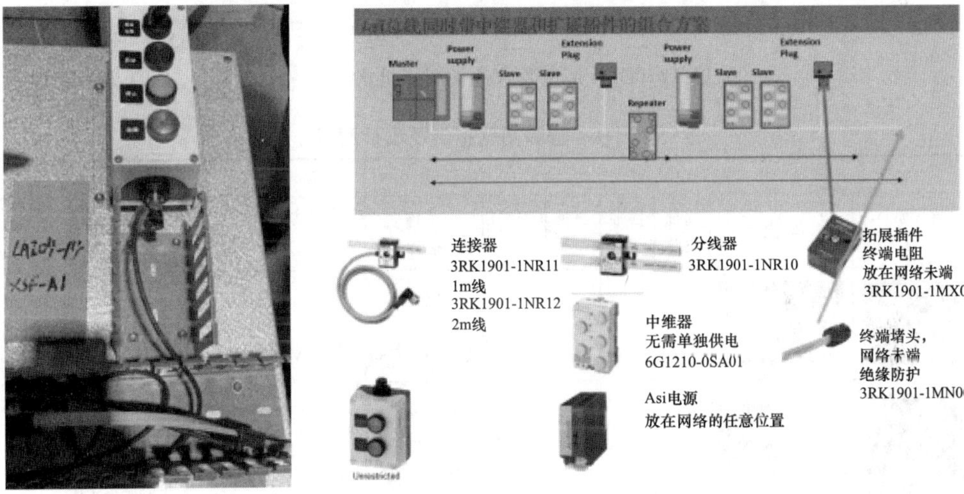

(a) ASI手操箱实物图　　(b) ASI手操箱组网图

图 11-11　ASI 手操箱实物及组网图

第三节　机电 BIM 正向设计

BIM 技术的应用使宁波轨道交通的建设更加高效，同时也提高了工程质量，增加了经济效益。在 5 号线一期机电建设中，我们采用了 BIM 正向设计技术。

一、正向设计流程

（1）土建初版图纸完成后，由 BIM 咨询单位进行错漏碰缺的核对，针对轨道交通项目的特点，核对柱、墙、梁、板的位置及标注，核对二次结构与主体结构衔接的合理性，核对楼梯等构件的准确性，全部核对完成后即可进入土建的施工图深化绘制阶段，有效地提高了图纸的质量和出图的效率。

（2）机电初版图纸完成后，由 BIM 咨询单位配合管综设计单位进行管综的排布与校核，实现各专业之间设计过程中的高度协调，降低专业协调次数，提高专业间设计会签效率，更加高效地把控项目设计的进度和质量，提高设计的完成度和精细度，减少二维设计盲区，同时也避免实际施工开始后，各专业间的冲突，大大减少了后期施工的返工现象，节约了材料，保障了工期。BIM 走道管综透视图及机房管综三维图如图 11-12 所示，管综问题报告及设计回复见表 11-1。

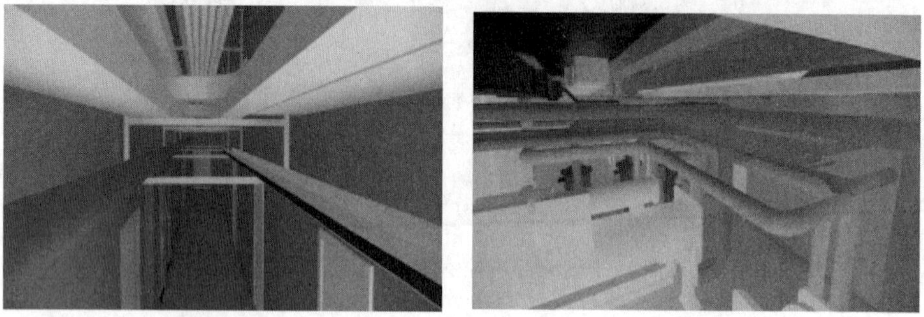

透视图　　三维图

图 11-12　BIM 走道管综透视图及机房管综三维图

表 11-1　管综问题报告及设计回复

二维平面碰撞点	图像	碰撞名称	横轴位置	纵轴位置	项目 1 类型	项目 1 项目名称	项目 2 类型	项目 2 项目名称	设计院处理意见	处理状态
		碰撞组 3	D～E	18～19	排风系统	站台层_排风系统_PF 630×500	结构梁	站厅层_结构梁_MZL1 800×1000	PF 630×500 在过梁前下翻 300mm	已处理
		碰撞组 4	E	23～24	小系统风管	站台层_小系统风管_XSF630×250	风道风管	站台层_风道风管_2600×800	将风道的风管往北缩 300mm，避开小送风管	已处理
		碰撞组 5	E	23～24	小系统风管	站台层_小系统风管_XSF630×250	结构梁	站厅层_结构梁_MZL1 800×1000	XSF 630×250 在过梁前下翻 300mm	已处理

二、BIM 正向设计的特点

5 号线一期 BIM 正向设计中，有以下几个特点。

（1）BIM 模型的创建，依据的是初版设计图纸。

由于建筑行业是先完成施工图，然后根据施工图再建立三维模型，而非直接在BIM软件中进行设计。即BIM咨询工作是在二维图纸的基础上开展的，因此，本次正向设计的开展，还是以CAD为基础，通过BIM进行各专业的校核，协助设计院进行施工图的出图。

（2）BIM模型作为主要的成果载体，进行交互和阶段交付。

在正向设计过程中，BIM咨询单位建好模型后，设计工作的交互基本依靠模型开展，在模型中查找问题并研究解决问题的方案；方案确定后在模型中校核该方案是否可行；咨询结束后，BIM模型提交给设计单位，协助出图工作。

（3）BIM模型中包含设计相关信息，其信息的价值量大于图形的价值量。

BIM正向设计的初衷是直接在三维环境里进行设计，利用三维模型和其中的信息，自动生成所需要的图档，模型数据信息一致完整，并可后续传递，虽然该项目并未直接在BIM模型中进行设计，但模型中所含的所有信息都是设计院后期出图并指导施工的重要依据。

（4）BIM模型作为核心模型，可直接或间接用于多种BIM应用，并可以从应用中获得直接或间接的回馈，用以丰富和优化BIM模型。

（5）BIM模型具有可传递性，可在原模型的基础上优化，可用于后续阶段，而不用重新建模。

三、BIM正向设计的优势

（1）BIM咨询单位对初版设计图纸进行校核，可提前核查出图纸中存在的问题，降低后期图纸修改的频率，为设计院在图纸质量和出图时间上提供支持。

（2）为甲方在施工后的工程款支付及物业管理等方面提供了增值服务。拥有信息化特性的BIM模型，将有效协助在施工后的一系列项目管理工作，提高经济效益。

（3）预留各种数据录入的接口，为后期的使用提供增值服务。项目完工后，在运营维护阶段，尤其像轨道交通这种公共建筑，需要用到很多的物联信息，例如物业管理信息、维修信息、安防信息、VR演示信息等，BIM模型预留的接口很好地衔接了轨道交通由建设期到使用期的转换，协助运营单位更好地进行管理。

第四节　供电系统创新

该项目中供电系统创新包括牵引供电双向交流机组及停车场刚性悬挂的应用。

一、牵引供电双向变流机组应用

牵引供电双向变流机组首次在5号线一期工程全线应用并推广。

牵引供电双向变流机组能在列车制动时将多余的制动能量反馈回AC 35kV中压系统，并且可为列车提供牵引能量。同时该装置还可抑制直流网压的波动，减小直流电压纹波，提高牵引供电质量。当列车制动抬升接触网电压达到牵引供电双向变流机组启动阈值时（启动阈值可在现场通过柜体面板上的监控器进行设定），装置处于逆变运行模式，将直流牵引供电系统中列车再生制动产生的直流电逆变为交流电并反馈至中压供电网络，保障列车电制动功能的发挥，同时起到降低并稳定直流牵引网电压的作用。当列车制动能量大于牵引供电双向变流机组逆变功率峰值时，装置能够正常工作，保持额定功率恒功率逆变运行。

牵引供电双向变流机组具有牵引整流及制动能量回馈功能，5 号线一期工程全线应用并不是简单的功能增加或是容量提升，其可将原有混合所输出网压的波动范围由 500V 减小至 50V，可稳定端口电压、降低损耗、改善电能质量、优化供电环境，具有将原有系统从不可控转为可控等多种优势，从而保证整个系统的安全、稳定、节能、优化等多方面协调发展，较传统整流机组优势明显，属于新一代的牵引供电系统。双向变流器实物图如图 11-13 所示。

图 11-13　双向变流器实物图

二、停车场刚性悬挂应用

1. 土建工况

前殷停车场土建结构为半下沉式带上盖开发的形式，其库内外轨行区的结构设计净空较低（5000～5500mm）。

2. 接触网悬挂高度及安装净空基本要求

对于接触网而言，停车场悬挂形式可选用柔性与刚性两种。其中柔性悬挂的结构高度一般为 1100mm，绝缘安全距离要求为 150mm，场段接触线的悬挂高度一般为 5000mm。刚性悬挂安装高度一般为 500mm（包含绝缘距离 150mm），隧道内悬挂高度为 4050mm。

3. 接触网悬挂方案选取

首先考虑采用柔性接触网简单悬挂＋馈线的形式，但简单悬挂导线本身的载流有限，连续道岔处馈线的布设复杂；安装高度受结构高度限制，大跨距安装时柔性悬挂跨中驰度大，对检修维护、消防等车辆通行高度的限制较大。

其次考虑采用刚性悬挂形式，刚性悬挂本身安装高度低，跨中弛度小，能很好地与前殷停车场土建安装条件适配，故接触网选用刚性悬挂形式。

结合场段内检修维护、消防等车辆通行高度的需求，以及出入线安装净空及长度等条件，经过与工艺对接，最终确定前殷停车场库外及停车列检库库内悬挂高度为距轨面4500mm，洗车库及双周检、三月检库内悬挂高度为距轨面5000mm。

接触网刚性悬挂的安装位置尽量借用前殷停车场轨行区上方结构梁及结构次梁。特殊位置与结构专业配合，增加用于接触网悬挂安装的次梁或调整梁体走向及分布。根据梁体的高度及宽度，安装时灵活选用梁体的下底面或侧面，安装形式根据需求选用腕臂或垂直悬吊形式。刚性悬挂高度变化率及区段根据线路长度、轨道走向等综合确定。

第五节　轨道系统创新

项目轨道系统创新主要有折返道岔辊轮滑床板，采取组合减振降噪措施减少对上盖建筑的影响。

一、折返道岔辊轮滑床板

随着宁波轨道交通线网一体化运营的逐步深化，列车行车密度逐渐增大，道岔转换频次也不断增加，对道岔转换设备提出了更高的考验。为最大限度降低常用道岔故障率，提高设备冗余量，引进吸收了高速铁路先进道岔技术，在宁波地铁5号线一期工程折返道岔（布政站和兴庄路站）中，将道岔第一牵引点和第二牵引点处的原普通滑床板优化设计为辊轮滑床板，可使道岔转换阻力明显减小，有效缓解因外部阻力过大而导致的失表故障。此外，与未装辊轮系统的道岔相比较，油泥附着的情况也大量较少，转辙部位稳定性增强。采用辊轮滑床板后，提高了道岔系统的耐久性、稳定性以及安全性。道岔普通滑床板如图11-14所示，道岔辊轮滑床板如图11-15所示。

图11-14　道岔普通滑床板

图11-15　道岔辊轮滑床板

二、前殷停车场上盖开发组合减振降噪措施

前殷停车场地块规划建设1所小学、1所中学以及1个住宅小区。根据与轨道的位置关系，小学及中学建设在停车场咽喉区正上方；住宅则分为盖上区和落地区，盖上区

建在运用库上方，落地区建在运用库北侧。前殷停车场上盖开发建筑与线路位置关系如图 11-16 所示。

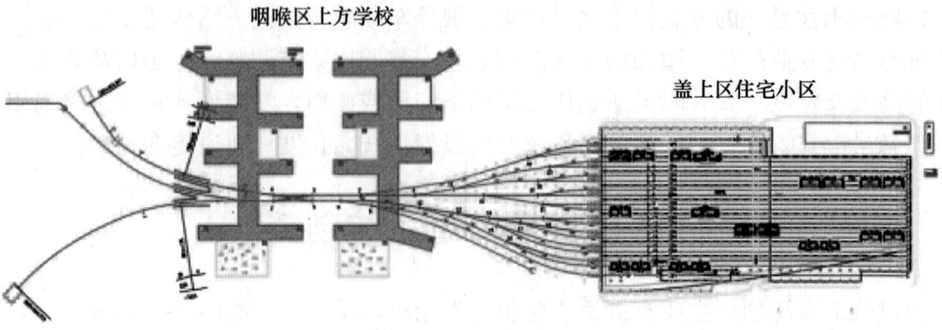

图 11-16　前殷停车场上盖开发建筑与线路位置关系

轨道系统设计基于《前殷停车场上盖学校和住宅项目环境振动噪声影响分析》报告以及《环境影响评价技术导则　城市轨道交通》（HJ 453—2008），进行了充分的研究，采取了库外减振垫整体道床、冻结接头无缝线路以及弹性扣件的组合措施，降低停车场建成后列车运行对上盖建筑的振动噪声影响。通过减振措施提高上盖建筑居住品质，增大停车场地块的土地价值。该停车场是宁波首个采用了组合减振降噪措施的上盖停车场。

第十二章　全自动运行系统

第一节　车辆系统

一、车辆

1. 车辆选型与列车编组

5 号线一期为城市客运干线，本线选用与 1、2 号线一致的钢轮钢轨地铁系统标准 B 型车 6 辆编组。

编组方式为：＋Tc－Mp－M＝M－Mp－Tc＋。其中，Tc 为不带司机室拖车；Mp 为带受电弓的动车；M 为不带受电弓的动车；＋为全自动车钩；＝为半自动车钩；－为半永久牵引杆。

2. 受电方式

采用 DC1500V 接触网/受电弓受电，电压变化范围为 DC1000～DC1800V 交流电；

再生制动时网压范围为 DC1000～DC1800V 交流电；

电制动时最高电压 DC2000V。

接触网高度（距轨面）分别为：

隧道内接触网支悬点高度 4050mm（极端情况下不低于 4040mm）；

车辆段高度 5300mm；停车场高度 4100mm。

3. 主要结构尺寸

车体基本长度为 19000mm，Tc 车长度为 20120mm，M、Mp 车长度为 19520mm（车钩连接面之间的长度），6 辆编组列车长度为 18320mm，车体宽度为 2800mm（鼓形车，最宽处 2900mm），车辆高度（轨面至车顶高，新轮、不含受电弓）为 3800mm，（轨面至车顶高，新轮、含受电弓落弓后）为 3810mm，轨顶到地板面高度（空载、空气簧充分充气、新轮）为 1100mm，车辆客室地板面沿车辆中心线至天花板的最小高度为 2100mm，车辆客室内乘客站立区最小高度（不包括门区）为 1900mm，车钩中心线距轨面高度为 660mm＋10mm，转向架中心距为 12600mm，车辆固定轴距为 2200mm 或 2300mm，车轮直径为 840mm（新轮）、805mm（半磨耗）、770mm（全磨耗），轮对内侧距为（1353±2）mm，转向架最低点距轨面最小距离（磨耗到限轮）为 60mm。

4. 车辆载客量

车辆额定载员（AW2 站立乘客按每平方米 6 人计）情况分别为：拖车：230 人（座席不少于 36 人），动车为 250 人（座席不少于 46 人），列车总载客量为 1460 人。

超员（AW3 站立乘客按每平方米 9 人计）情况分别为：拖车为 327 人（座席不少于 36 人），动车为 352 人（座席不少于 46 人），总载客量：2062 人。

其中，乘客人均按60kg计。

5. 车辆及轴的质量

拖车：≤32t，动车：≤35t，轴：≤14t。

6. 主要运行参数

在AW3载荷和车轮半磨耗状态及干燥、清洁、平直的轨道和额定电压条件下，主要运行参数如下：

（1）构造速度：90km/h；

（2）最高持续运行速度：80km/h（同时可满足瞬时运行速度85km/h的安全要求）；

（3）列车纵向冲击率：≤0.75m/s³；

（4）启动平均加速度：在额定载客情况下，≥1.0m/s²（0～40km/h），≥0.6m/s²（0～80km/h）；

（5）常用制动平均减速度（80km/h～0）：≥1.0m/s²；

（6）紧急制动平均减速度（80km/h～0）：≥1.2m/s²；

（7）停放制动时，安全可靠停放的最大坡道：40‰（空载列车），35‰（AW3载荷列车）；

（8）列车联挂速度：≤5km/h；

（9）洗车速度：≤3km/h。

7. 列车故障运行能力及救援能力

在超员（AW3）工况下，当列车丧失1/4动力时，列车仍能往返一个全程；当列车丧失1/2动力时，列车能在正线最大坡道上启动，并行驶至就近车站，列车清客后返回车辆段。

在超员（AW3）工况下，当列车丧失全部动力时，应能由另一列相同空载列车（AW0）在正线最大坡道上牵引（或推送）至邻近车站，列车清客后被牵引至车辆段。

8. 列车控制系统

列车控制系统除普通ATC系统外，根据全自动车场设计标准，列车具有自动休眠、自动唤醒和自动自检功能，具备自动洗车功能。

二、车辆技术标准与方案

1. 车辆新增功能

（1）增加自动安全检测系统

①障碍物检测系统：分为接触式和非接触式两种模式。接触式是在列车上安装清障设备，当遇上障碍物时，由感应元件发送信息至车辆，车辆根据障碍物的大小实施相应的措施，并将此信息发送信号系统和控制中心；非接触式多采用遥感设备（如摄像头、红外、雷达等），通过遥感设备感应列车前方的障碍物，通过程序的简单判断，在接触前采取相应的措施确保列车安全，但此技术目前仍处于研发试验阶段，尚无成熟应用。

②脱轨检测系统：当车辆运行出现脱轨条件超标时，脱轨检测系统发出报警，车辆采取制动等相应措施，并将此信息发送至信号系统和控制中心，目前该技术在全自动运

行列车上已得到普遍应用。

③走行部（轴温）检测：探测运行车辆的轴温，发现热轴，防止切轴，该技术非常成熟，但在地铁上应用的必要性需要进一步研究。

④车门、屏蔽门自动对位隔离系统：车门状态由车辆进行监测，屏蔽门状态由屏蔽门系统进行监测，通过车、地通信实现故障车门、屏蔽门的自动对位隔离。

（2）控制系统、制动系统需增加安全冗余，以确保车辆在 UTO（无人值守模式）中断时能以蠕动模式进入相邻站点，降低人工救援频率。

（3）车载信号系统需增设车辆自动唤醒启动、自动休眠、自动行驶、自动停车、自动开关车门、故障自动恢复等功能，并具有常规运行、降级运行、运行中断和灾害工况等多重运行模式。

（4）无人驾驶列车应实现实时反映全线车辆的运行及行驶状态，车辆上传地面的信息比一般地铁要多，且实时性要求更高。影响运营的车辆关键信息（如维护信息、故障信息、状态信息等）需要通过一个安全、可靠的传输通道上传至控制中心，车、地通信带宽需加大，以便地面控制人员及时分析、解决故障，以免影响正常运营。

（5）车辆的空调、照明等辅助系统应实现智能化的开启和关闭，并根据不同工况自动进行调节以满足乘客的舒适度要求。一般由运营组织设定常用的工况环境（如正线区域和车辆段区域），由信号系统根据列车的实时位置判断列车处于何种工况，并向车辆发送相关的信息，由车辆实施辅助系统的智能化控制。

2. 车辆技术性能与指标变化

地铁 5 号线一期工程在原有技术方案基础上，对车辆的自动化程度提出了较高的要求。

为了实现自动唤醒、自检、休眠、洗车、转线、正线发车、停车对标、开关门等功能的全自动化，主要规定了如下技术要求，以期在提高列车自动化程度的同时，保证列车的安全性、可靠性和可维护性。

（1）蓄电池扩容，满足长时间休眠（至少 7d）后的正常唤醒需求。

（2）车辆实现自动唤醒、自检、休眠功能，各子系统增加相应的传感器。

（3）车辆控制电路增强冗余性及可靠性，部分继电器升级为安全继电器。

（4）TCMS（列车控制和监控系统）输入输出模块相应扩容，增加整车监控点，保证对车辆状态的全覆盖掌握。尽可能实现 TCMS 控制网络与 LCU（可编程逻辑控制单元）的融合，提升控制系统集成度、可靠性及诊断实时性。

（5）整车增加以太网无线上传及数据分析系统，实时上传车辆状态信息，地面设置数据接收服务器及终端，供地面车辆技术人员判断车辆的实时状态，及时分析正线列车故障；车辆回库后自动上传各子系统的详细状态及故障信息，减轻人工下载数据的工作量，实现各系统数据的统一保存与分析，通过统一接口实现对各子系统的软件更新；各子系统控制单元增加以太网接口。

（6）所有列车配备障碍物探测装置，用于探测轨道上的障碍物，并在探测到大型障碍物时触发列车制动，以保证列车运行和乘客安全。

（7）列车具有蠕动模式及跳跃模式；考虑今后规划线路存在高架的情况，为统一标准，列车按具备雨雪模式设计。

（8）具备车辆脱轨检测功能。

（9）具备车辆行进前方线路及受电弓视频监视功能。

（10）增强车载 PIS（乘客信息系统）广播功能，能够根据实际工况触发相应的广播。

（11）实现 OCC（运行控制中心）与列车紧急对讲。

（12）安装弓网在线监测系统，主要用于监测弓网燃弧、受电弓结构异常、硬点、温度、电流等，并对故障进行实时传输和精确定位。

（13）配备走行部在线监测功能，实时监测走行部状态，预判走行部故障。

（14）增加车辆控制网络、制动、车门、PIS、空调、照明等系统的远程控制、复位、旁路、隔离功能，提高故障处置效率，降低运营晚点概率；车载信号设备将 ATS（列车自动监控系统）发出的车辆远程控制指令发送给列车控制系统用于车辆控制。

（15）实现车门、站台门对位隔离功能。

（16）车辆司机室门纳入列车监控回路。

（17）增强整车防火功能，在牵引箱、高压箱、辅助逆变器、蓄电池箱等关键设备箱内及高压线槽内设感温电缆，及时发现车底超温及火灾，预防和避免火灾扩大，保证车辆和乘客安全；部分重要控制回路采用耐火电缆。

（18）要求车辆供货商必须选择具有轨道交通车辆安全认证资质的咨询认证公司作为第三方，全程参与本项目的列车安全设计工作，为甲方提供列车安全设计咨询服务，并对列车最终的安全性作相应认证工作。

3. 车辆技术方案比较

5 号线一期工程采用列车全自动运行系统引起的技术方案变化对比见表 12-1。

表 12-1　全自动运行技术方案变化对比表

序号	系统	全自动运行车辆	既有线车辆	变化
1	整体	采用的全自动运行车辆及所有子系统的功能和设计应满足 EN 62290：2014 标准中关于 GoA4 的相关要求	—	车辆及各主要子系统的冗余性设计要求提高
2	列车控制与诊断系统	列车控制及诊断系统应采用符合相关标准的通信网络；并满足 EN 62290 标准中关于 GoA4 的全自动运行列车相关要求，列车控制与诊断系统应取得 SIL2 级安全认证	列车控制及诊断系统应采用符合相关标准的通信网络	冗余性和可靠性要求提高，并应取得 SIL2 级的安全认证 同时控制系统的接口数量大幅增加
3		列车采用 LCU 尽可能取代相关的继电器回路，LCU 应取得 SIL2 级安全认证以满足列车全自动运行相关标准的要求	列车采用 LCU 尽可能取代相关的继电器回路	既有线车辆采用双冗余的 LCU 即可满足要求 全自动运行列车为满足要求，应采用二乘二取二或三取二的 LCU，才能通过至少 SIL2 的安全认证

续表

序号	系统	全自动运行车辆	既有线车辆	变化
4	牵引与电制动	车辆采用永磁同步牵引电动机，电机容量应满足牵引、电制动性能要求	车辆采用异步牵引电动机，电机容量应满足牵引、电制动性能要求	采用永磁同步牵引技术可节能至少达15%以上，与异步牵引系统相比，由车控变为轴控，每节动车的牵引逆变器由1套变为4套，高速断路器（待确认）和滤波电抗器数量增加，牵引电机输入回路增加了隔离接触器
5	辅助供电系统	列车处于长时间休眠（至少7d）后，蓄电池应满足列车正常唤醒和列车所有设备的正常启动，并满足45min紧急负载供电要求	蓄电池能满足45min紧急负载供电要求	采用全自动运行技术的列车具备列车的唤醒和休眠功能，能远程通过OCC激活列车，所需的蓄电池容量比普通列车有较大增加
6	辅助供电系统	中压母线由辅助逆变器馈电，采用分散型并网供电方式	中压母线由辅助逆变器馈电，采用集中式扩展供电或分散型并网供电方式	辅助逆变器采用分散型并网供电模式可提高整个系统的冗余性，对全自动运行列车有着积极的意义，辅助逆变器的控制系统应达到SIL2的安全认证要求
7	车门系统	全自动驾驶模式下由车载ATC发出开、关门的指令，列车自动开、关门	在ATO或ATP驾驶模式下，根据车门模式开关，可以实现ATC自动开关门、ATC自动开门/手动关门、手动开门/手动关门的功能切换	全自动运行列车车门控制以网络为主，接口数量增加，需达到SIL2安全认证要求，车门具有故障情况下远程隔离功能，并具有与屏蔽门双向对位隔离功能
8	车门系统	司机室侧门接入安全联锁回路，设独立的旁路开关	司机室侧门不接入安全联锁回路	有人值守的全自动运行模式正常情况下司机不下车立岗，司机室侧门不经常开启，司机经侧门进出换班后侧门应可靠关闭，需要安全联锁回路监控
9	车门系统	列车端部车辆应设置应急疏散门和下车设施，并且组成列车的各车辆之间应贯通，以便在紧急状态下利用轨道中心道床面作为应急通道进行人员疏散，以满足相关消防标准的要求 端门宽度不应小于600mm，高度不应低于1800mm	前端无应急疏散门，紧急情况下乘客经客室门从疏散平台疏散	符合《地铁设计防火标准》（GB 51298—2018）要求，且该紧急疏散门接入列车安全联锁回路

续表

序号	系统	全自动运行车辆	既有线车辆	变化
10	转向架	轮对轴箱系统设置走行部安全检测装置，不仅能检测轴箱体内的轴承温升和振动，还能检测轴箱轴承的3个方向的振动和冲击，且都能实现分级报警，所有检测结果都能在司机室显示，并可将报警信息通过列车控制系统发送至OCC	—	全自动运行列车对列车可靠性监测的要求
11		列车前端需配备障碍物探测装置，一旦探测到障碍物，会立即触发紧急制动，同时将信息通过列车控制系统发送至OCC	—	全自动运行模式对安全运行的要求
12		列车配置脱轨检测装置，一旦检测到列车脱轨，列车将立即施加紧急制动； 同时列车控制系统应进行相关信息的记录，并将信息发送给OCC，发送至OCC的脱轨报警检测信号应为持续保持信号，报警发送的同时联动CCTV系统，将司机室前端行车摄像头的图像上传至OCC	—	全自动运行模式对安全运行的要求
13	空气制动系统	基础制动采用单元式踏面制动的形式，应采用微机控制的模拟式电-空制动系统，控制系统应满足EN 62290标准中关于GoA4级全自动运行列车的相关要求	基础制动采用单元式踏面制动的形式，应采用微机控制的模拟式电-空制动系统	空气制动的控制系统接口增加，并应达到SIL2安全认证要求
14	空调系统	列车空调采用节能环保型变频热泵空调机组，具有制冷、加热、通风及紧急通风等功能 客室空调可在司机室进行集中开、关和功能选择，客室温度应能通过设置于司机室的开关或显示器集中调整，也可通过列车监控系统进行控制和温度设定 空调机组能够根据载客量调节新风量，达到节能的目的 车辆控制系统经由列车总线通过MVB给空调控制系统发送载荷信号，控制系统可根据载荷信号调节新风门的开启角度，控制调节新风量 控制系统也可根据载荷信号调节客室目标温度设定值	列车空调机组可多级调节，具有制冷、新风预加热、通风及紧急通风等功能； 客室空调可在司机室进行集中开、关和功能选择，客室温度应能通过设于司机室的开关或显示器集中调整； 空调机组能够根据载客量调节新风量，达到节能的目的	采用变频空调达到节能目的； OCC人员可经列车控制系统对每列车的客室温度进行调整； 空调控制系统应达到SIL2级安全认证要求

续表

序号	系统	全自动运行车辆	既有线车辆	变化
15	列车广播与乘客信息系统	每节车至少应设两个客室紧急对讲装置，用以实现乘客与OCC或司机间的双向通信	每节车至少应设两个客室紧急对讲装置，用以实现乘客与司机间的双向通信	紧急情况下无人值守的UTO运行模式由OCC直接与乘客对讲

4. 5号线一期工程车辆技术方案

（1）5号线一期工程车辆按GoA4全自动运行系统设计，具备UTO运行能力。各系统按GoA4级要求新增相关功能。障碍物检测按接触式检测方案设计，预留智能非接触式探测功能接口。

（2）列车增加牵引、制动和列车控制网络等系统的冗余，提高安全完整性等级。

（3）列车具备开通初期DTO（或ATO）模式过渡功能，列车设置司机室侧门，并接入信号安全联锁回路；近远期实现完全DTO或UTO运行后，建议永久锁闭司机室侧门，工作人员由客室门上、下车。

（4）司机室设置可锁闭驾驶台，司机室与客室之间设置可拆卸隔断门，近远期实现UTO运行后，拆除隔断门。

（5）根据《地铁设计防火标准》（GB 51298—2018）要求，列车应设置前端紧急疏散门，但紧急疏散门需接入信号安全联锁回路，增加了系统的复杂性，该要求与宁波轨道交通目前的疏散设计理念不一致，需要进一步研究落实。

（6）车载视频监控、火灾报警、广播等设备由车辆供货商负责，通信系统提供传输通道。

（7）为响应国家节能减排要求，推动城市轨道交通技术进步，根据宁波轨道集团运营分公司组织的研究成果，5号线一期工程车辆拟采用永磁电机驱动技术，保留齿轮箱，不采用直驱；牵引逆变器由车控改为轴控。

第二节　综合监控系统

一、概述

5号线一期综合监控系统主要包括综合监控系统（ISCS）、火灾自动报警系统（FAS）、环境与设备监控系统（BAS）、门禁系统（ACS）、自动售检票系统（AFC）。

1. 综合监控系统（ISCS）

为实现地铁信息互通、资源共享，提升自动化水平，提高地铁运营的安全性、可靠性和响应性，5号线一期工程设置ISCS，在各站点集成和互联各相关系统。

ISCS采用两级管理，即中央级和车站级；三级控制，即中央级、车站级和就地级的运营与管理方式，采用分层分布式控制系统结构，整个系统可划分为中心控制层、车站控制层和各子系统当地自动化设备层。ISCS集成了电力监控系统（PSCADA）、火灾自动报警系统（FAS）、环境与设备监控系统（BAS）、隧道温度探测系统（DTS）、站台门系统（PSD）、防淹门（FG）；互联了信号系统（SIG）、自动售检票系统（AFC）、广播系统（PA）、闭路电视系统（CCTV）、乘客信息系统（PIS）、门禁系统（ACS）、通信集中报警系统（TEL/ALARM）、时钟系统（CLK）。

5号线一期为宁波地铁第一条全自动运行线路，综合监控系统对应全自动运行系统增强系统功能、信息互传、网络安全等各项需求，深化综合监控系统的软件功能，增强系统管理和网络管理的健壮性，加强报表及统计的功能开发。综合监控系统界面集成ATS系统，便于运营在同一工作站上实现对相关信息的全方位监视，实现安全高效的联动功能，完成各个系统之间与安全无关的信息互通和联动。

5号线一期工程综合监控系统（ISCS）在车站设置车站级综合监控系统，通过综合监控系统骨干网把车站的车站级综合监控系统联接到控制中心综合监控中央级系统，从而形成一个有机的整体。

综合监控系统工程范围包括综合监控系统设备（柜）的安装，设备基础的制作和安装，设备柜外线管、线槽、线缆的采购和敷放，线缆接头的制作，组织进行车站级功能调试和中央级功能调试。

2. 火灾自动报警系统（FAS）

FAS采用两级管理、三级控制的架构，即控制中心、车站（车辆段、停车场）两级管理，控制中心、车站（车辆段、停车场）、现场三级控制模式。

FAS在车站级集成于综合监控系统，中央、车站级、主干网的设备及功能由综合监控系统统一考虑。同时FAS在车站内单独设置图形工作站。5号线一期工程的火灾自动报警系统具体由设置在车站消防控制室的FAS设备以及其他现场FAS设备组成，负责完成对各站点的火灾监视及消防联动，主要设备包括火灾报警控制器、各类火灾探测器、火灾警报装置、输入输出模块以及消防电话总机、分机、电话插孔等。

火灾工况下的消防联动涉及的系统主要有：FAS、综合监控系统（含BAS、PSCADA）、门禁系统、通信系统（CCTV及PA）、信号系统、电扶梯、通风空调系统、消防给水系统、动力照明系统、站台门、AFC等。FAS主要完成火灾工况下启动通风空调系统的专用防排烟设备、启动消防给水设备、切除动力照明系统的非消防电源回路等工作。

综合监控系统在车站控制室设置IBP盘，作为远程控制失效情况下的紧急后备操作盘。IBP盘除了根据FAS的功能要求，设置车站通风空调大系统和小系统的紧急火灾模式控制，消防水泵、防烟和排烟风机手动直接控制装置外，还设置了自动售检票系统（AFC）的闸机紧急解锁控制、ATS的紧急停车、扣车和放行、站台门系统（PSD）的开门控制、门禁释放等功能。

火灾自动报警系统工程范围包括火灾自动报警系统设备（柜、箱）的安装，气体灭火控制子系统设备（柜、箱）的安装，设备基础的制作和安装，设备安装，线管、线槽、线缆的采购和敷放（包含电动防火阀与执行器之间的线缆敷设），线缆接头的制作及配挂线缆标识牌；组织进行车站级功能调试。

3. 环境与设备监控系统（BAS）

BAS采用两级管理、三级控制的总体架构，即控制中心、车站（车辆段、停车场）两级管理，控制中心、车站（车辆段、停车场）、就地级三级控制模式。BAS在车站级集成于综合监控系统，其中中央级、车站级和主干网络的设备及功能均由综合监控系统统一考虑。

5号线一期工程环境与设备监控由设置在车站通风空调电控室、综合监控设备室以及其他现场的各BAS设备等组成，此外，还包括区间隧道温度探测系统（DTS）的现场级设备。控制中心中央级集中监控功能由综合监控系统完成。车站监控工作站由综合监控系统提供。BAS在车站两端的环控电控室分别设置BAS控制柜，柜内配置冗余PLC、I/O模块、通信接口组件等设备，分别对车站两端的机电设备（通风空调、动力照明、给排水、电扶梯等）进行监控。其中靠近车站控制室的一端（A端）的冗余PLC为主控制器，另一端（B端）的冗余PLC为从控制器。A端冗余PLC与B端冗余PLC之间、冗余PLC与远程I/O之间通过光纤环形以太网络通信。

BAS车站级向综合监控系统上传设备运行状态、故障报警等信息，并接收综合监控系统下发的模式、设备控制等信息。

环境与设备监控系统工程范围包括环境与设备监控系统设备（柜、箱）的安装，隧道温度探测系统设备的安装，设备基础的制作和安装，设备安装，线管、线槽、线缆的采购和敷放，线缆接头的制作及配挂线缆标识牌；组织、配合系统供货商进行车站级功能调试。

4. 门禁系统（ACS）

ACS采用中央级和车站级二级管理，中央级、车站级、就地级三级控制模式，门禁系统在控制中心设置中央级门禁授权、管理及考勤系统，各车站、车辆段、停车场设置车站级管理及考勤系统，在车辆段设置授权、管理、考勤及维修系统。门禁系统在控制中心设置与线网授权中心的接口，接受线网授权中心的集中授权与管理。门禁系统的网络传输通道采用通信系统提供的专用数据传输通道。

根据运营需求，门禁系统在车站对与行车有关、涉及安全的重要系统设备及管理用房、进入设备区的通道门、付费区与非付费区通道门、消防疏散通道门、站台与区间通道门等处设置门禁监控点；在车辆段、停车场对与行车有关的设备用房、维修设备用房、培训设备用房、涉及安全的管理用房、进入无人区的通道门等处设置门禁监控点。门禁卡与地铁员工卡合用。

门禁系统运行模式分为在线、离线、灾害三种模式。在火灾情况下，可实现门禁电锁的紧急释放。

门禁系统软硬件采用模块化设计，通过软件升级和硬件扩展、增加就地设备可以实现控制点扩展的要求。

门禁系统包括门禁系统设备（柜）的安装，设备基础的制作和安装，设备安装（含公共区绿色通道门），线管、线槽、线缆的采购和敷放，线缆接头的制作及配挂线缆标识牌；并负责组织进行车站级功能调试，以及5号线一期门禁系统的相关接入调试工作。

5. 自动售检票系统（AFC）

宁波市轨道交通5号线一期工程AFC系统为乘客提供方便快捷的付费方式，是一个全自动收费系统，系统使用非接触式IC卡作为车票媒体，实行封闭式的票务管理。

既有自动售检票系统按轨道交通清分中心、线路中央计算机、车站计算机、车站终端设备、车票五层架构进行设计。本工程线路中央级系统采用多线路中央级系统（MLC），系统不仅应满足宁波市轨道交通线网清分和5号线一期工程运营和管理的要求，同时还应考虑远期工程宁波轨道交通1～8号线工程（包括1～8号线延长线及城际线路）的延长和调整需要。

宁波市轨道交通清分中心与1号线一期工程同期建设，已经于2014年建成开通。清分中心设控制中心；清分中心异地容灾系统设于1号线天童庄车辆段。本工程自动售检票系统应能实现与宁波市轨道交通清分中心的接口，满足与宁波市轨道交通相关各线联网运行的要求，实现轨道交通线网内无障碍换乘，所有终端设备均具备处理非接触IC卡车票能力，包括轨道交通专用非接触IC卡车票、宁波一卡通等。

自动售检票系统设计能力应满足近、远期超高峰客流量的需要，设备配置数量按近期超高峰客流量计算，按近、远期超高峰客流量的大者预留位置与安装条件。

本系统采用计程、计时票价制，主要包括多线路中央计算机系统、维修系统、培训系统、模拟测试系统、车站计算机系统、自动售票机、半自动售票机、自动检票机、便携式验/检票机、车票、网络设备、UPS及蓄电池组、低压配电设备及其他附属设备/设施等。

本工程多线路中央计算机系统设于控制中心；维修系统、培训系统设于车辆段；模拟测试系统设于3号线首南车辆段。

自动售检票系统采用清分中心、线路中心和车站三级管理模式，通过切实可行的措施，保证网络、数据传输和车票的可靠性和安全性；保证数据的完整性、保密性、真实性。

自动售检票系统工程范围包括自动售检票系统设备（柜）的安装，设备基础的制作和安装，设备柜外线管、线槽、线缆的采购和敷放，线缆接头的制作；组织进行车站级功能调试和接入中央级的相关调试。

第三节　通信系统

一、系统设置

1. 传输系统

在5号线一期各节点（22座车站、1座控制中心、1座备用中心、1座车辆段、1座停车场）设置MS-OTN光传输设备，使用上下行隧道敷设的专用通信光缆各2芯光纤，组建两个40Gb/s有效带宽的两纤传输自愈保护环，相交于控制中心、备用控制中心。其所承载的业务包含公务电话中继、无线信号、调度电话、视频信息、广播信息、时钟信息、乘客信息、办公自动化等通信各子系统的网管信息和自动售检票（AFC）信息、门禁信息等。

2. 公务电话系统

公务电话系统主要为轨道交通各管理部门提供一般通信服务，主要是电话业务和部分非电话业务（如传真等）。

5号线一期公务电话系统接入3号线一期工程设置的中心软交换设备（即线间交换

局)，在各车站、车辆段、停车场设电话接入网关，同时通过该交换局接入控制中心的程控交换机（1号线设置)，实现与1、2号线公务电话系统及市话网的互联互通。

3. 专用电话系统

专用电话系统包括调度电话、站内直通电话、站间行车电话。

调度电话是为列车运营、电力供应、日常维修、防灾救护提供专用通信服务的，各调度员可对本组内的用户进行单呼、组呼、全呼、紧急呼叫，并可对通话进行录音。

车站、停车场、车辆段的站内直通电话是车站相关值班员与站内重要部门有关人员之间进行直接联系的专用通信工具。

站间行车电话是相邻车站值班员之间或与停车场、车辆段值班员之间进行直接联系的专用通信工具。

将控制中心的4号线专用电话系统设备进行扩容，使其同时作为4号线和5号线一期专用电话系统的中心，在备用控制中心设置一套调度主系统作为备用中心，在22个车站和停车场分别设置一套调度分系统，调度分系统之间通过2M传输链路进行连接，组成6个2M环，每个2M环分别接入控制中心和备用中心。

4. 视频监视系统

视频监视系统是轨道交通运营、管理现代化的配套系统，是供运营、管理人员实时监视车站客流、列车出入站、乘客上下车、列车运行、列车客室等情况，以加强运行组织管理、提高效率、确保安全正点地运送乘客的重要手段。发生灾害时，由车站值班员使用本系统随时监视灾害和乘客疏散情况。

5号线一期专用视频监视系统的监控区域包括设备区和轨行区。监视范围覆盖主要设备室、设备区走廊、疏散通道、车站端部、区间人防门、泵房、道岔口、U形槽区域等。设备区采用高清数字枪机，区间隧道内安装无红曝红外灯。

每个车站部署两套平台，专用通信视频监视系统负责设备区、轨行区的监控，公安通信视频监视系统负责公共区的监控。在控制中心、公安分局、车辆段、停车场和派出所分别部署各自的控制平台，对全线路的监控资源进行控制和管理。

公安视频监视系统在各车站接入专用视频监视系统，在专用视频监视系统各终端可调看公安视频监视系统前端摄像机采集的实时画面和录像。所有车站所有摄像机摄取的视频信号进行实时不间断录像，部分摄像机录音，音视频同步，存储时间按90d、每天24h计。

本系统为列车司机提供相应站台乘客上、下车等情况的监视，为中心调度员提供对各车站及运行列车的监视。

5. 广播系统

广播系统分为车站广播、存车线/折返线广播和列车广播。列车广播系统由车辆专业进行系统设计。

设置控制中心和备用控制中心两套中心设备，包括综合监控终端和中心后备广播控制终端，都可以根据不同的操作员ID区分出不同的优先级。

车站广播系统主要用于对车站乘客、维修和运行人员进行广播，通知有关时间表的变更、列车的误点、安全状况、偶发事故等信息或预先录制的通告等。

车辆段、停车场内有关值班员可向管辖的区域进行作业指挥和生产调度的广播，并能通过信号接口自动触发列车唤醒广播。

6. 时钟系统

时钟系统作为轨道交通通信系统的一部分，为工作人员、乘客及其他系统（ISCS、SCADA、ATS、AFC 等）提供统一的时间标准。

设置 PTP 服务器作为 1588V2 时钟源，中心一级母钟在备用中心、控制中心接收来自 GPS 和北斗卫星标准时间信号，并通过网络和二级母钟传送至各系统和子钟。

7. 乘客信息系统

乘客信息系统是一个综合计算机网络技术和电子媒体技术的综合服务性系统，是一个多媒体资讯发布、播控与管理平台。其能发布乘客导乘信息、列车到站信息、票务政策信息、乘车指引、换乘信息、运营安全信息等运营服务信息。

PIS 系统的车地无线网络主要用来实现宁波 5 号线一期工程列车与地面之间的信息实时双向传输，在区间隧道、出入段线及车辆段、停车场，为列车与地面业务系统之间提供音频、视频和数据传输通道。车地无线网络承载业务包括列车视频监控上传、列车乘客信息业务下发、全部列车信息业务上传。

除了在 OCC 控制中心配备有 WLAN 无线设备外，在备用控制中心也配置核心交换机、WLAN 无线接入控制器、接口服务器、网管设备、信息安全设备等。

8. 通信电源及接地系统

通信电源设备主要为控制中心、车站、停车场及车辆段通信设备提供高质量、高可靠性的电源供应，保证在主电源中断或发生超限波动的情况下，通信设备在规定的时间内仍能正常工作，等待主电源恢复正常。

通信电源系统设备主要由 UPS、交流配电柜、双电源切换设备等组成，后备时间两小时。

9. 综合办公系统

综合办公系统可以实现内部新闻、信息中心、计划日志、公文会议、消息管理、文档管理、办公用品管理、车辆管理、公务接待、资料管理、人事考勤、个人事务、个人文档管理、员工 BBS 交流、电子公告牌、信封制作和邮件群发等功能。

10. 综合布线系统

综合布线系统是轨道交通内部的通信综合业务网，它既能使模拟话音和数据通信设备、交换设备和其他信息管理系统彼此相连，也能使这些设备与外部通信网络相连接。

11. 集中告警系统

集中告警系统能够对子系统的告警进行汇总、显示、确认及报告，能进行故障定位；必要时，可将各系统的告警信息上传给综合监控系统。

12. 无线通信系统

专用无线通信系统采用 LTE 综合承载系统，LTE 综合承载系统为轨道交通固定用户与移动用户之间、移动用户与移动用户之间提供可靠的无线集群调度通信，同时为信号 CBTC、列车信息、紧急通话、车载广播提供车地传输通道，满足信号系统和车辆、通信业务功能要求。

无线设备工作在 1.8G 频段，无线信号将覆盖正线（包括车站站厅和区间）、车辆段（包括测试线、试车线）、停车场等场所，为地铁线路的高效运营提供有力保障，为运营人员、调度员、车载信号设备提供通信服务。

5 号线一期工程无线通信系统主要由 LTE 核心网、LTE 基站、调度台、网络管理、无线终端（包括固定台、车载台、手持台）、天馈和交换机数据环网等子系统构成。系统采用 A、B 双网方案，其中 LTE 核心网和 LTE 基站的 A、B 双网分别独立设置，调度台由 A 网设置仅供集群调度业务使用，交换机数据环网满足 B 网组网通道需求，固定台、手持台、车载台可根据需要接入到不同网络。在列车上设置 TAU 接收地面 RRU 传送的综合信息，在控制中心、备用控制中心设置车载对讲系统（车载对讲服务器及乘客调度台），由综合监控、车载 PA 共同实现乘客紧急对讲、列车广播功能。

车辆段测试线、试车线合用备用中心核心网设备，为信号、列车系统提供综合承载。车线区间设置漏泄同轴电缆，在设备室设置 BBU，在区间设置 RRU。

漏泄同轴电缆用于覆盖所有正线、折返线、渡线、停车线、出入段/场线及车站站台区域、车辆段运用库。在正线上下行线路的外侧各敷设两条漏泄同轴电缆，A、B 网双网分别馈入单侧区间两根漏泄电缆。

13. 视频会议系统

视频会议系统是一个通过传输线路及多媒体设备，将声音、影像及文件资料互传，实现即时且互动的沟通，以实现远程会议的系统，为地铁线路的高效运营提供有力保障。

14. 公安通信系统

（1）视频监视系统

视频监视系统主要是对轨道交通各车站进行实时监控，以便及时发现、震慑和打击违法犯罪行为，为侦缉破案提供录像取证。车站、派出所、公安分局警务人员应能监视所辖车站站厅、站台及出入口等公共区治安情况，可选择该站任一摄像机的图像在任一监视设备上显示，既可用各种时序自动循环切换，也可由操作人员手动切换，在每个车站实现多路图像分析、人脸识别功能。

（2）公安无线通信引入系统

公安无线通信系统包含 PDT 和模拟同频同播子系统。本系统主要为公安调度指挥中心和车站值班民警、车站巡逻民警之间建立通信的重要手段，以保证他们在 5 号线一期地下与地下、地下与地面以及 5 号线一期与以后其他线之间的通信联络，以便当出现重大案情或重大事故时，能够对现场公安各警种人员统一进行指挥调度。

（3）公安专用电话系统

本系统主要为宁波市轨道交通公安各管理部门之间以及与市公安各管理部门之间提供一种固定通信手段，以便轨道交通公安各管理部门工作的顺利开展。

（4）公安数据网络

本系统可以实现轨道交通公安各管理部门的办公自动化，提高轨道交通公安的快速反应能力。通过市公安局计算机网络的联网，使一线办公点的公安人员可以通过网络访问公安计算机网，查询有关信息，迅速判断。

骨干层的设备由既有实施的 1 号线工程建设，本工程负责 5 号线一期工程新增派出所和车站警务室的汇聚层、接入层设备。

（5）公安电视会议系统

地铁公安分局建设有从分局至各派出所的高清电视会议系统，实现各派出所参加分局内部和参加市局、省厅及公安部的视频会议的要求。

（6）公安接警、处警系统

轨道交通公安接警、处警系统为接警、处警人员提供方便、快捷的辅助决策手段，提高破案的效率。系统具有报警接受，报警识别，预警方案，接警、处警实时记录，接警同时录音、查询、统计、打印及系统维护等功能。

（7）公安电源系统

公安通信电源设备负责为公安通信设备提供稳定、可靠的电源供应。在外供交流故障的情况下，在一定的时间范围内仍能向各系统提供稳定、可靠、不间断的电源供应，使共用移动通信系统设备仍继续工作一段时间，等待主电源恢复正常。

（8）公安传输系统

传输系统是公安通信系统中最重要的骨干系统，本工程设 22 座车站，每个车站都设置车站警务室，设置两个派出所。为了实现各车站警务室、派出所与治安分局的信息互通，在各车站警务室、派出所与治安分局都设置一个传输节点。在各个节点设置一套 MS-OTN 设备，组成两个环网，相切于公安分局。

15. 民用通信系统

轨道交通民用通信引入系统主要由无线引入系统、民用传输网络、电源及接地（含机房环境监测）、通信线路组成。引入各运营商 3G、4G、5G 信号。

该工程民用通信引入系统在初步设计之前（含初步设计）由轨道公司负责，初步设计后由三大运营商自行建设。

二、通信系统特点

1. 车辆段覆盖方案

选用多种频率，在库内采用全漏缆方案。

车辆段出入段线、运用库、咽喉区及之间的轨行区为全自动驾驶区域，需保证 CBTC、列车业务和集群业务；镟轮库、检修主厂房、调机工程车库及之间的轨行区为非全自动驾驶区域，需保证集群业务。运用库需要支持 24 辆车同时在线。以上情况导致不同区域的信号带宽不同。

针对这一情况，整个系统在全自动驾驶区域采用（5＋5）MHz 的频率；测试线、试车线统一考虑，采用（1.4＋1.4）MHz 的频率；运用库采用（10＋10）MHz 频率。考虑到降低运用库信号泄漏，选用全漏缆方式进行覆盖。车辆段无线覆盖图如图 12-1 所示。

2. LTE 综合承载

LTE 综合承载系统为轨道交通固定用户与移动用户之间、移动用户与移动用户之间提供可靠的无线集群调度通信，同时为信号 CBTC、列车点位信息、列车广播信息、乘客紧急对讲信息提供车地传输通道，满足信号系统和车辆业务功能要求。整个区间选用 1790～1800MHz 频率，采用（5＋5）MHz 组网。上、下行区间各设置两根漏缆，A、B 网同时馈入两根漏缆。时钟同步系统采用 2588V2 协议。

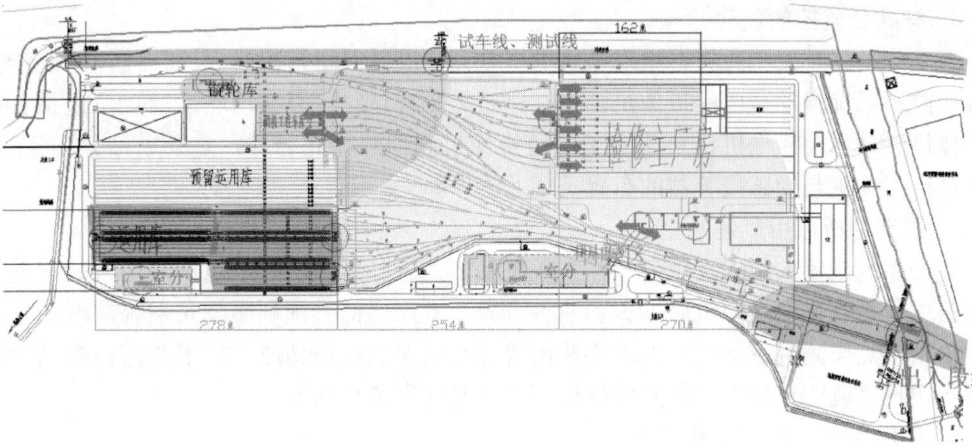

图 12-1　车辆段无线信号覆盖图

3. 机场干扰

机场距离车辆段较近，且也采用 LTE 设备组网，在本工程系统不干扰机场系统的基础上，也要防止被机场干扰。经堂庵跟车辆段及布政站附近测试结果如图 12-2 所示，部分点位 RSRP 值大于－110dBm，需要对天线的下倾角做微调。

图 12-2　机场无线干扰分析图

机场通关中心、行政中心、T2 机坪塔台基站、T2 机坪远机位基站、宁波货站基站天线下压下倾角。同时，本工程整个系统按照不同的频率组网，室外采用（5＋5）MHz 组网或（1.4＋1.4）MHz 的频率。

4. 与综合监控的联动

当车站、列车发生火灾，出现乘客被屏蔽门所夹等异常情况时，综合监控系统能弹出视频监视系统自动对应的摄像机画面，进行人工确认。可以实现联动的点位包括各列车摄像机、站台门摄像机、紧急停车按钮摄像机画面，除此之外，整个车站分为 11 块区域进行摄像机与烟感报警器的布置。

5. 智能分析应用

公安系统设置人脸识别服务器，实现单站多点人脸识别功能，包括专用人脸识别摄像机前端识别和普通摄像机后端识别两种方式。专用通信系统利用公安系统前端摄像机实现单站多点监测翻越闸机、电扶梯摔倒等异常情况的监视功能。专用通信系统利用自身设备实现客流统计功能，区间摄像机实现异常情况监视功能。

6. 备用中心、测试线的设置

备用中心不是将控制中心设备完全复制到车辆段，而是选择保证基本功能的设备设置在备用中心，且兼顾测试线的设备功能。

7. 上走线的设置

所有设备用房均采用上走线的方式。22 座车站线槽分为 600mm×150mm 电源线槽，配置盖板、支撑架、弯头、固线器、连接件；600mm×150mm 数据线槽，配置底座，根据现场情况配置弯头、固线器、连接件。连接件包括水平连接件、直角连接件、角度连接件。线槽配置盖板。系统机柜内布置按上走线设置。室内管线布置如图 12-3 所示。

图 12-3　室内管线布置图

第四节　信号系统

一、全自动运行（UTO）系统

本工程信号系统采用浙江众合科技股份有限公司的 BiTRACON 型 CBTC 系统，该系统由众合科技完全独立自主研发，通过了由中城协组织、中铁检验认证中心（CRCC）实施的CBTC信号系统自主化审核，并分别于2012年和2015年通过了英国劳氏和德国TÜV莱茵两家国际独立第三方公司的安全评估。该系统是“十二五”国家科技支撑计划科研项目“新一代城市轨道交通列车运行控制系统研制”的核心部分，并在2014年通过了国家科技部的验收，成果达到国际先进水平。

1. 系统概述

本工程信号系统采用基于无线通信移动闭塞的列车自动控制系统（ATC），通过与车辆、站台门、障碍物监测等系统协同，完成列车运行全过程的全自动运行控制，实现在正线、车辆段/停车场自动控制区域内的列车全自动无人驾驶运行。

在UTO模式下，系统控制列车实现列车的自动唤醒/休眠、区间及车辆段/停车场自动控制区域内的全自动无人驾驶运行、自动洗车、正线车站自动对标停站、车站过/欠标自动调整、自动开关车门/站台门、车门/站台门自动对位隔离、自动发车、自动折返等，正常时列车运行全过程无须人为干预。

每列列车两端各配置一套二乘二取二的冗余结构的车载设备，设置在一端的车载系统控制不依赖于另一端的终端设备。信号系统车载及轨旁设备的布置满足同一方向上无论哪端车头为首，列车运行均能实现所有功能及指标要求。

基于无线通信的CBTC移动闭塞列车控制系统主要包括：

（1）列车自动监控（ATS）子系统；

（2）列车自动防护（ATP）子系统；

（3）列车自动运行（ATO）子系统；

（4）计算机联锁（CI）子系统；

（5）数据通信（DCS）子系统；

（6）集中监测（MSS）子系统。

系统支持列车在正线、折返线、渡线、停车线、出入段/场线、试车线及与其他线路的联络线的双方向运行。正常情况下，列车在运营正方向以全功能级别的UTO模式或CBTC ATO模式、ATP防护的人工驾驶模式运行，降级模式下系统支持以点式ATO或ATP模式运行。在运营需要时可组织反方向（与运营方向相反）运行，正线站间的反方向运行可在CBTC ATP防护下的人工驾驶模式运行，在站台具备停车窗防护以及站台门联动功能。在其他所有正、反方向作业的线路（不包括与其他线路的联络线），系统支持CBTC级别和点式级别的ATP、ATO驾驶模式。

信号系统具有降级使用的灵活控制模式，具备点式ATP/ATO及联锁级下的降级运行模式。在点式系统模式下，当车地无线通信具备时，系统可通过连续通信获取轨旁相关设备的控制和状态信息，在车站实现车门与站台门联动和出站信号机的误出发防护功能。

系统提供三种列车控制等级，即

（1）连续式通信的列车控制级别（CBTC）；

（2）点式列车控制级别；

（3）联锁控制级别。

系统提供的列车驾驶模式包括：

（1）列车无人驾驶模式（UTO）；

（2）CBTC 级别的列车自动驾驶模式（AM-C）；

（3）CBTC 级别的列车自动防护下的人工驾驶模式（CM-C）；

（4）点式级别的列车自动驾驶模式（CM-B）；

（5）点式级别列车自动防护下的人工驾驶模式（AM-B）；

（6）限制人工驾驶模式（RM）；

（7）非限制人工驾驶模式（NRM）。

系统可提供的折返模式包括：UTO 无人自动折返模式、ATO 无人自动折返模式（ATB）、ATO 有人自动折返模式、ATP 监督下的人工折返模式、限制人工折返模式、非限制人工折返模式、站前折返模式。

信号系统的设备配置充分体现信号设备的技术发展方向，并充分考虑宁波市轨道交通网络的建设和运营，实现行车指挥及列车运行的自动化，运营管理的科学化，地铁服务的现代化、人性化。所采用的设备、器材均满足本项目的环境要求和工程现场安装条件，设备结构紧凑，便于安装、调试和维护，车载设备的安装和布置不会超出车辆限界，轨旁设备的布置不会超过设备限界，设备（含支架）与设备限界至少保持 50mm 的安全间隙。

2. 系统主要技术特点

本工程列车控制系统具有当前国内及欧洲先进的技术和安全理念，具有多方位异构的安全策略和措施、硬件归一化设计、高强度电磁兼容设计、独立安全电源技术、高可靠并行电源技术等特点，其主要技术优点如下。

（1）高安全性

①系统采用全异构的二取二技术，不同的 CPU，不同的操作系统，不同的输入输出电路和不同的有效电平，最大范围内检测各种共模干扰，确保系统安全。

②严格的版本校验技术：系统及各相关子系统设计了严格的版本校验技术，保证所有的子系统、子模块均使用正确的软件和硬件，避免出现由于版本不一致导致的安全风险。

③采用专用的硬件加密技术，确保系统安全和通信安全。

（2）高可靠性

系统采用专业的防护能力设计，系统硬件采用 DFX（电子领域一系列专项防护设计技术的简称，包括热设计、EMC 防护设计、可测试性设计、可维护性设计等 8 项）专项设计，具有稳定可靠的环境适用能力和高于国内国际标准的 EMC 防护能力。

（3）高可用性

①系统为双系热备冗余设计，采用同步自跟踪技术。主系运行过程中，备系因维护重启后，可自动跟踪主系状态，快速实现双系同步；同步状态下，系统可实现自动或人工双系无扰切换。

②系统车头、车尾均采用二乘二取二的系统。

③每系设备冗余供电：系统热备冗余的每一系设备的电源均采用双电源模块并行供电设计，电源模块双倍冗余，进一步提高系统的可用性。

（4）高可维护性

①系统的车载CC、联锁和区域控制器ZC采用统一的安全计算机平台，只要是相同用途的板卡（如CPU板、输入板、输出板、电源板等），其硬件通用可互换。因此，大大减少了板卡种类，降低了备品、备件的数量，增强了系统的可维护性。

②通过在线电子标签技术，加强对单板生产厂家、生产时间和版本进行管理，提升管理效率，实现智能运维。

（5）系统具有完善的自检和自诊断功能

①采用先进的测试方式，对于大规模可编程电路采用硬件自检测设计，数据采集的同时完成硬件电路的自诊断，同时对数据采取自校验设计，使得诊断和正常数据一次完成，一体化设计，保证在安全可靠的前提下大大提升系统的性能。

②采用完备内存自检方法，使用软件和硬件相互配合的算法，能够快速检测出内存的各种电气参数方面的永久失效和存储内容暂时性丢失的软失效。

③对于CPU中运行的程序代码采用周期性校核，快速检查出可能野指针误修改或者存储空间的软失效。

④采用第三方比较生成条件电源技术，第三方比较设计同时考虑数据错误和时序措施特性，实现最高的诊断覆盖率。

⑤对输入采集采用动态编码方式，动态编码本身具有自校验功能。这种动态编码方式可以快速检测出可能的元器件失效、线缆绝缘降低、短路和断路失效。

⑥对输出驱动采用数据编码、动态测试和静态测试组合技术，能够检测出输出路径上的多种可能失效。

⑦所有的通信连接，均支持心跳回检机制，可快速定位故障。

⑧所有故障测试可定位到板级。

（6）自动化的系统集成测试平台

①系统提供完整的全系统集成测试环境，包括车载子系统、ZC子系统、计算机联锁CI子系统、ATS子系统，以及列车、轨旁设备等。

②可在设备级、系统级以及线路级实现集成测试，提供单系统测试、系统间接口对接测试、全系统集成测试，可以节省1/3以上系统集成测试周期，并大大节约现场调试时间。

（7）信号系统其他特点

①采用安全网（联锁和ATP/ATO）、非安全网（ATS子系统/集中监测）独立设置，两张网络均为双网并行冗余。

②点式降级模式下，当具备车地连续通信时，ATP系统可在出站信号机及交路折返轨处实现红灯误发车防护。

③当站台区域车地无线通信正常时，即便在点式降级模式下也支持车门与站台门联动。

④列车停车时，调度员可在ATS工作站上查询列车车头、车尾位置的实际里程和车头距离运行方向前方车站中心的距离。

⑤在站台区、折返轨、存车线、转换轨和车辆段/停车场库内存车线上发车方向的适当位置设置应答器，当车载控制器CC在上述位置重启后，系统支持快速模式升级功

能。即系统在发车后可快速完成初始化定位和筛选，并在越过信号机前具备相应驾驶模式条件。如车地通信正常，系统可建立 CBTC 驾驶模式；在无车地通信时，系统可以点式 ATP/ATO 发车运行。

⑥站间反向运行时，ATS 能实现车组号追踪。

⑦站间反向运行时，在设有反方向出站功能信号机的站台具备折返自动换端功能。

⑧支持 CBTC 列车和非 CBTC 列车安全混跑运行。

⑨模块化系统设计有利于将来线路的延伸和功能扩展。

二、全电子联锁系统

与宁波既有线传统的信号联锁系统不同，本次工程采用众合科技的全电子联锁系统。该联锁系统在保证系统高可靠性和高安全性的前提下，极大地降低运营人员对联锁设备的维检修频率，减少每次维检修的难度，并可节省信号设备室房间面积。

本工程信号系统采用分布式联锁控制方式，其中本工程正线信号系统分为 9 个联锁区，联锁区的每个设备由位于设备集中站的联锁设备控制。

按照全线车站的配线、供电电源、站间距和车站用房面积情况，本工程信号系统在布政站、同德路站、庙堰站、南高教园区站、泗港站、曹隘站、民安东路站、院士路站和兴庄路站 9 个设备集中站设置联锁设备。每套联锁设备包含的板卡和输入输出模块、电子执行单元数量均满足所管辖区域的配线情况和控制设备需求。典型正线联锁设备的使用配置如图 12-4 所示。

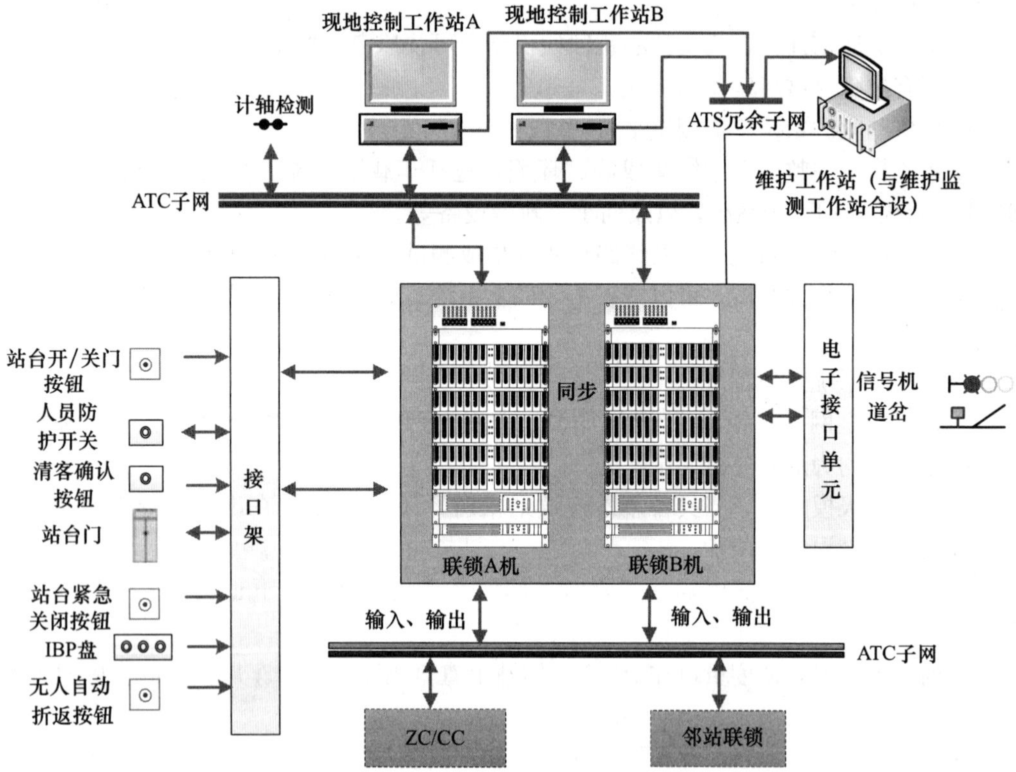

图 12-4　典型设备集中站的联锁设备配置示意图

全电子联锁系统组成包括：联锁计算机、1个综合柜、1～8个电子执行单元柜、现地控制工作站、联锁维护工作站、接口单元。

考虑到该全电子联锁系统是第一次在地铁正线大规模应用（有轨电车线路、地铁车辆段除外），本工程从系统可靠性、可用性的角度出发，对联锁系统进行了创新性的设计，对于交路折返站的联锁系统，采用了全电子联锁系统＋传统联锁系统的双套联锁方案。该双套联锁方案可在全电子联锁系统出现不可预见性故障时即时切换到传统联锁系统，达到不影响实际载客运营的目的。该方案是本工程的重难点之一。

三、轨旁信号设备加装防绊倒乘客装置

根据既有线试运营专家评审情况，在宁波线网建设中首次对两根钢轨之间的信号轨旁设备加装了防绊倒乘客装置。虽然正线区间已设置有疏散平台，但是考虑到在应急情况下，乘客有从两轨之间的道床紧急疏散的可能性，因此对两轨之间的信号轨旁设备（主要为有源信标、无源信标）加装了防绊倒乘客装置，该装置极大提高了乘客道床应急疏散的通过能力。

四、转辙机免维护整体绝缘件

免维护绝缘件是将道岔转换设备中的角形铁实现绝缘层一体化，替代现场分散部件的道岔转换设备绝缘件。其进一步提高了道岔区段转辙机与钢轨绝缘的可靠性，大幅度增加了耐压等级，提高了绝缘件的使用寿命，实现免维护（图12-5）。

图12-5　绝缘件实物图

转辙机免维护整体绝缘件的主要特点包括如下几方面。

（1）大幅度提高道岔绝缘耐压等级和爬电距离（绝缘耐压超过10000V，原结构绝缘耐压不足3000V）；

（2）绝缘电阻大于1000MΩ，且性能稳定，不受温度、雨水影响；

（3）在−50℃～＋70℃环境下可靠工作；

（4）绝缘一体化，安装简单方便；

（5）无需增加任何零件即可与现场零散绝缘件互换；

（6）使用寿命长，寿命期内免维护。

经过既有线路的多次试验，相较于传统角形铁＋绝缘垫片、绝缘套管的方式，转辙机免维护整体绝缘件大幅度增加耐压等级，提高绝缘件的使用寿命，实现免维护。

五、信号设备室上走线方案

所有信号设备室采用上走线的方式。22 座车站线槽分为 600mm×150mm 电源线槽，配置盖板、支撑架、弯头、固线器、连接件；600mm×150mm 数据线槽，配置底座，根据现场情况配置弯头、固线器、连接件。连接件包括水平连接件、直角连接件、角度连接件。线槽配置盖板。系统机柜内布置按上走线设置。

第五节　站台门系统

一、工程概况

5 号线一期工程自布政站至兴庄路站，共设车站 22 座，均为地下站，其中换乘站 10 座，车站均设置全高封闭式站台门系统。5 号线一期工程车辆采用 B 型车，6 辆编组 4M2T，DC1500V 架空接触网供电，列车最高运行速度为 80km/h，为全自动运行线路。

二、工程特点

5 号线一期工程为全自动运行线路，站台门系统设计应能满足全自动运行模式的要求。

三、主要设计内容

1. 主要设计原则

（1）站台门系统满足全自动运行模式的需要，具备符合各种全自动运营场景要求的功能。

（2）站台门系统可靠性、可用性、可维护性和安全性（RAMS）目标应满足全自动运行模式的要求。站台门系统的平均无故障次数（MCBF）不应小于 100 万个周期。

（3）站台门系统的工作环境应满足宁波地区轨道交通车站站台及轨行区温度、湿度及抗震要求。

（4）站台门在站台边缘设置，相对于站台中心线对称布置。在列车允许的停车精度范围内，滑动门的布置应与列车车门一一对应。站台门顶箱与站台顶梁结构相连接，两端与站台设备用房外墙连接，在站台公共区形成一道连续的屏障，并能承受设计载荷。

（5）站台门的设置应满足本线限界的有关规定。

（6）站台门门体与站台土建结构应可靠绝缘。

（7）站台门不得作为车站防火隔离装置，其绝缘材料、密封材料和电线电缆等应采用无卤、低烟的阻燃材料。

（8）站台门电源采用一级负荷供电。驱动电源的后备电源容量应符合完成 30 分钟内本站全部滑动门开关 3 次的需要，控制电源的后备电源容量应符合系统满负荷持续工作 30 分钟的需要。

（9）站台门设置区域不宜设有变形缝；站台门跨越变形缝时其门体结构应采取相应的构造措施。

（10）站台门应采用技术成熟、安全可靠、造型美观、便于管理和维修，并具有先进性和经济性的产品。系统的软硬件设计应遵循模块化和冗余设计原则。同时，在满足系统功能的条件下应立足于设备国产化。

2. 站台门系统运行模式

（1）控制方式

站台系统的控制要求为信号系统为站台门系统提供开门、关门控制信号。如果信号系统发生故障则由站务人员通过 PSL 进行操作。在控制系统故障的情况下，站务人员可在站台侧用钥匙或由乘客在轨道侧手动将门打开。列车无法定点停车时，乘客可推开应急门。区间疏散时乘客可从端门通过。

站台门系统应可实现系统级控制、站台级控制、手动操作三级控制方式。其中手动操作优先级最高，系统级控制优先级最低。

①系统级控制：在 UTO 及 ATO 运行模式下，站台门都接收信号系统发送的开、关门命令，执行开、关门动作。列车进站停在信号系统允许误差范围内后，信号系统发送“列车开门命令”，同时将“开门命令”送至站台门系统，站台门控制系统把上述命令下达至与到站列车对应的每一个门控单元（DCU），控制相应的滑动门打开。信号系统发送“列车关门命令”时，列车门关闭，该命令通过与开门相同的途径送到站台门 DCU，滑动门关闭。站台门系统确认相应编组列车的所有 ASD/EED 关闭且锁紧后，通知信号系统可以发车。

②站台级控制：站台级控制是在非正常情况下，即系统级控制故障情况下，由站务人员在站台 PSL 上进行站台门开、关的控制方式。如果某一个滑动门不能关闭而影响发车，站台值班员在确认没有危险的前提下，可在 PSL 上手动解除站台门系统与信号系统的联锁，发车离站。所有站台门系统出现的非正常情况，均能在车站综合控制室进行显示和报警。紧急状态下值班员可通过设置在车站控制室综合后备盘（IBP）对站台门进行操作，打开站台门。

③手动操作：手动操作是当控制系统故障或个别控制回路故障或某些站台门的传动装置等发生故障时，站务人员在站台侧用钥匙进行站台门的开、关门操作，或由列车通过广播，指导乘客在轨道侧打开站台门。当运营期间个别滑动门故障不能参与正常开关门时，可操作设置在滑动门上方的就地控制盒（LCB），使该道门与整个控制系统隔离，保证其正常运营。待停运后再进行维护。

（2）运行模式

对应站台门控制功能，本线站台门系统设置 3 种运行模式，按优先级别由低到高依次排列为正常运行模式、紧急运行模式和手动操作模式，以便达到站台门系统运行与安全的要求。

①正常运行模式：在 UTO 及 ATO 运行模式下，列车到站并且停在允许的误差范

围内，信号系统同时给列车和站台门发送开、关门命令，站台门接收指令控制滑动门开、关门。

开门操作：当列车到站，信号系统确认列车的停止位置在允许的范围内，信号系统发出开门持续命令，该命令通过站台门主控机传给门控单元，门控单元接收到开门命令后，按顺序执行解锁、开门等操作，此时安全回路打开，主控机停止发送“关闭锁”状态信息给信号系统，门上指示灯及蜂鸣器做相应的动作。在开门过程中，门上指示灯闪烁，远方报警盘、主控机上“所有站台门全开”状态指示灯亮，就地控制盘 PSL 上“关闭且锁”状态指示灯灭。当门开到位后，门上指示灯常亮。

关门操作：列车需要离开站台时，信号系统通过主控机向门控单元发出持续关门命令。门控单元接收到关门命令后，按顺序执行关门、闭锁等操作。在所有站台门关闭且锁定后，面板上的指示灯熄灭，并且主控机向信号系统发出所有站台门关闭并锁闭的状态信息，允许列车离站。在关门过程中，门上指示灯闪烁，在所有站台门关闭且锁闭后，门上指示灯和主控机上“所有站台门全开”状态指示灯灭，主控机及站台就地控制盘面板上的“门关且锁”状态指示灯点亮。

障碍物探测：站台门在关闭的过程中探测到障碍物，滑动门停止关闭并且重新打开，然后重新关闭。滑动门连续进行 3 次（次数可以调整）的关闭与重开循环，如障碍物仍旧没有消除，滑动门将完全打开并保持静止，发出报警，等待站台工作人员或乘客消除障碍物。障碍物消除后，手动关闭且锁定滑动门。

对位隔离：全自动驾驶线路在 UTO 及 ATO 模式下，站台门均具备与列车门的对位隔离功能，信号系统实时向站台门系统报告列车车门的相关故障信息。同时，站台门系统也实时向信号系统发送站台门的故障信息。当列车门故障时，列车将故障门的信息发送给站台门，站台门对应的滑动门不打开；当站台门故障时，对应的列车门也不打开，实现对位隔离。

②故障运行模式：故障运营模式包括个别滑动门故障、滑动门关门遇障碍物、通信故障等类别。

个别滑动门故障：当个别滑动门发生故障，一时又难以修复时，则可通过操作顶箱内的就地控制盒 LCB，将该档滑动门与整个控制系统脱开，其他滑动门的开、关与正常运营模式相同。

滑动门关门遇障碍物：如果滑动门在关闭过程中，有人或物被夹，其关门阻力大于 150N 时，则该挡滑动门立刻停止关闭，并自动打开，然后再重新关闭。若重复 3 次（在运行过程中可根据实际情况作调整）仍不能完全关闭，则该挡滑动门自动打开，门上方的蜂鸣器发出声光报警，并把此种情况作为故障，送到 ISCS 系统。待被夹人或物移去后，人工关闭该滑动门。

通信故障：站台门控制系统与信号系统之间发生通信故障，这种情况下，车站站务人员或司机可通过就地控制盘 PSL 对滑动门进行开、关操作。在车站端头和车站中部设置 PSL 控制盘，每侧共两套。

③紧急运行模式：包括在发生火灾等紧急情况时，采取 IBP 盘、手动操作。

IBP 盘操作：当发生区间火灾或列车火灾时，站台门执行紧急运行模式。该模式下，车站工作人员通过设置在车站控制室内的操作 IBP 盘来实施紧急操作的功能（该操作不经过信号系统），授权的站台工作人员用专用钥匙开启车站控制室内的操作报警盘上的钥匙开关，并操作开门、关门按钮，该种操作模式称作车站级紧急操作。

手动操作开门：在紧急运行模式下，还可以在站台侧通过专用钥匙，在轨道侧通过解锁把手来对站台门滑动门、应急门、端门进行紧急模式操作。

3. 自动驾驶模式下站台门系统的特殊设计

（1）站台门系统按 SIL2 安全认证的要求开展设计。

（2）与 SIG 接口上下行冗余，单独一个网段，不与 DCU 状态传输交织在一起，新增两路独立网络，通过通讯总线实现对位隔离。信号系统网络拓扑结构如图 12-6 所示。

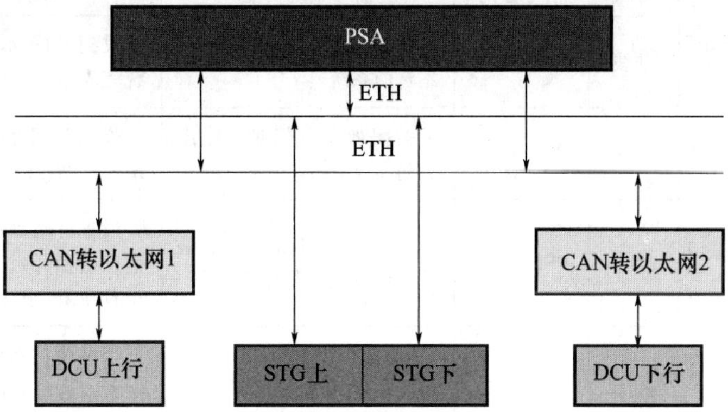

图 12-6 信号系统网络拓扑结构图

（3）与信号系统间增设通信接口，实现车门、站台门对位隔离功能。信号系统接口界面如图 12-7 所示，接口类型见表 12-2，接口功能见表 12-3。

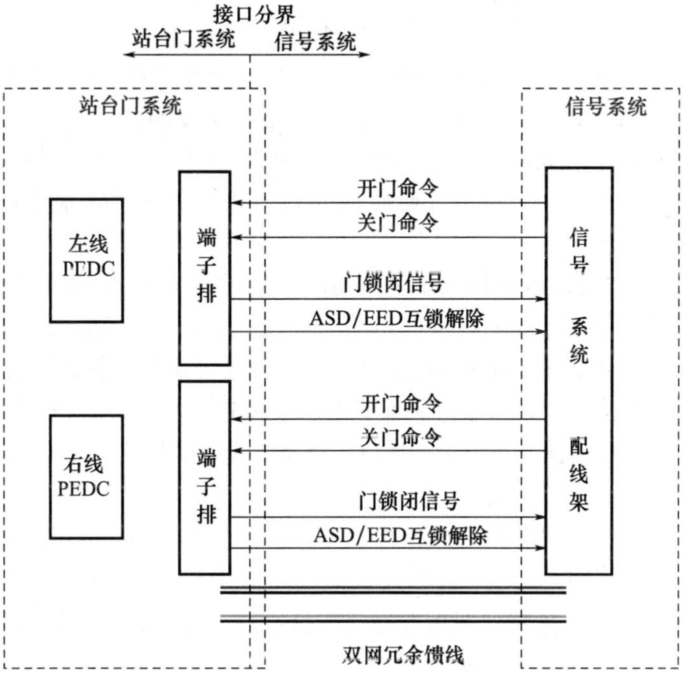

图 12-7 信号系统接口界面图

表 12-2　与信号系统接口类型表

序号	接口名称	用途	接口位置	接口类型
1	与信号系统硬线接口	信号系统与站台门系统建立联锁关系	站台门设备室控制盘端子排外线侧	继电器接口
2	与信号系统通信接口	车门、站台门对位隔离信息		RS-422 或 485

表 12-3　与信号系统的接口功能表

序号	信号名称	方式	信号方向	信号系统功能	站台门系统功能
1	开门命令（持续信号）	硬线	PSD←SIG	负责将开门命令传送给站台门系统	收到开门命令后，由站台门系统完成相应控制站台门开门动作
2	关门命令（持续信号）	硬线	PSD→SIG	关闭列车车门时，输出关门命令	收到关门命令后，由站台门系统完成站台门关门动作
3	所有门关闭且锁紧	硬线	PSD→SIG	接收到车门闭锁状态信号，信号系统将允许发车	当所有站台门锁闭时反馈闭锁信息给信号，若有其中一个单元没有锁闭，则不能给出闭锁信息
4	“ASD/EED”互锁解除	硬线	PSD→SIG	收到“ASD/EED”互锁解除信号后，信号系统将允许发车	当站台门系统故障时，为保证运营，通过解除与信号系统的互锁来使列车正常发车
5	对位隔离	网络	互相	发出车门对位隔离信息、接收站台门对位隔离信息	发出站台门对位隔离信息、接收车门对位隔离信息

（4）RAMS/EMC 技术要求

①安全需求：在 2 分钟时间内，应能单独锁闭一扇无法工作的站台门；单点故障不应导致无法打开或关闭站台的所有站台门；在信号系统或站台门控制系统故障时，应能人工打开和关闭站台门；站台门系统应符合安全完善等级 SIL2。

②可靠性要求：平均无故障周期（MCBF）不应小于 100 万个周期；进行样机 100 万次运行寿命试验；单侧站台门通过连续 5000 个开关门周期无故障现场测试。

③可维护要求：站台门系统的 MTTR 不应超过 0.5 小时。

④EMC 要求：监视系统主机采用高性能的、通过相关 EMC 试验的工业用计算机；PEDC 单元控制器采用高性能的、通过相关 EMC 试验的工业控制器，电源系统满足相关电磁兼容要求，具备完整的 EMC 检验报告；探测报警系统应保证符合 EMC 要求，不能对其他设备造成干扰；PSL 满足电磁兼容要求及地铁环境要求；DCU 满足国家相关的电磁兼容标准，并满足地铁环境要求；接口设备及线缆应满足地铁环境的电磁兼容要求。

（5）异物检测接入安全回路

5 号线一期站台门初期采用“机械挡板＋挡杆”方案，在 ATO 运营状态下先上挡板，站台门预留挡杆的安装条件。5 号线一期在全自动调试完成后，根据应用于 3 号线樱花公园的障碍物探测系统科研取得的可靠数据，以及全国相关全自动驾驶线路具有接入信号回路的可靠运行案例，再进行检测方案设备选型。仅在 PSL 上预留异物检测装置操作与显示空间。

第三篇　建设现场与创新篇

第十三章 车站工程

第一节 工程概况及施工重难点

5号线一期工程共设地下车站22座，依次为布政站、张家潭站、同德路站、石碶站、雅渡站、庙堰站、钟公庙站、鄞州区政府站、钱湖南路站、南高教园区站、下应路站、大洋江站、泗港站、曹隘站、柳隘站、海晏北路站、民安东路站、会展中心站、院士路站、盎孟港站、三官堂站和兴庄路站。其中换乘站10座，分别与1、2（两次）、3、4、6、7、8、K2、S3号线换乘。

地下车站以地下二层结构为主，基坑开挖深度为20m内；换乘站为地下三层结构，基坑开挖深度为30m内。地下二层结构车站主体以800mm地下连续墙为主，地下三层结构连续墙标准段以1000mm地下连续墙为主，局部加强结构地下连续墙为1200mm，连续墙兼做永久结构。内支撑体系首道均为钢筋混凝土支撑。其下以多道钢支撑为主，局部加设钢筋混凝土支撑；附属采用明挖法，围护结构主要采用ϕ800～ϕ1000钻孔灌注桩加隔水帷幕、ϕ850SMW工法（型钢水泥土搅拌墙），个别附属采用800mm地下连续墙。

一、气象条件

车站基坑工程位于宁波腹地，长江三角洲的东南隅，地处宁绍平原，纬度适中。夏季受太平洋副热带高压控制，容易发生台风和暴雨。50年来影响该区的热带风暴有200个，平均每年有4个，热带风暴和台风发生于每年的5～11月，其中7～9月间占80%。

二、工程地质及水文地质条件

5号线一期工程位于宁波断陷向斜盆地中部，区域构造单元属华南加里东褶皱系浙东南褶皱带丽水-宁波隆起带中的新昌-定海断隆带。近场区主要断裂分别为北东走向的余姚-丽水断裂（F8）、奉化-丽水断裂（F9）和岱山-黄岩断裂（F11），北北东走向的镇海-宁海断裂（F10），北西走向的长兴-奉化断裂（F16）和东西向的昌化-普陀断裂（F23），此外，还发育一些规模较小的次级断层。从现有资料分析，尚未发现有较大的区域性断裂从本场地通过且本工程场地第四纪覆盖层厚度大于80m，因此该场地属于较稳定场地。

宁波软土地层为第四纪松散沉积物，为第四纪全新世Q_4^3上更新世Q_3^1，属于第四系滨海平原沉积层，主要由饱和性黏性土、粉性土及砂土组成。施工涉及土层主要包括①$_2$层淤泥质黏土、②$_1$层黏质粉土、③$_2$层粉质黏土、④$_1$层淤泥质粉质黏土、⑤$_2$层黏土、⑥$_1$层黏土、⑦$_2$层粉质黏土、⑧$_3$层粉质黏土等。

潜水水位标高在0.5～1m之间，主要受降水影响，坑内每200m^{2}左右设置1口疏干井。施工采用深井降水疏干后开挖。

承压水土层主要在⑤$_3$层灰黄色砂质粉土和⑧$_{2-t}$层灰色粉砂，部分车站工程有管涌风险。基坑端头井区域需要按降水方案设置降压井按需减压降水。

三、不良地质和特殊性岩土

（1）区域地面沉降

本工程位于区域地面沉降观测区沉降等值线100mm线附近，由于宁波市自1987年以来，通过采取压缩地下水的开采量，同时增加地下水回灌这一措施后，地面沉降速率大幅度减缓，目前地面沉降已基本上得到控制，因此，区域地面沉降对本工程影响不大。

（2）浅层天然气

勘察未发现天然气存在，但应注意局部地段可能分布有蜂窝状天然气，施工时须加强防治措施。

（3）河岸稳定性

工程场地跨越甬江、奉化江等河道，紧邻众多河道，应注意后期施工对河流岸坡稳定性的不利影响。

（4）特殊性岩土

本基坑施工范围内均属于软土土层，淤泥质粉质土层较为典型，土层物理性质较差、强度较低、含水量较高，呈流塑状，易发生流变。

四、周边环境

5号线一期工程沿线穿越镇海区、高新区、东部新城、鄞州区东部及南部，周边分布各种建（构）筑物及管线，江河分布较密，既有地下线路、在建地面和地下结构较多，施工保护工作较其他地铁线路面临更多困难。

组织车站工程总工期为55个月。

五、车站基坑风险控制重难点

1. 围护结构阶段风险

围护结构施工槽壁坍塌失稳，严重时造成槽段掩埋或周围地层变形过大，引起周边环境对象如建筑物、管线、道路的损坏等。或在基坑开挖过程中，墙体质量不合格引起结构侵界凿除，漏水引发基坑失稳、周边地层沉降、环境对象损坏等后果。施工中钢筋笼等吊装风险，从设备到地基都实施系统管理。

2. 克服承压水影响

基坑开挖受浅部承压含水层③$_{1-b}$层粉砂，I1层孔隙承压水含水层⑤层粉土，I2层孔隙承压水含水层⑧$_1$层、⑧$_{3-a}$层砂土不利影响，局部基坑开挖过程中会发生坑底突涌；局部砂粒含量较高，故在一定水头的动水压力作用下易产生流砂、管涌；基坑由于开挖深度稍浅，主体结构受浅部③$_1$、④$_{2-t}$、⑤和⑥$_{2-t}$层承压水的影响较大，局部基坑开挖过程中会有坑底突涌风险。由于附属结构基坑开挖较浅，在开挖时，承压水不会产生冲顶现象，基坑底稳定。为防止抽水降压给基坑周边建筑物、管线、桥梁、道路等带来较大影响，建议尽可能设置坑外回灌井，做好回灌后地下水位的监测，控制回灌量，并根据监测数据做好重要建筑物、管线的加固预案。

3. 基坑开挖风险管理

基坑工程风险主要有基坑支护体系失稳、开挖面土体失稳、基坑变形大、围护结构渗漏水、基坑底部突涌等，严重时引发基坑周边土体沉降环境对象破坏、基坑失稳等风险。

设计中对异形结构、深基坑、深浅变化大的基坑，如端头井，支撑与围护墙体不正交或特别深的基坑（大于 20m）可以考虑设置钢围檩，增加围护体系的整体性；进行支护设计计算时应进行立柱隆起量的估算；并且验算该立柱隆起量对支护体系稳定的影响，对于预估立柱隆起量较大的情况，可以适当加大立柱桩桩长，必要时立柱桩应按抗拔桩进行设计；考虑施工出土的便利性，基坑可将格构由基坑中部调整为偏一侧设计，则可提高出土效率；施工过程中，发现变形异常时，如开挖到基坑底部发现围护结构变形速率大，可采用增设临时支撑方法，加强支护体系刚度，控制变形发展，保证结构稳定；加强围护结构渗漏水的及时封堵，地下连续墙上出现涌水，不能采用以上方法进行封堵时，采用带阀门的钢板进行封堵，将钢板与地墙钢筋焊接牢固，周边用木楔子、棉纱封堵，然后用快干水泥将周围封堵，待快速水泥凝固后，关闭阀门完成封堵，坑外用聚氨酯封堵。

4. 周边环境保护

基坑工程施工时，对周边建（构）筑物、管线、桥梁、道路等周边环境对象要重点保护，基坑工程地下连续墙开挖、降水、基坑开挖等引起的地层沉降引起环境对象变形破坏，施工中要进行监测监控，动态填写《基坑风险每日动态评估表》。

对基坑周边存在的重要建（构）筑物，对保护对象的基础形式、结构形式及与基坑的相互关系进行详细核算，全面了解保护对象的抗变形能力，部分采用隔离加固方式，设置隔离桩，并在隔离桩与基坑围护结构之间埋设注浆管，根据基坑本体及需要保护的对象变形监测情况进行了注浆加固。对于由差异沉降引起的周边建筑物裂缝，当地基沉降已趋于稳定时，建筑物裂缝采取如水泥砂浆灌缝、局部拆除重砌、配置钢筋网片外浇细石混凝土等处理方法。对于基坑开挖及降水施工引起建筑物明显倾斜时，考虑采取回灌措施补充地下水，对基坑周围土体进行了加固。当周边道路出现裂缝或塌陷时，立即停止开挖，进行了基坑堆料或回填反压，用水泥浆将地面裂缝封闭并抹面，如果路面下土质疏松或出现空洞，立即采取注浆加固、填充。

第二节　组织及管理亮点

基坑工程实施了质量标准化管理。在各标段加强了地铁车站工程的临设场地布置、监控量测、围护结构、降水、支撑开挖、钢筋、模板、混凝土、脚手架、梁板柱主体结构、细部构造、装饰及装修等工程实体管理，辅以简明文字说明实体质量的工艺控制关键，并附常见质量缺陷的防范要点和修复方法；从人员、材料设备、技术、管理制度、验收流程和资料管理等方面阐述质量标准化管理。工程实施中涌现出一大批组织及管理亮点，下面以院士路站为例，进行亮点展示分析。

1. 标准结构工序样板引路

实行样板引路，在现场设置标准化展示区，将地铁车站防水及主体结构、梁柱节点等细部剖开，详细展示，以实体结构实现现场直观交底，易于理解，降低施工难度，加快施工进度，保证施工质量。主体结构施工样本如图 13-1 所示。

图 13-1　主体结构施工样本

2. 全断面自动架设钢支撑系统施工

伺服钢支撑通过对轴力的自动补偿，减小基坑变形。伺服钢支撑使用范围明显比普通钢支撑范围内地连墙变形数据小，约为普通钢支撑结构变形量的 50%～70%，更有利于保护基坑周边的建（构）筑物的安全。

通过步履式快速架设的工艺，减少无支撑暴露时间，加强变形监测和控制，可以在无任何加固的基坑实现地连墙变形的良好控制。步履式架撑示意如图 13-2 所示。

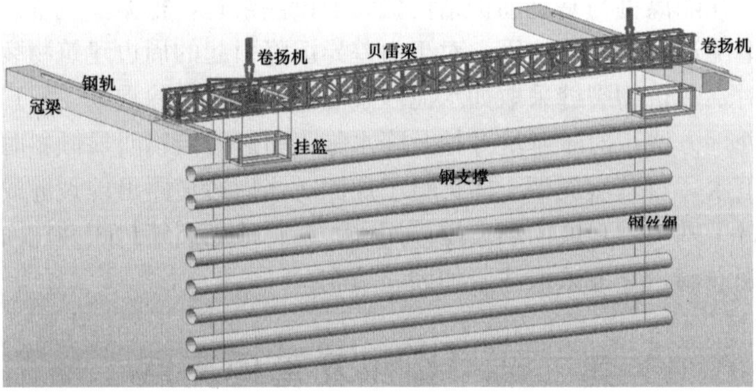

图 13-2　步履式架撑示意

3. 泥浆固化系统

地墙等泥浆高产出工序在施工过程中建造泥浆固化棚，安装泥浆固化系统，实现泥浆向固态土的转换，减少泥浆产生的一系列环保问题，降低外运费用。泥浆固化系统如图 13-3 所示。

图 13-3　泥浆固化系统

4. 钢筋数控加工中心

搭建钢结构厂房的钢筋数控加工中心，在相对集中区域对场地进行隔离，要求工点内机具分门别类、摆放有序，做到工完料尽、场地清洁。通过推行工点工厂化，改善了作业环境、提高了现场标化。同时加快“机器换人、自动化减人”的步伐，引进的钢筋自动切断分拣机、加强箍数字弯曲机、钢筋自动锯切套丝打磨一体机等设备，机械化、自动化作业程度高。材料堆放区粘贴识别二维码，扫码即可掌握材料信息（图 13-4）。

图 13-4　钢筋数控加工中心

5. 端头洞门玻璃纤维筋

优化始发端头井洞门处地连墙内排主筋为玻璃纤维筋，转变人工凿除为盾构顶进，有效避免因土体加固不到位引起涌水、涌砂、坍塌等所导致盾构始发风险的增加。

6. 多媒体化工人学校

媒体化工人学校包含 VR 安全体验、多媒体教学等多项功能，集安全教育、质量样板、绿色施工为一体，利用 BIM 建立了与实体体验馆 1∶1 的工程模型，结合 VR 眼镜实现了动态漫游，如图 13-5 所示。

7. 动态实体沙盘

采用动态立体沙盘，将院士路站车站结构和周边环境（管线、建筑物）全部以三维可视化的形式展示出来。车站 5 号线一期与 6 号线三角区结构可升降，将地下部分展现出来，让每一个不懂工程的人也能做到一目了然，也能指导车站施工和控制现场风险(图 13-6)。

图 13-5　多媒体化民工学校

图 13-6　动态实体沙盘

8. 自动洗车装置

为保证车辆不会带泥污染道路，在出门前对车辆轮胎进行冲洗，项目部采用的自动喷淋装置。当土方车及其他车辆经过时触动红外线，自动感应喷水，另外配套洗车槽、三级沉淀池。自动洗车装置如图 13-7 所示。

图 13-7　自动洗车装置

第三节　技术创新及应用

5 号线一期工程技术创新极多，选取地铁车站施工中的 11 项技术加以简述。

一、地下室结构内衬墙集中引漏的诱导缝施工

随着我国经济的不断发展，地铁工程建设中的超长混凝土墙体应用已十分普遍，但是地下室外墙开裂渗漏情况仍普遍发生。受地下室使用功能的限制，同时也为了避免结构渗漏，通常不设置伸缩缝，而采用优化配筋或混凝土配合比、设置后浇带、加强带等措施控制墙体裂缝，这样就形成了超长无缝地下室结构。虽然当前普遍应用的方法在某些特定条件或环境下对超长墙体裂缝的控制有着一定的作用，但在实际工程施工中，往往为此耗费大量的人力、物力和财力，且墙体施工完成后及在使用过程中，还须不断进行大量的防渗、堵漏等后续工作。为此，在总结、分析国内外地下室超长墙体混凝土裂缝产生的原因和常规控制措施的基础上，探索出了一种能有效控制超长墙体裂缝的地下室外墙诱导缝施工技术。诱导缝的使用原则是将诱导缝设置截面处的刚度降低，将结构应力集中至诱导缝处进行开裂。但随着地下室深度和长度的不断增加，施工现场各结构分段长度也开始逐渐加长。以往的诱导缝型式已经不能很好地解决墙面不规则裂缝逐渐增多且杂乱不可控的问题。为了更好地对裂缝进行控制，本项目采用一种新型诱导缝施工工法，通过项目应用试验效果来看，该诱导缝的设置有效减少了墙体的其他无序裂缝的产生，让外墙温差开裂逐渐变为可控，是一项应大力推广的施工工法。

新型诱导缝施工工法的理论是在对墙体应力集中部位的相关研究基础上，通过在试验墙体内埋设大量应力检测设备，对墙体应力数据进行采集总结出的。从混凝土变形与收缩出发，对地下室侧墙裂缝成因进行分析；利用弹性力学的应力函数和边界条件推导出地下室侧墙混凝土在温度和收缩作用下的应力公式，并分析地下室侧墙的应力分布特点；根据瞬态温度场理论，采用 ANSYS 有限元分析软件，建立三维实体模型求解侧墙温度场，论述施工期间墙体温度场的分布规律；根据地下室侧墙混凝土温度场进行温度收缩应力的仿真分析，研究地下室侧墙混凝土温度收缩应力分布及变化规律，并与弹性力学公式对比验证。因非荷载作用引起的裂缝，其墙体变形原因主要集中在温度变形、收缩变形和不均匀沉降变形等因素上。从以往项目相关裂缝发展情况的统计观察，裂缝基本出现在较长墙体的中间部位、侧墙柱的两侧、梁与墙相交处的两侧墙体上，以及与上部主体建筑高度差异较大的地下室侧墙连接处部位。

因此应在上述地下室位置侧墙上提前设置诱导缝，让无序裂缝变为有序，以减少整体地下室外侧墙无序裂缝的发展，减少渗漏隐患；并应在裂缝的位置埋设注浆管，以减少渗漏水维修产生的巨额维修费用。

具体措施是，将 1 根 ϕ100mmPVC 管、两根等边三棱柱钢条在模型推断的应力集中部位断面进行埋设。ϕ100mmPVC 管放置于结构侧墙居中处，内外墙两侧放置的两根三棱柱钢条的一边靠住墙体两侧边设置，另外一段的锐角平分线与 PVC 管中心尽可能在一条直线上。待混凝土浇捣终凝后，马上将两根等边三棱柱钢条用顶拔设备或者起重设备拔出。因钢条拔出后，其所在部位混凝土截面有所突变，成为混凝土内力抗胀缩的薄

弱处，随着高低温的推延以及混凝土自身的徐变，会诱导该薄弱处形成贯穿性裂缝。埋设示意图如图 13-8 所示。

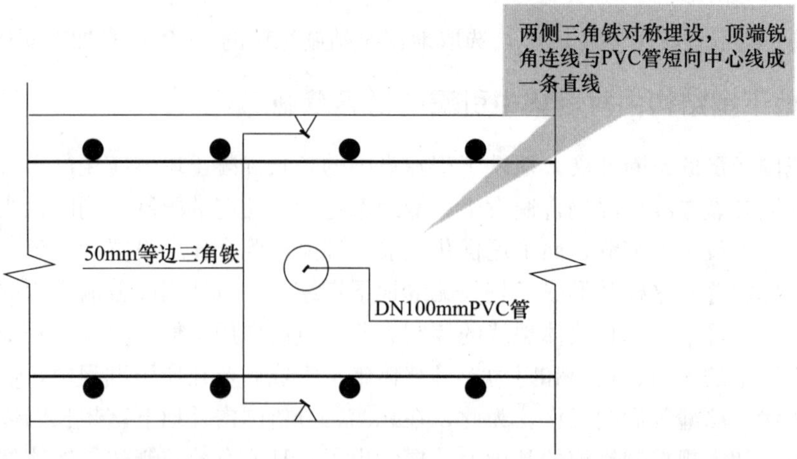

图 13-8　埋设示意图

以分段地下室长侧墙为例，侧墙长度约 24m、高度为 4.3m，以该侧墙段施工缝为起点，分别沿墙纵向间隔 5000mm、5000mm、3500mm、2500mm、2500mm、1500mm 布置 6 道诱导缝。超长墙体基于这个理论，可以 24m 左右分段按照上述间隔模数设置诱导缝，也可以在长墙的正中按照上述间隔模数往墙中两侧分别设置诱导缝，具体设置位置如图 13-9、图 13-10 所示。该设置侧墙两端是施工缝，无论有无结构墙柱，对长墙均可靠有效。而对于短墙，则建议将诱导缝设置在侧墙柱的两侧，在梁与墙相交处两侧 50cm 范围内的墙体上，并再按照上述间隔模数设置。

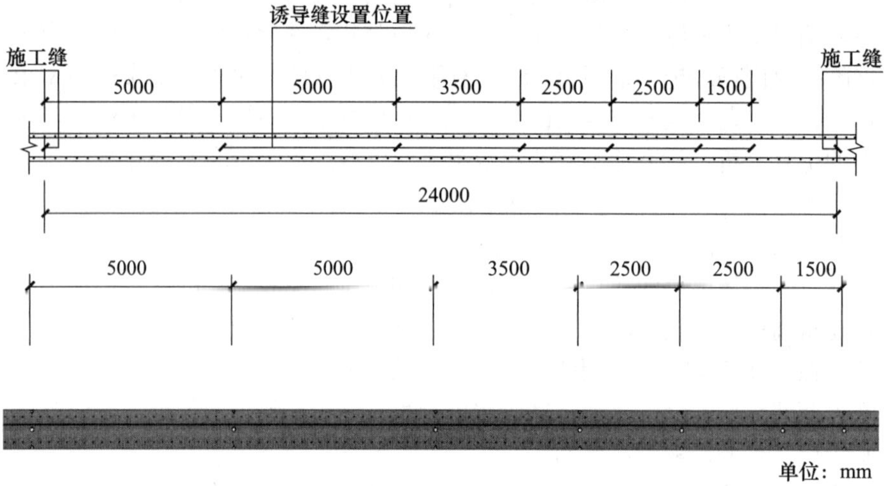

图 13-9　诱导缝布设平面示意图

本套工法有如下几方面施工重点。

（1）PVC 管与三棱柱钢条的安装

①将 PVC 管与注浆管用透明胶带缠绕包裹在一起埋设在外墙居中位置，用限位钢

筋或其他限位措施将其固定在墙体主筋上进行定位。

②为确保钢制三棱柱拔出后能重复利用，在固定三棱柱前，应在其上端焊接吊装环，在其外表满刷凝胶状黄油，再用 EPE 珍珠棉包裹后下放，随后用限位措施在主筋上固定。为了拆模后便于取出，也可以不包裹珍珠棉。

③利用起重设备将 PVC 管以及三棱柱钢条下放就位，确保两个三棱柱钢条的顶端锐角连线均与 PVC 管短向中心线在一条直线上。

④在混凝土终凝后马上将三棱柱钢条用起重设备或者顶拔设备拔出。安装示意图如图 13-11 所示。

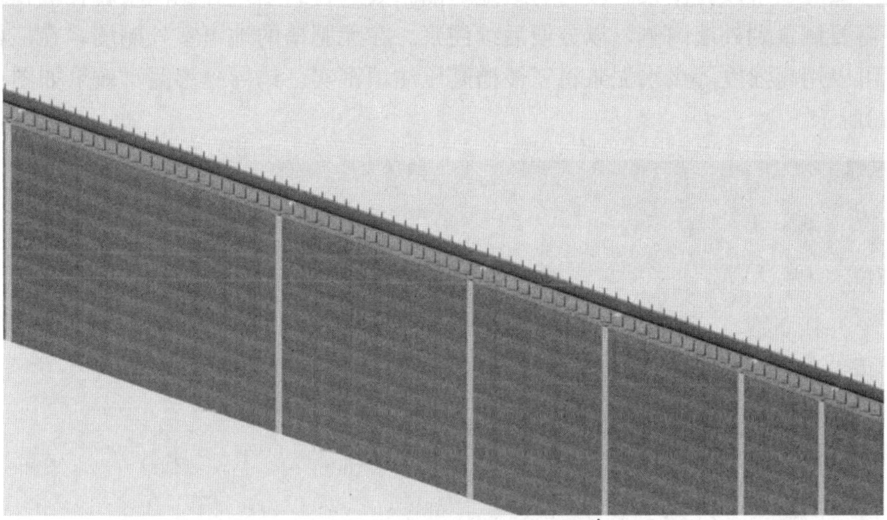

图 13-10　诱导缝布设模型示意图

图 13-11　PVC 管与三棱柱钢条安装示意图

（2）PVC管使用情况以及注浆管的埋设

根据地下室外墙的厚度不同，建议在地下室外墙厚度≥500mm的情况下，中间埋设100mmPVC管，确保可以在诱导缝内有效开裂；在外墙厚度<500mm的情况下，可不在墙中埋设100mmPVC管，只需在两侧埋设三角钢棱柱，即可使诱导缝裂开。

注浆管的埋设情况：在墙中埋设PVC管时，需将注浆与PVC管用透明胶带缠绕包裹一起埋设。侧墙迎土面侧，如有回填肥槽，则可在后续拆模后进行埋设；如无回填肥槽，为与围护密贴的地下室外墙，则要与外侧边钢棱柱一起下放。将注浆管绑扎在限位钢筋上，并尽可能地将注浆管的定位与三棱柱两个顶角连线在一条直线上，以确保在产生裂缝渗漏时，可以让注浆管较为有效地对漏水处进行封堵。外侧注浆管在墙顶端留置的长度需要搁置到外墙内侧，以方便后续注浆。在无肥槽的地下室外侧墙，在三棱柱拔出后，可以用高强度等级水泥浆将三棱槽高压注填密实。诱导缝渗漏水效果如图13-12、图13-13所示。

图13-12　诱导缝墙体集中渗漏水效果

图13-13　实体效果

二、地铁车站半盖挖法施工关键技术研究

本项目以雅渡站工程为依托，针对地铁车站半盖挖法施工，开展“地铁车站半盖挖法施工关键技术研究”。该项目位于宁波市海曙区鄞县大道与雅源路交叉口东侧，车站为地下两层，基坑全长 209.6m，标准段宽 19.7m、端头井宽 25.6m，标准段基坑开挖深度 16.3m、端头井最大开挖深度 18.2m，由于站址位置受场地条件限制，采用半盖挖法施工，南侧设置 6.65m 宽盖板用于交通疏解，车站一端盾构始发、一端盾构接收，盾构机在盖板下进行盾构平移。站址周边建筑物较多，最近距离 16.5m。车站范围地质条件复杂，属典型的软土地层，基坑开挖对周边的影响较大。半开挖法较明挖法施工具有自身的特点及难点：一是由于盖板的存在，盖板下方的基坑开挖、支撑架设、主体结构施工都与常规的明挖法不同，施工难度大、速度慢，不利于基坑变形的控制；二是车站盖板用于交通疏解，车流量大，车站的开挖、主体结构施工也为单侧施工，车站周边受到持续的荷载及扰动，基坑变形控制难度大、风险高。通过该课题研究，达到理论及技术创新、指导施工、提高工程经济性、保证施工安全的目的，为类似工程提供有力借鉴，确定科学合理、经济高效的施工方案，最大程度上节约投资、降低工期、减小能耗，取得较好的经济效益。地铁车站半盖挖法快速施工可以降低施工对周边环境的影响，大幅节约投资，对保证施工安全、优质高效具有重大意义，对有效缩短地铁车站工程施工整体工期，具有重要的理论价值和现实的工程意义。

项目目标产品市场分析：通过本课题的研究与工程实际应用，可进一步提高轨道交通车站工程建设施工水平，降低施工成本及安全质量风险，加快施工进度。本项目的研究成果可在今后的类似半盖挖法施工中推广应用，以降低施工成本、化解施工风险，达到工期效益最大化的目的。

本项目主要研发工作与目标如下。

首先，根据现有施工技术现状，结合研究条件和自身研究优势，确定地铁车站半盖挖法施工关键技术研究这一课题。其次，通过查阅大量文献和权威文本，向相关专家学者咨询，了解国内外研究现状，奠定课题研究理论基础。再次，选取其他城市地铁车站半盖挖法施工案例，从设计理念、施工技术、研究方向、存在问题等方面进行比较研究，总结其经验和做法。最后，选取国内相关课题研究成果进行分析，总结其研究成果，为本项目研究提供参考。

在此基础上对以下四个方面展开探索：

①车站半盖挖法快速施工技术研究；

②复杂地质条件下的车站半盖挖法施工基坑变形控制技术研究；

③半盖挖法施工对周边环境的影响分析；

④通过对比半盖挖法施工与明挖法施工，总结半盖挖法变形机理及不同点。

从以上 4 个方向开展研究，通过检索查阅梳理相关文献、统计分析、理论分析、数值模式分析、室内外试验比较、现场应用试验等方式，研究建立一套车站半盖挖法快速施工技术，制定出复杂地质条件下的车站半盖挖法施工基坑变形控制技术方案，研究半盖挖法施工对周边环境的影响。通过对比半盖挖法施工与明挖法施工，总结半盖挖法变形机理及不同点，形成相关研究成果。本项目形成的施工实例如图 13-14 所示。

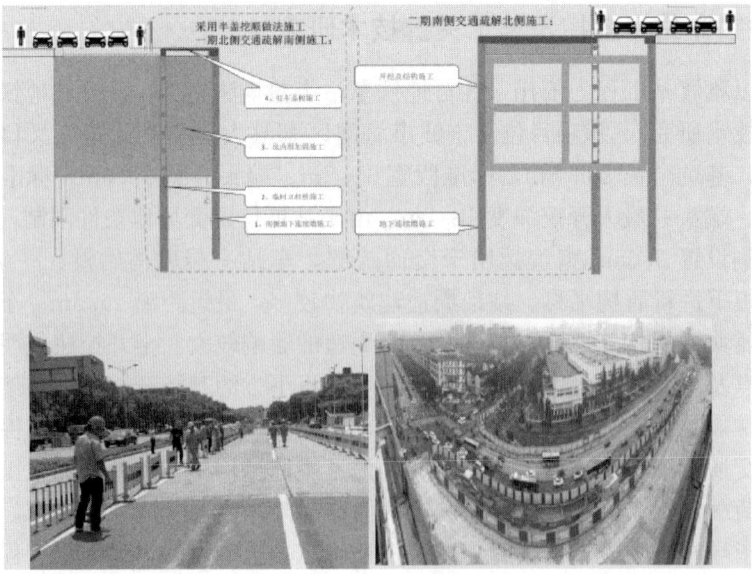

图 13-14　半盖挖施工实例

三、BIM 技术在施工中的应用

（1）施工方案模拟 BIM 可视化交底

将 BIM 技术应用于施工现场，进行施工方案模拟及可视化交底，再结合 BIM 协同管理平台进行安全、质量、进度管理，助推项目管理水平再上一个新台阶（图 13-15）。

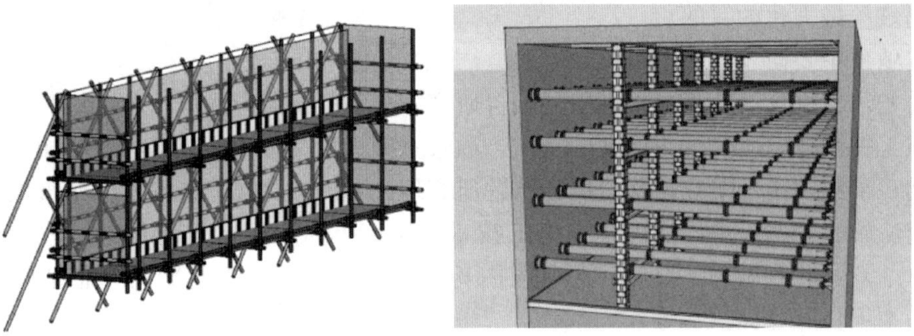

图 13-15　BIM 模型可视化交底

（2）BIM 施工场地规划

由于施工场地有限，利用 BIM 技术配合场地规划（图 13-16、图 13-17），对场地布置及交通疏解进行可视化模拟，开展专题会议讨论，优化场地布置方案，提高场地的利用率，使得文明施工、施工效率得以保证。

四、U 形河道快速安拆施工技术

通过技术创新和方案优化，将河道分块浇筑，安装拆除，实现 U 形河道快速安拆施工（图 13-18）。

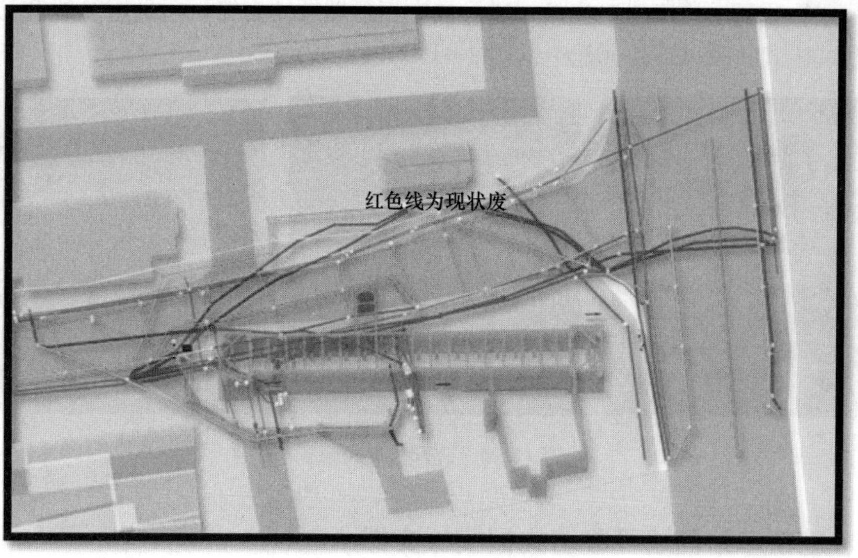

图 13-16 BIM 场地规划示意

图 13-17 BIM 场地规划实例

图 13-18 U 形河道快速安、拆施工

装配式轨顶风道快速建造技术，通过在中板预埋螺纹套筒，通过钢绞线和液压提升系统实现装配式轨顶风道快速建造（图 13-19）。

图 13-19　装配式轨顶风道

五、地铁车站侧墙可移动式钢模板支撑

本项目主体车站侧墙施工采用可移动式拼装式钢模板进行施工，该工艺施工操作便利、效率高、周转速度快、节约成本、安全可靠度高，侧墙结构施工质量易保证，结构渗漏水极少（图 13-20、图 13-21）。

图 13-20　安全教育培训、交底

图 13-21　班前安全教育

六、TRD 型钢水泥土连续搅拌墙深基坑围护施工工艺

根据施工组织、地质情况及周边环境的复杂性，考虑群坑施工的安全性，下穿通道与车站临接段开挖深度 7.5～11.5m 范围围护结构采用 TRD 工法施工。该施工工艺成墙效果较好、质量均匀、墙体止水抗渗效果好、基坑变形受控，对周边建筑物及管线影响较小，保证了深基坑施工安全顺利完成，达到预期目的。TRD 施工及成墙效果如图 13-22、图 13-23 所示。

七、对常规锁口管提拔工艺进行优化创新

自行设计并采用新型整体式锁口管提拔油顶。攻克了宁波海相淤泥软土地层中，紧

邻房建、深基坑群、深大地连墙施工中，锁口管大深度提拔难题，极大地降低了施工风险。锁口管提拔施工如图 13-24 所示。

图 13-22　TRD 施工

图 13-23　成墙照片

图 13-24　锁口管提拔图施工

八、拆除墙体采用绳锯切割＋人工凿除组合工艺

设计横向分块和竖向分条的切割参数，严格按照参数分解并编号。空间上明确尺寸大小，吊装上限定分块重量，根据编号有序操作吊装，依次拆除新老车站连接区域混凝土结构。进行新建车站与既有运营地铁站"十"字型接驳改造，前期未预留防水措施情况下增加防水施工，完成宁波轨道交通与运营地铁站两侧交叉接驳施工并保证了与既有车站接驳质量。墙体切割施工如图 13-25 所示。

九、地连墙玻璃纤维钢筋施工工艺

车站两侧下三层盾构接受范围内地下连续墙钢筋采用纤维钢筋，保证盾构机顺利破除接收，如图 13-26、图 13-27 所示。

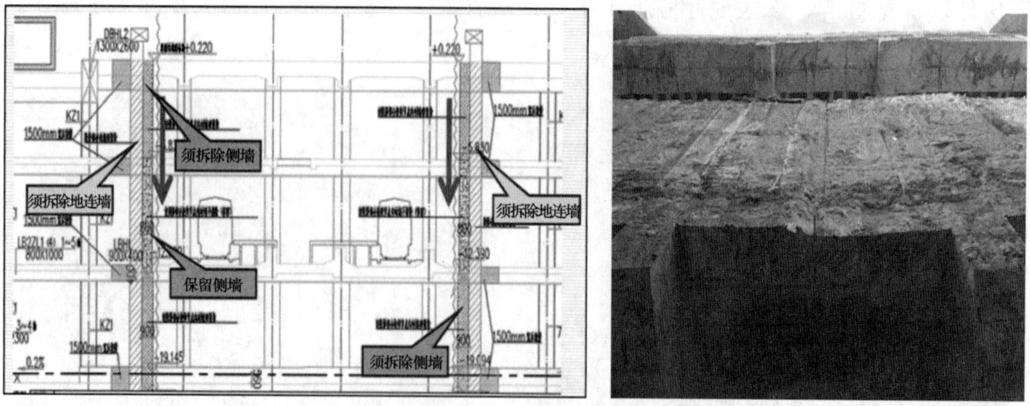

图 13-25　墙体切割施工

图 13-26　玻璃纤维筋施工

图 13-27　盾构接收

十、盘孟港站变形预测法（监测数据分析控制）

现场施工常遇到一种情况，在基坑开挖、底层浇筑或底板钢筋施工中，随着底板施工进度，测斜逐日增加，这时须保证在施工底板时间段内基坑变形安全可控，浇筑混凝土前无风险。

变形预测法是指根据现有的监测数据，将数据绘制成曲线图，根据曲线图推测出将来某一天该点的变形值。虽然推测值不会很精确，但其主要目的在于为控制变形及施工指明方向。

（1）变形预测法操作程序

本项目将现场变化存在的风险点，根据 7 天的实际监测数据绘制成曲线图，根据曲线发展趋势，推测出该点在将来某一时间的变形值，结合底板施工工期制定详细的施工计划。以风险 cx18 为例，其变形预测曲线图如图 13-28 所示。

围护墙体变形控制程序如图 13-29 所示。

以 cx18 风险点为例，结合图 13-28 曲线图进行分析。cx18 紧邻标八单元，目前正在施工。受土体扰动影响，该点累计变形逐步升高。根据施工实际进度，该区域底板施工完成需要 7 天。根据变形预测法预测，7 天后（6 月 14 日）该点累计变形值将达到 73mm 左右。这与预期控制值不相符，需要采取措施才能保证基坑变形受控。处置方式为现场立即对 cx18 周边钢支撑复加了轴力，并施加临时撑，并暂停土方开挖。

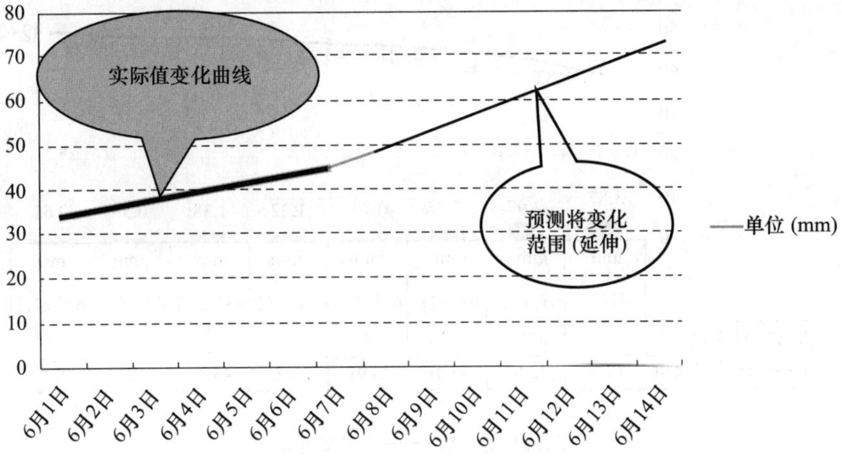

图 13-28 cx18 位置变形预测曲线示意

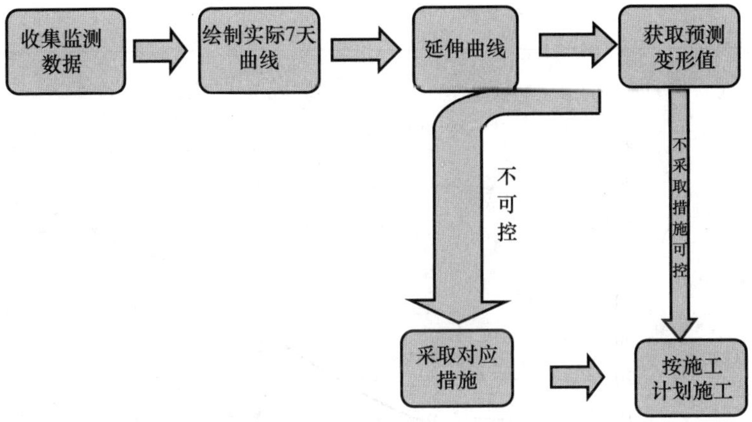

图 13-29 围护墙体变形控制程序图

（2）附加钢支撑

在基坑开挖过程中，存在结构底板施工进度滞后于土方开挖速度的现象。图 13-30 为 cx18 处 6 月 7 日变形曲线图，日变化量接近预警值（4mm）。项目组立即组织会议讨论，决定停止土方开挖，控制长边效应；并在 cx18 点位左右两侧各附加 1 根 ϕ800mm 的钢支撑，同时加快结构底板施工。钢支撑附加后基坑日变化速率趋于稳定。

（3）产生效果图

盎孟港站基坑开挖过程中由于 cx18 点位变化最大，故对此点位进行了数值变化分析。图 13-31 为 cx18 点位从基坑开挖至结构底板封闭过程中的变化数值分析，由图 13-31 中数值可以看出基坑开挖期间测斜变化量越来越大，随着结构底板的施工数值逐渐趋于稳定。

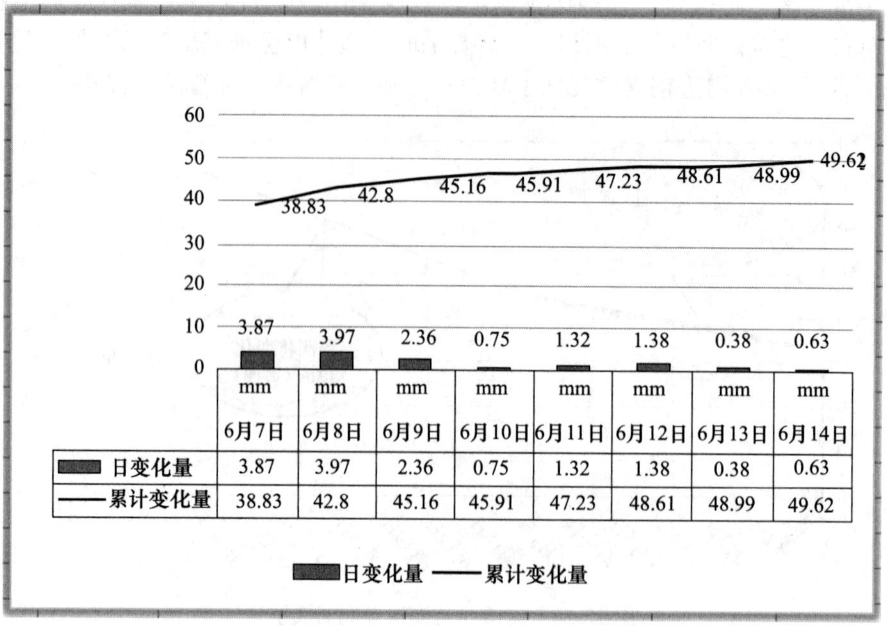

	mm 6月7日	mm 6月8日	mm 6月9日	mm 6月10日	mm 6月11日	mm 6月12日	mm 6月13日	mm 6月14日
日变化量	3.87	3.97	2.36	0.75	1.32	1.38	0.38	0.63
累计变化量	38.83	42.8	45.16	45.91	47.23	48.61	48.99	49.62

图 13-30　附加支撑变形影响分析曲线

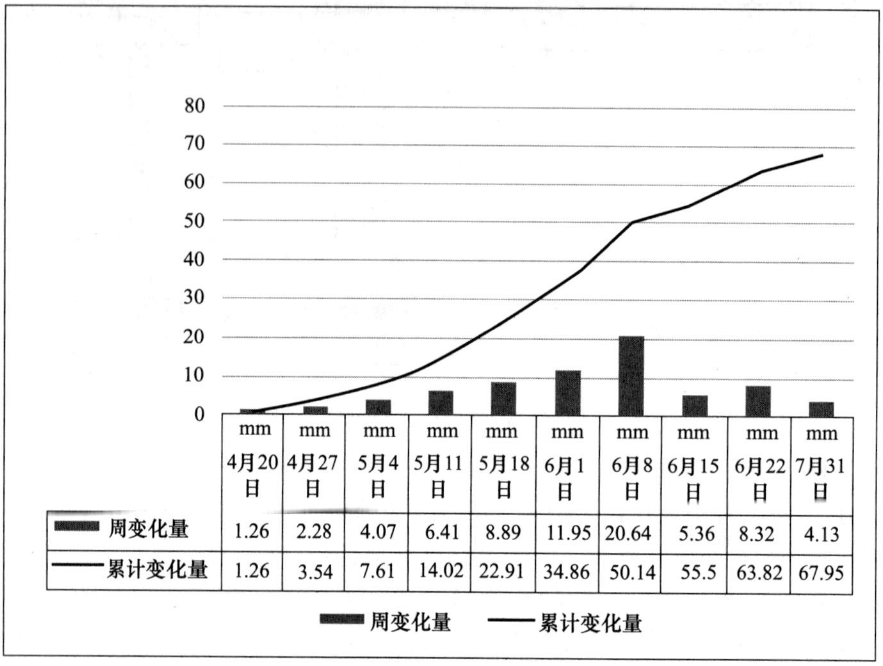

	mm 4月20日	mm 4月27日	mm 5月4日	mm 5月11日	mm 5月18日	mm 6月1日	mm 6月8日	mm 6月15日	mm 6月22日	mm 7月31日
周变化量	1.26	2.28	4.07	6.41	8.89	11.95	20.64	5.36	8.32	4.13
累计变化量	1.26	3.54	7.61	14.02	22.91	34.86	50.14	55.5	63.82	67.95

图 13-31　cx18 监测数值分析

（4）总体数据分析

盘孟港站主体结构底板于 2017 年 7 月 31 日封底。除 19～22 轴 4 个测斜点位达到预警值（55mm），其余 22 个测斜点位累计值均在预警值内，日变化速率稳定，测斜稳定率达 85%。达到预警值的 4 个点位分别是：19～22 轴东侧 cx08（59.66mm）、cx09

(59.76mm)；西侧 cx18 (67.95mm)、cx19 (57.41mm)。东西两侧基本变化差别不大，测斜变化最大点出现在西侧，西侧邻近三官塘大桥，可能受到西侧遗留换填泥浆池影响，受力较差；东侧道路土方开挖，土方运输可能受不定动荷载影响。随着基坑开挖深度，围护结构受到的主动土压力越来越大。基坑整体变形累计值及日变化率均可控。

(5) 鱼刺分析图

项目形成基坑开挖变形分析鱼刺图如图 13-32 所示。

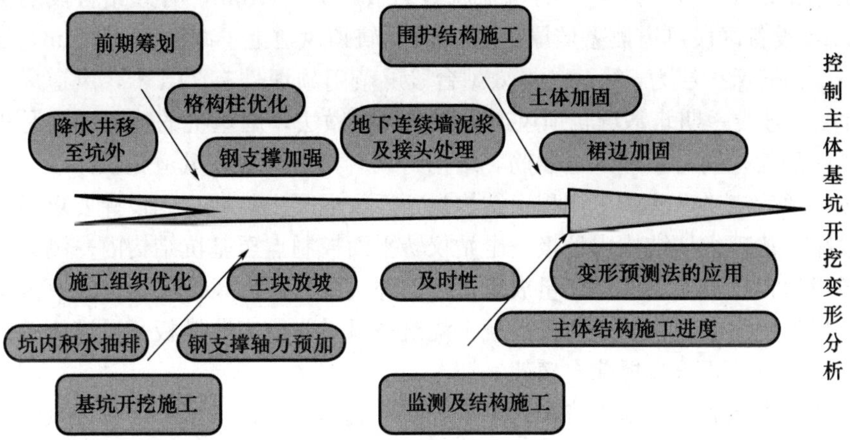

图 13-32　某基坑围护结构测斜变形值原因分析

(6) 变形控制关键要点

项目形成基坑围护结构变形控制技术路线如图 13-33 所示。

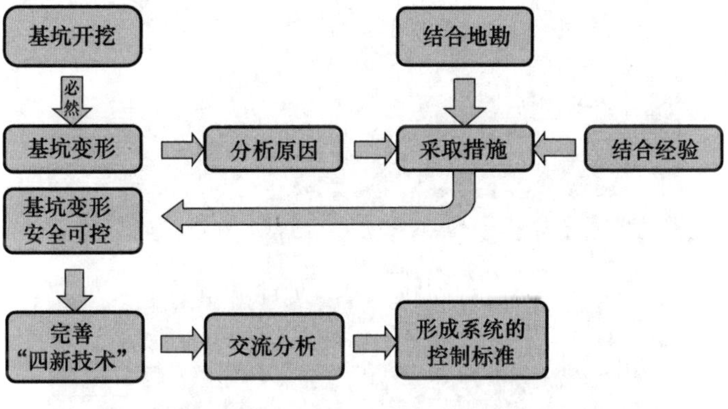

图 13-33　基坑变形控制技术路线图

基坑开挖变形的主要控制要点。

①无支撑暴露时间：合理组织基坑开挖及支撑架设施工顺序；提前谋划，优化方案，提升开挖效率。

②加强过程控制、精细化管理：强化工序施工质量，地基加固采用自动计量系统，严控水泥用量，采用后台专人旁站措施，监督水泥浆拌和质量，确保加固效果，提高土体强度，使抽条加固真正起到支撑的作用，高度重视裙边加固施工质量；钢支撑轴力提前预施加；地下连续墙接头施工质量控制。

③缩短结构底板封底时间：垫层分多块及时浇筑，钢筋班组采用两班倒，缩短底板完成时间。

④充分重视变形预测法的应用：基坑开挖过程中应用变形预测法，可以帮助施工方提前采取应对措施，运筹帷幄，掌控基坑变形。

十一、轨顶风道等结构施工工艺创新

民安东路站5号线一期车站的轨顶风道的板厚为200mm，有效站台段的侧壁墙厚为250mm，设备区段风道侧壁墙厚为200mm，轨顶风道上下净空为850mm，混凝土强度为C35，钢筋保护层为30mm。有效站台段屏蔽门预埋件有110个，风道风口预埋件有140个。5号线一期北基坑轨顶风道采取先浇顺做法；南基坑的施工顺序是先浇筑主体结构负一层板，同时预埋风道插筋，结构封顶后再进行轨顶风道施工。

轨顶风道后浇逆做法施工流程：结构封顶后（混凝土龄期达到设计要求后）→拆除结构支模架→清理主体结构内垃圾→全站仪转平面控制点至基坑结构内→测量放标高控制线→搭设轨顶风道支模架→测量放风道结构外边线→铺设风道底板模板→测量放预埋件位置→风道钢筋绑扎→风道底板混凝土浇筑→风道侧壁安装模板→风道侧壁混凝土浇筑→强度达到设计要求后拆除支模架。

轨顶风道先浇顺做法施工流程：测量放线→支模架搭设（负一层板与风道底板支模架同时搭设）→模板铺设→模板标高复核→风道钢筋绑扎→风道底板混凝土浇筑→风道侧壁模板安装→风道侧壁混凝土浇筑→拆除风道侧壁模板→风道内中板支模架搭设→中板模板铺设→中板钢筋绑扎→中板混凝土浇筑。

先浇顺做法轨顶风道施工如图13-34所示。

图13-34 先浇顺做法轨顶风道施工图

民安东路站5号线一期南北基坑采取两种不同轨顶风道施工工艺，以下为两种工艺的对比分析。

(1) 施工难易程度分析

轨顶风道后浇逆做时，施工场地狭窄，运送材料通道狭窄。以5号线车站为例，轨顶风道底板距离底板高4.06m，风道净空为0.85m。施工人员进行模板和钢筋绑扎施工时需弯着腰进行施工，风道侧壁纵向钢筋需与后做钢筋进行焊接，钢筋焊接会对钢筋有所损坏，从而破坏钢筋连接处的各项性能，对钢筋工程质量有影响，故在施工时应保证钢筋焊接满足规范要求，从而在钢筋焊接时增加施工难度。风道侧壁模板安装施工时是在一个封闭空间内施工，安装时由于空间限制增加施工难度。在轨顶风道施工时，测量放点需用全站仪向上投射点位，不易观测，测量多次转点造成一定的测量误差，会导致结构位置发生误差，因此现场需通过拉尺进行复核，从而为测量施工人员增加施工难度。

轨顶风道先浇顺做时，场地宽敞，风道底板以上基本没有阻碍物，方便施工人员施工以及材料的运送。风道侧壁钢筋一次预埋，不存在钢筋被烧坏的问题，测量施工放线可以从地面向下投射，测量方便且精确度高。

(2) 施工经济效益分析

当采用后浇逆做法时，轨顶风道施工需要二次搭设风道结构以下的轨行区支模架，增加相关人工费、材料费以及机械费等相关费用。风道浇筑完成后需等混凝土强度达到100%后方可拆除支模架，造成支模架钢管租赁时间增加而产生一定的材料费用，施工完成后需二次清理垃圾，又产生一定人工费用。同时由于施工场地狭窄造成施工难度加大，导致分项工程报价增高，从而造成一定的亏损。

轨顶风道先浇顺做时，则可以很好地避免支模架二次搭设、租赁时间增加、分项工程报价增高等问题。施工难度小，既可以保证施工进度，又可以保证施工质量，从而在施工过程中产生一定的经济效益。

(3) 施工安全质量分析

当轨顶风道施工采用后浇逆做时，风道侧壁和中板结构分两次浇筑，施工本身就存在施工冷缝，二次浇筑的混凝土经过长时间的收缩变形后，会导致风道侧壁与中板之间的接缝处产生细小的缝隙，且风道侧壁纵向筋与预埋钢筋是焊接的，钢筋性能可能被烧坏，钢筋焊接质量无法得到保证。由于其是悬挂结构物，这些问题给结构造成极大的安全隐患。在混凝土浇筑时风道侧壁模板将侧墙形成一个密闭空间，导致混凝土难以浇筑，施工过程中不易振捣，无法保证混凝土结构的密实性，影响了混凝土的结构质量。

当轨顶风道施工采用先浇顺做的方法则可以很好地规避以上后浇逆做产生的这些安全质量隐患。

综上分析，轨顶风道的先浇顺做相当于后浇逆做的优化，先浇顺做节约成本、缩短工期，并从安全质量上解决了风道侧壁与中板之间的施工冷缝和混凝土振捣不密实带来的安全质量隐患。项目组认为轨顶风道先浇顺做的施工工艺值得其他新建或在建项目借鉴和推广，除了盾构机通过车站主体结构的项目。

本项目做法的突出创新总结为两方面：一是在结构施工阶段，开展轨顶风道与中板同期施工（图13-35）的创新尝试，既节约了工期，又避免了结构后浇带施工缝问题，轨顶风道混凝土结构质量得到了保证，还避免了内部二次结构施工支架二次搭设普遍存在的赶工问题，节约了造价，该技术在后续具备条件的车站施工中具有很好的推广价值。二是端头井结构封孔采用吊模架施工方案（图13-36），也是一种工艺创新尝试，既能避免支架二次搭设的不便利性，也为后道铺轨施工赢得时间，同时还具有一定的经济性，具备较好的推广价值。

图 13-35　轨顶风道与中板同期施工

图 13-36　盾构吊装孔吊模施工

第四节　工程实例

一、工程概况（布政站及出入段线）

5 号线一期土建工程 TJ5101 标分为布政站和出入段线，由浙江省二建建设集团承建。布政站是 5 号线一期第 1 个车站。车站设计起终点里程为 XDK1＋363.941 和

XDK1＋647.144。车站总长约为 283.5m（内长）。车站有效站台中心里程为 SDK1＋572.594，为地下两层岛式车站（有效站台宽度 11m）；车站标准段宽度为 18.3m（内长）。车站中心里程处顶板规划覆土约 3.000m（规划道路标高为 4.000m）。

本站附属工程共设置 4 个出入口，两组风亭及两个安全出口。出入口分别位于道路交叉口四个象限的空地及绿化中。两组风亭位于西侧的沿河绿地内。车站平面图如图 13-37 所示。

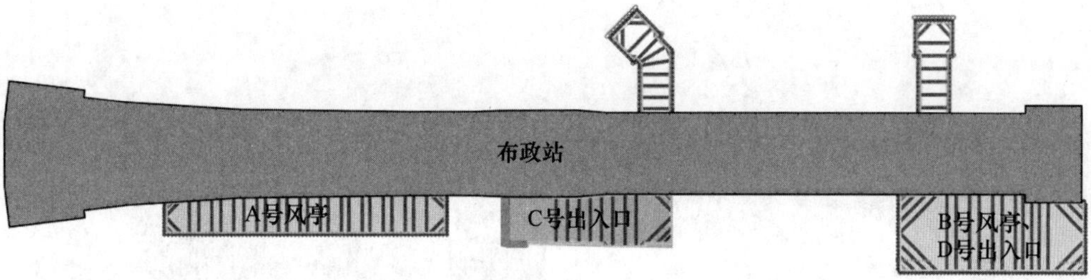

图 13-37　布政站平面示意图

经堂庵跟车辆段—布政站出入段线由布政站引出，以 2‰坡度向上，以 R-600 半径曲线偏转向北，在里程 K0＋275.000 之后转以 28.95‰坡度向上，接着在里程 K0＋505.000 之后转以 36‰坡度向上出地面，通过桩板结构和桥梁结构接入经堂庵跟车辆基地。出入段线位于规划阳光南路西侧，后塘河东侧，沿后塘河为 110kV 高压线廊，距离区间结构约 20m。出入段线平面图如图 13-38 所示。

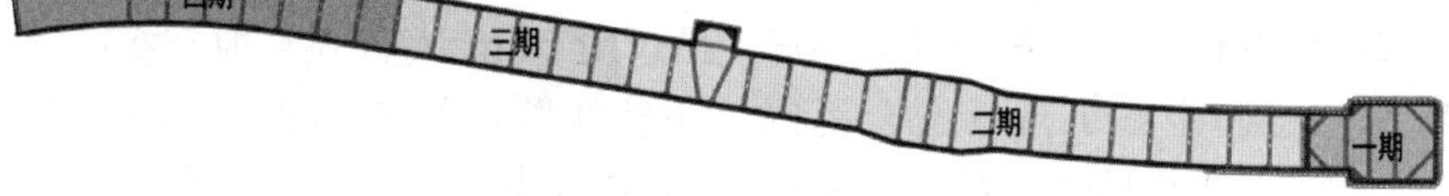

图 13-38　出入段线平面示意图

二、五方责任主体

该项目建设单位：宁波市轨道交通集团有限公司；设计单位：中铁二院工程集团有限责任公司、浙江华展工程研究设计院有限责任公司；勘察单位：上海市政工程设计研究总院（集团）有限公司；监理单位：上海市工程建设咨询监理有限公司；施工单位：浙江省二建建设集团有限公司。

三、施工进度管理

作为 5 号线一期最后开工的车站标段，布政站是担负着整条线路开通关键节点之一。自 2019 年 12 月 28 日开工以后，项目部利用数字管理平台结合 BIM 技术，研究如何在原定目标工期不变的前提下，重新细化施工方案，科学统筹各施工工序，增加劳动力和机械设备，有效弥补因疫情造成的损失。

面对体量如此庞大的项目，怎样保质量、抓进度，成为了工程的一大难题。施工单位本着浙建铁军精神，严格按照宁波市轨道交通建设相关要求和规范，强化项目管理，科学施组设计。为确保 5 号线一期在 2021 年开通运营，从原定计划 2021 年 1 月 25 日完成主体结构调整为 2020 年 12 月 31 日。在项目部的努力下，从围护结构开始，项目部以青年突击队为载体，开挖阶段从计划的单面开挖到改为两端同时进行。施工期间，施工现场昼夜不分、灯火通明。通过夜以继日地奋战，项目于 2020 年 12 月 7 日顺利完成 285m 的车站结构封顶。鸟瞰图如图 13-39 所示，主体结构封顶如图 13-40 所示。

图 13-39　布政站主体鸟瞰图

图 13-40　布政站主体结构封顶

后续立即同步推进附属围护和出入段线施工，且为了保证线路后期运营节点建设，附属施工采取多方同步进行。以土建为主，统筹协调装修、铺轨、通信等多家单位，施工现场分区域作业，统一施工。

出入段线位置特殊，距离 110kV 高压线最近约 20m，施工吊装时存在一定的风险。根据高压线位置确定施工现场安全范围，并悬挂警示灯带和警示标牌（图 13-41、图 13-42）。严禁施工机械进入安全范围内，并对高压线下的仓库集装箱顶加装绝缘隔离设施，为后续的施工做好安全保障。

图 13-41　高压线警示灯带

图 13-42　高压线下绝缘措施

出入段线施工根据实际情况进行工筹调整，将出入段线分 4 段施工，其中出入段线河道段为了给后续铺轨抢下节点，项目部果断加大施工机械、发电设备的投入。利用已完成布政站主体结构顶板用于临时堆放出入段线开挖土方（图 13-43）。通过采取多种措施，调整整体施工战略思路，仅用 70 天就完成了从围护到结构封顶。为 5 号线一期整体开通运营打下了坚实的基础（图 13-44）。

图 13-43　布政站主体结构顶板临时堆土

图 13-44　出入段线主体结构

附属结构施工时，由于 B 号风亭 D 号出入口地质条件差、结构复杂、施工难度大，项目部通过建立 BIM 模型，以三维模型取代传统的二维图纸，更加直观地体现附属结构脉络，从而减少了施工错误的发生；并运用模型计算结构混凝土工程量，进行施工换撑的受力分析，最终得以确定最佳施工方案，指导施工（图 13-45）。

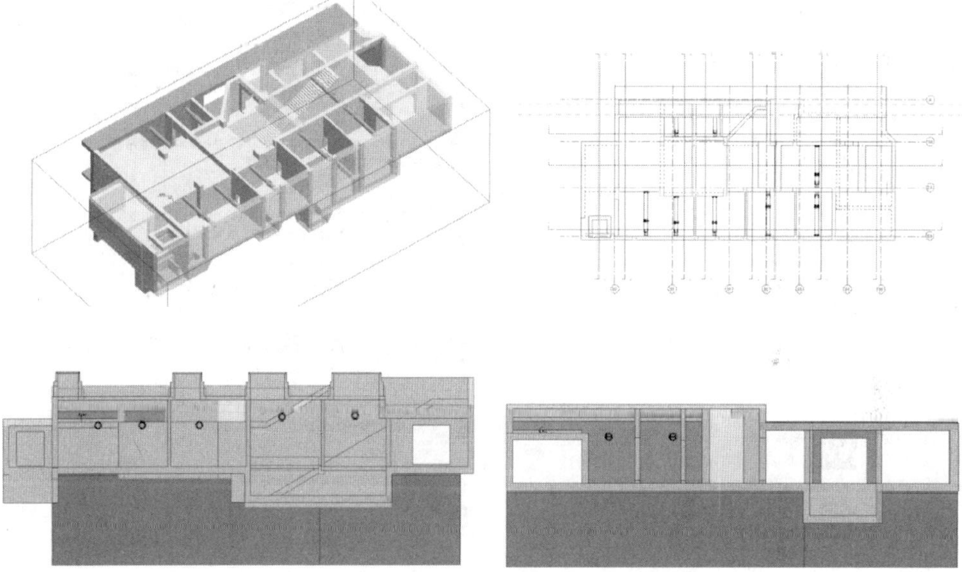
图 13-45　B 号风亭 D 号出入口换撑模型

面对时间紧、任务重、工序复杂多样的施工难题，项目部科学组织、合理调配，以“5＋2”“白＋黑”不间断施工，全力以赴保工期（图 13-46）。同时，紧抓安全，严控质量，施工进度一次次刷新。在不到 1 年的时间里，布政站从一片农田到项目主体结构封顶，出入段线开工到移交验收仅用了半年时间，整体工程进度提前近 50%，展现了浙建铁军的担当，书写了基建的中国速度。

图 13-46　夜间不间断施工

四、项目管理亮点

1. 运用协筑平台，项目信息统一管理

通过协筑平台，对施工图纸、变更交底、BIM 模型进行统一管理。动态功能实时显示项目文件上传信息，并带提示功能，避免遗漏。从而实现了项目信息云端集中存储，便捷分发，安全可控共享。协筑操作界面如图 13-47 所示。

图 13-47　协筑操作界面

2. 数字平台多模块、多维度的应用，实现智能化管理

本项目数字平台基于项目实际情况，主要从劳务、物料、安全、质量、成本、技术、生产七大模块出发，联合应用实现对项目的精细数字智能化管理（图 13-48）。以下重点介绍几种：

（1）劳务管理

劳务管理包括项目层人员登记、考勤、培训记录等，可查看在岗人员、现场人员、今日出勤情况（图 13-49）；实现实时导出各个班组花名册，可以按天查询班组出勤情况，也可以按月、按天查询参建单位或班组的人员考勤，人员进退场信息，并导出 EXCEL，避免劳务纠纷。劳务管理 BIM+系统支持将人员进退场信息及考勤信息同步至宁波市建筑工人管理信息平台，并在疫情期间对来自不同风险区域人员进行统计，按照登记、长期未出勤、疫情监测、体温测量等信息进行预警通知，支持无纸化交底，线上交底并留底。劳务管理系统如图 13-50 所示。

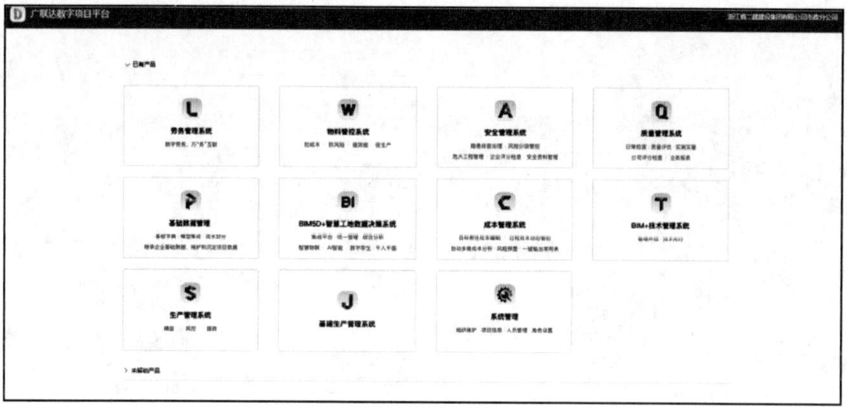

图 13-48　数字平台

图 13-49　人员考勤机

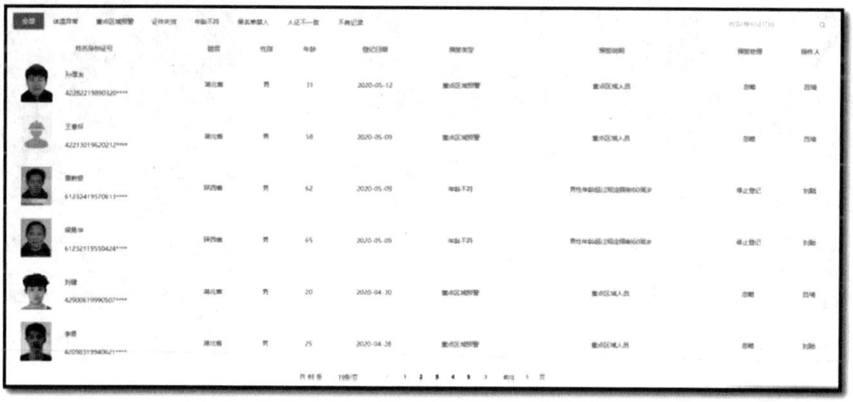

图 13-50　劳务管理系统

（2）物料管理

物料管理系统可以提供收料明细台账、发料明细台账、收料汇总分析、发料汇总分析、供应商供货明细、供应商供货偏差分析、车辆皮重情况分析、项目部应用情况查询，使项目物资收发可控（图 13-51）。

图 13-51　物料进出场监控

（3）安全管理

安全管理系统展示风险管控、隐患排查治理、履职尽责、数字报告的各项数据分析；平台支持录入现场划分的区域，便于更准确地定位隐患所在位置；支持将区域和 BIM 图纸关联对接，便于将隐患位置标记在图纸上，自动展示从移动端收集形成的安全检查记录；对安全检查工作留痕，帮助项目追溯问题，用户通过多维度搜索针对性关注项目的检查信息，可直接将安全问题打印表单存档；创建危大工程，编辑基本信息及勾选管控要点及查看后续执行台账，为项目决策提供有力支撑（图 13-52）。

图 13-52　安全隐患追溯

（4）质量管理

质量管理系统包含质量巡检、实测实量、工序验收、检查评分、报表输出、质量相册等功能，主要基于移动端进行数据采集汇总，根据区域、责任人、复查人等条件可筛选质量问题记录，改变传统质量巡检验收业务模式，同时新增实测实量、质量评优评分、资料数字化、报表自动化输出等功能。项目质量管控更高效、更全面、更合理，质量管理决策有依据可循（图 13-53）。

图 13-53　质量管理系统

（5）技术管理

技术模块应用了变更管理、技术交底、方案管理、构件跟踪等应用点。变更管理记录项目全过程图纸变更、图纸会审、设计变更洽商单等变更表单及附件，作为后期竣工决算依据；并及时上传更新分析对比所有图纸、方案，作为技术交底基础性数据。创新采用三维节点模型＋方案＋动画模拟＋图纸结合二维码应用进行全面交底，使交底达到真正可视化、移动化、落地化。同时创新应用构件跟踪、模型物资提量、设备管理等功能，使 BIM＋技术管理二者相辅相成（图 13-54、图 13-55）。

图 13-54　基于 BIM 模型的技术管理

图 13-55　交底二维码

3. 落实项目长制度

由施工单位委派领导班子成员作为本工程项目长，督促、指导项目施工，规范管理运行，降低项目风险；沟通、协调各方面资源，帮助项目有序推进。每月上报《项目长月度跟踪项目信息填报表》，做好攻坚“三重一大”制度规范执行；提升项目党建，做好项目廉政建设；强化监督落实，严格责任追究。综合以上措施实现控风险、增效益、强体系，此外对项目实施分类管理，着力精准施策，为实现工期节点、质量及安全文明一起抓打下坚实基础（图 13-56）。

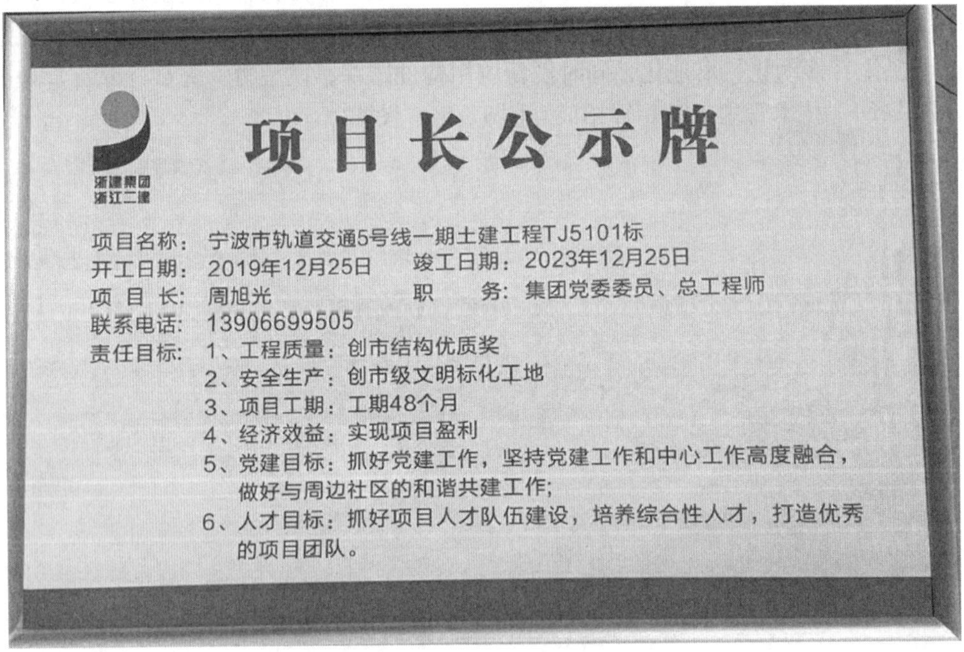

图 13-56　项目长公示牌

五、做好企地共建，宣扬红色工地

施工单位项目部设立和谐共建联络员，时常走访与项目结对的村庄，为村民排忧解难，为村庄清理河道、修筑排水沟，帮助村民拉车，真正体现“企地共建”的价值，发挥出项目党员的先锋带头作用（图 13-57）。

图 13-57　企地和谐共建

通过村支部与村民们搭建了沟通渠道，帮助困难村民解决生活上的问题，逢年过节走访慰问，“企地共建”活动不仅加强了双方的沟通与交流，还深化了双方党组织党内教育，提升了项目党员干部综合素质。

六、所获成果

本项目突出成果分为 BIM 技术应用、智慧工地建设、质量技术创新和安全生产管理四方面。

（1）BIM 技术应用

运用 BIM 技术模拟施工、协同工作，大大提高了工作效率，为项目施工提供了有力的技术保障。5 号线一期土建工程荣获宁波市第二届“建工杯”BIM 技术应用成果大赛一等奖。

（2）智慧工地建设

将数字化信息运用到实际项目上，提升了项目的灵活性，使得管理更加高效、便捷。5 号线一期土建工程 TJ5101 标荣获 2020 年度浙江省智慧工地示范项目。

（3）质量技术创新

以项目管理为核心，积极落实推动项目长制度。5 号线一期土建工程 TJ5101 标荣获浙江省市政行业优秀质量管理小组三等奖。

（4）安全生产管理

以“安全第一”为施工原则，强化施工管理。浙江省二建建设集团有限公司荣获宁波市轨道交通 2020 年安全生产月先进单位。

第十四章　车辆基地

一、工程概况（经堂庵跟车辆段）

5号线一期工程经堂庵跟车辆段位于联丰中路南侧、杭甬高速西侧地块内，原状以农田和河道为主。该地块宽270～380m，长约960m（试车线1800m）。车辆段规划用地面积约41.75万m^2，总建筑面积约11.03万m^2。本车辆段工程项目包括车辆段站场、桥涵、房屋建筑、机电设备、综合监控、安防、四电系统、轨道、河道改移、绿化、综合管网及给排水管道等工程，施工合同总价为9.74亿元（图14-1）。

图14-1　经堂庵跟车辆段鸟瞰图

建筑工程包含17个单体，为运用库、检修主厂房、综合办公楼、综合维修楼、调机库、镟轮库、物资总库、综合维修库、洗车机库、运转综合楼、危险品仓库、污水处理站、牵引变电所、公安派出所和3个门卫房。其中，运用库建筑面积2.2万m^2，长度279m，宽度90m，结构形式为桩板＋框架柱＋钢网架，主要用于车辆停车列检，设计16股轨道，可容纳列车24列（图14-2～图14-4）。

该车辆段按全自动运行车辆段设计建设，定位为宁波轨道交通4、5、6、8号线、鄞奉段车辆大架修基地，设置线网轮对大修基地、工程车检修基地和焊轨基地，预留线网车辆部件检修和正线机电、电子检修基地的布置条件，设计停车列检24/46列（近/远期）。

本项目建设单位：宁波市轨道交通集团有限公司；施工单位：中铁十局集团有限公司；设计单位：中国中铁二院工程集团有限责任公司、中铁电气化勘察设计研究院有限公司、宁波市水利水电规划设计研究院；监理单位：中铁华铁工程设计集团有限公司。

图 14-2　用库接车及运用库在建过程面貌

图 14-3　项目在建过程面貌

图 14-4　综合楼在建工程全貌

二、工期及关键节点

5 号线一期工程经堂庵跟车辆段项目由中铁十局集团有限公司承建，合同工期为 883 天，项目原计划于 2019 年 8 月 1 日开工，2021 年 12 月 31 日竣工。本项目实际于 2020 年 5 月 13 日下发施工许可证，2020 年 5 月 21 日下发开工令。2021 年 4 月 25 日实现送电，2021 年 5 月 25 日首辆列车接车顺利完成。2021 年 6 月 1 日运用库 L1-L4 股道热滑成功，陆续移交运营管理。2021 年 6 月 7 日试车线、测试线热滑成功，试车线、测试线移交运营代管。2021 年 6 月 15 日运用库、调机库、运转综合楼、牵引变电所、轨道、机电安装等具备功能性使用条件。项目于 2021 年 10 月竣工。

三、工程特点

（1）场地大，基础处理工作量大

施工场地范围较大，总占地面积为 41.75 万 m^2，东西宽度为 250～380m，南北长度为 960m。此处地质为典型的淤泥质土层，地质条件较差，地基处理形式较多，主要包括预应力混凝土管桩、双向水泥搅拌桩、钻孔灌注桩、（双）三轴水泥搅拌桩等，且加固土体工程数量巨大，管桩 218325m，水泥搅拌桩 1488915m。

（2）建筑工程单体较多、构造形式多样

该项目建筑单体较多，有总图及室外构筑物（含围墙）、运用库、检修主厂房、运转综合楼、调机工程车库及材料棚、镟轮库及试车间、污水处理站、牵引变电降压混合所、综合办公楼（含天桥）、综合维修楼、综合维修库、洗车机库及轮对踏面检测棚、物资总库、危险品存储间、公安派出所、门卫、基坑围护结构，共计 17 个建筑单体组成。

构造形式方面，运用库、检修主厂房、调机工程车库及材料棚为上部钢筋混凝土框架＋网架屋面结构，下部采用 PHC 管桩＋柱下独立承台基础；综合办公楼（含天桥）及综合维修楼为高层框架结构，外立面采用玻璃幕墙，一层地下室采用钻孔灌注桩基础；运转综合楼、镟轮库及试车间、污水处理站、牵引变电降压混合所、综合维修库、洗车机库及轮对踏面检测棚、物资总库、危险品存储间为单层或多层框架结构，基础加固为管桩及水泥搅拌桩。各单体内部存在大量钢结构，结构部位分散，种类功能多样，对项目施工生产组织及技术管理工作要求高。

（3）专业工程较多

车辆段工程是一个复杂的系统工程，涉及土建、安装、牵引供电、接触网、通信、信号、轨道、工艺设备、景观绿化等专业，各专业间技术接口众多，在共同的空间、限定的时间内完成各专业的施工，接口协调任务重。

四、工程难点分析及对策

1. 工期紧、进度管理难度大

本项目实际取得开工令为 2020 年 5 月 21 日，大面积交地时间为 2020 年 9～10 月，最大单体检修主厂房 11 月份完成交底，按保开通要求 2021 年 5 月 25 日具备接车条件、2021 年 10 月竣工验收，工期紧、完成困难，施工压力大。主要采取以下措施以保证工期。

①建筑基础工程施工合理组织分区分块施工，投入足够的机械设备，确保基础施工在阶段施工中时间最短；

②主体结构施工分区分块，投入足量的梁、柱模板、方木等周转料；

③充分做好各项施工准备工作，保证组织机构、劳动力、机械按计划进场；

④施工前对整个工程进行深入细致的分析研究，充分了解设计意图，针对运用库等关键工序及关键工期，制定切实可行的保证措施，紧凑有序地安排施工顺序，确保工程

施工连续、均衡地进行；

⑤桩基及软基处理在雨季内完成，充分利用9月至来年5月的非雨季黄金季节抢工期施作站场路基填筑工程、建筑主体工程及基坑；

⑥强化与其他专业的协调配合，把相互之间的干扰减少到最低程度；

⑦合理划分施工区段，每一区段按120％配置劳动力，按130％配备设备，以应对雨季与其他异常情况的影响；

⑧如因各种原因工程进度滞后，及时增加人力、物力、机械和资金的投入。

2. 工程接口管理难度大

车辆段工程是一个复杂的系统工程，涉及土建、安装、牵引供电、接触网、通信、信号、轨道、工艺设备、景观绿化等专业。各专业间技术接口众多，在共同的空间、限定的时间内完成各专业的施工，接口协调就成为车辆段工程施工的重难点。主要采取以下保证措施。

①管道、电气安装之间配合，各工种本着“小管让大管”的原则，了解管路的布置，确定和调整本工程管道、电气线路走向及支架位置，以便给其他工种创造施工条件；

②设备安装与管道、电气配合，设备到货后尽快就位，为管道配管与电气接线创造条件；

③设备试运转的配合，设备试运转应由电工先将电机单独试验合格，再以设备钳工、电工、弱电等各工种组成调试小组，统一安排试车工作；

④各专业在认真领会设计图纸等技术文件的基础上，对一些管线较多、空间较小的位置应会同各相关专业绘制综合管线图，研究管线排列施工的可行性，在满足功能符合规范的前提下，尽可能使管线排列美观、合理、维修方便；

⑤在工程实施过程中，除需协调好动力照明、给排水、消防系统及空调系统各专业施工配合外，还须配合垂直电梯、监控、AFC系统、ACS、FAS、BAS以及土建装修等各专业施工的交接配合；

⑥预埋阶段完成后，应以空调系统施工为龙头，集中力量抢进度，为其他各系统及专业的施工提供空间及时间，随着施工进入建筑装修阶段，施工的重点转移到装修项目上，各专业在施工过程中应相互协调、互让互利，并全力为下一工序的施工创造条件；

⑦按照标书或设备供应商提出的各专业接口技术条件，为各系统各专业提供符合要求的接口；

⑧将项目部每周施工计划，提供给相关施工配合单位，以方便各施工阶段的互相配合；

⑨主动联系并收集相关施工单位所承包工程部分的进展情况及施工图纸、设计说明，进行研究、分析，找出与项目施工有关的工作内容和位置，以便统筹安排工作；

⑩建立有效的会议协商制度，提高接口协调工作效率、推进工程进展、协调解决各类接口问题，并定期与相关承包商协调碰头，虚心接受业主及监理工程师指导，解决施工过程出现的矛盾；

⑪利用BIM技术，对各种管线与结构物之间的关系进行模拟碰撞，建立三维效果图，施工过程中进行动态检查。

3. 轨道及道床施工精度要求高

车辆段内线路类型繁多，道床结构型式多样。本工程有整体道床、碎石道床、有缝线路、无缝线路、道岔等，车辆段内线路类型繁多，道岔分布广，道床结构型式多样，如何组织施工，确保工期及质量是本工程控制的一大难点。主要采取了以下保证措施。

①严格按照设计进行基准点测设，确保其精度符合规范要求，满足施工条件；

②道床施工每道工序实施三检制度，即自检、互检、专检，确保所有工程质量；

③抽调有丰富经验的施工班组组织施工，并配备有从事相关工程经验的管理人员负责协调、监督等工作；

④对于精度不够或有其他质量问题的，坚决予以返工，但同时应加强控制，避免出现返工现象，应执行全过程旁站制度，特别是对重难点工程；

⑤整体道床采用架轨法施工，采用三角规配合三向千斤顶进行钢轨方向、高低及轨距控制。

4. 各施工控制难点

（1）管桩体量大、桩型多、桩长

本工程管桩217825m，其中桩长最长为42m，桩型种类有600A型管桩、600AB型管桩、500AB型管桩、400型竹节桩、500型竹节桩等类型管桩，成桩速度及质量控制为该项目桩基础的一个重难点。

针对管桩数量多、场地大、分布面大、桩型多、地质条件复杂的现状，项目部先后投入12台不同型号、不同工作原理的管桩机，以适应各种桩型、地质条件及场地条件，先后使用400t抱压机、300t静压机、静压锤击型桩机大小3个类型的锤击桩机等。运用库高峰期投入6台管桩机同时施工，项目单日沉桩量高峰期达5000m/d，为了克服挤土效应，合理安排沉桩，按照先大后小、先深后潜、先密后疏、中间向外侧、S型推进的原则逐步施工，成功克服挤土效应。

管桩施工桩长较长，存在较多接头，施工质量控制中的测量工作是重中之重，可保证桩位的可控；沉桩过程使用经纬仪严格把控沉桩垂直度；管桩对接过程安排现场旁站，采用二氧化碳气体保护焊，确保焊接质量优良，接头防腐涂刷均匀；沉桩完成到达临期后，对桩机做桩身完整性及承载力及时检测，桩基质量优良可控（图14-5～图14-8）。

图14-5　用长靠尺及经纬仪对管桩垂直度进行控制

图 14-6　管桩焊接控制、管桩防腐施工

图 14-7　低应变检测、高应变检测

图 14-8　管桩大面积施工

（2）钻孔灌注桩成桩质量控制

本项目钻孔灌注桩，其中桩长最长为54m，成桩质量控制为本项目桩基础的一个重难点。钻孔桩采用C35水下混凝土，桩径为0.9m、1m、1.2m。施工中重点控制桩位、桩长、桩身、桩径、垂直度、泥浆性能参数、钢筋笼焊接质量、成渣厚度以及混凝土浇筑质量，钻孔桩施工过程中安排专人进行现场旁站。在混凝土浇筑期间，现场严格控制坍落度，做好混凝土浇筑记录，确保混凝土面理论深度、实际深度和导管拆除长度处于动态可控状态（图14-9、图14-10）。

图14-9　钻孔钻施工

图14-10　成孔检查、桩头开挖破除后效果

（3）网架面积大，吊装作业量多

经堂庵跟车辆段运用库、检修主厂房、调机工程车库及材料棚3个单体为大跨度钢网架屋面结构，总面积5.9万m^2，钢网架吊装安装质量控制为本项目主体结构施工的一个重难点。

网架钢结构材料进场严格对各杆件检查验收，确认进场材料规格参数与设计相符后方可投入使用。施工过程对预拼装尺寸、垂直度、挠度等实时监控，对焊接及吊装过程技术人员全程旁站，所有杆件端部要求全部封闭，确保钢结构内部理化环境优良。施工完成，经探伤检查合格，除锈处理完成施工防腐防火涂料保护（图14-11～图14-14）。

图 14-11 钢结构材料验收

图 14-12 钢网架连接及尺寸检查

图 14-13 钢结构涂料厚度检查

图 14-14 大面积网架结构

五、经堂庵跟车辆段项目管理亮点

（1）项目体量大，建设难度大，仍如期完工

在 1 年左右的时间实现从一片农田到具备车辆段功能使用条件的蜕变。项目面积 41.75 万 m^2，施工场地范围大，地质为典型的淤泥质土层，地质条件较差，地基处理形式较多，主要包括预应力混凝土管桩、双向水泥搅拌桩、钻孔灌注桩、（双）三轴水泥搅拌桩等，且加固土体工程数量巨大，管桩 218325m，水泥搅拌桩 1488915m。

在参建单位的共同努力下，克服工程时间紧、制约因素多、建设难度大等困难，在 1 年左右的时间里保质保量地完成了目标节点，实现功能性使用条件，创造了宁波轨道交通建设的新速度。

（2）竹节桩的大量使用、结合地质情况改进桩机

竹节桩使用量约 13 万 m，先张法预应力混凝土竹节桩近几年得到大力推广，竹节桩满足国家节能、节材、高效、环保等要求，同时与普通预应力混凝土管桩相比，具有质量可靠、可施工性强，连接性能好、抗腐蚀性强、抗拔力及与承台的锚入性能良好等优点。

竹节桩静压施工过程出现沉桩困难等问题，经核查存在不易穿越的沙砾夹层。静压

工艺无法满足沉桩要求，经过分析，为了达到静压的高效环保性及满足设计沉桩深度确保结构安全性，对静压桩机进行改进。在实现静压功能的前提下增加锤击功能，增加一个 0.5t 锤头，使静压桩机优化为静压锤击桩机，高质高效完成施工作业（图 14-15、图 14-16）。

图 14-15　静压锤击桩机施工竹节桩

图 14-16　场地使用大量竹节桩及静压锤击桩机压打竹节桩

（3）盘扣式钢管大量投入应用

经堂庵跟车辆段项目部响应建设主管单位的号召，积极投入大量盘扣钢管架施工。支架施工是结构施工阶段的重要环节，盘扣支架为结构施工阶段的安全性及稳定性起到了关键性的保障作用。

该工程运用库、调机工程车库及材料棚运转综合楼、镟轮库及试车间、检修主厂房、综合维修库、物资总库、洗车机库及轮对踏面检测棚、危险品储存间、污水处理站、牵引降压混合变电所等 11 个结构单体承重支架及室内外作业架均采用承插型盘扣式支架施工。盘扣支架具有安全、稳定、搭设速度快等特点，且文明施工控制较好。

项目施工作业盘扣架达 40 万 m^3，盘扣支架施工采用槽钢托梁优化托梁布局，在保证刚度、强度稳定性的同时减少立杆的使用量，降低整体支架的钢含量，提高了搭设效率。同时，盘扣式钢管支架使用可靠、安全、安拆便捷、简洁美观，搭设质量可控性强（图 14-17～图 14-19）。

图 14-17　盘扣搭设效果

图 14-18　采用托梁体系优化盘扣支架

图 14-19　盘扣架的大量应用

（4）钢结构虚拟拼装技术应用

该工程运用库、调机工程车库及材料棚、检修主厂房 3 个单体为钢网架屋面结构。钢网架深化设计时，建立三维模型，并成功模拟现场拼装。模拟拼装技术（图 14-20）有效地增加了杆件的加工精度，减少了拼装过程中的累计误差，很好地保证了网架安装质量。

（5）BIM 技术应用

项目利用 BIM 施工模拟技术（图 14-21），使得复杂的机电施工过程变得简单、可视、易懂。形象直观、动态模拟施工阶段过程和重要环节施工工艺，将多种施工及工艺方案的可实施性进行比较，为最终方案优选决策提供支持。

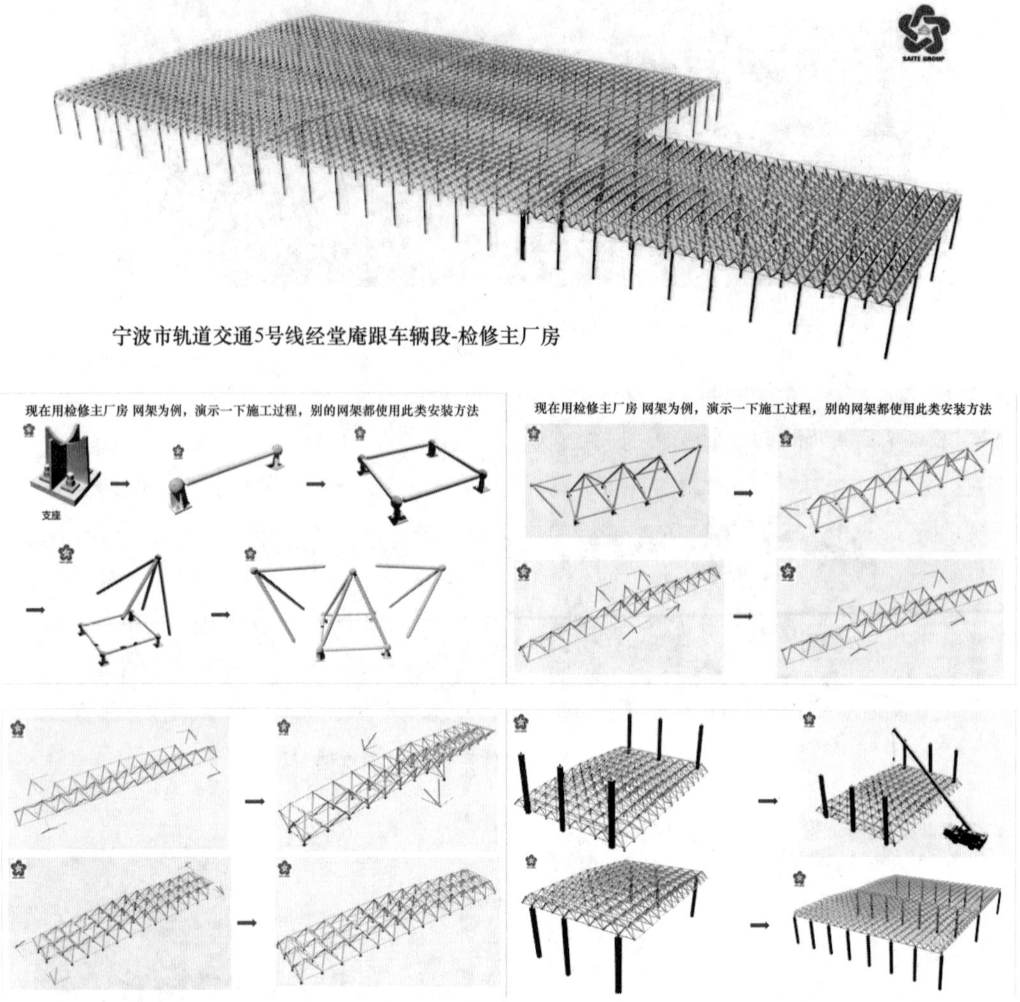

图 14-20　虚拟拼装技术效果

通过 BIM 碰撞技术，提前发现设计过程中出现的管线与管线间的碰撞、管线与建筑结构碰撞等。通过本项技术，项目部提前发现并解决了 200 多处管线碰撞，避免了返工，确保了施工质量，加快了施工进度。

（6）建立“基于 BIM 的轨道交通车辆段施工综合管理系统”

该管理系统将施工过程中的人员、机械、物资、安全、质量、进度等环节的管理经验进行总结，形成标准化、体系化、信息化的管理经验（图 14-22、图 14-23）。

（7）深基坑自动监测系统

工程综合办公楼、综合维修楼地下室深基坑为型钢＋三轴水泥搅拌桩支护结构，对支护结构的内力和位移、基坑底部及周边土体的位移及地下水状况等进行监测。采用自动化监测系统能高效率完成自动化监测工作，该系统能将基坑变形数据及时反映出来，能高效率、精准地监测到变形数值（图 14-24～图 14-27）。

图 14-21　BIM 技术三维可视化效果

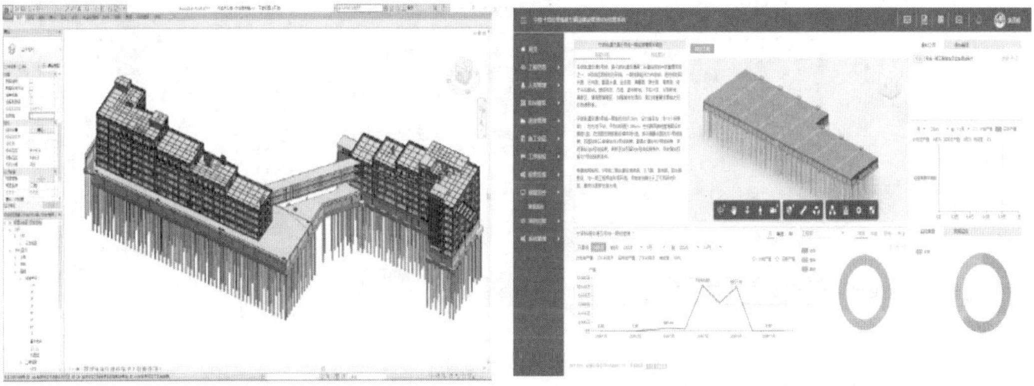

图 14-22　综合办公楼、综合维修楼 3D 建模、集成信息系统

图 14-23　视频管理系统

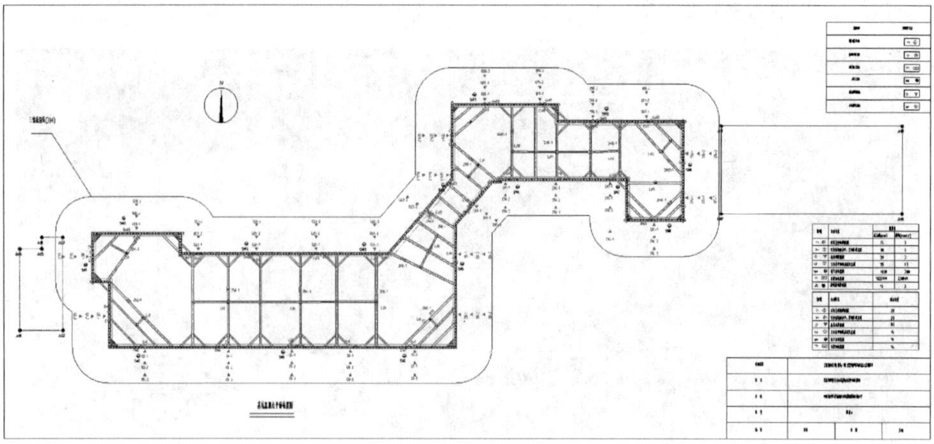

图 14-24　综合楼深基坑测点布置图

图 14-25　深基坑监测系统

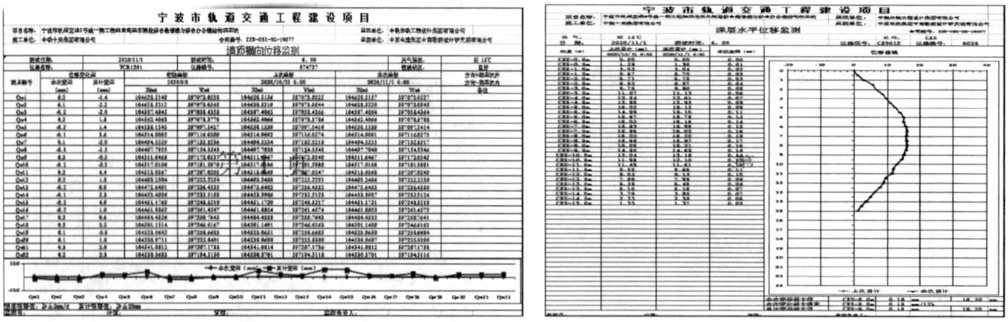

图 14-26　深基坑监测数据

图 14-27 综合楼深基坑施工监测

（8）各方对项目创新工作的肯定

项目部积极投入生产作业，在确保安全、质量、进度可控的同时获得了各方对项目创新工作的一致好评，获得了多项荣誉（表 14-1、图 14-28）。

表 14-1 项目获得荣誉简况

序号	获得时间	颁发单位	荣誉名称	级别
1	2020.6	宁波市轨道交通集团有限公司建设分公司	模范工地	市级
2	2020.6	宁波市轨道交通集团有限公司建设分公司	红色工地授牌	市级
3	2020.8	中铁十局五公司	2020 年“大干 100 天”活动第二阶段第一组第一名	公司
4	2020.8	宁波市住房和城乡建设局	宁波市建筑安全文明施工标准化工地参选工程授牌	市级
5	2020.9	宁波市轨道交通集团有限公司建设分公司	宁波市轨道交通 2020 年质量月先进单位	市级
6	2020.9	中铁十局五公司	2020 年“大干 100 天”活动第三阶段第一组第二名	公司
7	2020.10	中铁十局五公司	2020 年下半年“大干 120 天”活动第二阶段第一组第一名	公司
8	2020.11	宁波市轨道交通工程立功竞赛委员会	宁波市轨道交通工程立功竞赛活动 2020 年第三季度第三名	市级
9	2021.1	宁波市轨道交通集团有限公司工会委员会	2020—2021 年建设“两美”浙江重点工程立功竞赛活动参赛项目授牌	市级
10	2021.1	宁波市轨道交通工程立功竞赛委员会	2020 年度宁波市轨道交通工程立功竞赛先进集体	市级
11	2021.1	宁波市轨道交通集团有限公司建设分公司	宁波市轨道交通工程 2020 年度安全生产先进单位一第一名	市级

续表

序号	获得时间	颁发单位	荣誉名称	级别
12	2021.1	宁波市轨道交通集团有限公司建设分公司	2020年度宁波市轨道交通工程立功竞赛模范班组	市级
13	2021.1.11	宁波市轨道交通集团有限公司建设分公司	宁波市轨道交通工程立功竞赛活动2020年第四季度暨年度第一名	市级
14	2021.1.28	中铁十局五公司	2020年度先进单位	公司
15	2021.1.29	中铁十局五公司	2020年度夺冠军劳动竞赛第二名	公司

图 14-28　项目部获得的荣誉

（9）项目标准化建设

项目部按照“工厂化、集约化、专业化”进行规划布局，明确功能分区、建设标准、设施配备、安全管理等内容，分区封闭式管理。施工现场采取2.0m连续围挡封闭式管理，进入施工现场设置大门并设置门卫值班。夜间照明和安全警示灯齐全，施工现场道路为钢筋混凝土路面便道，设置专门保障队打扫管理。项目设有专人管理材料，负责现场材料堆码标识等。现场建设有专门的工人生活区，并制定了相关管理制度，宿舍人员名单上墙。现场大门处设置有“五牌二图”及宣传栏（图 14-29～图 14-31）。

图 14-29　考勤系统门禁、标准化钢筋加工中心

图 14-30　施工现场标准化连续围挡、夜间围挡灯带

图 14-31　场内便道标准化、场地护栏隔离重载便道

六、科研创新

宁波地处沿海，是重要的港口城市，拟建场地地层分布规律较复杂，变化较大，地下水位高，且具多种类型的地下水，浅部土质软弱，该研究依托 5 号线一期经堂庵跟车辆段工程项目，进行滨海软土区域地铁车辆段施工综合技术研究，主要涉及地铁车辆段多种功能区块滨海超厚软基处理及线路沉降综合控制技术、滨海软土区域大型地铁车辆

段智慧工地施工管理 BIM 技术应用、滨海软土区域大型地铁车辆段关键施工工艺及操作特点 3 个方面。

（1）地铁车辆段多种功能区块滨海超厚软基处理及线路沉降综合控制技术研究

针对场内 PHC 桩桩板结构、PHC 桩桩网结构、水泥土双向搅拌桩三大软基加固方式及线路沉降等重难点问题进行施工技术研究，总结出一套完整、技术先进、便于操作的滨海软土区域大型地铁车辆段施工技术，可以有效地指导类似工程施工，使施工过程更加安全可靠，施工质量更加有保障。

（2）滨海软土区域大型车辆段智慧工地施工管理 BIM 技术应用研究

对重难点工程采用 3D 模型进行技术交底，直观、简单，便于现场管理人员、作业人员掌握施工控制要点；对施工进度实现实时动态管理，及时、有效地调整施工进度计划，确保经堂庵跟车辆段项目的工期按照合同和指导性施工组织设计要求竣工。

（3）滨海软土区域大型地铁车辆段关键施工工艺及操作特点研究

通过对滨海软土区域大型地铁车辆段的地基处理及路基填筑、基坑工程、装配式混凝土构件快速施工、地铁车辆段通信漏缆施工四大重点、难点问题进行施工技术研究，掌握一整套滨海软土区域大型地铁车辆段施工技术，总结出一套完整、技术先进、便于操作的滨海软土区域大型地铁车辆段施工技术，以降低施工成本为目的，安全、优质、高效地完成工程的施工。

此外，项目部申报了 3 项专利，两项实用新型专利，1 项发明专利，已上报企业级工法两项。获得中铁十局集团第五工程有限公司 QC 成果三等奖 3 项、中铁十局集团公司 QC 成果二等奖 1 项、江苏省建设行业协会优秀 QC 活动小组 1 项、江苏省市政行业协会 QC 成果二等奖 1 项；参加 2021 年第十二届“创新杯”BIM 大赛。

第十五章　盾构施工

第一节　工程概况

5 号线一期工程自布政站至兴庄路站，盾构区间全长约 23.5km（双线）。全线平均站间距 1.27km，最大站间距 2km，为张家潭站至同德路站区间；最小站间距 0.73km，为民安东路站至会展中心站区间。设经堂庵跟车辆段，由布政站接轨；设前殷停车场，由泗港站及曹隘站接轨。选取其中两个典型盾构区间介绍工程概况。

1. 盘孟港路站—三官堂站区间

盘孟港路站—三官堂站区间上行线隧道起点里程 SDK26＋072.738，终点里程 SDK27＋709.685，设计长度 1636.947m；区间下行线隧道起点里程 XDK26＋072.738，终点里程 XDK27＋709.685，短链 1.348m，设计长度 1635.599m；左右线隧道均为地下线路，设有两座联络通道。区间线路最小曲线半径 800m，线间距 13～27m。隧道顶埋深为 5.9～21.9m，线路最小纵坡为 2‰，最大纵坡为 27.987‰，最大坡长为 520m，见表 15-1，区间平面如图 15-1 所示。

表 15-1　盘孟港路站—三官堂站区间区间要素

区间名称	线路	区间全长（m）	平曲线最小半径（m）	线间距（m）	最大纵坡（‰）	区间隧道覆土（m）	备注
盘孟港站—三官堂站区间	右线	1636.947	800	13～27	27.987	5.9～21.9	—
	左线	1635.599	800		27.987		

图 15-1　盘孟港路站—三官堂站区间总平面图

区间主要穿越②$_{2b}$层淤泥质黏土、④$_{1b}$淤泥质粉质黏土、②$_{2c}$层淤泥质粉质黏土、②$_{t}$粉砂层、④$_{2a}$黏土、③$_{1b}$层粉砂、③$_{2}$层粉质黏土，见表 15-2、表 15-3。

表 15-2　盘孟港站—三官堂站区间地质条件表

层号	地层名称	埋深（m）	特征描述	影响程度
①$_{1a}$	杂填土	0～0.3	杂色，道路上结构中密至密实，其余处结构松散至稍密，组成成分复杂，道路上主要由碎石、块石混砂、砾组成，碎块石大小混杂	非主要穿越地层
①$_{2}$	粉质黏土	0.3～2	灰褐、灰黄色，可塑，往下渐变成软塑，厚层状构造，含氧化铁锰质斑点，局部富含植物根茎，土质较均匀；切面有光泽，韧性高，干强度高，无摇振反应	
①$_{3b}$	淤泥	2～5	灰色，流塑，厚层状构造，含有机质斑块及粉砂团块，局部相变为黏土、淤泥或淤泥质粉质黏土，土质不均匀；切面有光泽，韧性高，干强度高，无摇振反应	
②$_{2b}$	淤泥质粉质黏土	5～22	灰色，流塑，厚层状，土质较均匀，局部相变为淤泥或淤泥质粉质黏土；切面光滑，土面有光泽，韧性高，干强度高，无摇振反应	主要穿越地层
④$_{2a}$	黏土	22～25.4	灰色，软塑，细鳞片状构造，含少量半碳化物，岩性以黏土为主，局部为粉质黏土，局部夹少量粉砂薄层，土质较均匀；土面有光泽，韧性高，干强度高，无摇振反应	
⑤$_{1a}$	黏土	25.4～27	灰绿、灰黄色，可塑为主，厚层状构造，岩性以黏土为主，局部为粉质黏土，含铁锰质斑点及结核，土质不均匀；土面有光泽，韧性高，干强度高，无摇振反应	非主要穿越地层

表 15-3 盘孟港站—三官堂站区间地质参数表

层号	岩性名称	天然含水量 w(%)	天然重度 γ (kN/m^3)	孔隙比 e_0	压缩系数 $a_{0.1-0.2}$ 1/MPa	压缩模量 $E_{s0.1-0.2}$ (MPa)	静止侧压力系数 K_0	泊松比 ν	基床系数		渗透系数		固结系数		次固结试验		回弹模量 Er (MPa)	压缩指数 Cc	直剪固快		三轴快剪		原状土十字板剪切 C_u (kPa)	原状土无侧限抗压强度 q_u (kPa)	灵敏度 St	比例系数 m (MN/m^2)
									垂直 K_v (MPa/m)	水平 K_h (MPa/m)	垂直 $K_v\times10^{-7}$ (cm/s)	水平 $K_h\times10^{-7}$ (cm/s)	垂直 $C_{v0.1-0.2}\times10^{-3}$ (cm^2/s)	水平 $C_{h0.1-0.2}\times10^{-3}$ (cm^2/s)	垂直 C_a $(C_v)_{0.1-0.2}\times10^{-3}$	水平 C_a $(C_h)_{0.1-0.2}\times10^{-3}$			内摩擦角 φ_c(°)	黏聚力 C_c (kPa)	内摩擦角 φ_{UU} (°)	黏聚力 C'_{uu} (kPa)				建议值
①$_{1a}$	杂填土		20.0																15.0	5.0						
①$_{2}$	黏土	30.3	19.3	0.845	0.45	4.27	0.53	0.35	20.0	22.0	2.47	4.01	1.30	1.50	4.90	6.20	24.0	0.217	14.9	34.3	0.3	24.0		60.0	2.0	2.5
①$_{3c}$	淤泥质粉质黏土	40.6	17.9	1.144	0.71	3.22	0.60	0.38	4.2	4.4	1.29	2.53	0.60	1.60	8.20	8.50	11.5	0.343	9.3	12.5	0.1	12.0	16.85	32.0	3.5	1.5
②$_{2b}$	淤泥质黏土	49.5	17.2	1.393	1.09	2.24	0.64	0.39	5.5	6.5	2.92	4.15	0.90	1.60	9.70	11.00	11.0	0.475	9.4	13.0	0.1	13.0	25.19	26.0	4.0	1.5
②$_{2c}$	淤泥质粉质黏土	45.0	17.6	1.256	0.95	2.53	0.54	0.35	5.3	5.5	5.04	7.07	1.60	1.90	6.00	6.80	13.0	0.423	9.4	12.9	0.1	15.0	21.17	28.0	3.5	1.8
②$_{2T}$	粉砂	27.6	19.1	0.796	0.29	7.42	0.32	0.24	11.0	13.0	4670	6610							29.0	9.4						5.0
③$_{1b}$	粉砂	26.3	19.4	0.756	0.25	7.45	0.30	0.23	13.0	15.2	4640	6790	5.20	6.70	2.20	3.00	30.0	0.185	30.1	9.0	0.8	13.7				5.0
③$_{2}$	粉质黏土	30.5	18.9	0.883	0.43	4.54	0.50	0.33	9.1	9.4	4.17	8.44	5.60	6.30	2.90	3.20	20.0	0.241	12.2	14.9	0.4	16.0		37.0	3.5	2.2
④$_{1b}$	淤泥质粉质黏土	37.6	18.1	1.075	0.69	3.06	0.51	0.34	7.6	7.8	3.00	5.00	2.60	3.40	4.00	6.00	15.0	0.416	10.7	16.9	0.2	18.0	33.30	35.0	3.5	2.0
④$_{2a}$	黏土	45.8	17.5	1.290	0.84	2.81	0.57	0.36	12.0	12.5	1.72	2.71	4.00	4.50	6.00	6.90	20.0	0.423	11.6	18.9	0.2	21.0	33.88	40.0	3.5	2.2
⑤$_{1a}$	黏土	29.4	19.5	0.820	0.29	6.55	0.42	0.30	25.0	26.5	2.84	4.35	1.00	1.50	2.90	3.50	30.0	0.248	17.4	44.4	0.7	29.0				5.0
⑤$_{1T}$	粉砂	23.6	19.9	0.677	0.13	12.90	0.30	0.23			1000	1500							28.5	10.0						6.5
⑤$_{2}$	粉质黏土	31.1	19.2	0.867	0.35	5.49	0.43	0.30	18.0	20.0	4.35	6.16	5.30	6.20	3.00	3.30	16.0	0.314	16.1	32.1	0.7	30.0				5.0
⑤$_{3a}$	黏质粉土	31.6	18.9	0.890	0.30	6.44	0.39	0.28	12.0	18.0	180	281							29.1	14.4						5.5
⑤$_{3b}$	粉砂	30.4	19.0	0.853	0.21	9.06	0.30	0.23	23.5	24.2	2220	3106							30.6	9.0						6.5
⑥$_{2}$	粉质黏土	31.7	19.0	0.893	0.37	5.24	0.43	0.30	15.3	17.9	3.59	4.67	3.60	5.40	5.00	5.30	23.0	0.333	14.6	29.3	0.8	26.0				4.5
⑥$_{2T}$	黏质粉土	29.5	19.2	0.829	0.28	6.89	0.39	0.28	20.6	21.6	1000	1500					35.0	0.184	24.8	13.9						5.5
⑥$_{3a}$	粉质黏土	31.0	19.0	0.883	0.34	5.68	0.44	0.31	14.3	14.5	2.51	4.15	3.90	5.80	3.10	4.20	25.0	0.258	15.7	30.2	1.0	30.0				5.0
⑥$_{3b}$	黏质粉土	32.5	19.0	0.887	0.27	7.33	0.35	0.26			1000	1500							26.7	13.6						6.0

注：1. 水平比例系数 m 系根据《建筑基坑支护技术规程》(JGJ 120—2012) 经验公式（水平位移不大于 10mm 时）计算并结合经验提供，仅供参考，设计时可根据经验选用；

2. 天然含水量、天然重度、孔隙比、压缩系数、压缩模量为统计平均值，直剪固快指标为标准值或经验值，其他指标系根据室内统计值并结合地区经验综合考虑提供的建议值；

3. 部分层位统计指标较少者，结合地区经验，提供建议值。

4. 回弹模量荷载范围为 25～400kPa。

2. 泗港站—曹隘站区间

泗港站—曹隘站区间正线从曹隘站南端头出发后，沿金达路下穿行，盾构依次下穿金达路 1# 桥箱涵、金达路跨线桥、侧穿东方丽都围护结构、下穿杭甬高速、侧穿泗港小区、下穿金达路 2# 和 3# 桥后到达泗港站。区间周边示意如图 15-2 所示。

图 15-2　泗港站—曹隘站区间周边环境示意图

区间正线隧道纵坡为“V”形坡，最大纵坡为 28‰，区间隧道埋深 8.8～24.2m，穿越主要土层为②$_{2a}$淤泥质黏土、③$_{1b}$粉沙、③$_{2}$ 粉质黏土、④$_{1b}$淤泥质粉质黏土，见表 15-4。

表 15-4　区间隧道线路表

<table>
<tr><th>区间隧道</th><th>起～终点里程</th><th>区间长度（m）</th><th>最小半径（m）</th><th>最大纵坡（‰）</th><th>顶板覆土（m）</th><th>备注</th></tr>
<tr><td>上行线（右线）</td><td>SDK17+894.660～SDK19+301.65</td><td>1406.990</td><td>450</td><td>28</td><td rowspan="2">8.8～24.2</td><td>无短链</td></tr>
<tr><td>下行线（左线）</td><td>XDK17+894.880～XDK19+301.373</td><td>1397.545</td><td>800</td><td>28</td><td>短链 8.498m</td></tr>
</table>

隧道衬砌采用通用环管片，双面楔形设计，每环楔形角为 20′37.59″，楔形量为 37.2mm，错缝拼装，整体式衬砌，衬砌管片设计强度为 C50，抗渗等级为 P10。管片外径 6.2m，内径 5.5m，环宽 1.2m。管片分为 6 块：由 3 块标准块（B1、B2、B3），两块邻接块（L1、L2）和 1 块封顶块（F）组成。管片环、纵向以 28 只 M30 弯管螺栓连接，其中环向螺栓 12 只，纵向螺栓 16 只。衬砌管片间环、纵向接缝采用遇水膨胀橡胶挡水条+三元乙丙橡胶弹性密封垫止水。

第二节　风险管控措施

一、风险源调查

盾构施工前详细调查沿线风险源。工程周边环境调查的内容一般包括调查对象的名称、类型（或用途）、地理位置，与轨道交通工程的空间关系，修建年代或竣工日期，产权人或管理单位，原建（构）筑物建设、勘察、设计、施工等单位，使用（或在建）现状，竣工图纸情况，特殊保护要求等。

地上建（构）筑物需重点调查建筑层数、高度、结构形式、基础型式、基础埋深（标高）、地基变形允许值及沉降观测资料等内容。采用复合地基、桩基的建（构）筑物还应包括地基基础的主要设计参数、施工工艺等内容。

地下构筑物需重点调查结构形式、外轮廓尺寸、顶（底）板埋深（标高）、原施工开挖范围、围（支）护结构形式、抗浮措施、施工方法等内容。

地下管线需重点调查管线的类型、功能、材质、规格、坐标位置、走向、埋设方式、埋深（标高）、施工方法等内容。各类管道还包括管节长度、接口形式、拐折点坐标、管径变化位置、节（阀）门（或检查井）位置、载体特征（压力、流量流向）、使用情况（正常、废弃、渗漏）等内容。采用地下综合管道共同沟的，还包括共同沟的结构形式、断面尺寸、顶（底）板埋深（标高）、围（支）护结构形式、变形缝设置情况等内容。

二、人员安全技术交底及值班制度

（1）人员安全培训

所有作业人员上岗前均进行安全培训。

（2）特殊工种证件

特种作业人员（电工、焊工、龙门吊司机、信号工、盾构机司机、电瓶车司机）须满足盾构施工作业要求，操作证齐全（图 15-3）。

图 15-3　特种作业人员证件

（3）安全技术交底

盾构施工前应组织进行安全技术交底（图 15-4）。

三、应急物资准备及专项应急演练

1. 应急物资储备

严格按照应急物资清单储备应急物资。

图 15-4　盾构下穿甬江安全技术交底会

2. 应急物资核查

对应急物资进行排查，并对应急物资中的聚氨酯泵等相关设备提前进行调试，聚氨酯提前进行试配，查看效果（图 15-5、图 15-6）。

图 15-5　发电机及聚氨酯泵调试

图 15-6　聚氨酯试配

3. 应急措施制定

对不同的风险源制定不同的应急措施。以盾构接收及盾构下穿河流为例。

（1）接收洞门漏水漏砂应急措施

①洞门凿除过程中（第二层未凿除完成）掌子面漏水漏砂的应急措施：若出现漏水漏砂现象，立即停止洞门破除，用棉纱对漏水部位进行填塞，同时使用双快水泥进行封堵；若排除降水井未抽水原因，则对洞门进行水平垂直注浆加固（注意不要封住盾构机），加固完成后重新补打探孔，若无漏水，恢复洞门凿除；若证明环箍未起到密封效果，应重新打设环箍，阻隔加固区外侧水流向洞门；测量降水井水位，若降水井水位较高，更换大泵。

②洞门第二层凿除完成后掌子面漏水漏砂的应急措施：启用盾体预留注浆孔，使用新型高强聚氨酯堵漏材料通过盾构预留孔打入土层中；利用地面垂直注浆孔，进行地面垂直注浆加固；严重时，使用木封门密封洞门圈。

③盾构到达时管片环缝张开导致漏水的应急措施：使用棉被和堵漏王临时封堵，同时打开注浆孔，进行双液注浆封堵。

④盾构接收完成后因洞门封堵不密实出现的漏水：盾尾完全出洞门圈后，及时使用砖封堵洞门，若出现漏水使用双液浆进行二次补浆封堵；严重时，从后面第三环注聚氨酯进行封堵。

（2）穿越河流应急措施

①富水粉砂层螺机喷涌：及时关闭螺旋机闸门；打开刀盘前及螺旋机边上的注泥球阀，向刀盘前及螺旋机中注入聚合物等添加材料，并空转刀盘使刀盘前的土体与聚合物充分混合；适当提高土仓压力；喷涌较严重时，可采取从隧道顶部对应的河面处抛填1～2m厚的黏土；加密相邻成型隧道对应位置的位移监测。

②盾尾密封刷失效引起的盾尾漏水、漏砂：泄漏部位进行集中压注盾尾油脂，填堵盾尾密封可能出现的泄漏位置；采用橡胶环管＋弧形插板封堵盾尾间隙；配置初凝时间较短的双液浆进行壁后注浆，压浆在盾尾后3～6环进行，邻近盾尾环采用聚氨酯封堵；在实际情况允许的条件下，适当降低切口环的水压，待渗漏得到治理后再恢复正常；加密相邻成型隧道对应位置的位移监测。

③管片错台、破裂引起盾构隧道内进水：使用棉花、快干水泥封堵；采用聚氨酯封堵；初步封堵后，使用双液浆进行壁后注浆；采用槽钢拉紧管片；加密相邻成型隧道对应位置的位移监测。

④盾构机意外停机且停机较长：因盾构设备、压浆设备发生故障，预计停止3d以上时，盾尾与管片间的空隙采用橡胶环管＋弧形插板密封处理，管片使用10#槽钢拉紧，槽钢与盾构机连接，以防止盾构在停机期间后退，加强监测（倒九环、已贯通隧道位移监测）。

⑤铰接漏水应急措施：调节切口水压，若铰接出现大量漏水漏浆，则可能是外界水压太大，盾构机姿态控制不好造成的，此时可适当降低切口压力，同时把铰接适当缩回一定量，观察泄漏情况；充气密封，铰接内有一道可充气的密封气囊，当漏水严重或无法堵漏时，往气囊中充入压缩空气，气囊体积增大，达到封堵漏水通道的作用。

⑥盾构机停电应急措施：通过螺机闸门蓄能装置紧急关闭螺机闸门；及时查明停电原因，若是线路、设备原因，应及时排查故障并修复，若是外部断电，需及时联系供电单位尽早送电。

4. 桌面推演及专项应急演练

定期组织桌面推演及应急演练，以提高全员安全意识，增强员工在紧急情况下的应变处置能力。

四、设备检查与维保

盾构下穿风险源前对盾构机各系统，门吊、轨道运输车、地面储浆罐等机械设备进行一次全面检查和维护，对于发现的故障及故障隐患及时进行消除，并配备足够的备件。以确保盾构机及配套设备在施工过程中一直能处于良好的工作状态。下穿施工期间加强机械设备的维保和加快设备故障处理速度，减少停机时间（图 15-7）。

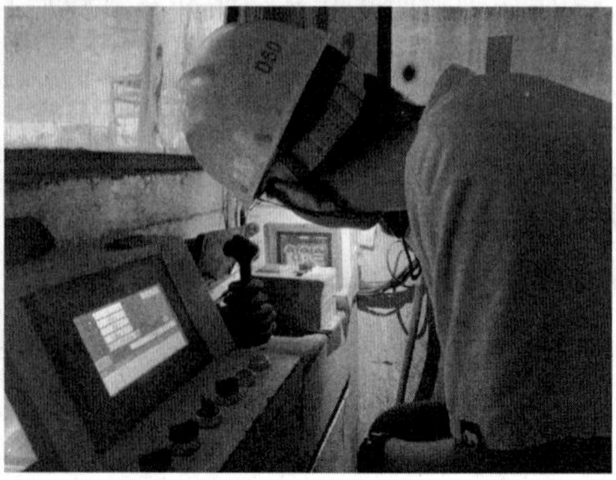

图 15-7　设备检查

五、理论技术参数提前制定

以盾构盎孟港站—三官堂站区间为例，对各项参数设定简述如下。

1. 盾构位置关系模拟

通过 CAD 盾构位置关系模拟，见表 15-5。

表 15-5　盎孟港站—三官堂站区间穿越甬江相对位置关系

序号	环号	穿越段位置说明	备注
1	427 环～431 环	427 环推进行程 666mm 至 431 环，推进行程 866mm，盾构机刀尖穿越驳岸承重墙	—
2	431 环	行程推进至 866mm 时，盾构机刀尖到江边	—
3	439 环	行程推进至 776mm 时，盾构机盾尾完全进入甬江	—
4	732 环	行程推进至 1244mm 时，盾构机刀尖离开甬江穿越北岸驳岸承重墙	—
6	735 环	行程推进至 1644mm 时，盾构机盾尾离开甬江，盾尾进入北岸驳岸承重墙	—
7	742 环	行程推进至 889mm 时，盾构机盾尾离开北岸驳岸承重墙	—

（1）427 环掘进 666mm 时刀尖顶到承重墙边；
（2）431 环掘进至 866mm 时刀尖出承重墙；
（3）439 环掘进 776mm 时盾尾出承重墙，盾构机完全进入甬江；
（4）732 环掘进至 1244mm 时刀尖顶到北岸承重墙边盾构机出甬江；
（5）735 环掘进至 1644mm 时刀尖出承重墙；
（6）742 环掘进至 889mm 时盾尾出承重墙，甬江穿越完成。

2. 土仓压力制定

甬江江水流入海洋，甬江水位受海洋潮汐影响。盾构穿越前观察海洋潮汐对甬江水位的影响，每日实测甬江水面标高，并对河床底标高进行复测，计算甬江实际水深。在盾构过甬江过程中，将严格按照甬江实际水位深度计算水土压力，根据潮汐水位和江底标高动态设置土压，建立土仓压力动态调整机制；并关注甬江北岸等地面标高突变地段，土仓压力及时进行调整，一旦发生异常，及时停机查找原因，处理解决。

在采取土压平衡模式掘进时，必须密切关注土仓压力的变化，主要是通过严格控制掘进速度与出土量关系，使得进入土仓的土量与出土量之间达到一种动态平衡，从而保持土仓压力与掌子面之间达到平衡状态，保证掌子面的稳定。

本区间盾构穿越地层主要为中渗透性土体，土压力根据盾构中心处的朗肯静止土压力进行计算，计算如下式，计算结果见表 15-6。

$$p_0=K_0'(p_{土}+\gamma_{加权}H)$$

式中　K_0'——盾构机截面范围内的侧压系数加权值；

$p_{土}$——盾构机上方土的压力（kN/m^2）；

$\gamma_{加权}$——盾构机截面范围内土层加权平重度（kN/m^3）；

H——盾构机截面范围内土层深度 m。

表 15-6　理论土压力计算结果

序号	计算区段位置	理论土压力（p_0～$1.2p_0$）kN/m^2
1	甬江南岸	2.15～2.64
2	甬江江底（水位最深处）	2.21～2.64
3	甬江北岸	1.66～2.04
备注：	盾构下穿过程中，应根据河底地层深度变化以及甬江实际水位深度逐环计算土压力理论值，土仓压力的设定由理论值结合河床沉降监测及试掘进参数合理调整	

3. 理论出渣量制定

为防止因超排土或欠排土导致地层失稳，造成沉降或隆起，盾构掘进时地层损失率按≤3‰控制。

出渣采用重量及体积进行双控：通过渣斗上的体积刻度进行出渣体积记录，通过门吊称重系统适时监控出渣重量，根据出渣重量及体积适时控制超挖和欠挖。

过河段隧道衬砌环管片宽 1200mm，则每环理论出渣量为：

$$[(\pi\times D^2)\div4]\times L=[(\pi\times6.36^2)\div4]\times1.2=38.12\text{ 立方米/环}$$

$$[(\pi\times D^2)\div4]\times L=[(\pi\times6.35^2)\div4]\times1.2=37.98\text{ 立方米/环}$$

根据相关规范要求，盾构机出渣量严格控制在 38.12±0.11 立方米/环（83# 盾构机）、37.98±0.11 立方米/环（326# 盾构机）。同时为保证准确判断出土量，渣斗每次到位，值班技术员都必须进行检查，必须做到“每斗必看，每斗必量”。

4. 渣土改良参数制定

进行渣土改良试验及理论计算。改良渣土状态的评价指标选用“坍落度”，其具有简单、快速且费用低的特点。此外，坍落度亦是对渣土和易性、稠度等进行综合评价的一个指标。最佳坍落度值取 10～14cm（图 15-8～图 15-10）。

图 15-8　膨水比配比试验

图 15-9　膨化好的膨润土

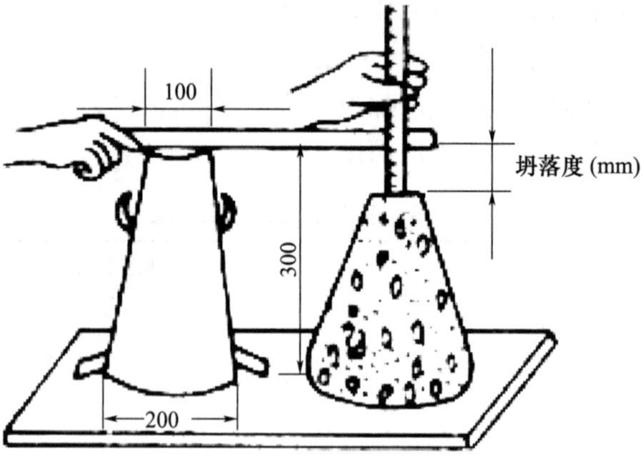

图 15-10　坍落度试验

试验得出参数见表 15-7、表 15-8。

表 15-7　渣土改良参数

相关参数	泡沫剂	膨润土
配合比	原液含量 2%～3.5%	膨润土：水=1：6（质量比）
发泡率	FER=8～10 倍	—
注入率	10%～15%	10%～15%

表 15-8　穿越段地层及改良材料选用建议表

环号（右线/左线）	主要穿越地层	建议改良材料
420—493/424—497	淤泥质黏土、粉质黏土、淤泥质粉质黏土	泡沫剂
494—510/498—514	淤泥质粉质黏土、粉砂、粉质黏土（黏土为主）	泡沫剂
511—595/515—599	粉砂、淤泥质粉质黏土、粉质黏土（黏土为主）	膨润土
596—635/600—639	粉砂、粉质黏土（黏土为主）	泡沫剂
740—748/744—752	粉质黏土、淤泥质粉质黏土、粉砂（黏土为主）	泡沫剂
749—783/753—787	粉砂、淤泥质粉质黏土（粉砂为主）	膨润土
784—800/788—804	粉砂、淤泥质粉质黏土、粉质黏土（黏土为主）	泡沫剂

5. 盾尾油脂注入控制

为防止盾构在河道掘进时，地下水及同步注浆浆液从盾尾窜入隧道，须在盾尾钢丝刷位置压注盾尾油脂，以达到盾尾的密封性能。

在每环推进过程中，盾尾油脂保持少量勤注，盾构司机应当不定时检查所有压力传感器显示值，发现有压力偏低时，应及时补注，保证油脂压力高出水压力 $1\sim2kN/m^2$。同时每环推进后会复核油脂的消耗量，将油脂泵故障所造成的风险降到最低，保证穿越期间盾尾无漏浆、漏水等现象发生，确保安全掘进。

6. 盾构姿态设定

编制线路线型曲线要素表（图 15-11）并粘贴在司机室。

盘孟港站~三官堂站区间左线（下行线）竖曲线情况参考统计表

序号	起始环数	终止环数	起始里程	终止里程	线路长度（m）	线路类型	坡度	备注
1	1	5	26072.738	26079.500	6.762	直线	2‰上坡	
2	6	73	26079.500	26160.500	81	凸曲线	2‰上坡~25‰下坡	R-3000　T-40.5　E0-0.273
3	74	314	26160.500	26450.000	289.5	直线	25‰下坡	
4	315	397	26450.000	26550.000	100	凹曲线	25‰下坡~5‰下坡	R-5000　T-50.0　E0-0.250
5	398	759	26550.000	26985.000	435	直线	5‰下坡	
6	760	818	26985.000	27055.000	70	凹曲线	5‰下坡~9‰上坡	R-5000　T-35.0　E0-0.123
7	819	1057	27055.000	27342.533	287.533	直线	9‰上坡	
8	1058	1136	27342.533	27437.467	94.934	凹曲线	9‰上坡~28‰上坡	R-5000　T-47.467　E0-0.225
9	1137	1296	27437.467	27631.020	192.205	直线	27.987‰上坡	27598.652=27600短链1.348
10	1297	1361	27631.020	27708.980	77.96	凸曲线	28‰上坡~2‰上坡	R-3000　T-38.980　E0-0.253
11	1362	1362	27708.980	27709.685	0.705	直线	2‰上坡	
备注：区间总长为1635.599m，总环数1362环，未考虑1.5米管片。								

图 15-11　曲线要素

姿态调整以控制为主，调整与控制相结合为原则。在姿态符合施工要求时，盾构掘进姿态以控制为主，若盾构姿态发生较大变化时，必须以调整为主，同时结合姿态的控制，以达到姿态的完美回归，如此在盾构姿态大幅变化情况下，最大限度地提高盾构隧道成型质量。

姿态较好时，在垂直线路无变坡或水平线路无变化时，姿态调整以控制为主。结合测量系统数据，确认一个合适的水平及垂直趋势（此趋势能保证姿态无变化），要求司机保持此趋势进行推进。

姿态较差时，以调整为主，同时结合姿态的控制。西集区间右线为主动铰接盾构机，在姿态较差时，常规办法是加大推进油缸油压差，若使用常规办法姿态仍很难纠偏过来，最直接有效的办法是使用主动铰接（与推进油缸同步纠偏使用），同时利用管片楔形量辅助纠偏，先做趋势（趋势不超过 5mm/m），再保持趋势推进，姿态到位后及时反压，这是调整的重点，若控制不好，姿态又会变差。盾构机界面如图 15-12 所示。

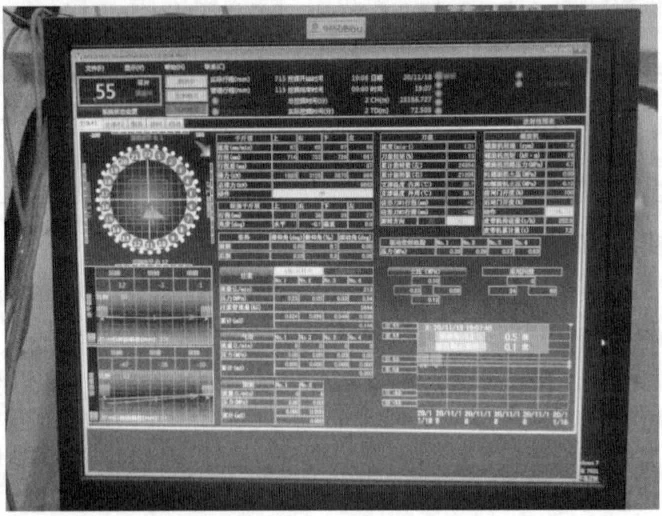

图 15-12　盾构机界面

7. 管片选型

按照以下四个原则进行管片选型。

（1）管片选型要适合隧道设计线路

由于使用通用型管片（每环都是转弯环），盾构机在进入曲线掘进时，须提前计算管片拼装点位和搭配，使得管片线型与隧道转弯相符。

（2）管片选型要适应盾构机姿态

在实际掘进过程中，盾构机因为地质不均、推力不均等原因，经常要偏离隧道设计线路，所以当盾构机偏离设计线路或进行纠偏时，都要十分注意管片选型，避免发生重大事故。

若姿态偏下，需向上推，在间隙较好时，可适量做下超管片，辅助盾构机纠偏；若姿态偏上，需向下推，在间隙较好时，可适量做上超管片，辅助盾构机纠偏；若姿态偏左，需向右推，在间隙较好时，可适量做左超管片，辅助盾构机纠偏；若姿态偏右，需向左推，在间隙较好时，可适量做右超管片，辅助盾构机纠偏。

（3）管片选型要适应盾构机千斤顶行程

把推进油缸按上、下、左、右 4 个方向分成 4 组。而每一个掘进循环这 4 组油缸的行程的差值反映了盾构机与管片平面之间的空间关系，可以看出下一掘进循环盾尾间隙的变化趋势。当管片平面不垂直于盾构机轴线时，各组推进油缸的行程就会有差异。当这个差值过大时，推进油缸的推力就会在管片环的径向产生较大的分力，从而影响已拼装好的隧道管片以及掘进姿态。推进油缸分力如图 15-13 所示。

（4）管片选型要考虑盾尾间隙

当盾尾间隙接近于警戒值 15mm 时，根据盾尾间隙进行管片选型。

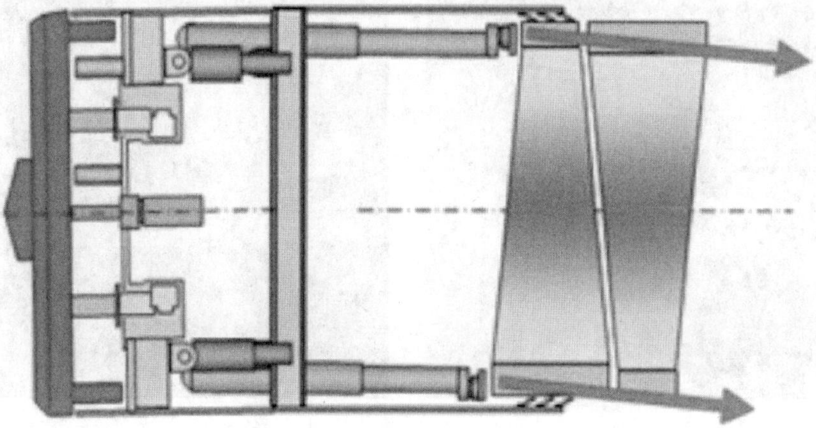

图 15 13 推进油缸分力示意图

8. 盾构同步注浆及二次注浆参数

盾构推进至甬江下方时，为控制河道沉降，应适当增加注浆量，以保证间隙填充率，减少后期沉降，同时结合现有工程经验，盾构在穿越过程中的注浆填充率控制在2.5 立方米/环。注浆压力原则上以 0.3MPa 控制。注浆结束标准以注浆压力与注浆量进行双重控制。同时为避免盾构机注浆系统蘑菇头损坏造成“假注浆”现象，需要经常关注台车浆罐液面下降深度是否与显示注浆量一致。

地表存在超限趋势时进行二次注浆（管片拖出盾尾第 4 环开始注浆，每隔 5 环形成 1 道止水环箍，图 15-14），进一步填充空隙并形成密实的防水层，同时也达到加强隧道衬砌的目的。二次注浆量以现场压力控制，压力不超过 $6kN/m^2$，实际施工中应根据盾尾漏浆及地面沉降情况合理调整注浆压力。注浆完成后确保注浆孔完全封堵。

图 15-14 隧道内二次注浆

六、管片姿态每日测量

测量小组定期测量管片实际姿态，确认管片上浮量，进而调整盾构姿态，如图 15-15～图 15-17 所示。

图 15-15　每日管片姿态复测

盎三区间左线管片姿态							
环号	首次高偏值	2020.8.31		2020.9.1		累计变化量	环号
		平偏	高偏	平偏	高偏		
552	-3	-14	-3	-23	-3	0	552
553	-4	-18	-4	-14	-4	0	553
554	-5	-11	-5	-24	-3	2	554
555	-5	-5	-5	-18	0	5	555
556	-12	-6	-12	-20	0	12	556
557	-19	-2	-19	-22	1	20	557
558	-26	-8	-26	-21	3	29	558
559	-34	-4	-34	-20	6	40	559
560	9			-21	9	0	560
561	13			-30	13	0	561
562	14			-25	14	0	562
563	12			-29	12	0	563
564	16			-27	16	0	564
565	16			-30	16	0	565
566	16			-33	16	0	566
567	16			-23	16	0	567
568	17			-18	17	0	568
569	18			-24	18	0	569
570	17			-17	17	0	570
571	17			-17	17	0	571
572	14			-37	14	0	572
573	11			-20	11	0	573
574	5			-24	5	0	574
575	0			-23	0	0	575
576	-10			-19	-10	0	576
577	-21			-10	-21	0	577
578	-30			-24	-30	0	578

图 15-16　2020 年 9 月 1 日管片姿态

盎三区间左线管片姿态							
环号	首次高偏值	2020.9.1		2020.9.2		累计变化量	环号
		平偏	高偏	平偏	高偏		
573	11	-20	11	9	12	1	573
574	5	-24	5	10	12	7	574
575	0	-23	0	6	13	13	575
576	-10	-19	-10	8	13	23	576
577	-21	-10	-21	10	12	33	577
578	-30	-24	-30	14	12	42	578
579	11			17	11	0	579
580	12			19	12	0	580
581	14			19	14	0	581
582	14			19	14	0	582
583	15			19	15	0	583
584	15			19	15	0	584
585	15			20	15	0	585
586	14			20	14	0	586
587	15			20	15	0	587
588	15			19	15	0	588
589	14			24	14	0	589
590	15			24	15	0	590
591	10			24	10	0	591
592	6			25	6	0	592
593	2			27	2	0	593
594	-2			31	-2	0	594
595	-6			31	-6	0	595
596	-16			36	-16	0	596
597	-28			44	-28	0	597
598	-37			34	-37	0	598

图 15-17　2020 年 9 月 2 日管片姿态

七、数据分析

1. 监测数据分析

盾构下穿甬江期间严格按下穿甬江方案实施施工监测，并将相关信息按流程反馈及上报。由项目总工签署当日监测数据分析意见，并由项目经理、项目副经理分级签署审阅意见，具体由技术主管负责逐项落实，最后由项目总工负责督查落实情况。根据监测数据及时微调盾构掘进参数。

2. 出土量管理

现场同时采用两种方法确保出渣正常：一是盾构司机观察每斗装满推进行程是否正常；二是及时处理龙门吊称重数据，出现异常进行分析并调整参数。

八、设备微改造

1. 盾构机台车尾部警示灯带装置

根据现场实际情况可知，在盾构机 6# 台车尾部一般会安装 1 台 100W LED 照明灯，其目的一是为隧道照明，其二是方便作业人员施工。但正是由于该照明设备，当电瓶车在通过该区域时，由于强烈的光照会使电瓶车司机出现视野盲区，严重影响电瓶车的行车安全，因此出于此目的特设计该警示灯带装置，如图 15-18 所示。

图 15-18　台车尾部警示灯带

2. 电瓶车防溜车装置——“螳螂钩”

螳螂制动钩是电机车的一种紧急制动装置，制动力通过拖拉轨枕提供，用以阻止出现制动力不足的电机车发生溜车情况，防止对设备、人员造成严重损伤。该装置整体装配和控制阀如图 15-19、图 15-20 所示。

图 15-19　整体装配图

图 15-20　操作室控制阀（左）

电瓶车自身配备了气刹车系统和手动刹车系统。正常情况下，电瓶车启动气刹系统进行制动；当电瓶车出现故障，自身就会启动应急措施，使悬挂的螳螂钩放下，防止事故发生，以确保其不发生由于制动不是而发生的溜车现象。

3. 电瓶车智能联锁开关装置

电瓶车事故是盾构施工过程常发性事故之一。当电瓶车进入台车区域时，由于台车与电瓶车之间安全距离不足、视野不开阔，电瓶车司机在倒车过程中，习惯性将头伸出车外，最终导致事故的发生。因此，为避免此类事故的发生特设计此装置。

在车门处安装布置接近开关，当车门完全关闭后，接近开关给出信号，电瓶车可正常启动。在行驶过程中如果车门非正常打开，接近开关给出信号，切断电瓶车行驶电瓶车即刻自动停止，保证驾驶人员的安全（图 15-21）。

图 15-21　智能联锁开关及防瞌睡装置

4. 自动抽水变频设备

自动抽水变频设备配置的目的是实现端头井内污水自动抽排，降低人员工作强度，提高可靠性。其优点是可以实现全天 24 小时无人职守排水，安全、可靠，既可防止端头井污水的积累，方便施工，也可大量节约人力、财力（图 15-22、图 15-23）。

图 15-22　自动抽水变频柜

图 15-23　内部线路连接图

九、每日交班会及班前点名制度

每日进行现场交班会，解决现场遇到的影响施工进度及施工质量的实际问题（图 15-24）。

每日管理人员参加协作班组早、晚点名，做班前安全讲话，主要内容包括：安排每日施工生产任务，包括施工进度、安全文明施工、个人分工情况等；对班组做班前安全讲话，对现场需要注意事项重点提醒，包括高空作业、焊接作业等；对上一个班完成情况、未完成情况、需要整改的事项进行通报，并安排本班人员整改处理；对班组人员所提意见进行收集、汇总、分析、处理，以指导和完善现场施工（图 15-25）。

图 15-24　每日碰头会

图 15-25　每日班前点名及安全讲话

第三节　进度控制

一、工期组织管理保证措施

（1）按项目法组织施工，施工单位成立高效运行的项目经理部。项目经理部主要施工人员和管理人员均由参加过类似工程施工的人员组成，以充分利用类似工程施工的经验组织施工。

（2）编制实施性施工班组时，总体方案及分项工程方案要优先考虑工期的要求，在满足工期的前提下选择最佳方案。

(3) 工程开工后，运用先进的项目管理软件，编制谨慎严密的网络计划，抓关键路线，严格按网络计划组织安排施工，实行动态管理。编制计划要留有余地，以便当各种因素可能对工期造成延误时有回旋空间，进度作业指标要留有余地，以便当各种延误发生时采取补救措施。

(4) 编制“月、旬、周”的作业计划，并根据实施过程的完成情况，及时与计划对比，并采取措施修正调整，实行动态管理。对实际过程中出现的进度滞后及时分析查找原因，做到“以日保周、以周保旬、以旬保月”，确保网络计划的实现。

(5) 严格执行工地计划会制度，工地每天由工程技术室召开各作业班组计划会，落实当日计划完成情况及确定第二天工作计划。每周组织召开周进度计划大会，项目经理参加，落实当周计划完成情况及确定下周工作计划，重大问题及时报集团公司组织协调实施。

(6) 根据总体目标和实施进度、施工难度、外部因素等特点，提前预测有可能发生的工序间交叉配合不到位的情况，采取有效措施，抓住重点，攻克难点，优化资源组合，合理调配劳动力及机械设备等生产因素。

(7) 做好接口界面的协调、配合与施工，以保证工期。

(8) 精心组织、周密安排，保证材料设备提前到位，避免施工待料，保证施工机械机具完好率；并设专人对机械设备进行维修保养，成立机修班。特别是成槽机、钻机、挖掘机等主要设备，避免因机械设备、材料原因造成窝工或工期延误。

(9) 全面落实经济承包责任制与分阶段保工期奖，将职工的经济收入与生产质量、进度、安全直接挂钩，调动职工的劳动积极性与创造性。

(10) 主动加强与业主、监理单位的联系，并征求意见，确保质量，避免因质量问题或缺陷修复耽误工期。同时，加强与地方政府及有关部门的联系与协调，为施工创造良好的外部环境。

二、关键工序工期保证措施

(1) 从组织管理上保证工期

①施工单位安排具有丰富类似工程施工经验和管理经验的人员组成本项目的领导班子，建立精干、务实、高效的项目经理部；

②建立以项目经理、各作业队负责人、项目总工、各作业队技术负责人为首的管理体系，决策重大施工问题，确定重大施工方案，全面负责施工进度管理协调工作；

③建立、健全岗位责任制，施工人员按岗定责；

④建立并完善竞争机制和激励机制，充分调动全体职工的积极性。

(2) 缩短施工准备期，尽早进入工程实体施工

①成立以项目经理为组长，各作业队负责人、项目总工为副组长，经理部相关技术人员和办公室参加的协调小组，做好与建设单位和地方有关部门的联系和协调工作，迅速开展施工围蔽、供水供电等前期施工准备工作。调查清楚工程范围内受施工影响的地下管线、构筑物，地面、地下建筑物等的详细情况，为工程施工做好充分的准备，争取工程早日开工。

②迅速组织施工设备进场。主要施工设备就近调转，并对设备进行检修、保养，确

保设备状况良好。个别新购设备提前对设备的货源、性能进行调查，并由公司负责解决新购设备所需资金。

③结合现场条件，编写切实可行、科学合理的施工组织设计并报监理工程师批准，做好技术交底工作，为工程施工做好充分的技术储备。

（3）充分利用并做好网络技术计划，充分重视技术超前工作

编排严密的网络计划，抓住工程关键线路，抓好各工序的施工保障工作，缩短工序转换和工序转换衔接时间，提高施工速度。对关键工期节点及关键工期实行动态管理，采用国际上先进的项目软件及时进行信息反馈，把实际进度与计划相比较，找差距、原因，及时调整。同时，进度计划安排充分考虑现场的各种因素，进度安排留有余地。

（4）确保物资供应，做好机械保养维修

精心组织、周密安排，保证工程的物资供应及机械的完好率，按进度计划，超前订货加工，按时供应；常用易损的机械配件和常用物资有足够的库存量，保证物资的正常供应；做到合理配备机械，保证各道工序的平衡作业，提高工作效率，同时安排专业人员对机械进行维修保养，保证施工的正常进行。

（5）实行工期目标责任制

根据工程项目总体施工进度计划，编制年、季、月、周施工计划，将工期目标横向分解到各作业队、各部门，纵向分解到班组个人，工期目标与个人经济利益挂钩，实行奖惩制度，同时对全体施工人员进行计划交底，激发全体人员干劲，使全员自觉实施进度计划，做到以工序保日、以日保周、以周保月、以月保年，最终保证总工期的实现。

（6）加强对外协调力度，促进施工进展

加强建设单位、监理、设计单位的联系，同时积极地与其他相关部门联系，及时解决施工中存在的问题及突发事件，施工过程中努力取得施工现场周围单位及市民的理解和支持，为施工创造一个良好、宽松的施工环境，确保施工生产的顺利进行。

（7）抓好关键工序施工

以分段工期保总工期的实现。

三、盾构掘进工期保证措施

盾构正常掘进过程中，若遇到特殊地质情况、地下不明障碍物等，提前组织研讨、制定相关施工技术方案及应急预案，并经有关专家论证，保证对策切实可行，以此保证正常掘进工期。

加大掘进过程中的监测力度，包括施工线路地表和沿线构筑物、管线变形、隧道沉降、土体位移（包括垂直和水平方向）、衬砌结构内力、地层压力、孔隙水压力等，采用先进可靠的计算软件，快速、及时准确地反馈信息，指导施工。同时与预测的数据进行对照，及时发现异常，及早采取措施，保证不影响掘进工期。

研究论证制定出最佳方案，从施工方案上确保工期。制定完善的专项施工方案与节点进度计划，保证盾构机吊装（拆）、过站、试掘进、始发等关键工序工期要求。

四、分析对比工期，增加设备资源投入

项目根据原宁波地铁中铁装备可拆解体盾构机解体工期，结合本标段解体工况进行

时间测算，南高教园站两台可解体盾构机解体施工将会影响到后续钱湖南路站—南高教园区站区间掘进进度。为解决该问题，项目提前进行规划，改变原施工筹划。调配优质人力资源加快鄞钱区间左线施工进度，解放该台盾构机资源，以用于钱南区站右线，并寻找新的盾构机资源投入钱南区间左线施工，通过本决议，项目总体工期提前 5 个月。

第四节　质量控制

一、盾构掘进质量控制

盾构机在完成始发段 100m 掘进后，对始发设施进行必要调整，调整工作包括：拆除负环管片、铺设双线轨道、安装通风设施、延伸和连接其他各种管线等。

（1）盾构推进由操作司机在中央控制室内进行。开始施工时，打开出土闸门，依次开启皮带输送机、螺旋输送机和大刀盘，推进千斤顶，调整好各千斤顶的油压，此时大刀盘切削土体，盾构前进。盾构机根据设定的正面土压力自动控制出土速度或掘进速度。盾构机的行程、上下左右 4 个区域千斤顶压力、螺旋输送机转速、盾构扭转、俯仰等参数将在显示屏上显示，盾构司机及时作好参数记录，并参照仪表显示以及其他人工测量和施工经验调整盾构机姿态和各项施工参数，使盾构机始终按设计的轴线推进。

（2）盾构应根据设定的参数推进，推进出土与注浆同步进行。在盾构施工中要根据不同土质和覆土厚度、地面建筑物情况，并配合监测数据分析，及时调整平衡压力值的设定，同时根据推进速度、出土量和地层变形的监测数据，及时调整注浆量，从而将轴线和地层变形控制在允许的范围内。

（3）盾构掘进过程中，推进坡度要保持相对的平衡。严格控制好推进里程，将施工测量结果及时地与计算的三维坐标相校核，及时调整。对初始出现的小偏差应及时纠正，应尽量避免盾构机走“蛇”形，控制每次纠偏的量。盾构机一次纠偏量不宜过大，以减少对地层的扰动，并为管片拼装创造良好的条件。

（4）为防止盾构掘进时地下水或同步注浆浆液从盾尾窜入隧道，须在盾尾钢丝刷位置压注盾尾油脂，确保施工中盾尾与管片的间歇内充满盾尾油脂，以达到盾构的密封功能。施工中须不定时地进行集中润滑油脂的压注，保持盾构机各部分的正常运转。

二、同步注浆质量控制

同步注浆质量是指在盾构机推进时能及时把足够数量符合要求的材料压入建筑空隙，保证地表沉降控制在限差之内。主要的控制措施包括如下几方面。

（1）注浆前进行详细的浆液配合比试验，选定合适的注浆材料及浆液配比，满足设计施工要求；检查盾尾的密封性，保证浆液不泄漏；保证注浆管路的畅通。

（2）做好注浆设备的维修保养、注浆材料的供应，保证注浆作业顺利、连续不中断。针对不同的地质情况选择不同的注浆压力和注浆量。注浆跟推进同步进行，且注浆速度应与推进速度相适应，4 个泵同时注浆应注意注浆饱满程度由注浆压力和注浆量双重控制。

（3）停止注浆后，应及时清洗浆液运输车、储浆罐、浆液输送管路，保持管壁润滑良好，防止残留的浆液凝结引起管道堵塞等。

三、管片拼装质量控制

管片拼装质量指满足要求的管片安装到准确位置，主要控制措施包括如下几方面。

（1）管片在满足龄期、达到设计强度后及出厂检验合格后，方可运至施工现场，由监理单位和施工单位共同及时进行验收；经验收合格的管片利用门吊进行卸车，分类堆放。验收管片时，进行外观检查，看是否有缺棱掉角、接缝平整度如何、混凝土有无质量缺陷等，并须具有出厂合格证等。

（2）对运输到现场的管片验收后，管片按生产日期及型号内弧面向上排列，堆放整齐，并应搁置在柔性垫条上，堆放高度不超过 3 层。管片接头和管片环接头使用的螺栓、螺母、垫圈及螺栓防水用密封垫以及防水条等附件必须分别打包，保管在固定地方，以免丢失。

（3）清洁管片的各防水处理面后，进行防水材料的粘贴，采用遇水膨胀橡胶挡水条＋三元乙丙橡胶弹性密封垫止水；管片贮存时，不要让管片产生有害的裂纹或变形，不要污损管片，逢雨天时应覆盖塑料薄膜等。

（4）根据高程和平面的测量报表和管片间隙，及时调整管片拼装的姿态，并严格控制管片成环后的环、纵向间隙。安装管片时要缓慢、均匀，对好位置后才能上螺栓，如果插入螺栓困难时，要分析原因，仔细调整位置，切忌大幅度移动，强行插入；另应避免损坏止水条，避免管片间有较大错台。

（5）对衬砌连接螺栓采取“一次紧固，二次复紧”的工艺。三次复紧操作分别在管片拼装完成后、盾构推进过程中、管片脱离盾尾时进行。

四、管片质量情况汇总

各标段各区间管片轴线偏差及管片合格率见表 15-9。

表 15-9　管片轴线偏差及管片合格率

标段/区间名称			管片轴线偏差（%）					管片合格率（%）
			0	0～50	50～70	70～100	大于 100	
TJ5115 标	张同区间	左线	平偏	99.71	0.29	0	0	97.78
			高偏	99.72	0.28	0	0	
		右线	平偏	90.35	8.87	0.78	0	97.31
			高偏	98.75	1.25	0	0	
	同石区间	左线	平偏	100.00	0	0	0	97.79
			高偏	100.00	0	0	0	
		右线	平偏	100.00	0	0	0	97.05
			高偏	97.20	2.80	0	0	
	布张区间	左线	平偏	100.00	0	0	0	96.42
			高偏	97.03	2.97	0	0	
		右线	平偏	96.48	2.51	1.01	0	95.69
			高偏	90.28	9.01	0.71	0	

续表

标段/区间名称				管片轴线偏差（%）				管片合格率（%）
			0	0～50	50～70	70～100	大于100	
TJ5116标	石雅区间	左线	平偏	97.67	2.33	0	0	99.24
			高偏	95.54	2.13	2.33	0	
		右线	平偏	100.00	0	0	0	98.86
			高偏	89.13	6.92	3.95	0	
	雅庙区间	左线	平偏	97.59	2.04	0.37	0	96.96
			高偏	91.11	7.96	0.93	0	96.96
		右线	平偏	99.35	0.65	0	0	96.49
			高偏	80.18	12.19	4.56	3.07	
	庙钟区间	左线	平偏	99.26	0.74	0	0	98.11
			高偏	84.98	15.02	0	0	
		右线	平偏	100.00	0	0	0	98.79
			高偏	95.97	3.87	0.16	0	
	钟鄞区间	左线	平偏	91.39	8.61	0	0	98.57
			高偏	98.63	1.37	0	0	
		右线	平偏	95.89	3.96	0.15	0	96.85
			高偏	74.27	9.49	4.75	11.49	
TJ5117标	鄞钱区间	左线	平偏	95.57	3.47	0.69	0	97.84
			高偏	91.52	7.71	0.62	0.15	
		右线	平偏	95.62	3.69	0.46	0.23	96.39
			高偏	83.96	10.41	5.63	0	
	钱南区间	左线	平偏	100.00	0	0	0	95.40
			高偏	89.10	10.08	0.82	0	
		右线	平偏	95.09	4.76	0.15	0	96.30
			高偏	86.09	10.36	3.55	0	
	南下区间	左线	平偏	98.07	1.93	0	0	97.17
			高偏	75.43	17.13	6.93	0.51	
		右线	平偏	85.98	9.58	4.44	0	96.54
			高偏	72.84	17.09	8.04	2.03	
	下大区间	左线	平偏	91.91	2.26	3.57	2.26	95.00
			高偏	53.96	32.01	14.03	0	
		右线	平偏	92.58	6.36	1.06	0	94.80
			高偏	93.72	5.35	0.93	0	
TJ5120标	泗曹区间	左线	平偏	100.00	0	0	0	98.46
			高偏	100.00	0	0	0	
		右线	平偏	100.00	0	0	0	99.11
			高偏	100.00	0	0	0	

续表

标段/区间名称			管片轴线偏差（%）					管片合格率（%）
			0	0～50	50～70	70～100	大于100	
TJ5120标	柳海区间	左线	平偏	100.00	0	0	0	97.38
			高偏	100.00	0	0	0	
		右线	平偏	100.00	0	0	0	98.55
			高偏	100.00	0	0	0	
	海民区间	左线	平偏	100.00	0	0	0	97.64
			高偏	100.00	0	0	0	
		右线	平偏	100.00	0	0	0	98.93
			高偏	100.00	0	0	0	
	大泗区间	左线	平偏	100.00	0	0	0	98.86
			高偏	100.00	0	0	0	
		右线	平偏	100.00	0	0	0	100.00
			高偏	100.00	0	0	0	
	曹柳区间	左线	平偏	100.00	0	0	0	100.00
			高偏	97.86	2.14	0	0	
		右线	平偏	100.00	0	0	0	100.00
			高偏	96.55	1.29	2.16	0	
	泗前区间	0	平偏	100.00	0	0	0	97.01
			高偏	100.00	0	0	0	
	前曹区间	0	平偏	100.00	0	0	0	95.75
			高偏	100.00	0	0	0	
TJ5121标	院盎区间	左线	平偏	99.39	0.61	0	0	100.00
			高偏	94.03	3.06	2.91	0	
		右线	平偏	98.93	1.07	0	0	100.00
			高偏	90.38	8.27	1.38	0	
	盎三区间	左线	平偏	99.72	0.28	0	0	99.04
			高偏	92.22	6.08	1.70	0	
		右线	平偏	95.99	1.29	2.72	0	98.60
			高偏	95.89	4.11	0	0	
	三兴区间	左线	平偏	99.52	0.48	0	0	99.10
			高偏	89.33	10.67	0	0	
		右线	平偏	100.00	0	0	0	98.71
			高偏	92.06	7.94	0	0	
	会院区间	左线	平偏	98.19	1.81	0	0	100.00
			高偏	88.48	11.52	0	0	
		右线	平偏	88.64	11.36	0	0	99.43
			高偏	85.46	10.26	4.08	0.20	

续表

标段/区间名称			管片轴线偏差（%）					管片合格率（%）
			0	0～50	50～70	70～100	大于 100	
TJ5121 标	民会区间	左线	平偏	100.00	0	0	0	100.00
			高偏	82.89	15.99	1.12	0	
		右线	平偏	97.87	2.13	0	0	100.00
			高偏	88.15	11.50	0.35	0	
合计			平偏	91.42	6.46	1.73	0.39	97.85
			高偏	97.34	2.15	0.44	0.06	

第五节 施工重难点及措施

一、盾构上穿 2 号线运营隧道

同德路站—石碶站区间在鄞县大道，与雅戈尔大道路口处上穿运营的 2 号线鄞州大道站—石碶站区间隧道，呈约 76°角斜交状态。根据提前 50m 进入影响范围考虑，5 号线一期上行线 904～985 环为穿越影响区，此处隧道顶覆土埋深约 10.7m，穿越时 5 号线一期隧道底部距离 2 号线下行线隧道顶部 1.239m，距离 2 号线上行线隧道顶部 1.167m。5 号线一期下行线 917～995 环为穿越影响区，此处隧道顶覆土埋深约 10.7m，穿越时 5 号线一期隧道底部距离 2 号线下行线隧道顶部 1.233m，距离 2 号线上行线隧道顶部 1.170m。对应 2 号线的影响范围是上行线 743～818 环，下行线 747～822 环。上穿区域平面如图 15-26 所示。

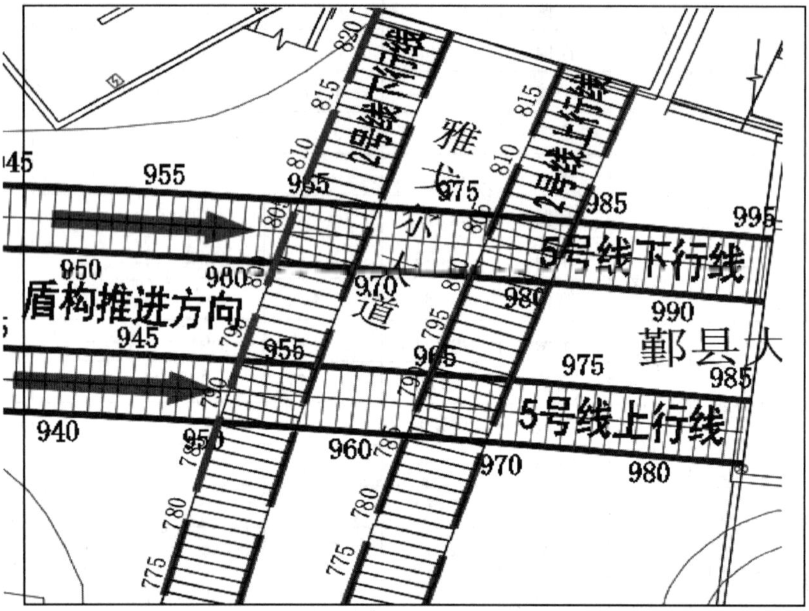

图 15-26 上穿区域平面示意图

该穿越段5号线一期盾构施工断面土层主要为②$_{2b}$淤泥质黏土、⑤$_{1a}$黏土、⑤$_{1b}$粉质黏土。纵断面地质情况如图15-27所示。

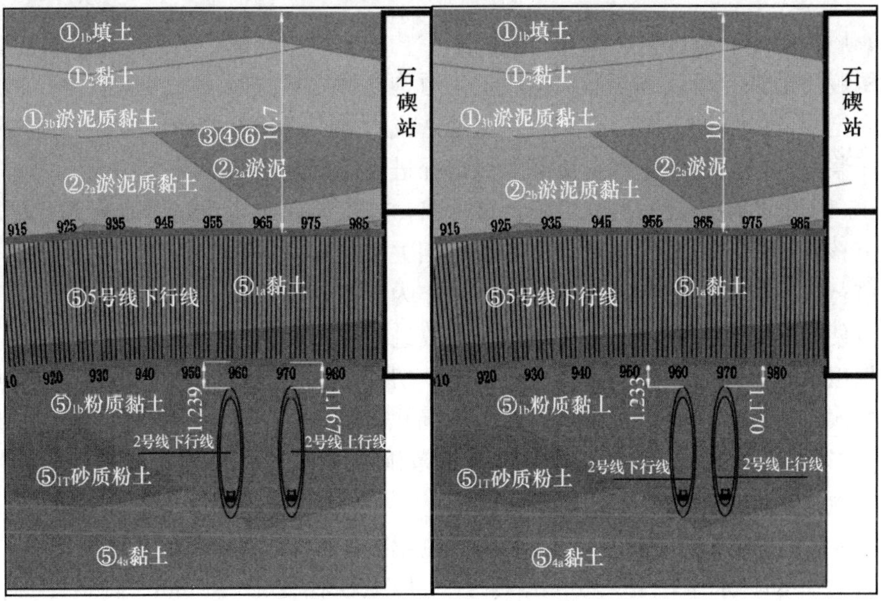

图15-27 上穿区域纵断面示意图

根据上、下行线盾构穿越运营地铁2号线的工况特点，将上行右线以及下行左线穿越施工分为盾构穿越前试推进阶段、盾构穿越阶段及接收段3个阶段。穿越区段划分如图15-28所示。

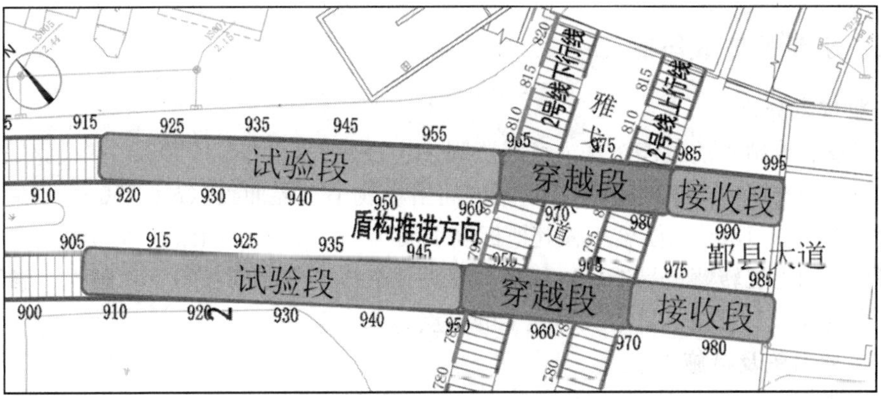

图15-28 穿越区段划分示意图

（1）盾构穿越前试推进阶段

将盾构切口到达穿越段前45环（切口进入50m影响范围）作为盾构穿越试推进段，在该范围内主要收集盾构推进参数，以及不同的施工参数对周围环境的不同影响，并据此在盾构穿越时制定合理的施工参数。

（2）盾构穿越阶段

该控制区段施工时，主要根据穿越试推进段总结的推进参数和施工数据来指导盾构的推进施工。这个阶段的主要任务是控制盾构的施工参数，包括控制推进速度、正面土压力、同步注浆流量、同步注浆压力等主要施工参数，确保穿越过程中运营轨道交通的安全。

（3）盾构穿越后阶段

盾构脱出地铁穿越范围至盾构接收定为盾构穿越后接收阶段。由于盾构穿越后，地面存在一定程度的后期沉降，会对轨道交通造成影响。必须在穿越区域的隧道内准备充足的补压浆材料以及设备，根据沉降监测情况进行后期补压浆。

图 15-28 中的环号是根据施工图计算得出，施工时在进入推进试验段和穿越段前进行测量复核，确定穿越区的实际环号并进行相关控制。由于下行线先行穿越，在下行线穿越后进行细致的分析总结，给上行线穿越作为参考，确定更加合理的施工参数和施工方法，以便在上行线穿越施工中得到进一步改进。

根据以往施工经验，在盾构推进过程中，切口到达前地面先有少量隆起，盾尾压浆后会有二次的扰动。随着盾尾脱离后开始下沉并在后期沉降变化量较大，即盾构尾部土体后期变形大。因此若 2 号线沉降超过要求范围，应当及时在施工隧道内进行二次注浆，从而更好地控制地铁 2 号线隧道的变形。

根据区间隧道图纸及既有线路运营要求控制标准，盾构掘进穿越时地层损失率≤0.3%，附加沉降≤5mm，水平位移≤5mm，管片附加纵横径变形≤5mm，隧道变形曲线的曲率半径 R≥15000m，相对变曲≤1/2500m，5 号线一期工程绝对沉降量及水平位移量＜20mm。

根据此要求，参数设定的原则是，掘进过程中让地铁 2 号线隧道适当上抬，隧道的隆起量控制在 0～3mm 之间，在盾构穿越完成并且地铁 2 号线隧道稳定后的最终沉降量控制在 5mm 范围内。

二、小半径曲线段施工

1. 重难点分析

本工程泗港站—前殷停车场入场线区间小半径曲线段（R＝250m）在线路第 601～715 环，共 137m；前殷停车场—曹隘站区间出场线小半径曲线（R＝250m），在线路第 180～290 环，共 132m。借鉴工程其他标段宁波 1、2、3 号线和以往盾构施工经验，盾构在软硬不均土层转弯极易造成轴线偏离事故，造成调整时间长，管片破损、渗漏几率增大，线路线形不可控，是本工程施工的难点。

2. 主要对策及措施

（1）措施

①盾构选型时为更好地适应小半径曲线段施工，盾构配备铰接装置。掘进线路选择姿态控制值：平面为切口－20～＋10mm，盾尾－30～－20mm；高程为切口－20～－30mm，盾尾－30～－40mm。

②针对小半径曲线段的施工，做好施工策划，主要包括做好管片的选型，提出掘进方向控制要点，备好该段的施工预案。

③掘进施工中主要控制好盾构的姿态，使盾构按设计的轴线向前掘进，通过调节铰接的状态使盾尾也处在设计线路上；管片严格按排版安装在盾尾的中部；加强盾尾油脂

的注入量，保证盾尾的密封效果，防止掘进中发生盾尾涌水涌砂。

④同步注浆采用凝结时间短的厚浆，可为脱出盾尾的管片快速提供支撑，避免对管片不均匀的顶推力（外侧大、内侧小）造成管片的外移，影响盾构隧道的线性。

⑤加强盾构掘进姿态与管片选型相协调，减少每环纠偏量，确保盾尾间隙。

（2）效果

盾构在两段小半径曲线上施工，管片无破损及渗漏。

三、盾构下穿甬台温高速排水板

甬台温高速公路为重要的交通干道，呈东西走向，现状道路为双向 4 车道，2003 年建成，填土路基＋沥青路面结构。泗港站—前殷停车场入场线盾构区间下穿甬台温高速公路，下穿高速公路路基位置，路基高出地面约 3m，地面以下 20m 范围采用排水板＋堆载预压处理。线路与甬台温高速水平夹角约 68°，刀盘与排水板水平夹角约 22°，为全断面下穿路基下排水板。该段线路为 35‰上坡，刀盘与排水板竖向夹角约 2°。穿越段坡度 35‰，平面曲线半径 250m，施工难度极大，隧道成型质量管理要求高。

入场线区间穿越路基排水板里程位置 RK0＋890～RK0＋930，对应区间线路第 650～684 环。杭甬高速与隧道位置关系如图 15-29 所示。

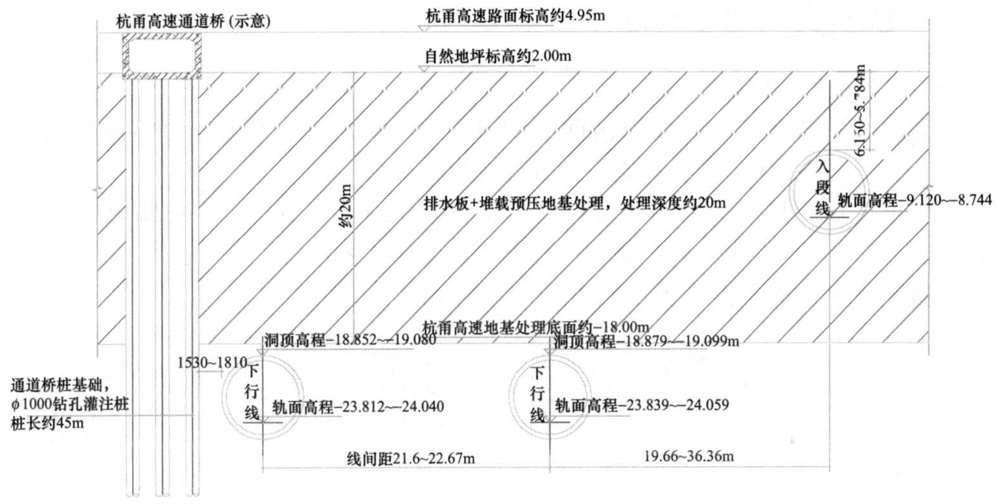

图 15-29 杭甬高速现状与隧道位置关系

（1）措施

①穿越前，提前 3 个月与高速公路管理部门进行接洽，沟通盾构下穿杭甬高速事宜；

②详尽掌握杭甬高速路基构成，与高速公路管理部门充分沟通，确定地面沉降控制标准；

③穿越前，在与高速公路管理部门充分沟通、资料收集齐全的情况下，编制盾构下穿杭甬高速安全专项施工方案，方案经专家论证后实施；

④将盾构进入杭甬高速边坡前 100 环作为试验段，结合宁波市轨道交通 3 号线仇毕站—钱湖北路站区间下穿杭甬高速施工参数，综合地表监测成果，获取盾构下穿最佳施

工参数；

⑤下穿前委托专业单位对杭甬高速公路进行安全风险评估。

实施前，项目部开展了试验段掘进，积累总结了施工“参数清单”。盾构始发前对超挖刀进行调试；始发时在加固区内对盾构机低速模式进行调试，控制掘进速度在8mm/min以内；盾构在刀盘到达高速路路基前10环（640环）时，穿越前对盾构设备进行全面的检查和维护，对液压系统、推进系统和电器系统等进行全面的检查，并对盾尾密封效果进行检查评估。

穿越时成立应急领导小组，项目领导24小时值班，对穿越过程严格按“清单”进行掘进管理，开展监测巡视，盾构主控室24小时有主司机、值班工程师、维保工程师3双眼睛盯防随时可能出现的“施工异常”，排渣口、地面渣坑有专人负责观察排水板出渣情况，专业维保人员隧道内24小时不间断点检，保证设备正常运转。历经36小时鏖战，终于完成了近40m的排水板段下穿施工，高速公路路基路面无变形，监测数据均小于设计提出的标准。

（2）效果

成功完成40m段路基排水板切削施工，也确保了地面交通及其他建（构）筑物，地下盾构隧道结构安全。

四、叠加段施工及应对措施

（1）穿越段基本情况

泗港站—前殷停车场入场线区间（RK0＋606.93）与泗港站—曹隘站区间右线（SDK18＋392.374）上下交叠，交叠位置垂直距离约3.49m。

前殷停车场—曹隘站出场线区间（CK0＋429.84）与泗港站—曹隘站区间右线（SDK18＋975.212）上下交叠，交叠位置垂直距离约3.35m。

穿越段位置情况如图15-30、图15-31所示。

图15-30　出场线与正线右线位置关系

（2）存在的风险

①交叠位置盾构掘进施工对原状土体产生二次扰动，造成地面沉降超标；

图 15-31　入场线与正线右线位置关系

②由于盾构掘进施工使地层应力发生变化，后期施工的出入场线对先掘进的正线隧道产生上浮等变形影响。

（3）应对措施

①对交叠隧道节点进行预先加固。从地面采用高压旋喷桩进行加固，加固宽度为交叠隧道投影范围以外 3m，加固深度为上下隧道洞顶、底以外各 3m。水泥掺量不小于 20%，28 天抗压强度不小于 1MPa。

②增加正线隧道配重。出入场线上跨正线隧道前，在正线隧道内增加配重，选用钢轨、铁块等材料。堆载量取 600kg/m，范围为正线区间与出入场线交叉节点前后 20m 及并行区段。

③严格控制出土量。将每环的出土量控制在 37.3m^3 以下；控制盾构姿态，避免盾构机大幅度纠偏，每环纠偏量控制在 2.5mm 以内。

④连续、均衡施工。穿越前 20m，对盾构设备及地面配套设备等进行一次全面检查和维护，确保设备在穿越过程中处于良好的工作状态；对于易损设备，配置足够的备用配件；每天定时对盾构机及配套设备进行保养，安排专职机电工程师跟班监护，保证盾构机及配套设备正常运行。

⑤隧道内进行注浆加固。隧道内的二次注浆加固包括先施工的对后施工隧道周边土体进行的加固及后施工隧道推进过程中隧道内的注浆加固。

⑥对隧道交叠节点前后 25m 范围内隧道采用钢圈加固和纵向拉紧条联系，增强刚度减小隆起变形。

⑦出入段线盾构掘进施工过程中加强对正线隧道及地面的变形监测。

⑧制定切实可行的应急预案。将工程承包公司自主研制的隧道专用支撑设备进场备用，此设备可快速有效地控制隧道变形。

（4）效果

前殷停车场出入场线与泗港站—曹隘站区间相叠加的两段隧道结构监测安全，正线隧道沉降、收敛监测数值均在设计、规范允许范围。

五、盾构粉砂层接收施工

以院会右线接收为例，介绍粉砂层接收采取的措施。

1. 接收概况

区间右线设计长度 1273.54m，正环拼装 1057 环。接收段平曲线为直线，竖曲线为 2‰的上坡，顶部覆土厚度约 9.6m。接收端地层从上至下依次为：①$_{1a}$杂填土、①$_{2}$黏土、①$_{3b}$淤泥质黏土、②$_{2b}$淤泥质黏土、③$_{1b}$粉砂。掌子面地层为：②$_{2b}$淤泥质黏土、③$_{1b}$粉砂。其中粉砂为中等透水地层。

2. 接收端加固情况

由于原设计加固（三轴搅拌桩＋单排三重管旋喷桩加固）效果不好（探孔出现漏水漏砂现象），因此增加 WSS 水平注浆加固。

WSS 水平注浆加固施工工艺：定位—钻孔—埋设注浆管—磷酸与水玻璃注入—水泥浆与水玻璃注入—达到终止压力—封孔。

（1）定位

孔间距布置在 1m 左右，布孔顺序为从下至上、从外向内；根据开孔时的情况，若漏水漏砂较严重的区域，注浆后效果仍不理想，可在该孔位附近加密孔位布置，增加浆液注入量以达到更好的加固效果。注浆位置示意如图 15-32 所示。

图 15-32　注浆位置示意图

（2）钻孔

钻孔深度控制在 3～4m 范围，贴近洞门圈周边钻孔时外插角控制在 15°～20°。若在注浆加固后，钻孔打穿地连墙即出现漏水漏砂，则此处钻孔深度布置为 1.5～2m，达到分层加固的效果。钻孔示意如图 15-33 所示。

（3）埋设注浆管

注浆管直径为 DN20mm 镀锌钢管，长度 2m 或 4m 一根，外接球阀（图 15-34）。

（4）磷酸与水玻璃注入

磷酸与水稀释比例为 10：1，水玻璃与水稀释比例 1：1；稀释完成的磷酸与水玻璃凝固时间在 5～6s。每个孔开孔后，均先注入磷酸与水玻璃进行冲孔对土体进行排水，阻隔地下水渗流（图 15-35）。

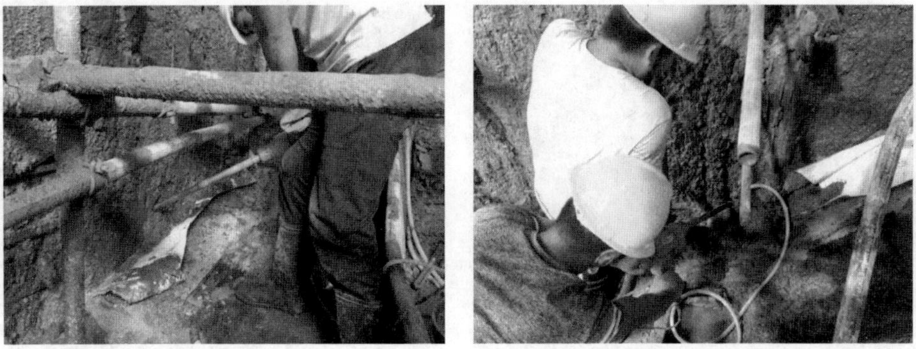

图 15-33　钻孔示意图

图 15-34　埋设注浆管示意图

图 15-35　磷酸与水玻璃混合形成胶体

（5）水泥浆与水玻璃注入

在用磷酸进行冲孔后，注入水泥与水玻璃双液浆，初凝时间控制在 10～15s，双液浆凝固后加固土体，提高土体强度及稳定性。

（6）终止压力

终止压力控制在 2MPa（图 15-36）。

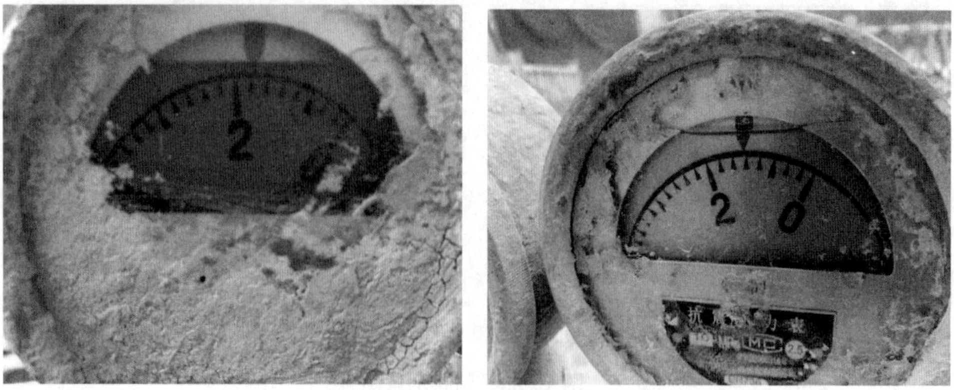

图 15-36　注浆压力显示

3. 降水井布置

根据接收端地质勘察情况，接收端底部存在 2.2～2.8m 的③$_{1b}$粉砂层，含水丰富，存在微承压水。为确保盾构接收期间安全顺利，无渗水、流砂出现，结合车站主体结构基坑降水经验，按照设计要求在洞门外部，加固区外布置降水井，降水至隧道底 0.5m 以下。接收端原布置 4 口降水井，补充加固完成后，再重新打设 10 口降水井，降水井深度 26m，底部进入粉质黏土地层。降水井布设示意图及数量统计如图 15-37 所示。从

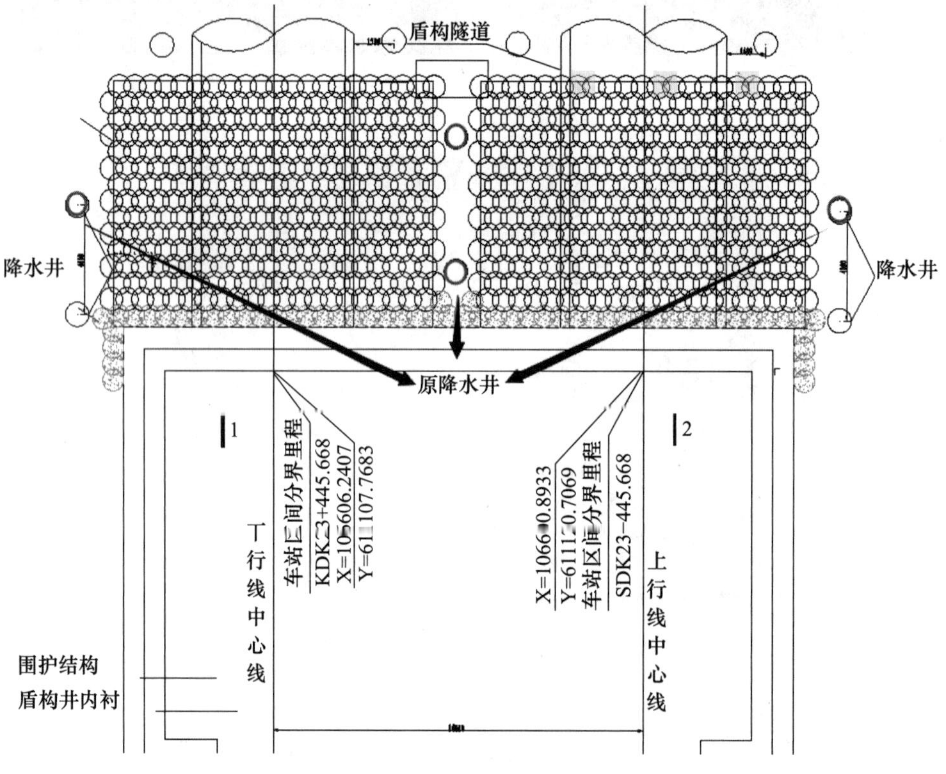

图 15-37　降水井布设示意图

洞门凿除开始，即安排专人每日对降水井水位进行观测（1 小时/次），确保降水水位满足要求。从洞门凿除开始至洞门封堵完成，每日对降水井观测数据进行统计，分析降水水位有无明显波动，是否存在水位有较大上升等情况，如有及时反映，联系人员进行检修。观测期间，各降水井水位均稳定在 20m 以下，隧道底部埋深为 16m，水位均降至隧道底部 4m 以下。

4. 洞门侧墙预留注浆孔打设

提前在洞门侧墙周边打设预留注浆孔（图 15-38、图 15-39），孔深 2m，伸出地下连续墙 40cm，注浆管尾部设置成花管。

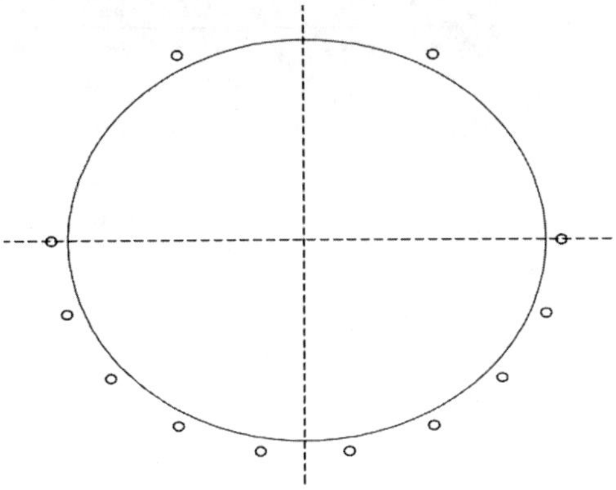

图 15-38　预留注浆孔布置

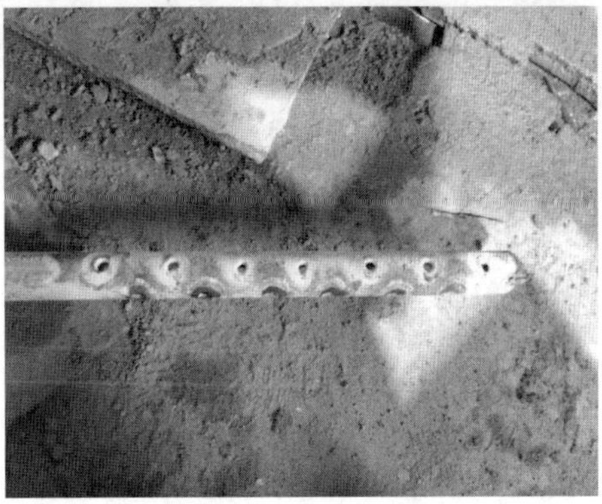

图 15-39　预留注浆管

5. 洞门盾尾刷安装

考虑到此次接收风险较大，洞门防水装置除采取常规的橡胶帘布板之外，另在洞门钢圈下半圆内侧焊接了 1 道钢丝刷，焊接此道钢板刷的目的主要是为了在洞门凿除完成之后，盾构机尚未完全进洞时（还未到橡胶帘布位置），更早地密封盾体与地层之间的间隙，防止涌水涌砂。钢板刷焊接位置靠近洞门钢圈的内侧，能更早地使盾体与钢板刷接触，达到密封效果。盾尾刷焊接如图 15-40 所示。

图 15-40　盾尾刷焊接

6. 木封门设计

根据此次接收可能存在的风险，特设计加工 1 套洞门应急密封装置——木封门。

适用于洞门发生严重漏水漏砂封堵无效时，采用木封门进行密封洞门（图 15-41～图 15-43）。

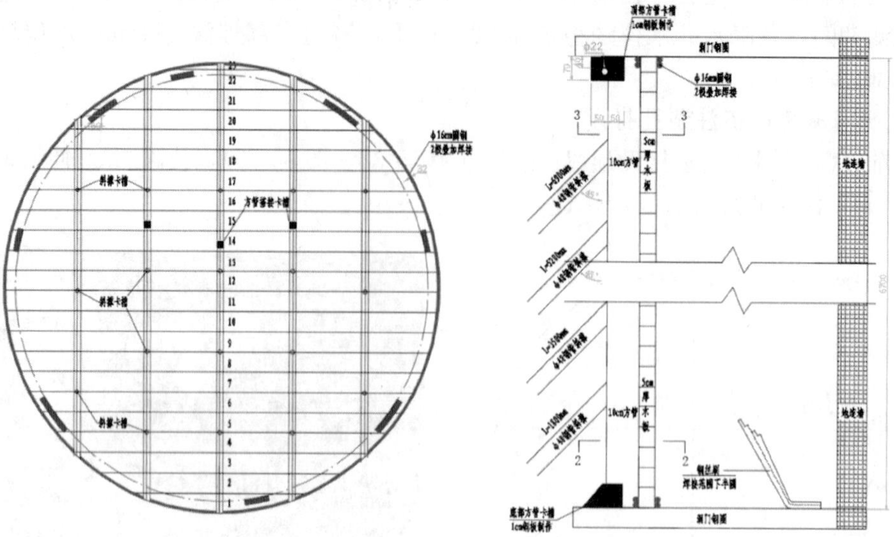

图 15-41　木封门设计图

图 15-42　木封门安装卡槽

图 15-43　木封门试拼

六、盾构下穿甬江施工

1. 盾构下穿甬江概况

盎孟港—三官堂区间盾构下穿甬江右线里程为 SDK26＋591.128～SDK26＋967.468（430～742 环）、左线里程为 XDK26＋591.041～XDK26＋965.601（434～745 环），左线过河 374.56m，右线过河 373.34m。甬江现状河底标高－8.41m，百年冲刷控制标高为－11.10m，隧道顶部覆土埋深 5.9～8.6m，河水深度为 5～10m；线路平面位于直线段上，纵断面为 5‰直线下坡；隧道边线净间距 6.8m。

穿越段线型：平面为直线段、竖曲线为 5‰直线下坡。隧道顶现状覆土 5.9～8.6m。下穿位置关系如图 15-44 所示。

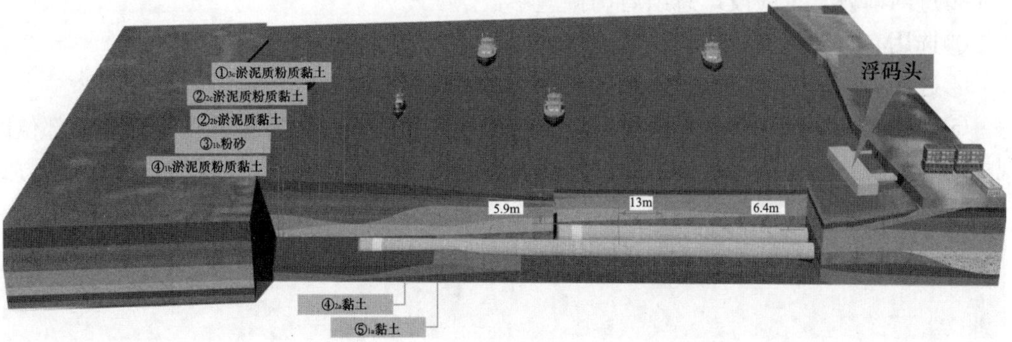

图 15-44 盘孟港—三官堂区间盾构下穿甬江位置示意图

2. 针对性措施

①施工参数的精细化管理（通过计算＋建模拟定过河段盾构掘进技术参数）。采用MIDAS-GTS nx 建立数值模拟，当前下穿甬江最小覆土厚度为 8.5m，隧道顶部距江底百年一遇冲刷线 5.9m。选取百年冲刷线最不利工况，隧道下穿甬江河道位置断面进行计算分析，隧道施工时河底产生最大竖向变形为 3.11cm，最大水平位移 3.1cm，盾构施工对河道底的影响在其沉降变形允许范围之内，对其影响可控。江底竖向沉降、横向位移如图 15-45、图 15-46 所示。

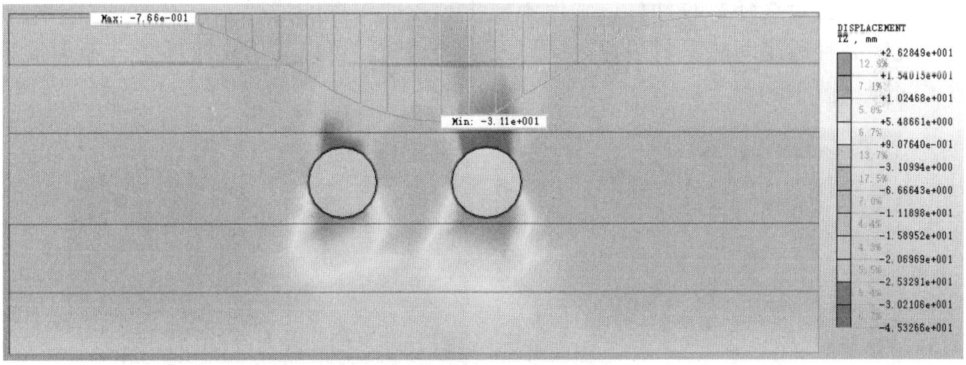

图 15-45 江底竖向沉降量

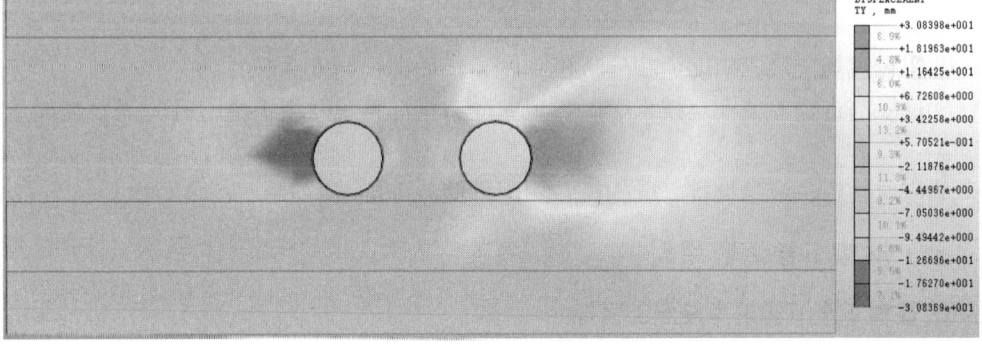

图 15-46 江底土层横向移动

②过河前设置试验段，总结盾构掘进参数。

③选用有越江过河业绩的优质油脂，同时确保油脂注入量饱满。

④进场管片、管片防水材料和砂浆严格进行现场验收。

⑤加强现场信息化管理，通过增设摄像头使地面值班室能够看见盾构机关键部位的现场施工情况，通过接通盾构机内的网络使隧道内技术人员能及时以视频或图片的方式反馈现场施工情况（图 15-47）。

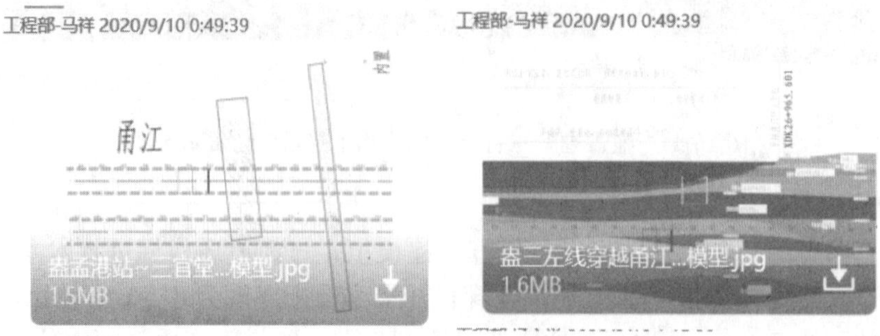

图 15-47　推进过程模拟位置图

盎三区间左线下穿甬江（434 环～745 环）共计 312 环，目前掘进至 708 环，下穿甬江施工开累掘进完成 274 环，剩余 38 环。（附下穿甬江断面图、平面图）

⑥盾构出土量逐环及时计算，确保不发生超挖或欠挖的情况。

⑦设计一种盾尾间隙密封装置，盾尾发生险情时，可以采用橡胶环管＋弧形插板封堵盾尾间隙（图 15-48）。

图 15-48　橡胶环管＋弧形插板

⑧实行现场交接班制度、领导带班制度、江面巡视制度。

⑨过江前进行专项安全技术交底，建立应急指挥系统并组织进行盾尾涌水涌砂应急演练。

⑩应急物资、应急设备、盾构机常用配件储备齐全。

七、盾构下穿海警用房

1. 盾构下穿海警用房段施工概况

海警用房位于隧道线路里程 DK26＋984～DK27＋140（760～890 环）之间，盾构隧道埋深 19.2～21m，隧道与海警房屋基础净距最小约 17.7m，左右双线均下穿海警房屋，主要下穿 7 栋 1～3 层（编号 1～7 栋）在用房屋和 1 栋 4 层（编号 8 栋）未使用危房，基础主要为条形基础。隧道与房屋关系平面、剖面图如图 15-49、图 15-50 所示。

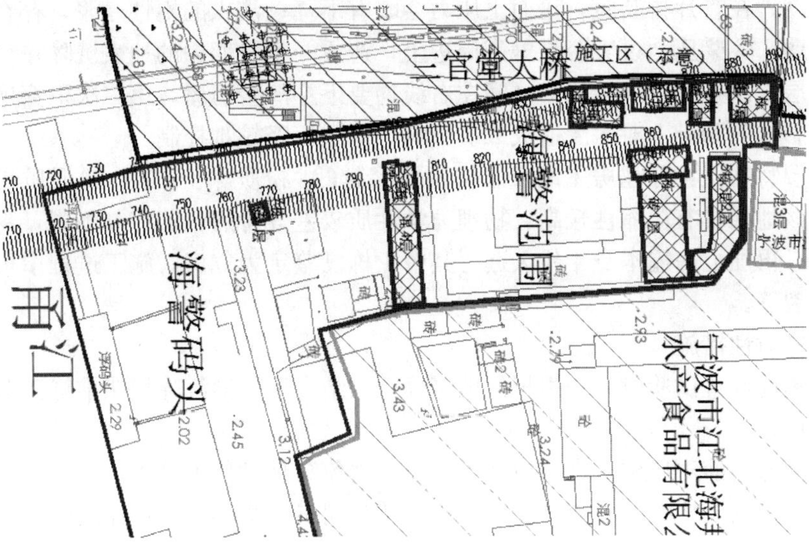

图 15-49 隧道与房屋关系平面图

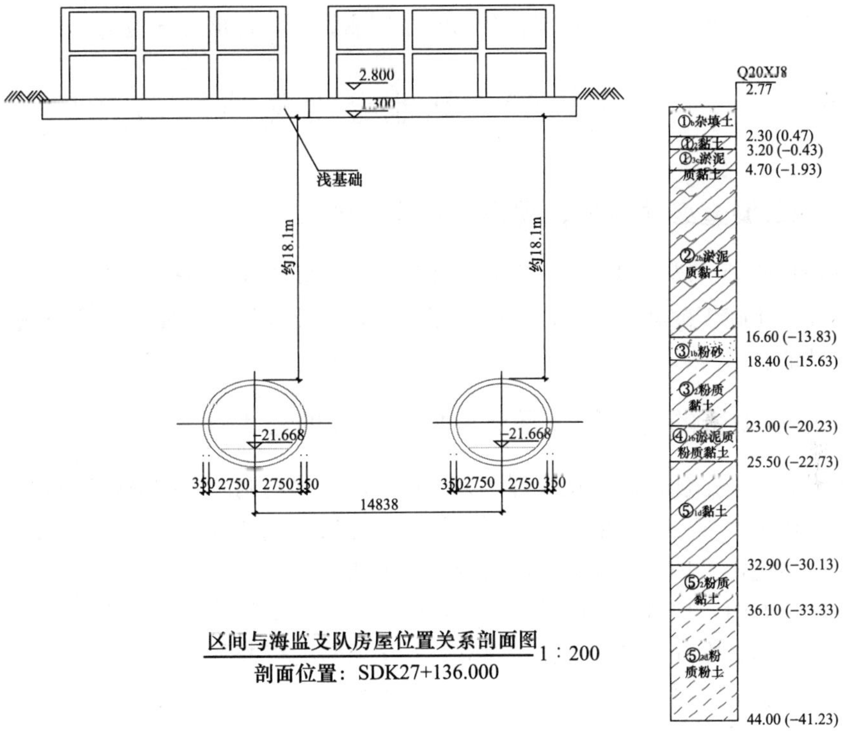

图 15-50 隧道与房屋关系剖面图

2. 重难点分析及针对性措施

（1）风险分析

宁波轨道交通 5 号线一期工程 TJ5121 标盎孟港站—三官堂站盾构区间，区间在

760～890 环下穿海警房屋，穿越段隧道覆土埋深为 19.2～21.4m。

①地层损失控制：盾构施工会引起地层损失，盾构推进过程中刀盘旋转会对周围土体造成扰动；在管片拼装时，正面土压力会略有下降；注入的惰性厚浆，存在浆液泌水收缩等问题；注浆压力过大容易劈裂周边土，造成一定时期内的地表沉降。

②地层二次扰动沉降控制：区间左右线均要下穿海警房屋，第二次下穿房屋势必会在第一次影响的基础上对房屋造成二次影响，地层沉降较难控制。

③地层特殊性：穿越房屋地段盾构主要穿越$③_2$粉质黏土、$④_{1b}$淤泥质粉质黏土地层。由于该地层具有压缩性较高、物理力学性质较差等特点，若控制不当，易产生地层较大沉降。再加上房屋本身年代久远，其中 1 栋已鉴定为危房，施工过程中可能造成房屋变形或裂缝。

（2）针对性措施

①穿越前设置试验段，采用相似地层分析法结合沉降槽沉降规律推算无监测点区域的沉降数据；

②盾构通过前对盾构机进行检查、维修，避免穿越过程中停机；

③严格控制盾构掘进参数，盾构通过后及时同步注浆，并注意控制同步注浆的量与压力；

④在管片上增设注浆孔，根据地表变化及管片上浮情况及时进行二次注浆加固；

⑤盾构施工过程中，进行系统、全面的监控测量，实行信息化施工。

第六节　其他经验总结

一、施工调查必须详尽，需各方共同见证

对于新建桥梁、高层建筑，已存在的地下建（构）筑物如城市共同沟、过街通道、污水沉井等，在施工前必须进行详尽的现场调查，并委托第三方监测单位监测，产权单位等各方见证。

二、设备物资的高效管理是盾构快速施工的最大保障

设备方面，一是加强制度化管理，如值班制度、奖罚制度、故障抢修制度、故障处理时间和分析制度等；二是落实机具、配件管理办法，包括常规配件、专用配件、不常用配件；三是优化机械设备配置，同时制定保障措施。

物资管理方面，项目经理部成立设备物资部，负责材料的调查、统一采购，二三项料采用网络采购、库存、供应工作。建立、健全材料的采购程序及质量检验程序，所有进场材料必须质量合格，且各种手续齐全。工作现场材料由专人管理，材料的使用须经工程技术人员现场确认后方可使用。

三、特殊土层盾构掘进施工

1. ⑤粉质黏土盾构掘进简介

区间设计长距离的⑤号土断面土层为陆相沉积的中等压缩性土，“较硬”，物理力学

性质较好，埋藏适中，分布较稳定。相较于其他土层，具有重度高、流动性差；孔隙比低，渗透性差；压缩模量高、变形模量高，黏塑性强；自稳定性好；内摩擦角大、内聚力大，黏性大；地基承载力特征值高，抗变形能力强等特点。

该土层土质硬、黏度高、自立性好，将会引起螺旋机扭矩高，出土困难，螺旋机空转不出土，推进阻力大，推进速度慢，易形成“泥饼”造成出土不畅，并可能影响土压传感器数据的准确性，还将导致盾构推力与扭矩增大，刀具磨损严重。

⑤号土层与其他土层差异性大，交替面土层性状的不均匀，将使盾构施工所受阻力产生明显差异，从而易引起盾构体的轴线偏离，还将引起土压力波动大，影响土压力控制，以致出现超挖。

因此，有必要针对以上问题，制定完备的土体改良施工技术方案，摸清盾构掘进土质的特性与改良机理，明确土体改良添加剂材料的种类、掺量与施工方法，提前采取预防措施。

2. ⑤号土层掘进控制措施

（1）渣土改良控制

①施工参数设置。针对不同阶段，应设置不同的施工参数，采用不同轴线及沉降控制方法。施工中土压力波动宜控制在±0.2kN/m^2 以内，总推力宜控制在 16000kN 以内，刀盘扭矩宜控制在 30000kN・m 以内，掘进速度宜控制在 20～40mm/min，注浆量宜控制在 4～4.5m^3/R，出土量宜控制在 37.69～38.46 立方米/环，刀盘转速宜控制在 0.9～1.2rpm/min，施工轴线宜控制在±50mm 以内。根据实际情况布置地面、隧道监测点，加强监测；并实时关注盾构轴线，及时、合理纠偏，做到勤纠，减小单次纠偏量。

②渣土改良的方法。理论上，在土压平衡工况模式下，支撑介质渣土应具有良好的流塑状态、良好的黏-软稠度、低内摩擦力、低透水性等特征。但一般地层土体不会自然地具有这些特征，从而使刀盘摩擦增大、工作负荷增加。同时，密封仓内渣土流塑状态差时，在压力和搅拌作用下易产生泥饼、压密固结等现象，从而无法形成有效的对开挖仓密封和良好的排土状态。当渣土透水性强时，渣土在螺旋输送机内排出时无法形成有效的压力递降，土仓内的土压力无法达到稳定的控制状态。

当渣土满足不了这些要求时，通过盾构机配置的专用装置向刀盘面、土仓或螺旋输送机内注入添加剂，利用刀盘的旋转搅拌、土仓搅拌装置搅拌或螺旋输送机旋转搅拌使添加剂与土渣混合，其主要目的就是要使盾构切削下来的渣土具有好的流塑性、合适的稠度、较低的透水性和较小的摩阻力，以达到理想的工作状况。

该区间前期采用的添加剂种类主要是膨润土浆，其配合比为：水：膨润土：粉煤灰：添加剂＝4：1：1：0.1，加泥量为 5%～20%的出土量。注入压力与盾构的土仓压力一致或略高。采用膨润土改良剂后，盾构掘进推力仍然过大，刀盘扭矩居高不下，掘进过程中机体发热，掘进速度在 1cm/min 左右，改良效果不佳。

在后续施工中，将改良剂调整为泡沫剂，并提高泡沫剂发泡率，添加量控制在 25%左右，盾构机掘进推力和刀盘扭矩开始下降，掘进速度提升至 3cm/min。

（2）掘进控制

①掘进前明确设计线路的各项参数，通过测量，判断出盾构机的当前位置，并根据

掘进前的各项监测成果，确定下次掘进的各项参数；在确认各项准备工作完成后，才能根据指令开始掘进。

②盾构操作手严格按照规程进行操作，严禁违规操作；严格按主管工程师的指令进行参数的选择和操作，遇有突发事故，立即停止掘进并迅速向值班工程师报告，没有新指令前，不得擅自开始掘进。根据实际情况随时调整。

③掘进过程中，值班工程师全过程监视盾构机的掘进，根据实际情况随时发出指令。到达段有技术人员现场值班，以保证随时解决问题。对盾构机方向有疑问时，要加密人工测量，对自动测量结果和人工测量结果经常进行比较，以确认其准确性。

④每环推进过程中，严格控制平衡土压力，使切口正面土体保持稳定状态，以减少对土体的扰动。采取信息反馈的施工方法对盾构推进进行质量控制，在盾构推进过程中进行跟踪沉降观测，并及时反馈沉降数据，为调整下阶段的施工参数提供依据。

⑤必须及时地掌握盾构机的方向和位置，严格对盾构机进行姿态控制，确保到达段施工隧道偏差控制在 10mm 以内。推进测量管理应在每推进一环后进行，通过对测量数值的分析计算，及时地发布操作指令，通过调整盾构千斤顶的组合适时纠偏。

⑥密切关注盾构掘进过程中推力和扭矩的波动变化，分析盾构渣土改良质量，随时调整改良剂掺加量。

3. ⑤号土层掘进经验总结

根据鄞钱区间⑤号土层掘进渣土改良和推进参数改进，原掘进推力 20000kN，刀盘扭矩 38000kN·m，掘进速度 1cm/min，且姿态难以控制。在调整渣土改良材料和配比后，并对盾构掘进参数进行调整，解决了⑤号土层盾构掘进控制难题，现掘进过程中推力下降至 15000kN，刀盘扭矩 29000kN·m，掘进速度上升至 3cm/min。

第十六章　机电施工创新

第一节　概　　述

5号线一期轨道交通机电工程施工工期紧迫，工程质量要求高。该工程的主要特点是：工期紧导致部分作业面与土建作业面交叉作业，相互干扰大；轨道交通工程设备材料种类多、型号繁杂，质量要求严格；车站机电工程接口多，对机电总承包单位的协调能力要求高；项目位于宁波市繁华地带，施工场地狭窄、施工环境恶劣，临时设施布置和交通运输周转困难；设备、材料运输吊装难度大；现场周边条件复杂，人、车流量大，交通疏导困难，安全文明施工要求特别高。机电工程主要包括下列工程项目。

（1）轨道系统

轨道施工范围自布政站至兴庄路站，线路长度约为27.923km，其中地下段长27.607km，地面明洞段长约0.316km。设前殷停车场，由泗港站及曹隘站接轨。全线共设置5个铺轨基地，分别为两个机铺基地、3个散铺基地。正线铺轨59.3km，采用60kg/m，地下长轨埋入式铺设；不含车辆段铺轨14.8km（50kg/m）。

（2）供电系统

供电系统安装施工工程范围为布政站—兴庄路站，包含12座牵引降压混合变电所、10座降压变电所、DC1500V架空接触网系统、联络线专用回流轨、AC35kV供电网络、杂散电流防护、变电所综合自动化系统、区间动力照明系统、区间疏散平台、隧道温度探测系统的安装施工。

（3）通信系统

通信系统由专用通信系统、公安通信系统两部分组成。其中专用通信系统由专用传输、公务电话、专用电话、广播、时钟、乘客信息、电源、综合布线、专用无线等子系统构成；公安通信系统由传输、数据网络、视频监视、公安无线、电视会议、电源等子系统构成，包括车站及区间线缆敷设、设备安装、调试开通以及乙供设备材料的供货等内容。

（4）信号系统

信号系统采用浙江众合科技股份有限公司提供的基于移动闭塞的CBTC全自动运行系统，车地通信采用LTE技术综合承载CBTC和专用无线通信系统，车地通信媒介为漏泄电缆。信号系统包括列车自动监督（ATS）、列车自动防护（ATP）、列车自动驾驶（ATO）、计算机联锁（CBI）、数据通信（DCS）、集中监测子系统（含微机监测）、培训设备和电源设备，包括车站及区间线缆敷设、设备安装、调试开通等内容。

（5）通风空调系统

工程范围包括通风空调系统设备、风管部件、阀门、管线的安装及系统调试。车站通风空调系统由隧道通风系统、车站公共区通风空调系统（简称车站大系统）、车站设备管理用房通风空调系统（简称车站小系统）和空调水系统组成。

（6）给排水及消防系统

施工范围包括标段范围内的各车站及相邻半个区间的生产、生活给水（含冷却循环水系统、冷却塔、水处理设备等）系统、排水系统（含区间的泵站、车站卫生间等）、水消防系统（主要为车站和区间的消火栓给水）、手提灭火系统及全自动气体灭火系统工程的所有设备安装、清洗、调试、联调以及与市政给水、排水系统管道接驳的施工、调试等工作。

（7）低压配电及动力照明系统

工程范围包括标段范围内的各车站及所辖区间的动力及照明设备的安装，设备安装基础的制作及安装、配电管线及桥架的安装（含智能照明系统总线）、单体设备调试、系统调试，以及系统联调的配合等工作。

（8）装饰装修工程

工程范围包括但不限于设备区天花、地板、墙面、扶手栏杆、不锈钢制品、设备区卫生间洁具、设备房门体及配套附件等的采购安装、建筑装修及管线孔洞防火防烟封堵。

（9）弱电系统

综合监控系统、火灾自动报警系统（含区间）、环境与设备监控系统、门禁系统、自动售票系统等弱电系统，包括系统范围内系统设备（柜）的安装，设备基础的制作和安装，设备安装，线管、线槽、线缆的供货和敷放，线缆接头的制作及配挂线缆标识牌；并负责组织、配合系统供货商进行车站级功能调试和中央级功能调试。

（10）电扶梯

设备厂家负责电扶梯设备的供货，并负责电扶梯系统的深化设计、样机的制造及测试、系统设备、软件和材料提供、检测、设备运输、仓储保管、现场安装及调试，各阶段（包括样机）的试验、测试、调试、验收和质量保证期的产品维护保养等所有工作和培训等各类技术服务，以及系统所需的随机的附件、工具（含专业工具）及备品备件等。

（11）站台门系统

工程范围包括22座地下车站共44侧全高站台门。设备厂家负责站台门系统的门体设备、供电系统、驱动系统、控制系统、接地、瞭望灯带、语音提示、站台橡胶踏板、障碍物探测报警系统等全套设备和材料。站台门控制及监视系统包含综合监控系统的接口、信号系统的接口以及动力照明、通信等专业的接口，站台门门体安装包含与土建专业、轨道专业、车辆设备专业、车站通风系统、车站照明专业以及车站装修专业等接口。

主要机电施工创新实例从以下几个方面进行阐述。

第二节　磁悬浮高效机房应用

据相关数据统计，在城市轨道交通能耗中，车站环控系统能耗占车站总能耗的50%以上，环控系统的节能对实现绿色轨交具有重要意义。在5号线一期兴庄路站、盎孟港站及三官堂站进行试点的高效环控机房项目，打破了原有环控系统设备与系统各自为政的传统模式，将整个环控系统作为一个整体进行设计、配置及控制，在降低整体管道阻力的同时，使系统内的各设备均能协调运行，最终达到制冷系统能效比（EERc）不低于6.5，空调系统能效比（EERa）不低于3.5的超高能效。其采取的智慧能源管理平台如图16-1所示。

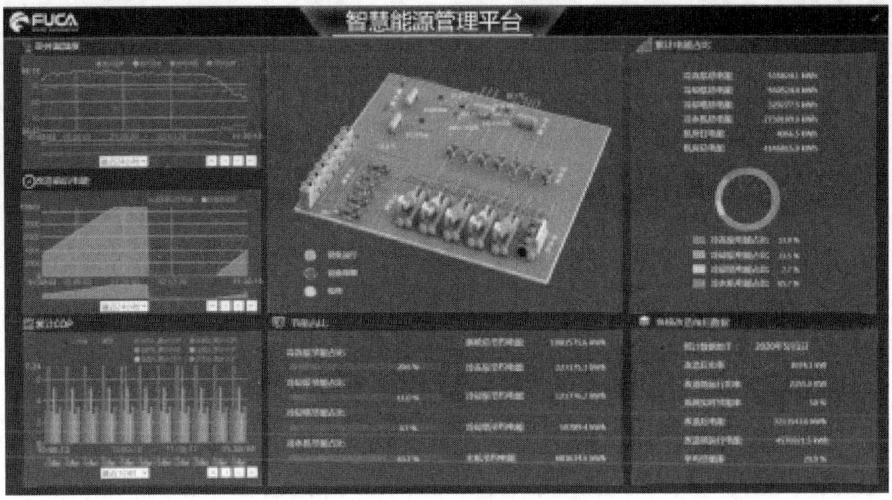

图 16-1 智慧能源管理平台

高效环控机房运行后，与未采取节能措施的站点相比，通风空调全系统预期节能率超过40%，其中制冷机房系统预期节能率超过50%。以20个站点线路推广计算，全年可节省用电1200万kW·h，折合每年减少标煤4700t，减少二氧化碳排放11520t，具有广泛的经济价值和社会效益。该项目关键技术和解决关键技术途径及主要创新点如下。

1. 精准的负荷建模和能耗分析

项目以负荷建模和能耗分析为基础，通过对车站负荷逐时、逐日、逐月的计算获得准确的制冷总负荷、最小制冷负荷，获得详细的车站日负荷变化规律和年负荷变化规律。剔除设计选型余量，为系统精细化设计、设备精细化选型及精确控制提供前提。同时由于地铁空调系统设计温度高，因而在设计过程中冷冻水进出口温度可以适当提高，本项目根据地铁特性选取冷冻水出水温度为10℃，另外冷冻水系统按最大温差7℃考虑，回水温度取17℃，以此为基础进行主机和水泵的选型与设计。

2. 高效设备选型与设计

（1）高效主机选型与设计

主机为整个制冷系统的心脏部分，高效主机对于整个制冷系统而言至关重要。对于轨道交通高效制冷系统，制冷机组不仅需要在满负荷工况下能效高，同时需要在部分负荷下能效亦较高，且主机能够适应高出水温度和流量大幅度变化的工况，此对系统节能具有重要意义。

（2）高效水系统选型

针对冷冻水7℃温差的特性以及优化设计后的扬程选用合适的高效变频水泵，同样对冷却水泵和冷却塔风机采用高效变频设备，以配合自动高效节能控制系统的优化运行。选取的高效磁悬浮机组、EC风机墙技术如图16-2、图16-3所示。

图 16-2　高效磁悬浮机组

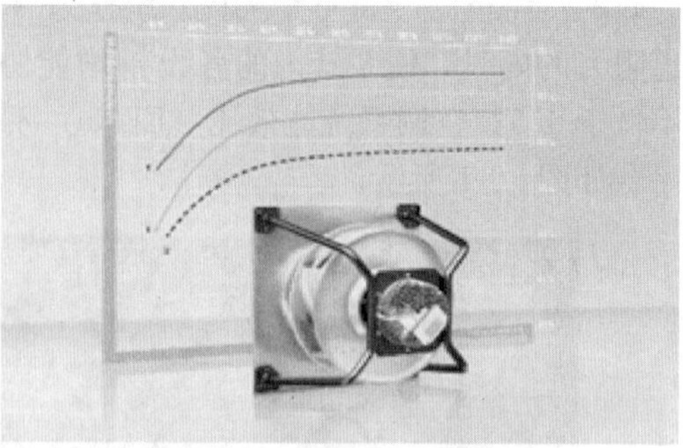

图 16-3　EC 风机墙技术

（3）高效末端选型

针对新风风机和排风风机以及末端空气处理机组和风机盘管，根据设计需要选用高效变频设备，以配合自动高效节能控制系统的优化运行。

3. 低阻力标准化系统设计

项目采用 BIM 对制冷空调系统进行建模，在建造设计之初尽可能减少管道的弯头和各项阻力，从而降低冷却水泵、冷冻水泵和末端风机的扬程和全压，从而从源头上降低水泵和风量的设计功率；同时采用 BIM 建模设计，各个管道和阀门可以在厂家进行组装，后期到现场进行模块化安装，大大缩短了安装施工工期，同时也保证了各个管道和阀门的可靠性。

4. 基于数字孪生的智能高效节能控制系统

制冷空调系统是一类典型非线性、大惯性、大滞后、时变性急强耦合的复杂系统，其包括冷却水系统、冷冻水系统、制冷机组和空调末端，各子系统之间存在复杂的相互影响和关系，各控制参数之间存在着线性和非线性的约束。项目采用一种优化冷源系统运行参数、提升其能效的数据伴生模型的仿真计算方法，为中央空调系统的运行优化和节能降耗提供理论依据。将中央空调系统建模进行了动态化处理，增加了修正机制，利用空调系统的运行数据，间断性地对空调系统的模型变量进行校验和修正，更好地贴合设备的实际运行工况，满足设备在运行过程中存在的性能衰减和匹配度下降的问题。设备在运行节能控制策略的同时，还存在伴生的数据模型的仿真系统，通过仿真系统验证不断自动优化控制策略，提升节能空间。盎孟岗站冷冻机房 BIM 建模效果如图 16-4 所示。

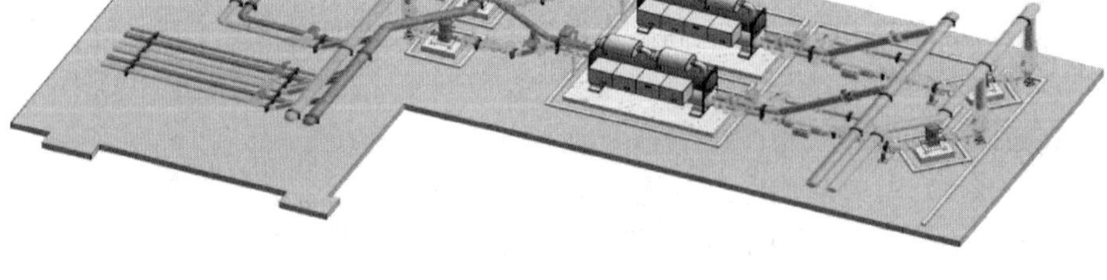

图 16-4　盎孟岗站冷冻机房 BIM 建模效果图

第三节　国产PLC的应用及研究

一、大型高性能PLC的国内外现状

大型高性能PLC是国内高端制造业及重要战略基础设施的核心控制装备，目前广泛应用于轨道交通、油气管线等重点领域。2019年中国PLC市场规模达120亿元以上，年增长幅度超过15%。其中，西门子、AB、施耐德、GE等国外厂商长期占据市场主导地位，国产品牌市场占有率不足9%。同时，国内PLC生产厂家虽然已有十几家，但却大都是小型化PLC产品，应用于市政监控与简单的流水线控制，控制规模仅上千点，而且都没有形成颇具规模的生产能力和名牌产品，可以说PLC产品在国内尚未形成产业化。

轨道交通领域属于重要的城市基础建设工程，由于环境与设备监控系统（BAS）对可靠性、可用性和安全性有极高的要求，特别是BAS系统的运行优劣直接关系到车站空调、电气、水等系统的运行状态，且与社会公众的体验感有极大的关联度，因此BAS系统相关的技术门槛也较高。BAS系统对PLC控制系统的可靠性、安全性有极高的要求，目前国产大型PLC虽然已经在部分行业（以市政公用工程为主）开展了批量化应用，但依然存在性能不足、生态不齐全、竞争力不足的问题，主要集中在通信和控制性能与国外PLC存在差距、热备冗余能力不足、信息安全措施不满足要求等方面，产品仍然无法规模化应用于轨道交通、油气管线等领域。

由国外供应商长期占据轨道交通领域的市场主导地位，不仅影响着重要的民生交通安全，更是在轨道交通领域形成了垄断和应用壁垒。由于缺乏应用环境，使得国内PLC产品不能通过有效应用提升产品性能，以此形成恶性循环局面。甚至阻断了国产系统往更进一步的高端装备和重要民生工程应用迈进。这种现象已成为智能制造装备的重要“卡脖子”问题。

二、国产PLC在BAS系统中的应用

5号线一期工程BAS系统全线采用基于内建安全的国产大型高性能PLC，在国内轨道交通领域尚属首次，这对于打破国外PLC厂商长期占据市场垄断地位，解决“卡脖子”问题、网络安全、产业链断供风险，建立城市轨道交通示范工程，推动双循环，构建产业强链具有长远的战略意义。从国家发展战略考虑，发展具有自主知识产权的大型高性能PLC系统具有重要的提升产业链的意义。

同时，目前轨道交通BAS系统进口品牌PLC价格居高不下，在相同要求下，进口PLC的项目成本是国产PLC的好几倍，且进口PLC设备供货周期长，也间接增加了项目的实施成本。经初步估算，城市轨道交通1个典型地下车站应用国产PLC可节省费用约20万元。长期以来，面向轨道交通的BAS系统的设计与开发长期被国外厂商垄断，这些企业在自动化领域积累了丰富的应用经验，其控制系统在现场应用上有很好的针对性，因此取得了较好的业绩，但是存在价格高、本土化服务缺乏、技术垄断等问题，若不能扭转长期依赖进口控制系统的局面，将对我国轨道交通应用行业的发展造成

越发不利的影响，并留下能源安全隐患。同时，国外企业的垄断也对国家城市安全和经济命脉造成很大威胁，设计开发出基于自主创新产品的、适合中国国情的轨道交通BAS系统具有深远的意义。

宁波市轨道交通5号线一期工程通过国产PLC整体的技术提升及应用，打造城市轨道交通自主创新示范工程，逐步改变细分行业典型用户对自主可控PLC的固有观念和应用习惯，破解自主可控PLC推广应用难题，在轨道交通等重点领域及国家关键基础设施打破国外产品垄断，形成规模化应用，解决工业控制领域关键“卡脖子”技术，形成自主可控的PLC产品谱系和防御体系，为国家高端制造业提供完备的自主工控产品，全面保障关系国计民生的关键行业和基础设施正常、稳定运行。同时，形成上下游产业链联动，建立中国自主智能控制生态圈，带动芯片、操作系统等产业链协同发展，为国内制造业转型升级和高质量发展提供技术保障。项目应用国产PLC产品如图16-5～图16-8所示。

三、国产PLC的主要研究内容

通过5号线一期工程BAS系统国产PLC的全线应用，研究轨道交通领域的自主可控的大型高性能PLC产品技术攻关，研发具有自主核心技术的大型高性能PLC系统。主要技术指标为：单套系统物理I/O点数不少于1万点，支持不少于100个远程I/O单

图16-5　BAS首站组网成功

图16-6　BAS现场调试（一）

图 16-7　BAS 现场调试（二）

图 16-8　基于内建安全的国产 PLC

元；支持全系统的热备冗余，包括服务器热备冗余、控制器双机架热备冗余以及 I/O 模块冗余等，主备冗余控制器切换时间小于 100ms；支持多任务调度，实现系统输入端到输出端响应时间小于 10ms；PLC 满足内生安全设计，支持可信启动、动态完整性检查、数据加密、访问控制等信息安全防护功能。同时打通基于大型高性能国产 PLC 与西门子、施耐德、罗克韦尔等其他进口品牌 PLC 数据应用级车站互联互通功能，并且建设 1 套基于大型高性能国产 PLC 研究级 BAS 培训平台，最终形成轨道交通重点领域典型行业 BAS 系统解决方案和承担示范工程项目建设。

四、国产 PLC 的应用意义

目前中国轨道交通领域，西门子、施耐德、罗克韦尔等国外 PLC 厂商长期占据市场垄断地位，存在严重的“卡脖子”问题和网络安全风险。国内 PLC 在规模、快速响应、生态、工程易用性和行业适用性等方面与国外产品相比依然存在差距。一旦出现国外 PLC 产品对轨道交通行业实施产业链断供，这对我国的交通行业将造成巨大的冲击，轻则影响轨道交通的正常运行和维保、影响群众的出行，重则影响交通和广大群众的生命安全，因此要做好切实的准备。

大型高性能 PLC 的国产化研制及在轨道交通领域的推广应用，对于推动国内国际双循环，构建浙江省产业强链具有长远的战略意义。从国家发展战略考虑，发展具有自主知识产权的大型高性能 PLC 系统具有重要的提升产业链的意义，在解决面向轨道交通 PLC 的国产化后，不仅能积累大量的应用需求和调试经验，可大幅度积累大规模 PLC 系统技术应用和产业化经验，并且可完全应用到其他领域。国产化大规模 PLC 系统在浙江省内城市地铁的典型示范还可以延伸应用到国内其他类似污水处理、供水、城市供热等诸多市政管道领域、太阳能、风能等领域，支撑和带动相关全产业链发展。

总体来说，产业链断供带来的风险巨大，迫切需要研发出具有核心自主知识产权的高速大规模 PLC 系统，来打破国外工控厂商的市场垄断和技术壁垒，为国民经济发展和产业安全提供重要保障；实现安全生产、节能增效，增强我国高端装备与制造业的核心竞争力；为社会培养一批自动化技术领域的高端人才队伍，并增加高新技术就业岗位；加快实现我国制造业从主要依靠规模增长的传统模式向主要依靠技术进步和可持续发展的新型模式转变。

第四节　站台门模块化全自动安装

5 号线一期工程在国内轨道交通行业内首创应用了站台门模块化全自动安装技术，并取得圆满成功（图 16-9）。

图 16-9　模块化全自动安装成功

一、总体介绍

传统站台门安装是以散件形式在现场组装、调试，存在现场物料多难堆放、安装工序多难管理、安装质量不齐难管控、施工人数多人工成本高、施工工期长难把控等多种诟病。宁波轨道交通与株洲中车时代研发的站台门整体模块化预组装-自动化安装技术能够快速解决以上行业难点、痛点，该项技术以全高封闭站台门为研究载体，将各单元站台门划分成独立模块，集成骨架、门体、门机、顶箱、站台电气部件为一体，在工厂内完成组装、布线、接线、单体调试，以单元编号整体出货的形式到现场，通过安装设备自动化移送到站上，完成模块安装仅需18颗螺栓，站台仅剩该模块上方区域后上封板、伸缩橡胶、上顶盖板散料（约为传统站台门安装散料的1/30）后续封闭安装（图16-10）。

图16-10　站台门模块在工厂完成组装

二、技术特点

此次应用成功的站台门模块化全自动安装技术具有国内外行业内集成度最全、自动化程度最高、安装完成用时最短、站台剩余工作量最少等特点。

站台门整体模块化预组装技术产品涉及外部收口少、产品互换性强、项目重复使用率高。通过工厂定位工位器具的制作，模块组装生产效率高，该预组装技术将现场粗放式管理转为工厂精细化管理，站台门整体质量得到数量级提高，质量更具有可追溯性。

三、技术应用方案

宁波轨道交通与株洲中车时代研发应用的站台门模块化全自动安装技术是全球首创通过轨道侧自动化设备实现全高封闭式站台模块单元的安装技术。从设备开始托举产品并移送到指定位置，上下安装连接固定仅用时20分钟，结合整体模块结构构成，完成整个模块封闭安装比传统安装（单元长度安装约180分钟）方式缩短工期高达85%以上，真正实现了快速安装。自动化设备的投入应用，使整条线安装可以只配置设备按钮操作工两人、安装工4人，对基准、安装小物料、拧螺栓即可，而传统安装施工人员需配置多达60人以上，进行各站台轻重物料的搬运以及站台安装物料工作。站台门自动化设备的配置极大地解放劳动力、降低劳动强度和提高施工安全保障。如果采用重联车多台设备、多作业面操作，安装速度将呈几何式增长，将颠覆整个站台门传统的搭积木安装方式。模块化现场安装如图16-11所示。

四、研发过程

站台门模块化全自动安装技术从项目成立、研发、批量生产到站台安装成功仅仅用时半年不到，项目团队扛住压力，克服项目紧急，攻克诸多设计难点，包括模块集成最大化、转运工装确保产品稳定性、自动化安装设备托举承力等。通过三维建模、有限元分析、模拟试验进行充分验证，对安装设备与产品的快速结合，转运工装与产品的快速剥离，模块到站台的快速精准定位预先做了充分考虑和验证。结合产品以及现场实际情况，安装设备的左右执行机构设置左、右单调和远程联调控制功能，为项目成功打下扎实的基础。经过精心策划，从自动化设备吊装、安装调试，到转运工装吊装、模块安装、模块拼接，整个操作一气呵成，进展十分顺利，项目用时短，创造安装奇迹。

图 16-11 模块化现场安装

五、技术成果

整体模块化项目的成功实施打破了站台门传统建设模式，推动站台门向高质量发展转变。随着行业发展，将产生站台门整体模块化新型结构、整体模块化转运工装、整体模块化自动化安装设备等多项发明专利，将有站台门模块化全自动安装技术论文在国内核心期刊发表，将持续推动科技创新，打造更高质量的门产品和行业竞争力。

第五节 变电所智能化项目

一、概述

自城市轨道交通协会《中国城市轨道交通智慧城轨发展纲要》发布以来，行业内掀起了新一轮的科研创新浪潮，智慧城轨相关的创新项目层出不穷。宁波市轨道交通 5 号线一期作为浙江省内首条全自动运行线路，便汇集了众多的科研创新项目。该工程在三官堂站试点变电所智能化项目，由智能配电系统和智能巡检机器人两部分组成，借助配电系统数字化，帮助运营团队提升运维效率，确保人员安全、保护资产，通过分析预测巡检问题，挖掘变电所巡检状态数据中的最大价值。

二、智能配电系统

1. 简介

本系统设置于三官堂站 0.4kV 开关柜室，系统采用施耐德 EcoStruxure Power 架构，相比传统的电力监控系统，在硬件、软件和数据分析等方面都有着较大的智能化升级。通过采集配电系统的全数字量信息，在 POI PLUS 站控终端进行数据分析和呈现，系统可实现关键参数趋势监控和预警、断路器老化分析和健康度预警、能源利用率分析以及站级主动能效管理等重要功能。智能配电系统界面如图 16-12 所示。

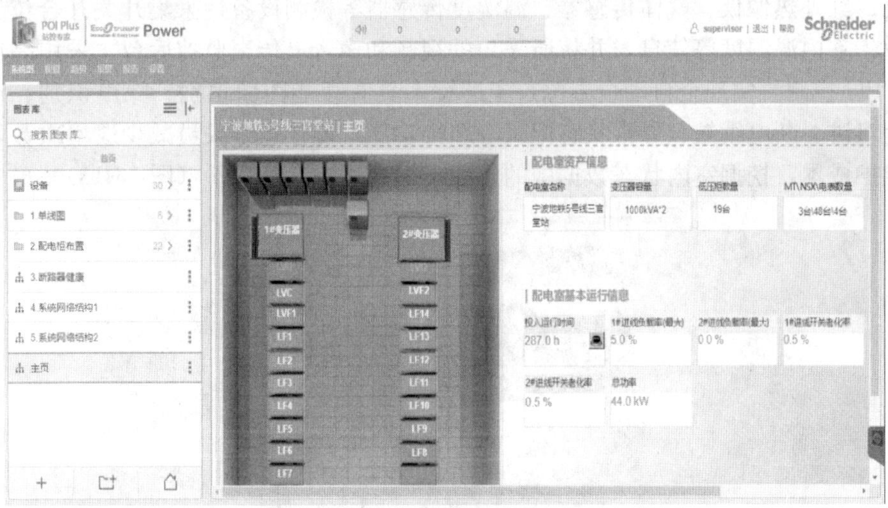

图 16-12　智能配电系统界面

2. 功能特点

（1）提供全面的配电室内的关键电气设备运行监测和分析；

（2）提供配电室的全面监测，显示系统单线图、关键设备的运行参数，并提供历史记录功能；

（3）负荷电流、电压、功率因素、电能等全电量测量，并实时监测变化；

（4）通过对开关状态、设备参数等的监测，自动记录负载变化，供运维人员选择合理方式调配负荷，实现配电系统优化运行；

（5）通过系统提示的开关跳闸等告警信息，记录并追踪电气系统的报警和故障，供现场巡检和故障处理时进行分析；

（6）提供关键电气设备的老化分析，并通过数据显示、报表呈现等方式显示和记录数据，以科学的方法预计失效概率，指导备品配件更换；

（7）提供断路器温度显示与报警，进行针对性预防式维护，消除设备隐患，保障供电连续；

（8）提供关键设备效率分析，显示关键设备的运行效率参数；

（9）提供完善的资料管理功能，将电子化的产品资料、配电室设计资料在系统界面中统一规划和提供；

（10）提供典型的配电室运行报表功能，自动定期生产配电室运行报告，达成自动抄表记录功能：生成历史能耗成本，能源使用情况及电能质量报告；提供标准能源分时报告；提供标准能源趋势分析报告；提供标准负载特性分析；提供能源成本分析；提供能源数字仪表盘；提供关键负载回路的负载特性分析图表；提供碳排放折算分析图表等。

三、智能巡检机器人

1. 简介

智能巡检机器人置于三官堂站 0.4kV 开关柜室。智能巡检机器人搭载可见光高清摄像机、红外热像仪、气体传感器、温湿度传感器等检测设备，采集开关开合位置、表盘读数、室内温湿度等信息，并将所采集的视频和声音上传至监控后台。采用高性能嵌入式 CPU 控制，实现全自动全方位自主巡检，具有智能图像识别、噪声识别、双向语音远程对讲、断电续航、异常状态记录等多种功能，能让运维人员减少巡检次数，降低日常维护成本，挖掘室内状态数据中的价值，提高运维管理水平（图 16-13）。

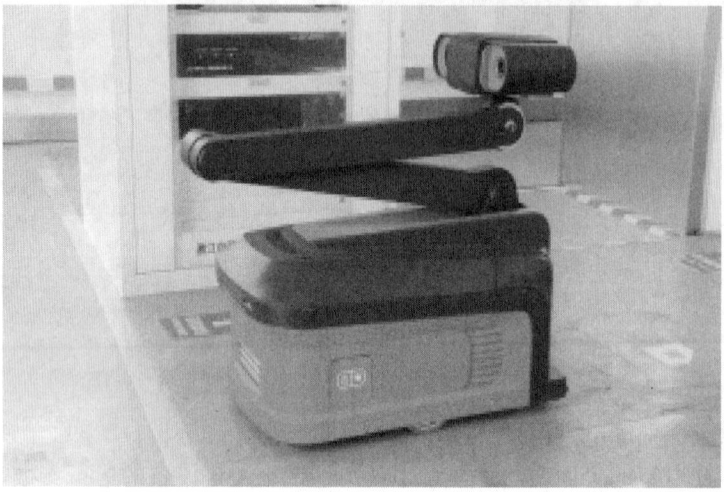

图 16-13　智能巡检机器人

2. 功能特点

（1）全自动全方位自主巡检

机器人支持按每日规划的巡视检测任务，定时开始巡视检测工作；可根据预先设定的巡检点的位置，沿着预定轨迹依次进行自动巡检。

机器人系统也支持定点或定任务巡检。只需通过后台系统，选择想要进行巡视的巡检点，向机器人派发临时巡检任务，机器人就会按照选择的任务内容，规划出最优路径完成巡检任务。

机器人所配备云台，水平范围可达 0～＋360°，垂直范围可达－90～＋90°，行程达到 1050mm 的折叠臂，充分保证了机器人覆盖所有设备区域，实现机器人全方位自主巡检功能。

（2）灵活巡检、及时响应

机器人可在不同巡检模式下，在不同的应用场景与应用需求中，灵活进行巡检任务配置及速度控制。常规定点巡检可以根据指定的路径和指定的巡检目标点进行自动匀速巡检，只需要设定巡检路径并启动自动巡检即可使机器人自动完成一次巡检。

当室内出现突发事件，机器人会自动切换到应急控制模式，机器人将转换到高速运行模式，工作人员可以在主控室遥控机器人快速到事发地点查看实时情况。

自主巡检过程中，光电停障系统发现前方有障碍物时，智能巡检机器人则会自动停止并在后台发出警告，当巡检过程中遇到人员可智能减速。

（3）多种检测功能

室内智能巡检机器人配备高清摄像机、气体传感器、温湿度传感器和拾音器等检测设备，并能将所采集的视频和声音上传至监控后台，实现图像识别、数据读取、测温、噪声识别、报警等多功能。例如，智能巡检机器人搭载高清摄像机，具备自动对焦功能，支持对有读数的表盘进行数据读取或者对于开关位置进行监测、自动记录和判断，当设备在工作的过程中检测到设备某个点超过预设限值后，立即后台报警并发出声光提示，以防止发生事故。并将这些信息存储到数据库中，为之后的事故处理提供依据。

（4）报表生成功能

室内智能巡检机器人执行任务过程中，能够将所记录的图像或视频信息通过无线网络传回主控室，并自动记录拍摄地点和时间等信息。

室内智能巡检机器人管理软件可支持各种信息的报表生成，支持日志记录（保存于数据库中），工作人员可根据需要按照不同关键字段（如人员、班次、时间、设备名称、问题表现、事故分析等）来生成不同类型的报表，报表能以表格、条形图、柱状图等多种形式，通过同比、环比等多种途径进行分析，利于从不同角度判断室内各个设备的运行状况，并预测设备性能。

（5）快速实施、环境友好

机器人通过二维码方式进行导航，在室内应用无需架设轨道，工程人员仅需在进场时完成二维码的张贴，机器人通过惯性导航方式进行基础导航，自身搭载的摄像头实时识别地面的二维码进行导航位置纠偏。允许地面标码偏差达到±5mm，±0.5°。当地面图标连续损毁或被遮挡时，连续两个丢码仍可行走。

（6）断电续航、异常状态记录能力

机器人通过自主充电桩在巡检任务间隙对自身进行充电，系统配备 UPS 不间断电源，当发生意外情况系统断电时，UPS 不间断电源仍可支撑运行 3h，配合机器人完成一次系统的巡检任务，机器人将断电时刻的状态信息与巡检信息传回，方便巡检人员进行分析。

第六节　智慧甬轨 OS 2.0 管控平台

一、智慧城轨的发展背景

城市轨道交通是全面开启建设社会主义现代化强国的重要支撑，是建设现代化经济体系的先行领域，也是建设交通强国和智慧城市的重要组成部分。城市轨道交通行业要把握当前发展的重大机遇，以发展智能系统，建设智慧城轨为载体，开创交通强国建设新局面。

在自主创新基础上，围绕数字化、智能化、网络化，大力应用新技术革命成果，并与城市轨道交通深度融合。一手抓智能化，强力推进云计算、大数据、物联网、人工智能、5G、卫星通信、区块链等新兴信息技术和城轨交通业务深度融合，推动城轨交通数字技术应用，发展智能系统，建设智慧城轨。一手抓自主化，创新创优，增强自主技术创新能力，持续不断研发新技术、新产品；增强自主品牌创优能力，不断研发新产品、新品牌。通过持续不断的智能化和自主化建设，强力助推由城市轨道交通的高速发展向高质量发展转变，最终建成引领世界潮流的城市轨道交通强国。

面向中国城市轨道交通行业，以强国建设为战略导向，以发展智能系统、建设智慧城轨为主题，以城市轨道交通的关键核心业务为主线，以数字化、智能化、网络化为手段，构建高度集成的城轨云与大数据平台，建立系统完备的技术标准体系，坚持智能化和自主化“两手抓”的实施策略，准确把握智慧城轨的发展方向，统筹铺画智慧城轨的发展蓝图。按照“1-8-1-1”的布局结构，即铺画一张智慧城轨发展蓝图；创建智慧乘客服务、智能运输组织、智能能源系统、智能列车运行、智能技术装备、智能基础设施、智能运维安全和智慧企业管理八大体系；建立1个城轨云与大数据平台；制定1套中国智慧城轨技术标准体系。

二、智慧甬轨管控系统在三官堂站的应用

2020年3月12日，《中国城市轨道交通智慧城轨发展纲要》正式发布实施，这是城市轨道行业首部交通强国建设的发展蓝图，提出了智慧城轨建设的指导思想，描绘了智慧城轨建设的蓝图，构建了智慧城轨的八大重点体系。宁波轨道交通在智慧城轨发展纲要的指引下，围绕“智慧甬轨”主题开展智慧城轨建设，智慧甬轨管控系统v2.0是在深化东钱湖站v1.0功能前提下，在5号线一期工程全自动运行的综合监控系统上搭载1套支撑数字化轨道交通、无人化运营管理、智能化运维控制、场景化应用服务的管控平台，最终为车站服务提供更全面化、更智能化、更联动化的运营服务，为乘客提供更友好、更实时、更智能的服务体验，为运维管理提供更快捷、更全面、更详细的实时设备现状，为运营管理提供更具特色、更智慧、更专业的分析与决策支持，符合国家新基建战略。

智慧甬轨管控系统与综合监控系统相比，在系统定位、智能化程度、监控对象、数据量、可靠性要求等方面存在区别，定位对比见表16-1。智慧甬轨管控系统为智能信息化系统，以智慧化应用业务、辅助决策为主，重点在于信息化数据融合应用，智能化、可视化数据展示，系统定位于综合监控、CCTV、AFC等自动化运营生产系统之上，人机界面如图16-14～图16-16所示。同时，智慧甬轨管控系统的监控对象侧重于多维数据融合应用和数据分析，而综合监控系统多以机电设备为监控对象。另外，智慧甬轨管控系统主要要求系统稳定运行，而综合监控系统深度集成环境与设备监控系统、火灾自动报警系统等，对可靠性要求相对较高。

表16-1　智慧甬轨管控系统与综合监控系统的定位对比

项目	智慧甬轨管控系统		综合监控系统	
	说明	详细描述	说明	详细描述
系统定位	智能信息化系统	侧重与多维数据的融合应用及数据的智能分析和可视化展示	自动化运营生产系统	机电设备实时监控系统，设备的实时监视、控制、报警
智能化程度	高	智能化应用：智能运维诊断、客流分析、站务辅助决策	一般	智能化程度低，以实现设备的自动化监控为主

续表

项目	智慧甬轨管控系统		综合监控系统	
	说明	详细描述	说明	详细描述
监控对象	数据	多维度综合数据融合应用，数据包括：生产数据（设备运维数据、行车数据等）、乘客数据（票务数据、客流数据）、外部数据（天气、群体事件、互联网语音库、图像库）融合应用	设备	工艺设备有效控制。启停控制，保证生产工艺实现，如车站温湿度调节、照明模式控制等
数据量	大	大数据接入和存储。需实时采集ISCS、CCTV、信号等生产数据，设备维护数据等，并存储；根据数据类型、业务要求设计不同AI算法，对数据建模分析。以大数据平台应用为核心	一般	一般采用关系型数据、文件存储，只记录设备开关变位、故障报警等信息
可靠性	一般	系统稳定运行，后台计算任务周期性处理，前端综合数据展示	高	系统冗余配置，7×24小时运行，参与火灾、应急事件处置

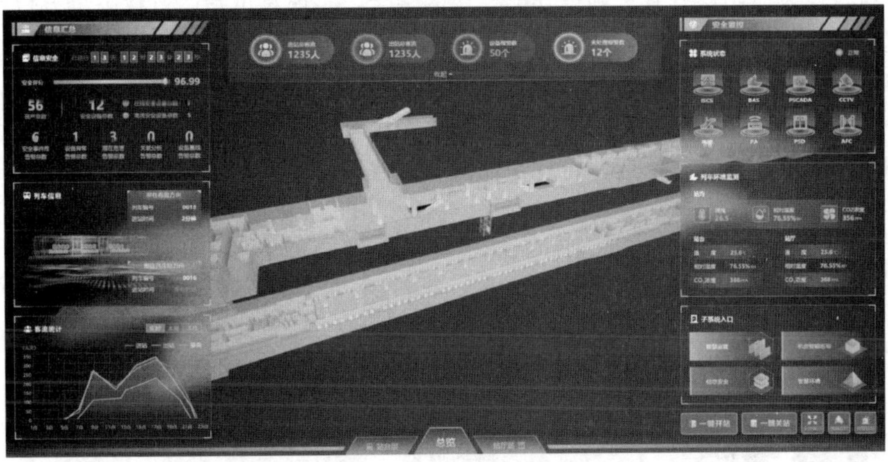

图16-14　智慧甬轨管控系统人机界面（一）

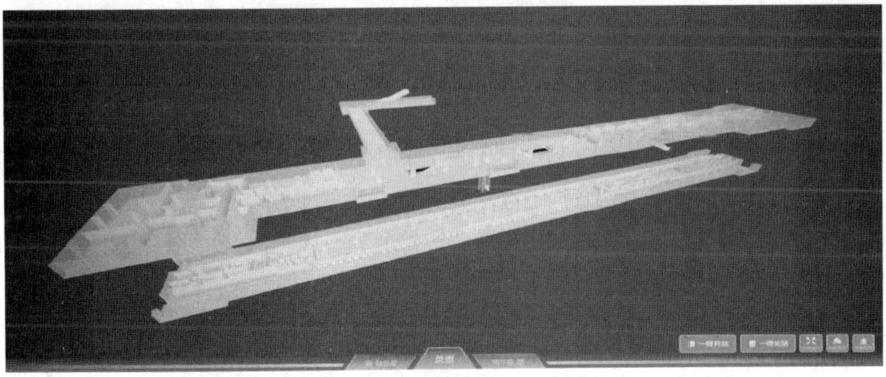

图16-15　智慧甬轨管控系统人机界面（二）

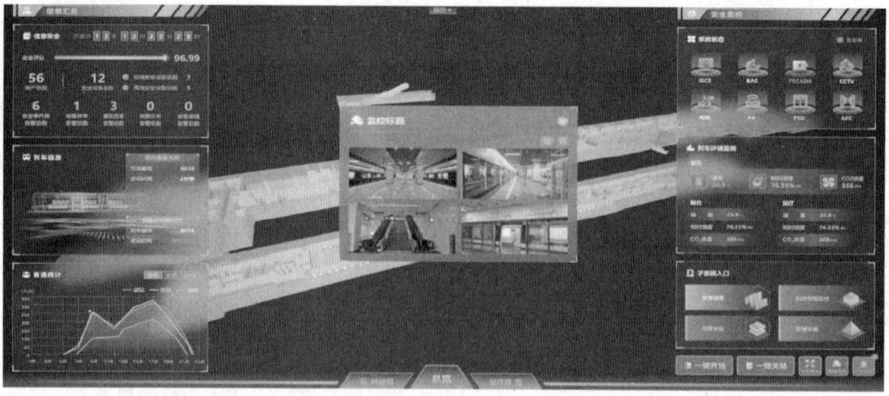

图 16-16 智慧甬轨管控系统人机界面（三）

三、主要实现功能

5 号线一期工程三官堂站在既有综合监控系统平台基础上搭载 1 套智慧甬轨管控系统，深度结合全自动运行，构建以新型感知为依托的车站全自动智能运行系统。通过感知层、执行层及应用层既有和新增功能模块的融合，实现对车站运行状态全方位精准感知、运行趋势智能化分析预判、信息指令一体化主动推送、运行规则拟人化自动进化的相关智慧化功能。同时，在车控室内结合既有一体化 IBP 盘及车控室一体化设计，在 IBP 盘面嵌入智慧车站综合数据展示屏，为运营管理提供更快捷、更全面、更详细的实时车站运营现状，提升车站运营管理工作的及时性和针对性，如图 16-17 所示。

图 16-17 智慧甬轨管控系统车控室

智慧甬轨管控系统三维数字可视化及数字孪生现实车站的物理环境向空间数字化模型的反馈，可在车站数字化模型进行的各类分析、数据积累、挖掘，以及人工智能的应用。同时通过对数据全过程的感知、采集、边缘处理、融合，实现基于数据驱动的系统性智能基础，具备自我学习、演进的逻辑能力，实现车站自主运行。

智慧甬轨管控系统 v2.0 在东钱湖 v1.0 的基础上综合运用了实时数据技术、人工智能技术、智能视频分析技术、设备智能运维技术、三维数据可视化展示等技术，实现“乘客服务”“运管调度”“智慧运维”“智慧客流”等方面具体应用，功能对比见表 16-2。

智慧甬轨管控系统具体涵盖以下八大功能：综合看板显示车站三维图形（3D建模、轻量化BIM等）、全自动运行数据与分析、数据互联互通（综合监控信息、互联网数据信息等）、视频系统接入、智能环境控制（高效机房）、机房智能巡检机器人和变电所智能化系统接入、信息安全等。

表16-2　三官堂站v2.0与东钱湖站v1.0的功能对比

功能	子项	东钱湖站v1.0	三官堂站v2.0
综合看板信息	3D建模、轻量化BIM	车站3D建模和核心数据展示	优化车站3D建模、轻量化BIM和核心数据展示，新增动态联动效果展示、能源专家管理等功能界面
全自动运行场景	行车信号数据	—	列车到发信息（阻塞、跳停、列车火灾），到站车辆故障、报警信息等
数据互联互通	综合监控数据	实现车站、变电所重要设备运行状态、故障报警等信息监测；基本实现自动开关站控制	实现车站、变电所重要设备运行状态、故障报警等信息监测与三官堂站有关行车、车辆信息监测；优化自动开关站、电池管理系统等功能
	互联网数据	天气、节假日、重大事件、东钱湖管委会等相关资讯	天气、节假日、重大事件、纺织学院等相关资讯
智能视频分析	智能视频分析	智能识别分析乘客是否佩戴口罩、安检口隔栏递物、闸机口、电扶梯处人群等异常行为，进行提示告警，并联动该区域范围的摄像头进行显示	优化智能识别分析乘客是否佩戴口罩、安检口隔栏递物、闸机口、电扶梯处人群等异常行为，进行提示告警，并联动该区域范围的摄像头进行显示
智能环境控制	高效机房	—	具备能耗监测、能耗统计、节能调控、能耗分析、能耗诊断、用能报警等功能于一体的智能能源管理
	环境监测	公共区温湿度环境监测	公共区空气质量监测，机房环境监测（实现无人巡检），出入口环境监测
变电所智能化系统	智能巡检机器人	—	供电机房自主自动巡检；仪器、仪表自动识别；红外机柜温度、机房环境自动监测，异常状态分析报警
	变电所智能化	—	设备数据实时监测、配电设备智能运维、断路器运行老化分析、故障根因快速检索等功能
信息安全	网络安全态势数据	接入车站网络安全信息	与控制中心信息安全管理平台对接，显示网络入侵报警、安全审计、网络态势等信息

四、应用意义

智慧甬轨管控系统的应用是宁波轨道交通在发展纲要的指导下的一次对宁波特色智慧城轨的探索，是一次打造宁波特色智慧车站的自主创新，三官堂站的应用代表了宁波特色智慧车站的发展方向，特别是在全自动运行线路越来越多的新时期，更高效、更安全的运营管理指挥需要更加智慧化的运管系统支撑。因此，深度融合自动化（生产网）、信息化（管理网）系统的大数据，实现大数据价值的最大化利用，提供更加智慧化、管家式的智慧甬轨管控系统，是宁波轨道交通未来的核心技术之一。

未来，研究所形成的智慧化系统架构可与宁波轨道交通城轨云有机融合，打通与综合监控平台、资产管理平台、运维管理平台等不同专业平台间的数据壁垒，实现数据交互；借助大数据分析技术、视频分析技术、5G 技术、AI 技术、BIM 技术等新技术应用，实现车站服务、运营、维护自动化、智慧化，多方位简化地铁运营管理流程，优化资源需求，形成建设、运营、维护密不可分的数字化产业生态，促进轨道交通高质量发展，助力技术力量创新引领，提升宁波轨道交通服务、管理水平，全面打造理念先进、服务过硬、技术卓越的“智慧甬轨”品牌。

第七节　供电施工无轨测量技术应用

一、工程概述

在城市轨道供电系统建设中，传统、规范的建设施工程序是在轨通之后，牵引供电系统工程依次建设施工，但前期土建含隧道专业工程的建设施工工期往往出现滞后，不同程度制约其后期应有稳定轨道条件下的牵引供电系统工程的正常合理施工工期。

在宁波轨道交通 5 号线一期工程供电系统安装施工中运用先轨安装施工技术，借助轨道 CPIII 测量技术现场成果的“交桩”应用，利用接触网工程各结构锚固固定部位相对轨面的设计技术参数，运用计算机软件，将接触网工程各结构锚固固定部位相对轨面的设计技术参数，转换换算成相对“轨道 CPIII 参考点”的接触网定测技术参数，并成功解决“接触网无轨定测系列技术”。该技术不仅用于刚性接触网的安装测量，同样适用于疏散平台、环网电缆等侧壁锚栓测量、安装。

二、关键技术

（1）在轨道 CPIII 测量交桩的支持条件下，引用轨道 CPIII 测量技术现场成果，统计和利用接触网工程各结构锚固固定部位相对轨面的设计技术参数，运用计算机软件，将其接触网工程各结构锚固固定部位相对轨面的设计技术参数，“转换、换算”成相对“轨道 CPIII 参考点”的接触网 CPIII 定测参数，并以此实现“轨道交通中供电全专业全参数无轨高精度定测与标记”（图 16-18）。

（2）一系列“接触网工程先轨安装”的放样点标记装置、隧道内吊装特型机械装置、无轨定点装置，选配合适的现场作业移动照明装置与通信装置、受限空间有害气体监测装置，能实现其接触网及疏散平台、环网、动照等全专业先轨人工安装作业的特殊需要。

三、实施流程

1. 参数设置

依照第三方提供的土建隧道断面测量资料、调坡调线资料，通过测量软件沿着隧道

中心线 x、y 坐标及线路中心线标高，结合供电蓝图中各专业的技术标准参数要求，建立项目，完成参数设置（图 16-19）。

图 16-18　现场定测

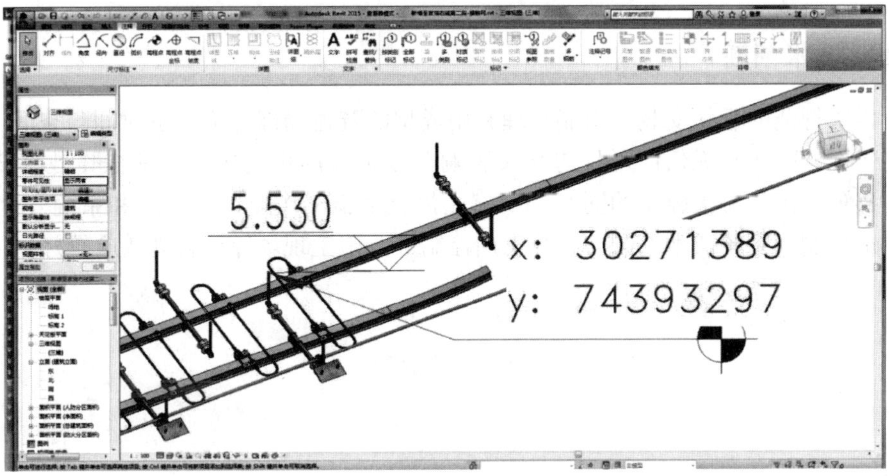

图 16-19　测量图

2. 数据处理

根据接触网、疏散平台、环网及动照专业施工蓝图中定位点的布放里程及安装要求，以轨道线路中心线及线路中心线为参考，完成现场所需测量数据的统计、转换。通过测量软件处理，将接触网全部锚栓定位参考点坐标导出，形成接触网锚栓定位参考坐标汇总表；将疏散锚栓参考坐标点导出，形成疏散平台定位参考坐标点汇总表。

3. 现场放样

利用土建交桩坐标搭建坐标体系，采用无棱镜测量技术测量现场接触网各个悬挂参考点的坐标并做好标记，测量现场疏散平台上定位端锚栓坐标并做好标记（图 16-20）。

4. 现场安装

通过对现场放样及记录的定测数据处理，可以形成各专业的安装数据表，包括疏散平台支架安装角度数据表；接触网槽钢横担在锚栓上的固定位置，即锚栓相对横担外露长度及绝缘子在横担上的固定位置。现场施工作业人员只需按照安装数据将构配件安装到位即可，无需调整，一次成型，实现“无轨、装配式”施工。

图 16-20　现场放样

四、技术创新

较传统规范的后轨安装，因能合理利用成型的隧道局部全部间歇时间与空间，而进行其施工作业操作，无任何干扰与交叉影响，故可提高现场施工作业操作效率 30%以上。在避免抢工和交叉施工的同时，实施优化流水施工作业组织管理和系统安全管理、系统质量控制、系统成本控制、系统工期控制等，施工现场综合管理效应较好。

第十七章　全自动运行系统施工

与常规 ATO 运行线路不同，5 号线一期采用全自动运行系统（简称 FAO），实现无人驾驶功能，属宁波地铁线网内第一条全自动运行线路，对后续线路的建设标准具有极其重要的指导意义。全自动运行系统主要包括综合监控系统、信号系统、通信系统、站台门系统等，全自动运行系统由于其安全可靠、灵活运营及节能减排等方面的优势，现已成为城市轨道交通运行控制系统的发展方向。5 号线一期在全自动运行方面采用了多项先进技术和机电信息工程创新技术。全自动运行系统能根据列车运行场景，由系统根据计划自动触发操作，通信系统区间增加了视频监控、广播等功能，保障无人驾驶时对区间工况的及时了解，增强多系统间的联动及监控功能，提升车地通信传输带宽和质量。全自动驾驶模式下的站台门系统，能实现站台门与列车门故障对位隔离功能以及站台门与列车间隙的高可靠性、高安全性的异物检测功能。项目设计了满足安全完整性等级达到 SIL2 的站台门控制系统，并在线路上成功进行了应用。

第一节　综合监控系统

一、综合监控系统全线采用上进线

5 号线一期工程综合监控系统第一次将综合监控设备室作为关键设备房进行施工，与信号设备室和通信设备室保持相同的施工进度，确保了信号、通信、综合监控等核心专业的全自动运行调试进度。同时，综合监控系统首次全线采用上走桥架安装、线缆敷设工艺，桥架采用组合式结构，由桥架底板、侧板、盖板、各类弯头件及安装附件等构成，材质由优质钢板材料经多重折弯工艺制作，强度好、刚性高，桥架表面采用静电喷塑工艺，外观光滑美观，如图 17-1～图 17-4 所示。上走线桥架方式摒弃了传统工艺的

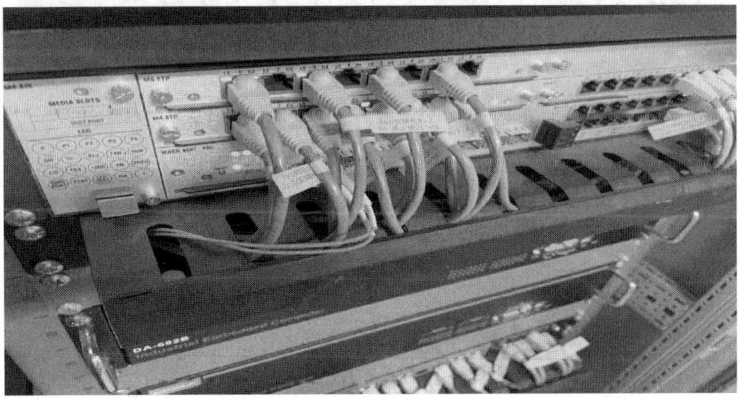

图 17-1　综合监控系统网络柜

地面支架安装流程、槽道切割制作流程，同时也跨过了机柜支架安装的流程、静电地板二次铺设的工作，增加了作业面积，提高了施工效率，节约了施工成本；同时避免了静电地板下鼠患的风险、维护检修时静电地板的反复拆装工作，有效地提高了后期运营维护检修的便捷与效率。

图 17-2　综合监控系统服务器柜

图 17-3　综合监控机柜上走线桥架（一）

图 17-4　综合监控机柜上走线桥架（二）

二、综合监控系统全线采用模块化线缆密封系统

由于综合监控系统全线采用上走线方式，为保证机柜进线的密封性，综合监控机柜全线均采用了模块化线缆密封系统。基于可剥离芯层的模块化线缆密封系统，可帮助机柜防止水、火、烟雾、气体、潮湿、灰尘的侵害以及害虫和啮齿类动物的侵害，能够避免振动、电磁脉冲、电磁干扰和爆炸的风险，同时可适配不同尺寸的线缆，只需极少的可靠部件，即可构成强大的屏障以确保设备运行性能，如图 17-5、图 17-6 所示。模块化线缆密封系统能轻松应对施工现场因电缆的数量或规格发生变化引发的突发状况，并减少安装所需的工具和材料，其可以在一个开孔密封多条预制端接头的电缆，从而有效地利用空间，并且为未来的调整和需求做好准备。

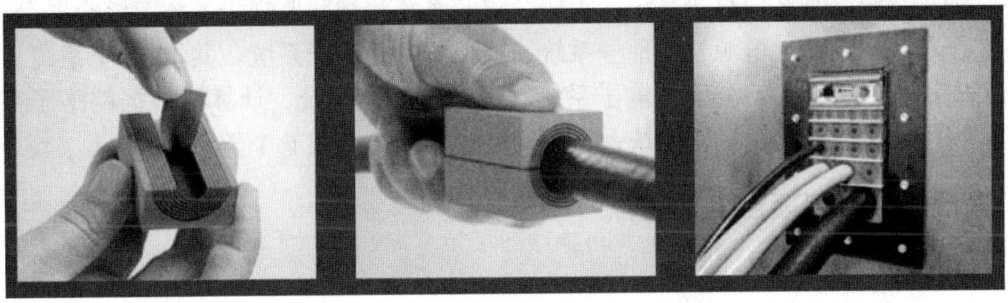

图 17-5　模块化线缆密封系统安装方式

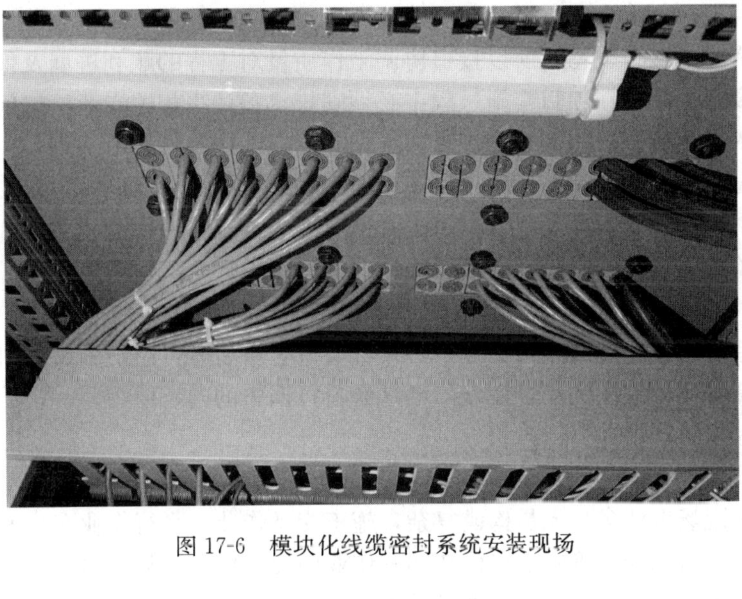

图 17-6　模块化线缆密封系统安装现场

第二节　通信系统

一、工程概况

5 号线一期工程自布政站至兴庄路站，线路长度约为 27.9km，其中地下段长约

27.6km，地面明洞段长约0.3km。线路西起鄞州区布政，经鄞州西部地区、石碶中心区、鄞州南部商务区、东部新城、宁波国家高新区和镇海新城南区等区域，止于兴庄路站，并预留延伸成环条件。一期工程共设车站22座，均为地下站，其中换乘站10座，分别与1、2（两次）、3、4、6、7、S3、K1、S4/K2线换乘。5号线一期工程共用1号线东环南路线网控制中心；设主变电所两座，分别与2号线共用双桥主变电所，与4号线共用下应主变电所；设经堂庵跟车辆段；设前殷停车场。

二、系统构成

5号线一期通信系统共由专用通信系统、公安通信系统共两部分组成。

专用通信系统包括：传输子系统、公务电话子系统、专用电话子系统、广播子系统、时钟子系统、乘客信息子系统、视频会议子系统、视频监视子系统、综合办公子系统、综合布线子系统、电源及接地子系统、通信集中告警子系统，共12个子系统。

公安通信系统包括：公安传输子系统、无线覆盖子系统、计算机数据网络子系统、视频监视子系统、公安电话子系统、电源及接地子系统，共6个子系统。

三、通信工程项目管理要点

1. 通信工程特点

（1）接口协调工作量大

由于地铁系统的复杂性，在项目实施过程中，各专业之间交叉作业相互干扰、相互影响不可避免，再加上本工程系统与土建、轨道、供电、通信、机电安装、车辆等多专业之间存在大量的接口关系，所以接口协调工作质量对工程的顺利进展及保证施工质量有着极为重要的影响。在项目实施过程中必须安排具备解决相关专业接口问题和局部调整能力的专人，负责接口协调和落实界面工作与工期，以确保接口合理。

在各部分工程施工前须与存在接口关系的相关专业的承包商联系，以便了解其在该部分工程上的特别要求，并予配合。对于其他专业为本工程预留的相关设施，应提前介入进行现场检查，严格按照设计图纸标准核对其位置、尺寸、性能等是否满足需求，不满足者应及时通过监理工程师发出整改通知，不能等到预留工程全部完工后再进行检查。牵涉到系统性能实现的预留工程，必须等检查合格后方可组织施工。对于预留孔洞等存在的不影响系统性能的小量偏差，应具备自行调整的施工能力。

（2）成品保护难度大

本工程项目繁多、内容庞杂、施工专业多、工序衔接紧，互相干扰大是其重要特征。由于施工现场专业多，人员构成复杂，施工交叉作业、平行作业多，通信系统施工与土建、轨道、机电安装等施工单位在同一作业面交替作业，从而给工程成品保护工作带来很大的难度，安全工程和线缆敷设后的保护工作同样艰巨。

（3）设备、材料运输量大

由于本工程有大量设备需要从地上运输到地下隧道，且通信区间线缆盘等大件物资也需要运输到各作业点，设备和材料安全及时到达施工现场是保证工期的关键。这需要针对施工现场实地情况，选择合理的材料存放处和进出料口，集中安排设备和材料的进场计划，加快施工进度。

2. 通信工程管理思路

（1）完善健全管理体制

在通信项目管理工作中，要合理设置部门并明确各部门职责范围，执行项目管理为核心的运作机制。在工程施工前，需要明确各部门监督管理制度，明确施工单位具有确保工程安全与质量的专业性，在此基础上有效推进工程进度管理，避免反复施工而耗费更多人力、材料与设备的投入，同时需要对人力、财力、物力做全面的审核，确保施工安全与品质。在项目的投入方面，管理人员需做好整体工程的分析，制定科学合理的预算方案。确保各部门能够协调一致地开展具体工作，让投资预算符合实际情况，防止预算超标，确保工程投资设计符合实际工程项目情况。

（2）强化工程安全管理

项目工程安全是通行工程管理中的重点，其重要性居于首位，需要有效建立完善相关安全管理制度，做好对应分工管理，明确各部门各人员责任。首先，对于要参与到项目施工的人员进行相应的施工前教育培训与考核，只有考核合格才能进入现场施工操作。同时日常要做好安全学习，提升工作人员对安全问题的重视程度以及提升安全措施技能。此外，还需要对人员做定期的身体检查，确保工作人员在生理、心理与技术层面上都有较为全面的安全保障。其次，落实监督制度，强化监督工作。对监督责任人做好奖惩制度管理，将责任明确划分，提升其工作积极主动性，提升安全监督意识。工程开展需要每个月做好安全检查，同时强调问题内部举报鼓励，及时发现安全事故与隐患。同时也需要及时地提升安全管理措施，将隐患与安全问题及时消除，做好安全防护工作。

（3）注重工程成本管理

通信工程管理中成本管理属于基本项目，要做好预期成本设计，同时依据现实情况做有效的变更调整。及时做好相关成本信息的审核，收集相关有效数据，对工程相关费用开支情况全面掌握，尽可能将存在的风险有效遏制在初始状态。如果存在违规操作，不仅要及时制止，而且要做好相关追责，注重施工进程。要做好成本提前测算，同时需要做好工程准备阶段工作，施工预算要规范合理编制，依据施工预算和定额消耗费用做有效的成本管控。

（4）严格把控、全面控制设备、材料质量

提前明确需进行第三方检验的设备和材料、检测项及第三方检测单位，在抽样时，必须安排监理单位现场见证，并留有图像记录。

①高标准、严要求做好工程验收标准和资料归档：编制并完善通信相关质量验收规范，明确系统设备方面配套的表格和归档资料清单等，实现工程资料制作、归档的标准化和程序化；重视系统供货商的资料归档，保证系统归档资料的完整性。督促系统供货商及时将设备报验材料、调试相关材料等报给施工单位，由施工单位统一向监理单位报验。

②加强日常管控，积极主动做好迎检工作：在日常工作中，把安全质量管到位，把形象建设和汇报材料规范到位，把功夫下在平时，做到不需要特别突击，就能随时接受上级部门和领导的检查。

四、工程前期主要技术准备工作

在工程准备阶段，充分熟悉图纸，及时进行现场调查，了解工程进度，进行孔洞核对，避免后期扯皮，组织图纸会审技术交底，明确各类技术相关问题，理顺施工单位和供货商的分工界面。根据线路总体节点目标，排出通信工程甲供设备到货计划，通信工程细化节点计划，列出工程重难点。

1. 熟悉图纸

熟知图纸施工内容，并标识出重难点，对设计图纸上没有明确和说明的做好记录，要求设计单位和系统供货商在设计交底、图纸会审过程中提出。其中，由于通信系统设备数量种类多，需加工、制作的铁构件数量庞大，要求系统供货商在工程前期及时明确室内机柜、室外设备的具体尺寸，以便施工单位及时加工安装底座，避免返工。

2. 工程前期调查

工程前期调查工作是施工开展的基础准备工作，调查工作开展的好与坏直接影响后续施工能否顺利。

（1）区间线缆敷设调查

认真核对光、电缆盘号，隧道敷设时按照配盘表编号从区间端头开始。车站敷设时根据现场情况选择在起止点开始敷设。

光电缆敷设前要熟悉区间光、电缆径路图纸和网图，车辆段光、电缆径路图和网图，车站光电的起止位置。明确所有光、电缆的工程量范围，光、电缆的直通、分歧和引入情况，明确光、电缆的终端位置、终端设备（配线架、配线箱等）种类等情况。

根据施工图纸要求，对光电缆径路进行复测，并实地确定隧道区间光、电缆在托架上的具体位置、进站引入通道（电缆井至机房）位置。站场内光、电缆具体敷设的桥架、线槽位置，车辆段光、电缆在管道中的具体孔位，进房引入通道等。

各种类型的光、电缆施工前已运到施工现场指定位置（临时屯放点）。准备好施工所需的施工机具、仪表。准备好施工所需的各类器具和其他辅料。制定行之有效的安全等措施。

（2）站内管线敷设调查

仔细核对综合管线施工图，车站安装综合管线图，车站建筑装饰图等相关资料，理清各系统、各条线缆的布放方式、起始位置、布放长度以及缆线规格型号以及路径等；可以分系统进行施工也可以按同径路进行施工；以施工简便、布放次数少为原则。

（3）设备区管道预埋、孔洞预留调查

①设备区管道预埋调查：光电缆从区间电缆引入孔进入通信设备房，通过其他专业设备或设备走廊时，在砌墙与垫层之前需提前预埋管道，天花上需调查走线路径，需要求施工单位随时跟进机电安装单位施工进度。

②设备区孔洞预留调查：光电缆从轨行区进入车站时，首先调查土建单位预留电缆引入孔是否合适，其次是光电缆从区间电缆引入孔进入通信设备房所途经的过墙孔洞，前期与机电安装单位核对图纸，后期要求施工单位及时跟进机电安装单位预留孔洞的位置及尺寸是否正确。

③预埋管道注意事项：仔细审核图纸确定钢管长度，特别是在门口时要考虑开门处

的踏步，墙壁处钢管进入房内仅15cm即可。提前核实设备区垫层的标高，若垫层厚度不够，及时与机电标业主代表、机电标施工单位等沟通，采取变更钢管直径或其他方式解决，避免不必要的返工。钢管预埋后，必须作好钢管口防护，防止杂物进入并做好专业标识。

为保证节点工期，推进施工进度，可在轨道施工前即安排施工单位进入隧道内进行无轨测量，开始漏缆支架的打孔，待轨道施工基本结束（小龙门吊拆除后），再行安排安装区间光电缆、漏缆（如有）的敷设，区间其他通信设备安装同步进入施工。轨道旁排水沟、人防门门槛、轨排井和吊装孔封孔的完成时间须掌握好，并督促相关单位尽快完成。

五、工程施工技术质量要求

1. 机架（柜）的安装

（1）设备型号、规格符合设计及供货合同规定、内部设备接（插）件（盘）完整，符合施工图设计。投标人在设备制造实施前，应将设备制造的尺寸、形状、颜色等报招标人审批。

（2）设备安装位置符合设计要求、机架（柜）安装与地面垂直、平稳。安装后机架（柜）倾斜偏差应小于机架（柜）身高千分之一。

（3）机架、机柜固定符合设计规定，固定螺丝、垫牌和弹簧垫圈应按要求紧固、不得漏装。

（4）机架（柜）内设备、部件安装应在机架（柜）定位并加固后安装，安装牢固、端正，符合安装手册要求。

2. 室内配线

（1）配线的规格型号及敷设方式符合设计规定，配线绝缘电阻单线对地应大于50MΩ。

（2）配线用线（缆）应完整，无破损、发霉、受潮现象，芯线应无错线、断线、混线。配线（缆）不扭曲，不褶皱，封头良好，施工前应进行对号和环阻、绝缘测试，测试结果必须满足衰减要求并记录。

（3）配线正确，无错、漏现象。

（4）配线电缆在室内走线架上敷设及编扎应按机架、机列顺序平直排列正确，互相靠拢，不得起伏不平，纽绞和交叉，绑扎线扣应正确一致。

（5）室内电缆走线架的安装、制作应符合有关标准规定，走线架安装位置与设计规定位置偏差不大于50mm，相邻走线架水平偏差不大于3mm。

（6）配线焊接牢固，扭结正确、密实。

3. 电缆槽及终端盒的埋设

（1）线槽布放位置应符合条例设计要求。

（2）线槽敷设在车站站厅、站台公共区以及设备区密集处综合支架上，不涉及综合支架位置加工吊杆吊挂。

（3）槽道的左右偏差不应超过50mm，线槽水平度每米偏差不应超过2mm。

（4）线槽节与节间用接头连接，两线槽拼接处水平偏差不应超过2mm。

（5）线槽转弯半径不应小于其槽内的线缆最小允许弯曲半径的最大值。

（6）线槽盖板应该紧固。

（7）为了防止电磁干扰，宜用辫式铜带把线槽连接到其经过的设备间，并保持良好的电气连接。

（8）线槽应固定牢靠，横平竖直，线槽内不同方向的信息电缆应分束捆扎，做好标记。

（9）线槽内线缆布放结束后，不得再进行喷漆刷漆，以免通信线缆受到损坏。

（10）线槽穿越楼板墙洞时，应采用防火堵料进行封堵。

4. 电缆的敷设

（1）电缆的型号规格及敷设方式符合设计要求。

（2）电缆不得有破损，扭曲。

（3）电缆管道中不得有接头。

（4）电缆管道必须按设计要求可靠接地。

（5）所有接线盒、终端盖板要密封，密封前清扫干净，并保证管口平滑无毛刺。

（6）电缆穿墙洞时要求加钢管护套，钢管应固定，间距应小于 1.5m，同时要求避开高、低压电缆敷设。

（7）设备室各系统设备的接地按实际长度考虑，线径 $16mm^2$，室内接地箱、端子板由其他专业提供。

5. 敷设光缆

（1）本工程包括光缆的敷设、光缆接续、光缆引入终端、测试等工程内容。

（2）光缆的类型、结构、光缆特性符合设计规定。

（3）施工中应保证光缆外护套不得有破损，容许最小弯曲半径不小于光缆外径的 15 倍，接头处密封良好。

（4）光缆接头盒及其附件符合衰减要求，光缆引入、接续余长符合设计规定。

（5）光缆接续损耗每处不大于 0.1dB。

（6）光缆穿墙洞时要求加钢管护套，钢管应固定在墙上，同时要求避开高、低压电缆敷设。

（7）光缆引入终端方式及安装位置应符合设计文件规定。

（8）全程指标应符合设计规定。测试手段及所用仪器仪表应符合施工规范规定。

6. 敷设屏蔽电缆

（1）电缆的类型、制式、结构、电缆特性符合设计规定。

（2）电缆在支架上的位置符合设计要求。电缆分支、接续符合施工规范要求。

（3）电缆敷设时，不得损伤电缆外皮。电缆的弯曲半径不得小于电缆直径的 7.5 倍。

（4）电缆接续应牢固，排列正确、平直，电气性能良好。环线电阻、耐压强度、绝缘电阻、传输损耗应符合技术条件的规定。

（5）各种电缆接头防腐处理工艺应符合设计规定。

（6）各种电缆的余长（引入、接头处）应符合设计规定。其中接续后余长为 1.5m。

7. 电源设备及接地装置安装

（1）电源设备类型容量和安装位置符合设计规定。设备附件齐全、完整。设备安装平稳，固定牢靠。

(2) 各种电源配线规格、敷设路径和走线固定方法符合设计规定及安装手册要求。配线用吊架、支架加工、安装符合安装手册规定。

(3) 电源配线无损伤、扭绞交叉现象。配线和橡皮绝缘电缆的最小弯曲半径不得小于其外径的6倍。交直流配线应分开布放，不得绑在同一线束内。

(4) 接地装置的种类、接地电阻阻值、用材规格、引入方式符合设计规定。

8. 通信系统设备的安装

服务器、交换机、UPS等设备在安装前应对单机的主要特性指标进行测试。在指标满足设计要求后，方可安装。

第三节 信号系统

一、工程概况

宁波市轨道交通5号线一期工程自布政站至兴庄路站，全长约为27.923km，其中地下段长27.607km，地面线长0.316km，共设车站22座（其中有道岔站9座、换乘站10座），均为地下站，由西向东分别为布政站、张家潭站、同德路站、石碶站、雅渡站、庙堰站、钟公庙站、鄞州区政府站、钱湖南路站、南高教园区站、下应路站、大洋江站、泗港站、曹隘站、柳隘站、海晏北路站、民安东路站、会展中心站、院士路站、盎孟港站、三官堂站、兴庄路站。平均站间距1.3km，最大站间距2020.962m，为张家潭站至同德路站区间；最小站间距724.855m，为民安东路站至会展中心站区间。

设置自动化车辆段、场，一段一场分别为：经堂庵跟车辆段，由布政站接轨；前殷停车场，由泗港站及曹隘站呈“Y”形与其接轨。其中，经堂庵跟车辆段内设置试车线1条，长约1.5km。设置控制中心1座，共用位于1号线东环南路站地块的线网控制中心。设置备用控制中心1座，位于经堂庵跟车辆段运转综合楼内。设置维修中心、培训中心各1座，均位于经堂庵跟车辆段内。

5号线一期全线初、近、远期按6辆编组，本工程配属26列/156辆编组列车。

二、系统构成

5号线一期正线信号系统采用浙江众合科技股份有限公司提供的基于移动闭塞的CBTC全自动运行系统，车地通信采用LTE技术综合承载CBTC和专用无线通信系统，车地通信媒介为漏泄电缆（由通信专业统一提供）。信号系统包括列车自动监督（ATS）、列车自动防护（ATP）、列车自动驾驶（ATO）、计算机联锁（CBI）、数据通信（DCS）、集中监测子系统（含微机监测）、培训设备和电源设备。

三、信号工程项目管理要点

1. 信号工程特点

(1) 设备分散，安全防范点多

信号系统设备遍布全线（除主变电所、公安分局以外），现场施工过程中与其他专业交叉作业较多，且临时用电、高空作业、设备吊装等影响安全和文明施工的因素较多，因此，工程项目的安全监控点较多，安全防范工作难度较大。

（2）质量标准要求高

信号系统是直接关系全线列车运行安全的关键系统，设备安装及调试过程中的任何疏忽失误轻则导致信息传递不准确，重则危及行车，甚至导致全线列车停运，或者直接酿成行车事故，因此，在设备安装方面质量标准要求较高。

（3）关键工序较多

信号系统施工过程中的重点和难点较多，且主要表现在轨旁部分关键设备（转辙机、计轴、信标、信号机等）安装、联锁调试、动车调试等方面。其中，信号机、计轴、转辙机等设备安装位置的准确、设备功能的完整性和可靠性等是联锁试验成功与否的关键；联锁试验中进路的联锁关系复杂、检验条件较多；动车调试需要收集大量数据，调试过程中功能试验具有一定的危险性，且验证过程复杂。这些都需要在实际监管过程中，制定相应的质量控制措施，并予以落实。

2. 信号工程管理思路

（1）做好项目团队建设，构建和谐团结、目标一致的项目团队

建设、设计、监理、施工单位应该构成一个整体的项目团队，各自内部又构成各自的小团队，所有人应目标一致，工作职责明确，信息传递渠道畅通。

（2）积极协调，合理规划，做好工程进度管理

①进度控制：由于工程整体工期紧张，且信号系统调试耗时较长，因此，需要密切关注影响进度的各关键环节，建立“见缝插针”的工作机制。

②施工中的组织协调：工程整体工期紧张，信号系统施工质量要求高、接口多、外界影响和制约大，因此，需要掌握工程项目工作内容和内外部接口，熟悉各项工作进展情况，通过有效的沟通和协调来减少不同单位之间的摩擦。

③轨行区作业及调试的协调：轨行区作业时间和作业空间有限，协调和管理的难度较大，因此，首先要严格落实轨行区管理办法，其次要合理安排设备安装和材料运输计划，理顺轨行区时间和空间上的作业关系，充分利用好轨行区作业点。

（3）强化精细化管理，确保系统工程质量

①加强标准化、精细化管理：推行样板引路机制，在样板引路实行前按照专业及工序特点，制订工艺标准，树立“工艺标准样板工程”，严格工艺流程、加强工法控制，推行工艺标准样板工程，以样板工程推动全标段工程规范施工，以标准工艺确保项目工程整体质量，统一全线施工工艺。此过程尤其需要工程接收方运营分公司通号中心进行现场确认，以避免返工。

②严格监理考评，发挥核心作用：发挥监理在质量控制过程中的核心作用；在支持监理独立开展工作的同时，加大对监理的监管力度；严格监督检查监理履行职责情况，规范监理现场工作行为，定期组织检查。

③加强日常监控，做好成品保护：室内机柜、室外信标、计轴、信号机等设备在安装完成后应采取成品保护措施。如遇高热、高湿天气，设备房内应配备除湿机、风扇等，尽量控制好室内温湿度，以保护设备板卡。室外计轴应在焊轨后安装，并通报全线各单位注意对其保护，禁止使用金属轮小平板车。室外转辙机设备应尽量晚安装（如有必要可在安装且调试后暂时拆除），防止损坏或泡水；安装后应特别注意道岔区积水问

题，如遇雨水天气，应安排施工单位定期检查转辙机机坑内是否存有积水，并及时采取措施。

(4) 严格把控，全面控制设备、材料质量

提前明确需进行第三方检验的设备和材料、检测项及第三方检测单位，在抽样时，必须安排监理单位现场见证，并留有图像记录。

①高标准、严要求做好工程验收标准和资料归档：编制并完善信号相关质量验收规范，明确系统设备方面配套的表格和归档资料清单等，实现工程资料制作、归档的标准化和程序化；重视系统供货商的资料归档，保证系统归档资料的完整性。督促系统供货商及时将设备报验材料、调试相关材料等报给施工单位，由施工单位统一向监理单位报验。

②加强日常管控，积极主动做好迎检工作：在日常工作中，把安全质量管到位，把形象建设和汇报材料规范到位，把功夫下在平时，做到不需要特别突击，就能随时接受上级部门和领导的检查。

四、技术准备

在工程准备阶段，充分熟悉图纸，及时进行现场调查，了解工程进度，进行孔洞核对，避免后期扯皮，组织图纸会审技术交底，明确各类技术相关问题，理顺施工单位和供货商的分工界面。根据线路总体节点目标，排出信号工程甲供设备到货计划，信号工程细化节点计划，列出工程重难点。

1. 熟悉图纸

熟知图纸施工内容，并标识出重难点，对设计图纸上没有明确和说明的做好记录，要求设计单位和系统供货商在设计交底、图纸会审过程中提出。其中，由于信号系统设备数量种类多，需加工、制作的铁构件数量庞大，要求系统供货商在工程前期及时明确室内机柜、室外设备的具体尺寸，以便施工单位及时加工安装底座，避免返工。

2. 工程前期调查

工程前期调查工作是施工开展的基础准备工作，调查工作开展的好与坏直接影响后续施工能否顺利。

(1) 区间管线预埋调查

①区间光电缆过轨钢管预埋：按照施工图与铺轨专业提前协调、沟通预埋过轨钢管的位置及预埋钢管长度，尤其注意过双轨和交叉渡线过轨钢管的预埋是否满足信号专业光电缆路径需求。

②区间电缆过人防门：明确区间光电缆过人防门时预埋钢管的数量、型号以及与其他专业分配使用原则，然后在人防门专业浇筑门框时，调查是否预留所需钢管数量、型号以及位置是否正确。

(2) 道岔基坑预留调查

提前与轨道专业确定道岔预留基坑与设计图纸尺寸是否相符，特别注意转辙机锁闭杆及动作杆后面防护管的长度应预留。在轨道专业完成道岔基坑后，检查预留基坑是否有跑模、整个预留基坑是否方正、对安装道岔安装装置（角钢、锁闭杆）是否有影响。

（3）设备区管道预埋、孔洞预留调查

①设备区管道预埋调查：光电缆从区间电缆引入孔进入信号设备房，通过其他专业设备房（是否为静电地板房）或设备走廊时，在砌墙与垫层之前需提前预埋管道，需要求施工单位随时跟进机电安装单位施工进度。

②设备区孔洞预留调查：光电缆从轨行区进入车站时，首先调查土建单位预留电缆引入孔是否合适，其次是光电缆从区间电缆引入孔进入信号设备房所途经的过墙孔洞，前期与机电安装单位核对图纸，后期要求施工单位及时跟进机电安装单位预留孔洞的位置及尺寸是否正确。

③预埋管道注意事项：仔细审核图纸确定钢管长度，特别是在门口时要考虑开门处的踏步，墙壁处钢管进入房内仅 15cm 即可。提前核实设备区垫层的标高，若垫层厚度不够，及时与机电标业主代表、机电标施工单位等沟通，采取变更钢管直径或其他方式解决，避免不必要的返工。钢管预埋后，必须作好钢管口防护，防止杂物进入并做好专业标识。

为保证节点工期，推进施工进度，可在轨道施工前即安排施工单位进入隧道内进行无轨测量，开始光电缆支架的打孔，待轨道施工基本结束（小龙门吊拆除后），再行安排安装区间光电缆、漏缆（如有）的敷设，区间其他信号设备安装同步进入施工。轨道旁排水沟、人防门门槛、轨排井和吊装孔封孔的完成时间须掌握好，并督促相关单位尽快完成。

五、主要施工技术

1. 设备定测

（1）信号机定测

信号所处位置的隧道类型（信号机支架为立柱、矩形壁挂还是圆形壁挂）；信号机在所属线路及方向（线路为左、右线，方向为面对信号机正面）；信号机在所处的限界（一般限界不小于 1850mm、特殊环境下不小于 1760mm）。

信号机定测时特别注意与安装信号机相冲突的环境因素，包括：站内在线路上方预留有散水、消防管孔洞是否在信号机正前方（后期安装管道会遮挡信号机显示）；火灾报警系统（FAS）、环境监控系统（BAS）、隧道照明预留过轨钢管和之后此专业敷设、固定电缆是否会对信号机安装有影响；站内或线路上信号机安装位置是否受屏蔽门或弯道影响显示。

（2）计轴定测

提前确定安装位置是否对钢轨钻孔和设备安装有影响；与轨缝的距离能否达到技术要求（≥1m），禁止在焊轨处打眼；了解计轴定测位置所属隧道类型（圆形、马蹄形和矩形），便于确定计轴固定支架采用隧道壁固定还是地面固定。

（3）信标定测

信标分为有源信标（有信号电缆引入）和无源信标（无信号电缆引入）。提前确定信标定测位置里程、道床类型（梯型道床和整体道床等），便于统计确定信标所需支架，提高施工效率。信标定测位置要求非常严格，因此在定位置时必须精确，防止因位置不准造成后续返工。

2. 光电缆工程

光电缆工程是信号系统施工的重点和难点，直接影响工程进度。轨行区内光电缆敷设在弱电托架上。信号不同设备的光电缆敷设层数均有相应要求。敷设电缆时电缆弯曲半径应不小于电缆外径的15倍，光缆的最小弯曲半径不小于护套外径的15倍，室内备用量为5m，室外设备端备用量为2m，电缆接续点两端预留量为2m。敷设电缆时不能打死弯、不能扭绞，电缆排列整齐，互不交叉。光电缆在绑扎时，一定注意托臂上光电缆是否顺直，不能出现交叉现象，在绑扎过程中，可以两根或3根（根据现场实际情况而定）绑扎在一起。

3. 设备安装

（1）室内主要设备安装

设备底座安装位置严格按照设计图纸进行安装，安装时应水平（使用水平尺）并安装牢固。组合柜、电源屏及其他机柜若在一排，要求所有底座应排列整齐（机柜面一侧应在同一水平面上）。考虑机柜底部大于底座，故底座间应预留10mm的空间。

原则上，将电源线和数据线分槽敷设，固线器按颜色分类进行固定缆线，保证工艺美观，查找故障方便。缆线排列整齐，余量等长适宜。

电源屏出线配线弧度保持一致，套管根据电源线截面积选用，套管长度约22cm。

组合柜配线保持弧度一致，套管稍大于线径，长度约40mm，保证芯线在垂直情况下套管不下落，整体美观。

（2）室外主要设备安装

①信号机安装：正线信号机安装分为立柱式和壁挂式两种安装方式。立柱式一般为1.5m立柱，分别适用于站台两端和区间；壁挂式包括圆形壁挂和矩形壁挂，安装方式的确定与设备位置现场环境有关，主要考虑安装限界与显示距离。

②转辙机安装：在道岔转辙机安装之前应该对转辙机基坑和角钢安装、连接杆安装槽道的尺寸高度进行仔细检查并做好记录。根据现场情况，进行钢轨钻孔。钢轨号眼可根据锁闭框位置进行测量，前角钢距锁闭框两孔中心位置为650mm，后角钢距锁闭框两孔中心位置为600mm，用ϕ21钻头进行最后钻孔。根据现场测量的数据算出大角钢的打孔位置，用磁力钻进行钻孔，然后再进行分动外锁闭的安装。

③计轴设备安装：计轴黄帽子的安装根据现场安装位置的限界情况确定，电缆备用量用ϕ25金属M卡子固定成U型，固定做到牢固、美观。计轴车轮传感器安装在行车方向右侧钢轨，使用专用钻孔机钻两个直径为13mm大小的孔，安装后将调整仪放在车轮传感器上，使高度调整为轨面下方45mm。钻孔位置距钢轨接头不小于1m。

④信标安装：信标安装包括底座及信标，主要把控两点，即水平距离（精度）与垂直距离（距轨面高度），信标顶面距钢轨平面的距离为：120mm±10mm。

第四节　站台门系统

一、工程概述

5号线一期工程站台门系统包括22座地下车站共44侧全高站台门。

设备厂家负责站台门系统的门体设备、供电系统、驱动系统、控制系统、接地、瞭望灯带、语音提示、站台橡胶踏板、障碍物探测报警系统等全套设备和材料，并负责站台门系统的深化设计、样机的制造及测试、系统设备、软件和材料提供、检测、设备运输、仓储保管、现场安装及调试、各阶段（包括样机）的试验、测试、调试、验收和质量保证期的产品维护保养等所有工作和培训等各类技术服务以及本系统所需的随机的附件、工具（含专业工具）、备品备件等。

站台门控制及监视系统包含综合监控系统的接口、信号系统的接口以及动力照明、通信等专业的接口，站台门门体安装包含与土建专业、轨道专业、车辆设备专业、车站通风系统、车站照明专业以及车站装修专业等接口。

二、技术创新

1. 站台门系统全自动驾驶模式技术

结合 5 号线一期工程对全自动驾驶模式下站台门的功能要求，本工程对站台门系统全自动驾驶模式技术开展研究，研发试用于宁波轨道交通全自动驾驶模式的站台门系统，实现站台门与列车门故障对位隔离功能以及站台门与列车间隙的高可靠性高安全性的异物检测功能，满足安全完整性等级达到 SIL2 的站台门控制系统要求，并在样机中得到了验证。

2. 站台门模块化全自动安装技术

5 号线一期工程在国内轨道交通行业首创应用了站台门模块化全自动安装技术。传统站台门安装是以散件形式在现场组装、调试，存在现场物料多难堆放、安装工序多难管理、安装质量要求高难管控，施工人数多、人工成本高，施工工期长难把控等多种问题。站台门模块化全自动安装技术能够快速解决以上行业难点、痛点。该项技术以全高封闭站台门为研究载体，将各单元站台门划分成独立模块，集成骨架、门体、门机、顶箱、站台电气部件为一体，在工厂内完成组装、布线、接线、单体调试，以单元编号整体出货的形式到现场，通过安装设备自动化移送到站上，完成模块安装仅需 18 颗螺栓。从设备开始托举产品并移送到指定位置，上下安装连接固定仅用时 20 分钟，结合整体模块结构构成，完成整个模块封闭安装比传统安装（单元长度安装约 180 分钟）方式缩短工期高达 85%以上，真正实现了快速安装，极大地解放劳动力、降低劳动强度和提高施工安全保障。

三、站台门安装工艺流程

站台门安装工艺流程如图 17-7 所示。

四、注意事项

站台门在现场施工过程中与土建专业、机电专业以及装修专业存在相关的接口，对于安装过程中的相关尺寸、空间以及接口配合方面有一定的要求，因此为确保设备安装顺利进行，在施工前要组织相关专业进行技术交底，明确在施工过程中需要各方注意以及配合的相关事项。

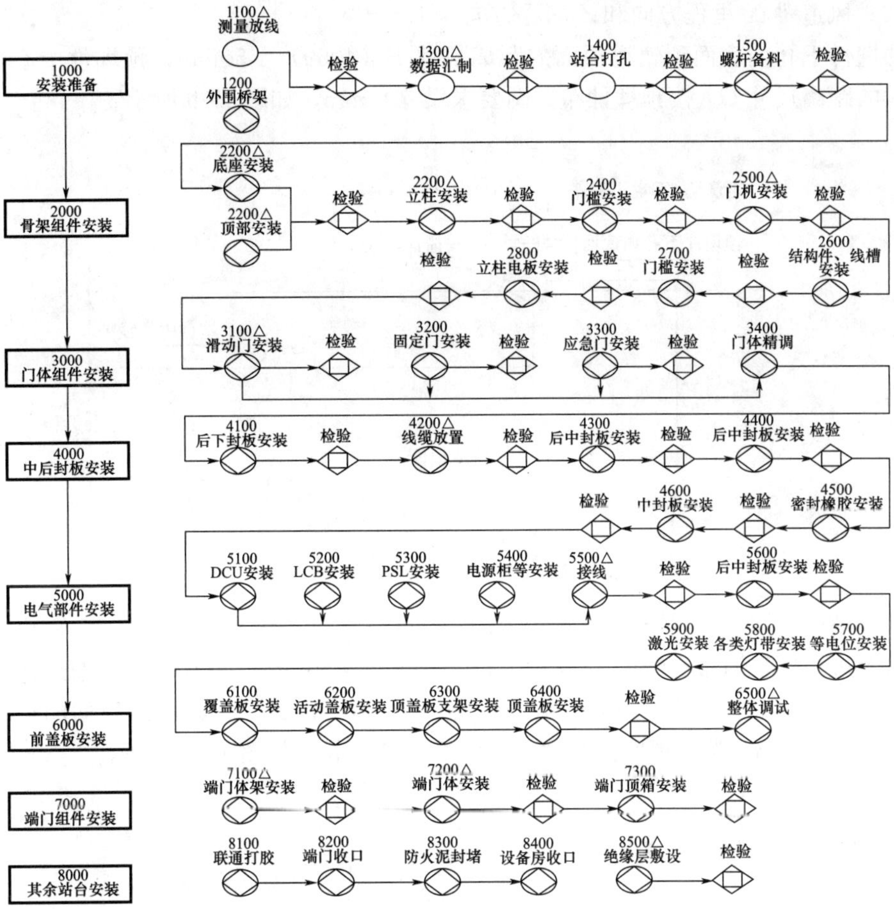

图 17-7　安装工艺图

1. 站台门与土建接口要求

(1) 风道梁 Y 限界方向

车站风道梁站台侧至轨道中心线距离尺寸 A（1500）（-50，30）mm；平面度<10mm，如图 17-8 所示。

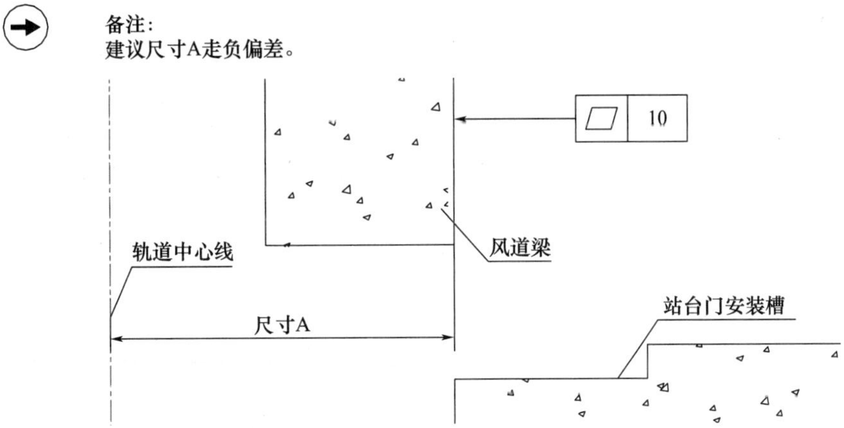

图 17-8　尺寸 A 和形位尺寸

（2）风道梁 X 里程方向和 Z 高程方向

预埋件下孔内底面到轨道顶面的距离尺寸 B（4050）±50mm，预埋件中心到站台中心线的距离尺寸 C（按预埋件布置图要求尺寸）mm，如图 17-9 所示。

备注：
建议尺寸B走正偏差。

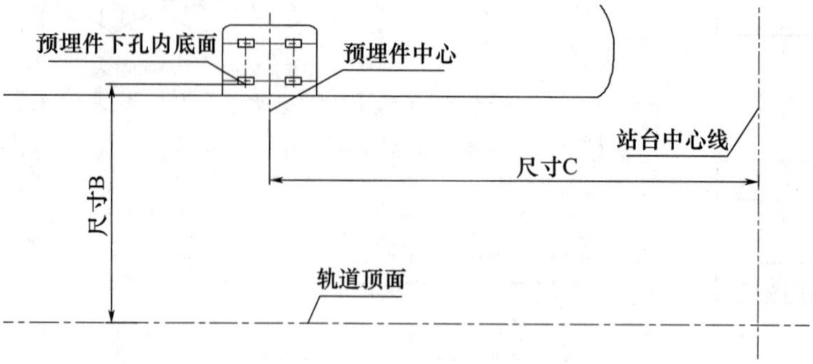

图 17-9　尺寸 B 和尺寸 C

（3）站台板 Y 限界方向和 Z 高程方向

站台边沿到轨道中心线的距离尺寸 D（1500）＋50mm，站台侧安装槽边缘至轨道中心线距离尺寸 E（260）＋400mm，站台板（含端门位置）距离轨道顶面的距离尺寸 F（900）±10mm，站台板厚度尺寸 G（150）±10mm，如图 17-10 所示。

备注：
建议尺寸F走负偏差。

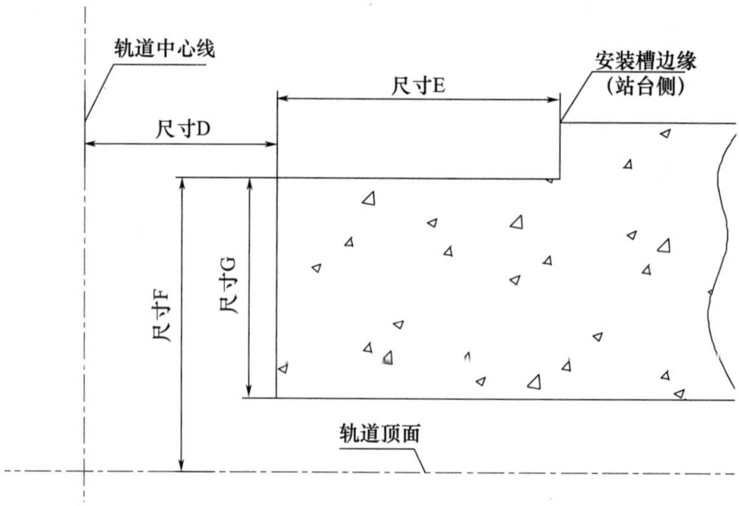

图 17-10　尺寸 D、E、F、G

（4）端门顶梁要求

端门顶梁距离站台中心线距离尺寸 H（57040）±30mm，端门梁的厚度尺寸 J（300）（＋0，－20）mm，如图 17-11 所示。

端门顶梁距离轨道顶面尺寸 K（4150）±10mm，如图 17-12 所示。

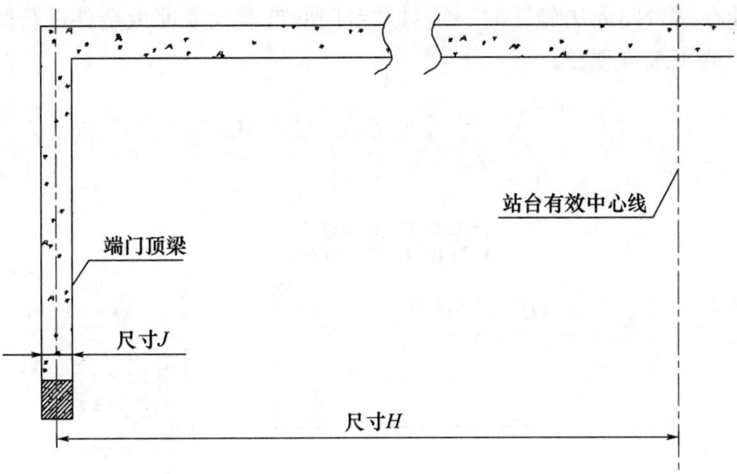

图 17-11　尺寸 H 和尺寸 J

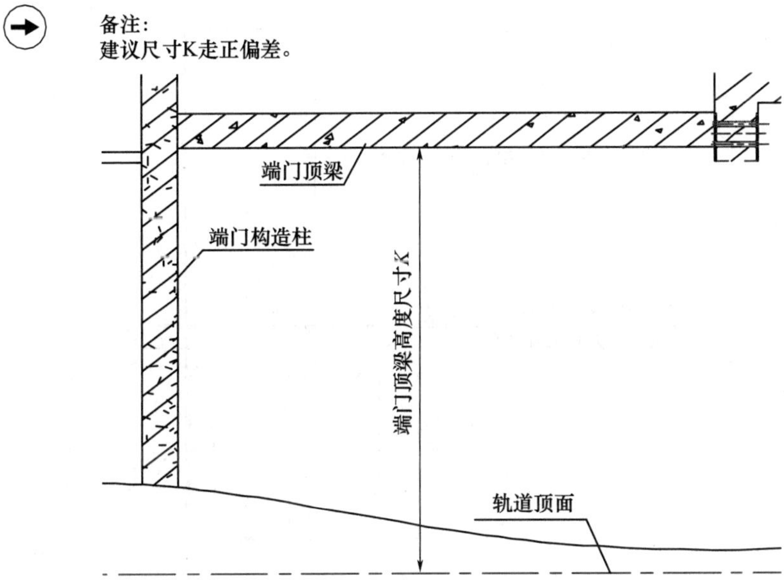

图 17-12　端门顶梁高度要求

2. 站台门与机电管线接口要求

如正线管线先安装，管线与站台门尺寸如图 17-13、图 17-14 所示。

如端门管线先安装，管线与站台门尺寸如图 17-15 所示。

站台门端门处，端门梁底下方空间、地面及装修层下方不得有任何管线经过站台门安装范围，避免影响站台门端门安装。

3. 其他注意事项

机电单位在进行综合管线深化排布时，与站台门厂家及时核对站台门设备管线所需的空间及路径，避免后期站台门设备无管线安装空间。

站台门设备安装须拆除临边防护时，由站台门施工单位负责拆除以及恢复，属地施工、监理单位承担起属地管理职责。

其他专业在站台门周边施工时，须对站台门的玻璃及表面钣金件进行防护，严禁击打、碰撞及焊渣飞溅等现象。

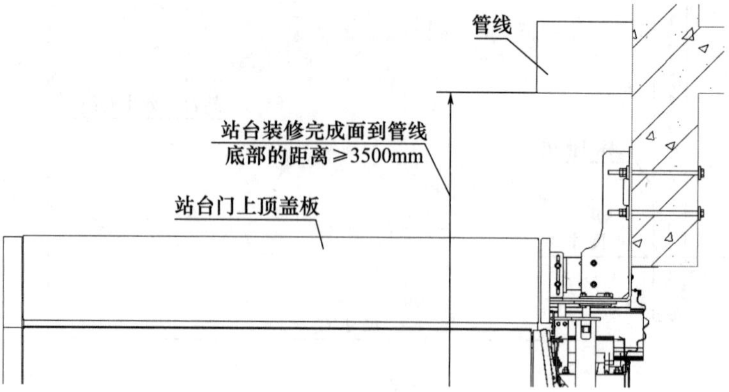

图 17-13　管线与站台门间距尺寸

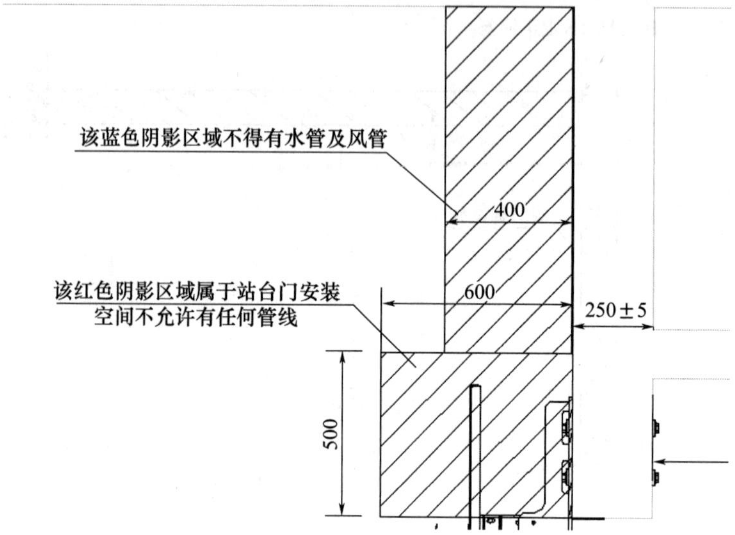

图 17-14　管线与站台门间距尺寸

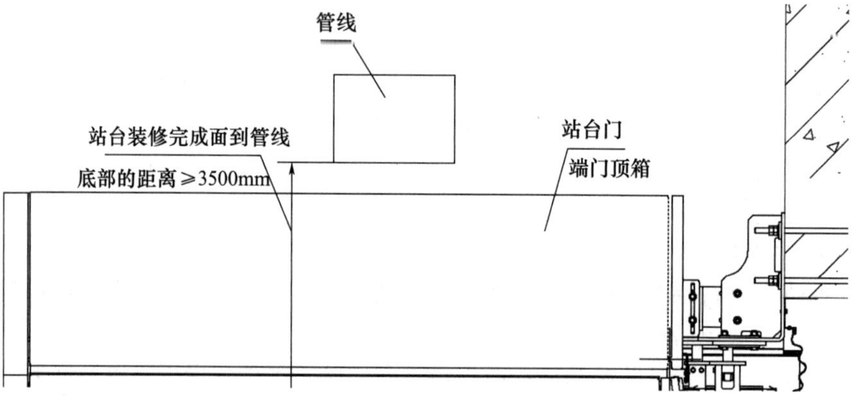

图 17-15　端门处管线安装要求

第十八章　通信、信号、供电和车辆系统创新

第一节　自主驾驶列车运行控制系统关键技术研究及应用

一、研究背景

从 2008 年开始，全自动运行线路的增长呈现加速发展的态势。自主驾驶列车运行控制系统将提升城市轨道交通运行系统的安全与效率，进一步提高系统可靠性、安全性、可行性及可维护性；提升运营、系统应急处置水平；提升系统自动化水平，降低劳动强度。全自动运行与全自动驾驶相比，不仅减少驾驶员、乘务员，而且进一步增强城市轨道交通系统装备的功能和性能，是城市轨道交通技术的发展方向。全自动列车运营在安全性、舒适性及经济性上的提高和改善，能使客户、运营商、资金管理部门和员工均从中受益（图 18-1）。

图 18-1　自主驾驶列车运行控制系统

1. 高效运营

全自动运行控制系统能够优化列车运行时间，提高平均速度，在最佳状态下列车运行最小间隔时间可缩短到 75 秒，站台停留时间缩短到 15 秒。

2. 智能化

实现无需司机介入的、全过程的全自动驾驶，提升地铁运营的智能化水平；实现对全系统的智能监测、智能分析及智能维护，提升维护效率。

3. 安全运营

全自动运行控制系统通过减少人为风险因素提供更安全的操作，设计好的全自动运行控制系统已经被证明比传统的地铁系统更可靠。由于列车的可靠性提高和站台的等待时间缩短，服务乘客的质量得到了提高。

4. 降低运营成本

对于新线路，全自动运行控制系统成本在总体预算中相对较低。建设具有全自动化控制系统地铁的初期成本会高一些，而随着后期智能化运营和智能化维护作用的显现，运维的成本会明显下降，因此总体运营成本会逐渐降低。尤其随着劳动力成本的逐年攀升，采用全自动化控制系统地铁的优势会日渐显现。

二、研究内容

项目总体目标：本项目通过研究自主驾驶列车运行控制系统总体功能规范、技术规范与接口规范，设计可行的场景和运营规则；通过研究全自动运行控制系统关键技术，研制新一代全自动运行信号控制系统；研究全自动运行控制系统的车辆及轨道状态感知技术，防止列车与人、轨旁障碍物、前方车辆碰撞的危险发生。提升城市轨道交通运行系统的安全与效率；提高系统可靠性、安全性、可行性及可维护性；提升运营、系统应急处置水平；提升系统自动化水平，降低劳动强度。

1. 自主驾驶列车运行控制系统相关的规范研究

研究自主驾驶列车运行控制系统总体功能规范、技术规范与接口规范，梳理新一代全自动运行的功能关注点，形成整体系统架构、方案、运营场景。分析全自动运行控制系统控制中心、停车场、车站的人员组织架构和岗位职责，结合全自动运行控制系统运营场景，制定全自动运行系统下的运营规则、建设规范、维护规范等，为工程应用服务。

2. 自主驾驶列车运行控制系统关键技术研究

针对自主驾驶列车运行控制系统运行的需求，研究车载安全监督逻辑，包括全自动运行列车投入运营和退出运营的安全防护、支持全自动运行的列车运行模式管理技术；研究多模式下全自动运行列车控制技术；研究列车自动驾驶的自适应控车技术；研究全自动运行控制系统接口关键技术；研究支持全自动运行的轨旁防护技术；研究支持全自动运行的列车自动监督技术。研究设备故障处理技术：牵引故障处理、制动故障处理、车门故障处理、站台门故障处理、远程复位及控制等，进一步提升运营、系统应急处置水平。结合车辆及轨道状态感知技术，实现障碍物的检测，保障列车安全运行。

3. 车辆段全自动运行列车控制技术研究

研究自动化车辆段内的列车高效自动出库和回库技术，包括自动唤醒、自动检测、唤醒定位、自动发车、自动回库、自动洗车、休眠、库门防护及自动化区域人身安全防护等。

自动唤醒：ATS根据计划，提前一定时间向休眠列车信号设备发出唤醒指令，信号车载设备向车辆转发唤醒指令，其将指令转发至车辆各子系统，用于各子系统启动命令。

自检功能：为避免列车在发生故障时，影响整个车辆段的正常运行，需要发车前在停车股道将静止状态下可执行的自检项目完成；若自检中发现故障，可阻止列车自动发车，避免故障列车影响正常运营，将故障影响减至最小。

唤醒定位：在停车列检库，实现列车自动唤醒功能，为自动化车辆段场内自动启动的重要环节。

自动发车：车载列车唤醒成功后，并经人工确认，根据排班计划及移动授权，鸣笛启动，全自动驾驶列车自动运行至转换轨停车或不停车进行车次信息的初始化后，进入正线运行。

自动回库：全自动运行模式下，列车运行至转换轨停车或不停车由系统自动办理车次号“消号”手续，ATS自动触发回车辆段进路，列车根据回库计划及移动授权，全自动驾驶运行至车辆段内指定的库线，当列车运行至预定义的休眠停车窗内停稳，系统自动进行休眠。

休眠：启动列车进入车场，列车系统在接收到休眠命令后，确定当前列车处于可休眠位置，列车切断牵引系统，并使车载信号系统进入休眠状态。

4. 支持全自动运行控制系统的车辆及轨道状态感知系统

针对列车全自动运行的需求，重点研究车载设备对轨道和车前障碍物的检测技术，防止列车与人、轨旁障碍物、前方车辆碰撞的危险发生。研究结合视频与行车信息对地铁运行轨道的实时识别；研究轨旁障碍物识别技术，监测来自系统外部的障碍物侵入轨道限界，同时监测来自系统内部或运行过程中遗留在轨道限界之内的障碍物。研究适用于地铁隧道低照度、强反射环境的视频、雷达等多种传感器融合技术和环境自适应算法。

5. 全自动运行控制系统半实物仿真测试验证技术研究

研究全自动运行半实物仿真测试验证技术，研究基于虚实结合的设备仿真及接入技术，研究基于仿真的全自动运行控制系统自动化测试框架和流程，研究基于场景的自动化测试用例的生成策略以及自动化测试工具的实现方法；研究全自动运行控制系统在异常环境下的软硬件故障模型，故障测试用例的生成，故障注入方式以及测试结果的分析与判断方法。

6. 基于移动互联的大数据智能运维技术研究

研究基于大数据进行大容量数据收集与累积技术，研究基于移动互联收集核心设备全生命周期数据技术，研究基于图像和语音识别的作业全过程管理技术，研究基于深度学习进行智能专家诊断，为运维人员提供专业的维修建议。

7. 自主驾驶DTO列车运行控制系统关键装备研制

（1）研制一套支持全自动运行控制系统的轨道状态感知系统装备

结合车前可见光视频、红外视频、毫米波雷达等传感技术，实时监测地铁列车运行前方各种障碍物，并给出实时预警，通过声光电等形式进行提醒；预警信号同时输出给全自动运行列车控制系统，实现障碍物监测系统闭环。

障碍物检测视频监测子系统主要划分为图像上轨道区域求取、空间限界求取、障碍物判定、轨道构建与优化四大主要模块及数据交换等辅助模块。障碍物检测雷达监测子系统主要由雷达射频模块、雷达信号预处理模块以及视频雷达融合模块组成。

（2）研制全自动运行控制系统装备

采用全自动运行方式，列车唤醒、休眠、出入库、自动洗车、正线自动运行、自动折返等作业均由信号系统自动控制完成。基于新一代全自动运行关键技术的研究，研制车辆牵引控制、制动控制、车门控制、司控器、车地通信、环境及运行状态信息接入、屏蔽门控制以及支持全自动运行车辆接口等关键接口单元，重点攻关支持全自动运行功能的车载安全监督逻辑、车门与屏蔽门控制、列车停车位置自调整、多模式全自动运行列车控制、列车自动驾驶的自适应控车等关键技术，研制完成全自动运行列车控制系统相关装备，包括车载设备，轨旁设备，控制中心设备。实现传统 CBTC 功能：临时限速、自动折返、后退防护、进路防护、定位与测速、完整性监督、停稳检测、紧急关闭、车门隔离、速度防护、车门控制与联动等。实现全自动运行控制系统新增功能：唤醒休眠、自动发车、全自动折返、对位隔离、跳跃、蠕动运行、SPKS、FAM/CAM 驾驶模式和车辆段全自动运行功能等。

将正线对列车的运营控制权由车站延伸至停车场的全自动运行区域，不仅需要满足停车场常规所具备的列车停车、整备、清洁、检查、定期检修、调试等功能，还需要具备自动“唤醒”待班列车，启动列车并运行至正线。停车场必须以全自动驾驶车辆为服务本体，以满足全自动运行功能要求，通过改进检修体系、优化总平面、划分全自动区与有人区并增加相关物理分隔等措施，实现全自动驾驶停车场的各项功能需求。

（3）搭建全自动运行控制系统仿真测试及培训平台

构建与全自动运行相适应的信号、综合自动化、通信、模拟车辆、列车模拟仿真等的仿真测试验证平台，模拟全自动运行控制系统各种运营场景，完成全自动运行控制系统运行控制，支撑全自动运行控制系统的测试。能够最大限度整合列车牵引制动等实际部件、虚拟仿真和物理实物共存、能够大大缩短现场实际动车调测时间的综合测试平台。

（4）研制智能运维系统

搭建智能运维系统，收集运维数据，基于大数据分析及深度学习技术，提供更便捷的运维操作、更实时的数据展示、更智能的趋势判断。

8. 自主驾驶 DTO 列车运行控制系统示范线

在一条实际的地铁线路上，完成自主驾驶 DTO 列车运行控制系统示范应用，完善全自动运行控制系统相关建设及应用规范，提高城市轨道交通的智能化水平，推动轨道交通产业升级。

三、创新点

1. 自主驾驶列车运行控制系统列车控制技术

全自动运行控制系统已成为轨道交通行业未来技术发展的重要方向，有利于提高城市轨道交通系统可靠性、安全性、可用性和可维护性，使城市轨道交通更安全、更高效、更经济地运行。系统可实现列车自动唤醒、自动出入库、区间自动运行、自动发车、自动对标停车、自动开关车门和屏蔽门、自动清客确认、自动折返等全过程作业，并自动实现自检，自行确保列车处于良好的技术状态。

2. 支持全自动运行控制系统的车辆及轨道状态感知技术

结合视频、毫米波雷达等多传感技术，实现列车运行前方各种障碍物的检测，防止列车与人、轨旁障碍物、前方车辆碰撞的危险发生。通过结合视频与行车信息对地铁运行轨道的实时识别，监测来自系统外部的障碍物侵入轨道限界及轨道限界之内的障碍物。

3. 基于移动互联的大数据智能运维技术

将深度学习用于工业自动化，大大节省运维人力，提高准确度。移动互联的远程运维方式，同时提供可视化的维修支持，对作业进行全过程的实时跟踪与管理，减轻维护难度，提高应急处置能力。跨平台数据共享，切实做到系统间数据充分共享，减少系统结合部的数据盲区，提高维护支持的效率。

第二节　全电子计算机联锁

一、研究背景

5 号线一期工程自布政站至兴庄路站，正线共设 44 组道岔。一期正线划分为 9 个联锁区，每个联锁区设置 1 套联锁系统，经堂庵跟车辆段和前殷停车场各设置 1 套联锁系统，试车线和培训中心也分别设置联锁系统，全线共计设置 13 套联锁系统。

国内的联锁控制发展经历了机械联锁控制、电气集中联锁控制、计算机联锁加继电器执行控制三大发展阶段。从 20 世纪 80 年代开始研制，经过多年发展，计算机联锁系统尤其是联锁平台及其核心软件已经成熟、稳定，在地铁信号系统中广泛使用。目前国内使用较多的计算机联锁系统都是从继电器集中过渡发展起来的，由于当时电子技术的限制，计算机联锁与道岔、信号机等轨旁设备的接口电路仍为继电方式，虽然不同制式的计算机联锁系统所保留的继电器数目都不少，还是存在一些弊端，如继电器体积大、配线多，现场施工质量直接影响计算机联锁的稳定性；当继电接口电路发生故障时，需要对电路有丰富经验的专业人员人工判断，继电器还需定期维护，且维护工作量大；随着维护管理的需要，依托继电接口电路可能增设其他信息化设备，但接口电路未对新引入的设备进行适应性修改，存在安全隐患，在基础信号设备模拟量监测上也存在问题，还需单独增加微机监测系统。由于这种计算机联锁、继电器执行的系统存在上述难以克服的问题，因此继电器执行电路的升级换代——全电子计算机联锁成为了必然的趋势。

全电子计算机联锁基于控制技术、电子技术及自动检测技术，用电子执行单元取代计算机联锁执行层的采集、驱动板和继电接口电路方案，实现全电子联锁。全电子计算机联锁融合了逻辑判断和继电器执行部分，完成对室外信号设备的控制和采集功能，同时实现了控制监测一体化，将道岔动作电流、信号机灯丝电流等模拟量采集功能也纳入其中，实现了对现场信号设备的监测功能，整体满足未来城市轨道交通联锁设备集成度高、安装速度快、维护方便的使用需求。

鉴于全电子联锁相较于传统计算机联锁存在上述优点，因此 5 号线尚处在项目实施前期，有必要对联锁系统具备全电子化工程应用功能进行研究。全电子计算机联锁系统如图 18-2 所示。

图 18-2 全电子计算机联锁系统

二、研究内容

1. 研究具有可兼容全电子联锁和继电接口计算机联锁的转辙机驱动、转辙机切换方案

为了解决在工程应用中全电子转辙机驱动板故障导致的运营影响，本项目将从以下两个方面进行研究：

（1）切换设备能同时对接全电子联锁系统和继电接口计算机联锁系统；

（2）通过切换模式判断使得全电子联锁和继电接口计算机联锁系统分别输出或切换控制相应的转辙机。

2. 研究安全、可靠的全电子联锁对信号机、转辙机的维护方式

由于全电子联锁系统不像传统继电接口联锁系统那样通过继电器接口方式实现对轨旁设备控制，它是通过强电 380V 以及 110V 来控制转辙机和信号机，因此当维护人员对转辙机和信号机进行维护时，需要对全电子联锁系统内对应的电子信号机驱动板、道岔驱动板进行断电，以保证维护人员安全，本项目主要从以下两个方面进行研究：

（1）通过人机界面 HMI 的远程操作使得系统处于断电；

（2）通过现场装置使得系统处于断电。

3. 研究联锁应用故障智能诊断和智能运维技术

在系统应用过程中若出现应用业务故障时，维护工作站一般仅能给出故障信息，无法具体定位到故障的根因，仍需要维护人员进行人工分析系统日志找出。由于日志信息数据量大，且部分故障是逐步积累，时间跨度大，因此导致故障定位过程复杂、困难。目前的故障定位方式，不仅对维护人员要求高，而且不能实时快速地解决故障，因此提高故障的诊断精度，方便维护人员快速定位故障成为目前迫切需要解决的问题。本项目主要从以下两个方面进行研究：

（1）研究基于大数据平台使得对系统各个监控做到预维修状态；

（2）研究基于大数据平台使得系统智能化诊断故障维修状态。

4. 研究电子信号机控制板主备切换允许信号眨眼解决方案

为了系统的可靠性，电子化信号机控制板采用冗余架构方式，但此架构模式也带来了在信号机允许信号开放情况下，若冗余信号机控制板进行主备切换，将会导致允许信号出现短暂的灭灯（即眨眼），为此本项研究将解决在冗余信号机控制板进行主备切换时，其前后信号依然保持不变。

5. 研究全电子联锁系统与计轴系统安全、可靠的以太网通信接口方式

应用全电子联锁系统后，其与计轴系统接口将采用以太网通信方式，本项目主要从以下两个方面进行研究：

（1）采用标准的安全协议；

（2）研究设计可靠的应用层协议。

三、创新点

（1）5 号线一期采用五线制交流转辙机进行道岔的驱动和表示。全电子联锁和继电接口计算机联锁的转辙机驱动、表示切换依赖于倒切开关，倒切开关分左右两档，左边档为全电子联锁模式，右边档为继联锁模式，通过倒切开关的切换从而进行全电子联锁和继电接口计算机联锁的切换。倒切开关需要有不低于 6 个触点，其中 5 个触点为五线制交流转辙机的五根驱动回采线，另外 1 个触点用于检测输出的配置类型。对于两档联锁模式，分别接入 PHI1 和 PHI2 动态脉冲信号，经 VIB 采集，以判断倒切开关的模式类别，从而在业务层自动使能对应模式。当全电子联锁模式被使能，则继电接口计算机联锁配置状态为不输出；同理，当继电接口计算机联锁模式被使能，则全电子联锁配置状态为不输出。

（2）全电子联锁对信号机和转辙机的维护方式有两种：HMI 按键确认维护和开关柜维护。HMI 按键确认维护为 HMI 界面上有对应转辙机和信号机的维护按钮，当按钮按下，则对应驱动均降为双备模式，没有主机，从而没有电信号输出至对应转辙机和信号机以维护。开关柜的维护，对于 WST5 板，开关柜中设有主备系共用的 380VAC 驱动电源空开和 220VAC 表示电源空开，当需对转辙机进行维护时，断开其对应 WST5 单板的 380VAC 和 220VAC 空开即可；对应 SIG6 板，开关柜中设有主备系共用的 110VAC 信号机驱动电源空开，当需要对某架信号机进行维护时，断开其对应的 SIG6 的 110VAC 的空开即可，另外由于 SIG6 有 6 个驱动灯位，可能对应多架信号机，对其中某架信号机维护时，会使同一块单板对应的另外信号机下电。

（3）在故障修状态中系统将采用基于大数据的实时故障智能诊断技术，其方法如下。

①在维护子系统中，通过配置方式自定义联锁系统故障事件，事件具有唯一性；在系统运行过程中，维护子系统将实时存储各子系统交互的接口数据和子系统处理过程中产生的数据信息。

②当维护子系统产生或检测到联锁系统的故障后，依据配置文件查找对应故障事件，通过接口将事件发送给故障智能诊断模块，智能诊断模块按照事件中定义的条件逆向追溯分析维护子系统存储的大数据，直到定位到外部接口为止。

③判断故障的根因是否来源于本系统自身，如果来源于本系统自身，则上报给维护子系统呈现给维护人员故障根因；否则，将判断故障依据的接口数据反馈给维护子系统，维护子系统再将此信息转发给对应的其他系统的故障智能诊断模块，并由其继续定位，直到定位到具体的故障原因为止。

对于系统内的其他预维修状态监控（例如电子化单板的继电器驱动次数、灯丝电流检测、转辙机相位检测、转辙机表示电压和驱动电压等），系统将实时根据大数据进行监控并及时反馈给维护人员进行预维护。

（4）在信号机允许信号开放情况下，冗余电子化信号机驱动板主备切换时，其主备切换过程将经历：主备→主主→备主，避免允许信号在切换过程中中断。

第三节　全自动运行系统车辆

5 号线一期项目列车采用全自动运行最高等级 GoA4。列车智能化程度、环境感知能力、故障自愈能力大幅度提升，可实现自动唤醒、自检、自动洗车、自动出库、自动精确停站、自动开关门、自动发车、自动回库、自动休眠、跳跃停车、蠕动、车门及站台门对位隔离、空开自动复位、远程控制等功能，满足 108 项全自动运行场景应用要求。列车发生故障时，可自动进行故障诊断与自我修复，还可进行远程隔离、远程复位、远程旁路，确保列车可用性。全自动运行系统的应用既节省了人力，提高了运营效率，又提升了系统安全性及可靠性。

列车按照 EN 50126 和 EN 50128 等安全标准设计，牵引系统、列车控制网络、制动系统、车门等主要系统满足相应的 SIL 安全等级要求，并须通过独立第三方整车安全认证。列车安装有先进的在线监测设备，包括弓网在线监测系统、主被动障碍物检测系统、脱轨检测系统、走行部在线监测系统等，在发生异常情况时第一时间通过智能运维系统进行报警，同时采集运行数据用于指导检修。列车防火标准进一步提升，满足欧洲 EN 45545 防火标准，全车采用阻燃或不燃材料，全列车布置大量温烟复合火灾报警器，在车下牵引箱、辅逆箱及高压箱内安装有防火电缆。部分控制电缆采用耐火型电缆，在发生火灾时，仍可在一定时间内保证列车基本控制功能。

第四节　车辆智能运维系统

车辆智能运维系统主要配备维护以太网、无线上传及车辆专家系统，实时上传车辆状态信息，地面 OCC 及运维人员可远程实时监视在线列车运行状态，主要覆盖列车牵引系统、辅助电源系统、网络控制系统、空气制动系统、车门系统、空调系统、走行部在线监测系统、弓网在线监测系统等各大系统。同时提取车辆不可动车的关键故障信息，结合应急操作要求和车辆控制逻辑，综合判断不可动车的原因，给予处置指导建议、步骤以及显示司机操作台按钮信息，并具备应急报警、关联故障、历史处置结果统计等功能。回库后列车能自动上传运行记录数据，具备故障检修专家支持，针对不同类别故障给予车辆检修建议，同时可将历史故障处置记录、应急处置记录、寿命预警记录、故障报警记录等导入系统建立健全知识库，便于车辆运行数据查询和统计分析，为检修模式升级提供技术支持（图 18-3）。

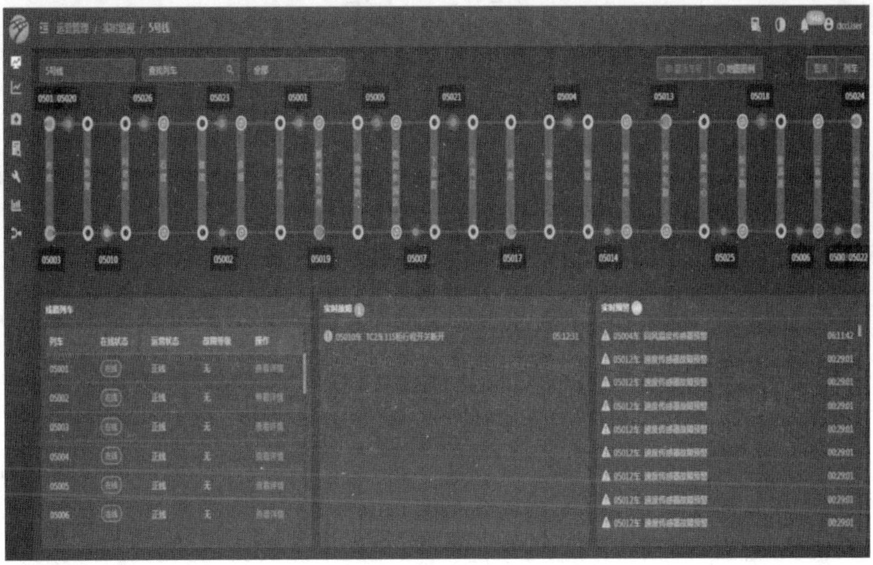

图 18-3 在线列车运行状态

车辆智能运维系统具备列车运营稳定性评估、关键子系统健康状态监测（图 18-4）评估功能，通过对列车各大系统关键部件健康状态、故障等级、故障预警、应急事件、寿命预警等多个维度信息进行统计分析，展示列车各系统健康评估状态及故障趋势；具备能耗管理功能，通过对区间功率最大值、线路功率变化、车辆运行能效、再生能耗反馈率等项点进行统计分析。

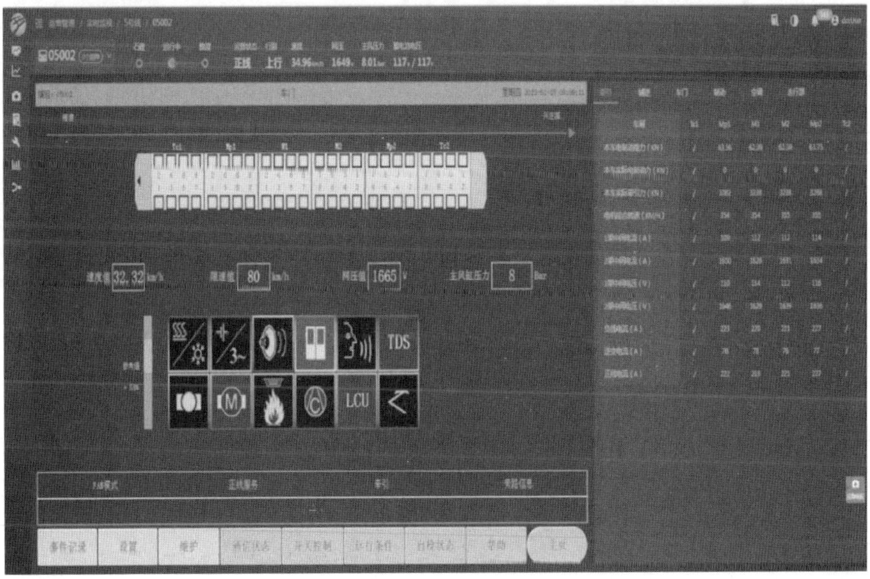

图 18-4 列车健康状态监测

结　　语

2021年是建党一百周年，也是“十四五”规划开局之年，面向宁波可持续发展的高标准要求，宁波轨道交通全面加快第三期建设步伐，5号线一期工程于2021年12月28日开通，为浙江省首条全自动运行线路。它的正式运行，标志着宁波轨道交通运行里程增至183公里，全面向五线并行的网络化、数字化运营新时代迈出了坚实的步伐。作为宁波轨道交通网络布局中的重要组成部分，5号线一期线路位于交通走廊中环线的东南环，2013年5月正式获得国家建设规划批复，2016年9月开工建设，2019年年底初步设计获政府批准调整为首条全自动运行线路。

创新是引领发展的第一动力。在5号线一期工程建设过程中，全体工作人员切实强化创新，并将其作为推进轨道交通快速高质量建设、绿色运营发展的核心驱动力。5号线一期工程不仅是浙江省第一条全自动运行的轨道交通线路，而且其建设过程更是体现了高度的智能和自主：在全国首次运用BIM深化技术并模块化安装制冷高效机房，首创模块化全自动安装站台门，首次全线采用双向变流器加永磁同步牵引技术，首次率先应用先轨装配式施工技术。这些创新为后续打造国家示范工程奠定坚实基础。此外，5号线一期工程搭载的全自动驾驶系统由国内自主研发，设备系统国产化水平高达90%，充分展现了我国智能制造的成熟度。

2022年是党的二十大召开之年，冬奥会、亚运会的举办之年，“十四五”规划关键之年，同时也是宁波轨道交通第三期建设规划和市域铁路全面实施之年。5号线一期全自动线路的运行开启，必将为宁波轨道交通“四网融合”乃至后续远期建设奠定坚实的基础，更为开创宁波轨道交通智慧城轨发展新局面提供示范支持。